叢書・ウニベルシタス　274

中世の旅

ノルベルト・オーラー
藤代幸一訳

法政大学出版局

目次

II　文献調査と証言

まえがき

　本書は昔の旅のありように思いを馳せ、時に言われるほど現代の〔旅と称する〕《移動》が本当に素晴らしいものかどうか問いかけるかも知れない専門外の読者のために書いたものである。私は、旅人が道すがら発する《どのように》の問いを浮き彫りにするだけでなく、異国の人びとや慣習がどう旅人の目に映ったかとか、異国の風物が旅人に及ぼす影響とその反応を問うことにも心を砕いた。その際、旅とか旅人を切り離して考えるのでなく、もっと大きな歴史的つながりの中でとらえようとしたつもりである。

　叙述にあたっては文献に忠実なことと、わかりやすさを心がけた。集めた材料はほとんど間接的にしか本書に取り入れなかった。一般化した事柄は少なからず文献の証言に裏づけられているが、わざわざ引用したり、明記したりはしなかった。それで替えられる場合は、人口に膾炙《かいしゃ》した話を利用した。中世という伝統的な時代設定が旅の歴史にとっては区切りとならないので、古代を回想し、現代にも目を向けることに意味があるように思われた。

　本書は二部に分かれているが、第I部では旅人の予想すべきこと、旅立ちの準備にあたって考慮すべきことが述べられている。このむしろ構造史的に並べた概観を前に置いたのは、文献の選択に際してある種の恣意が避けられなかったのも一つの理由である。かなり年代順を意識して並べた第II部で、私ははっきり史料に裏打ちされた旅と旅人を紹介する。第I部、第II部とも分類上の見かけほど、明確に区別されているわけではない。というのは、第I部でも私はしばしば文献に語らせ、抽象化する代わりに物語るという誘惑に負けたからである。もしかすると、これが本書を読みやすくするのに役立っているかも知れない。

空間的には西欧を本書の中心に置いたが、ビザンチン、イスラム、極東、西インドの世界を展望することも忘れなかった。時間的にはフランク帝国を中心とした。以後数世紀の基礎はここで築かれたからである。

私ははじめからハンドブック風の概要を公にする気はなかった。第II部の叙述は個々の文献に依拠しているので、問題がなるべく大きなつながりの中で検討されぬうちから、あちこちで論じられることが少なくない。読者が旅する婦人とか、宿屋とか、船旅について概観したい時は、索引を参照していただきたい。文献はしばしば逐語的に引用したが、深く利用し尽くすことはできなかった。読者諸氏は著者の解釈にとらわれることなく、ご自身のものの見方によってご高覧下さいますように。

一九八六年　フライブルクにて

ノルベルト・オーラー

序　章

《苦労したことはずっと多く、投獄されたこともずっと多く、鞭打たれたことは比較できないほど多く、死ぬような目に遭ったことも度たびでした。ユダヤ人から四十に一つ足りない鞭を受けたことが五度。鞭で打たれたことが三度、石を投げつけられたことが一度、難船したことが三度。一昼夜海上に漂ったこともありました。しばしば旅をし、川の難、盗賊の難、同胞からの難、異邦人からの難、町での難、荒れ野での難、海上の難、偽の兄弟たちからの難に遭い、苦労し、骨折って、しばしば眠らずに過ごし、飢え渇き、しばしば食べずにおり、寒さに凍え、裸でいたこともありました》（新共同訳聖書による）。

諸民族の使徒パウロはほとんどの同時代人より、よく旅に出た。新しい信仰を宣べ伝えた際、彼が数十年の体験をもとに具体的に描写した内容（上記コリントの信徒への手紙2、11章23－27節）は、中世ではさだめし今日よりもっと多くの人に知られていただろう。なるほど天災と人災が次から次へ旅人に襲いかかることは概して稀だったが、その代わり道中もっと悪い目を耐え忍ばねばならぬ旅人は少なくなかった。

旅に出たい人、出なければならない人は聖パウロの右のような記事を読んで、甘い夢を捨てることができた。それを知らない人も、旅の経験者から教えてもらう手があった。にもかかわらず——それは多くの人にも当てはまったろうが、まさにそれゆえに——何百万という人が旅に出た。巡礼や使者、聖職者や学生、遍歴者や浮浪者、乞食や病人、商人、国王や教皇である——民族移動期のゲルマン民族、フン族、アラビア人、ノルマン人、ハンガリー人、モンゴル人についてはいうまでもない。意識しようとしまいと、個人が、団体が、諸国民が、考えと技術を、物と病原菌を広めた。それらはヨーロッパを単なる地理的名称にとどまらぬ統一体へと成長させ、他の文化圏とは違った共通点を生み出すのに役立った。その共通点は今日まで尾を引いているのである。

ここで旅とはどのように解したらよいのか。《Reisen 旅する（古高ドイツ語で risan は立ち上がる、起き上がる、軍事行動に赴く、の意）とは徒歩ないし輸送手段を利用して、かなり長距離を移動すること（たとえば、商用の、探検の、発見の、教養の、巡礼の、物見遊山の、休暇の、研修の、青少年の旅）》。ブロックハウス百科辞典第一五巻（一九七二年）にはこう書かれている。この語は古代にはもっぱら出征、傭兵の勤務に用いられた。ここではや明らかになるのは、自発性という契機がまったくなかったことである。確かにわれわれにも出張旅行はあるが、われわれの《旅》とはむしろ浮き浮きとしたイメージと結びつき、休暇旅行や若者たちの旅行を思い浮かべる。不愉快な旅なら、むしろ《乗物で行く》という。戦争中兵士たちは前線へ《行った》が、旅したのではなかった。それゆえ、数世紀にわたって旅とは懐しの故郷を離れ、危険だらけの長期にわたる異国への出発を意味した、と確認することができる。歌詞や旋律に別れのつらさ、当てにならぬ再会を表現した歌がたくさんあるのも偶然ではない。

外国語を見れば、フランス語で〈voyage〉, 英語で〈voyage〉〈journey〉, そして〈travel〉がある。これらの語の由来を尋ねると、その昔の旅の現実に行き当たる。〈voyage〉も〈journey〉もラテン語の語根をもち、〈voyage〉のもとになっている〈viaticum〉とは道（ラテン語でvia）にとって必要なもの（旅費）を表わし、〈journey〉は、一日で達成されるというような意味のラテン語〈diurnum〉に遡る。〈travel〉はフランス語の〈travail 骨折り、仕事〉に由来している。以上の言葉の調査結果はブロックハウス百科辞典が、旅とは一八世紀までは《金がかかり、つらく、危険な》ことだった、と簡潔に述べている記事と一致している。

本書で中世とはほぼ西暦五〇〇年から一五〇〇年までの時代を指す、と理解することにしよう。つまり、非ヨーロッパ世界を展望しつつも――特に西欧の歴史一千年間ということになる。この西暦年数は広く行なわれている時代区分と一致する。はじめの年号、西暦五〇〇年はローマ帝国の崩壊、民族移動、その結果としてローマ帝国の地盤でのゲルマン帝国の成立、そして後々まで地中海圏を変えることになるイスラムの拡大といった諸現象の数百年にわたる過程を代表している。第二のそれはヨーロッパの列強と征服者が全世界へ進出した時期に当たる。

今日ではもう正しいイメージを描くことはできないが、中世人はある意味で自然の手の中にあった。人はたいてい徒歩で旅をし、馬を調達できる金持ちはわりに少なかった。古代に知られていたような旅行用の覆いのある車はせいぜいビザンチンに残るくらいだったが、中世後期になるとヨーロッパでもまた使われるようになった、まずは婦人、老人、病人――そして罪人専用に。

天災は家にいても避けられないので、それより異国という原体験の方に大きな意味があった。たいていの社会では、ここに《われわれが》おり、あちらに《他人が》いる、といった単純なあれかこれかで区別する。ギリシア人―無教養な人、ロシア人―異人《ネムイエツキー》（逐語的には吃音者の意）、ローマ市民―異邦《ペレグリ》人《ヌス》（ローマ地方の外から来た人びと）、アラビア人―非アラビア人、割礼を受けた人―受けない人、キリスト教徒―異教徒、イスラム教徒―不信心者、ドイツ人―非ドイツ人等々。旅人は突如として自分はもう《われわれ》の一員でなく《他人》の一員であり、いざという時もしかすると身の安全や援助を主張する権利がないのでは、といった体験をする。だからこそ彼は道中、信仰《仲間》や、同じ言葉をしゃべる同胞を訪れ、同じ故郷の出で異国で宿を営む亭主のもとに泊まるのである。

独り旅の者は天災にも人災にもまったく無防備だったので、他人と道連れになった。盗賊や海賊さえ同盟を結んだので、被害者の抵抗心をそぎ、楽に掠奪できた。商人と巡礼たちは追い剝ぎ、税関吏、宿の亭主、渡し守による危険に対抗するため、期限付きの《同盟》や《ハンザ同盟》を結んだ。

何か月も続く長旅の準備をしたり、毎日ほとんど知らぬ道をたどり、まして標識のある道など通らず、森を抜け小川や急流を渡り、よく雪崩に埋まる狭い道を行き、人と獣と自然の力に脅かされ、夕べにはクロースのかかった食卓や暖かな寝台など当てにできぬ者にとっては、概して自然の美を愛《め》でる鑑賞眼などなかった。体験上、むしろ自然は敵だった。彼は寒さや炎暑、洪水、霧や雪嵐、ひでりや病気、海上の嵐や凪《なぎ》に脅かされた。生き延びたいと思えば、危険に対する勘を養わねばならない。悪人や敵となる自然をうまく避け――それとも抵抗しなければならない。この脅迫感は短篇小説、聖人伝、童話の中にも反映されている。前者では比喩的に時化《しけ》と難船がさりげなく利用され、後の二つではたとえば聖ヒエロニムス伝で、異例だが狼、熊、獅子のような恐ろしい動物が、人を助けるもの、人と親しいものとして登場している。

旅には往々にして思いもよらぬ災難がつきものだけれども、古来人びとは旅に出た。生活の根拠を求めてますます遠方へ移住し、群れをなし一族こぞって――昔の年代記作家たちはしばしば書き洩らしたが――未開の地へ潜り込んでいった。生き延びたい、もっと良い暮らしがしたいという期待に駆り立て

道中の危険　襲われて掠奪されたキリスト教徒の商人を，騎士オランジェのギヨームが異教徒の手から救い出す．

られ、彼らは今までの故郷を棄てた——一九、二〇世紀に新世界へ移住した数百万の人たちと同じように。一時的な旅の辛さには目をつぶり、遠方で長続きするより良い生活条件に期待したのだ。儲かる見込み、病気の治癒、冒険心に動かされ——遠国に赴く人もいたが、また故郷に戻る気があったことはもちろんである。それに昔からさすらいを続ける個人や群れがいた。それは牧草地を求め、家畜の群れを引き連れ一族ごと動く遊牧民であり、春には羊の群れを立入りがたい山地で放牧するため家族のもとを離れ、秋になって初雪が降るころ帰郷するさすらいの羊飼いだった。罪の償いのため休みなく旅を続ける人びともおり、彼らはいつも一か所でせいぜい一晩過すだけだった。また復讐者から逃れて旅する人もいた。さらにまた文字通り福音の教えに従い、異国をあてどなくさまよう人もいた。彼らはイエスにならいわざと家を棄て、悲惨な境遇で、とは、とりもなおさず異郷で、不安な苦境の生活を自由意志によって選び取ったのだ。このような異邦人を見れば、そもそも人生とは永遠の故郷に向かう巡礼の旅と解釈できる。

糊口の資をえるため進んで旅に出ようと、無理やり旅にやらされようと、旅人は自分に冷たい世界の中で、おのれの位置を見失ってはならなかった。生き延びたいなら、人畜用の飲み物や食べ物はどこで見つかるか、足を踏み入れた国でそのつど注意深く観察しなければならなかった。別の危険のある遠い回り道がいやなら、早目に森の中、山の小径について、川瀬、渡し船や橋について問い合わせねばならなかった。太陽や北極星が雲や霧に隠れた時も、おのれの〈位置〉を見失ってはならなかった——海上では陸よりもっとじかに生命は危険に脅かされた。旅にとって重要なもの、重要になるかも知れないものには、ことごとく目配りが必要だった。たとえば、今後の天候を正しく占うのに、風と雲に注意を払うごとくである。北緯の地方では数日間も太陽が見えないことがよくあったので、それに代わる位置確認の補助手段をいやおうなしにもたねばならなかった。よく吹く風、苔や地衣類も含めて樹木の茂り具合、海上では魚と鳥の出現によって陸に近いことを推測できた……。

それにもかかわらずである。申し分なくすべてに目配りしたとしても、相変わらず旅はものすごく長く続く。一歩ごとに重い身体を動かさねばならぬこと、日に三万度から四万度。それが数週間、数か月である。靴も衣服もしばしば役に立たなくなり、故郷では貧困や飢え、悲惨や害虫に慣れた人びとの心身さえ、日々新たな不安に悩まされた――そしてほとんどの人がそうだった。のろのろとしか目的地に近づけないいらだちは、童話や長篇小説に表われている。なるほど一足で七マイル進むという〈魔法の長靴〉のモチーフがヨーロッパ文学（ペローの童話）で具体的な姿をとったのは一七世紀末だが、しかしながら速く移動したいとの願望はもっと古い。それは八世紀から一六世紀にかけてまとめられた〈千夜一夜物語〉や、ファウスト伝説に描かれた通りである。一五八七年に印刷された〈ヨーハン・ファウスト博士の物語〉で、《バイエルン大公の令息の結婚式を》見物するため、やんごとなき伯が三人、ヴィッテンベルクからミュンヘンまで半時間で到着したいと願った。この距離はふつうなら一〇日から一二日かからねば到達できなかった。人間の限界を越えたいという憧れが、それとは違った形で中世の小説の中に出てくる。アレクサンダー大王が空へ翔び、海底を探検するのである。このような夢に刺激されてレオナルド・ダ・ヴィンチは具体的な計画を練り、もろもろの力を従来の枠から解き放った。この力のおかげで一八世紀には熱気球が発達し、一九世紀には潜水艇が建造されるに至ったのである。

速く確実に移動したいとの願いが中世人の間で強くなったについては、旅の速度が古代から落ちてきたこともあったろう。紀元前一世紀キケロはローマで、ブリタニア発の手紙を四通受け取ったが、うち三通は二七日、一通は三四日で届いた――当時ガリアにはローマ人の改良道路も完璧な急使もなかったにもかかわらずである。ところが一二〇〇年後には、ローマ゠カンタベリー間を速達は二九日で届いたものの、ふつうなら七週間もかかったのである。カエサル来るの噂より往々にして本人の方が速かった、とスエトンは報告している。ヨーロッパでは近代に至るまで、質的にすぐれた街道をはじめ、ローマの業績のレベルに達しなかった。

それゆえ、ヨーロッパ中世は衰弱の時代といえようか。陸上交通がそうであることはまったく疑いの余地はない。地方の新しい権力者たちは古代の大帝国の財政的な援助をもはやえることができなかった。彼らは人工の建造物に欠かせぬ永続的な維持に関心がなかった。ましてや新しい道路、橋梁、トンネルの建設についてはまったくいわずもがなである。水道橋のようなローマの大建造物が《悪魔の橋》と呼ばれた事実は、いかにも意味ありげである。人間わざではそのような物は建たない、悪魔が一夜にして建てたのだろう、というわけだ。

しかし後退だけではなかった。中世にはヨーロッパからアイスランド、グリーンランド、時には北米の一部にまで移住し、シナやインドを探検する者も現われた。一五〇〇年という中世の末期にはますます細分化が促進され、世界を変えることになるヨーロッパの海外進出も、外洋航海に耐える船の建造、航海器具の発達（ないし異文化からの受容）、教養ある船乗りの出現によって、はじめて可能になった。それに目的に向かってひたむきに努力する個人が、危険覚悟の君主や商社と手を結んで、これまで思いもよらなかった事業に挑むことができた、資本の集中も欠かせない。一四九二年のアメリカ発見をセンセーショナルな航海の発達だけで説明しようとするなら、歴史の流れを不当にとらえることになろう。全体的な発展過程を促す機運が熟すのに、技術、法律、経済や社会が一役かったからこそ、このような成功を収めることができたのである。その後の発展が並行する衰微の穴を埋めたことも稀ではなかったという事実が——旅の改善も含め——進歩を促したのである。

そもそも旅についてわれわれは何から知るのか。中世には——たいてい問わず語りではあるが——旅について個々に触れた、数知れぬほどおびただしい文献が残されている。つまり、伝記、年代記、勘定書、典礼文献、古文書、公文書、税関記録簿、橋や救貧院の建設記録、宿の亭主へのぐち、旅の王国の描写……である。これらの文献類は計り知れぬほどの価値があるが、しかし言語の点で、代表例となりうるか、という点に、また文学的素養のある著者の先入観と関心、という点に穴がある。数世紀にわたりこれらは教養階級の言語で書かれたが、彼らは古代のものとやや似たものに対して、ラテン語の語彙を用いた。一例をあげよう。〈reda〉は古典ラテン語では、四輪のぜいたくな旅行用の車を表わしたが、中世になるとアルプス以北では、二輪の荷車や輿をしばしば〈reda〉で表わした。だから、まさに四輪の車という重要な要素が欠落し、それに対しては別の語が生まれた。ぜいたくな〈reda〉でも輿でも、人はわりと楽に旅をした。一二世紀のトゥールーズで書かれた記事は、一三世紀のシュパイアーにも通用するだろうか。文学的文献には、たとえば古文書などよりずっと生きいきとした描写があるが、その代わり何がトポスなのか、偏見なのか、理想像なのかわからないことも往々ある。おまけに大方の著者は、まさにわれわれが知りたいことに関心がない。たとえば、オスナブリュックのベンノー伝では、叙任権闘争時代ローマ詣での途上司教がなめた冒険と耐乏生活について、こういっている。《この件りと当時の司教の行動を一部始終こまごまと述べようとしたら、描写はきっと長くなりわれわれの儲けはなくなろう》。

多くの著者が《事実》に対して抱いた関心はさらに少なかった。以前よりもっと楽に馬に跨れるようになったあぶみの発明や、前輪が動くようになった車の発達——回顧的な歴史家には革命のように見える事柄にも、明らかに年代記作家は知らん顔だった。少なくともそのような革新は伝承に値しないと見た。

中世の文献は写本に添えられた装飾画、印章、貨幣、彫刻によって補われる。絵による史料もそれなりの特徴がある。美術家は当時使われたありのままに、船や馬車を描くだろうか。それとも伝統的な描写法にのっとった一つの型にしか興味をもたないのだろうか。いずれにしても《人は》船を思い浮かべるのだ。文学作品中にきまり文句（たとえば聖人や悪漢やお気に入りの土地を描写するために）が出てくるように、美術作品も往々時間、場所、注文主によって違ってくる。（図書館や文書館で再三手稿本が発見されたり、上塗りの下から絵が現われるのはさておき）中世の写本、絵画、印章の数がふえることはない。それどころか破損、火災、不手際な取り扱いのため、取り返しのつかぬ損失を招くこともある。

全体として減りつつある文字文献と反対なのが、考古学上の資料である。その数と質は近年非常に高くなっており、サルベージや素材解釈の方法が精巧になったおかげで、文字文献にはめったに現われぬ領域を、数千年昔の旅の日常も含め、覗くことができるようになった。水中考古学のおかげで、今日ではしばしば古代や中世の船の外観、大きさ、積荷、技術的装備について良質の情報がえられるようになった。とはいえ、ここでも調査結果の解釈の困難なことは間々ある。一九〇三年に出土したオーセベルク船は日常的に使用することは考えないモニュメンタルな建造物であったのか、それとも他の数百隻と同じ特徴をもつものなのか。副葬品の調査結果の解釈となると、さらに困難なことが間々ある。車や船で問題となるのは、それが絵馬、すなわち奉納物なのか、子供の玩具なのか、はたまた日用品を写実的に描いたものなのか。玩具を見れば細部の注目すべき点がわかるとすれば、さらに疑問が出てくる。ひょっとして新品はまず遊び道具として試用されたのではないか。中世や古代においても、遊びや玩具は学習や技術革新のために必要だったのか。

素材がほとんど長持ちしない点も、考古学上の調査結果の解釈を困難にしている。旅にとって重要な品はたいてい消えやすい、しかも可燃性の素材でできていた。橋、家屋、車や船、時には道路の補強設備も木製だったし、衣服、地図、靴、馬勒《ばろく》、乗用馬や輓馬の馬具も布地や皮で作られていた。それらは使用中にすり減り、腐り、焼失し、洪水や難船で無に帰した。墓場で見つかるかも知れぬ部分を一つひとつ解釈しなければならないが、それは往々補足することにほかならない。このような補足作業で専門家の意見が一致するかどうか、それはまた別問題である。

I 基本と諸条件

地域と気候

⚜地域の区分け

ヨーロッパは島と半島、山脈と平野、河川と湖沼にきわめてはっきりと区分けされる。中世の盛期まで、巨大な森のおかげで、あるいはほとんどの中級山岳地帯のため通行が阻害されたこと、沼沢のため平地の旅が困難であったこと、河谷は一九世紀まではよく沼と化したため交通に適さなかったことは、地図を見てもわからない。にもかかわらず他の大陸と比較すれば、ヨーロッパは恵まれている。その平地の三分の一以上が半島と島になっているが、アジアや北米ではそれぞれ四分の一にすぎない。それゆえ、海岸への距離は平均して、全大陸中最短距離の南極地方を除けば短くなる。ヨーロッパでは海岸までの距離は平均して三四〇キロにすぎないが、アジアでは七五〇キロ、アフリカでは六七〇キロある。これは通行に便利であった。なぜならはるか近代まで、人は陸の旅より速く、またしばしば楽に水上の旅ができたからである。事情ががらりと変わったのは、ここ一世紀半の鉄道、自動車、航空機の建造以後のことである。

ヨーロッパが半島と島にはっきり区分けされていることは、自然の挑戦のように思われ、人はそれに対する解答を探した。彼らは水と親しみ、島にも移住し、穀物を栽培し地下資源を採掘するため、ボートを作った。島というものはしばしば海岸から視界内にあったので、危険の見極めがついた。それどころか干潮時に、たとえばノルマンディーの有名な巡礼地サン・ミッシェル修道院のように、歩いて渡れる島も少なくない。カレーから英国が望め、南イタリアからシチリア島が眺められ、シリアからキプロス島が見えるのは――冒険好きや迫害されている者にとって誘惑である。ギリシア＝小アジア間のエーゲ海、ユトランド半島＝南スエーデン間のバルト海には島々がつらなっているが、それはまさに〈島跳び〉に招待しているようである。河川や海岸に近い所でのわりと危険の少ない船旅でえた体験を積み重ね、補足して、時にはあえてもっと長旅をすることもあった――たいていはアイスランド・サガが報告するように、むしろ心ならずも嵐のため沖合遥かに流され、往々にして遠い無人島へと漂ったのである。中世初期にアイスランドを訪れたアイルランド出身の人びとも、おそらくそのような成行きだったのだろう。同様にアイスランドがノルウェー人によって発見されたこともありえた。つまり、この国の西部からシェトランド諸島まで、そこからフェロー諸島まで、さらにそこからアイスランドまでそれぞれ四〇〇キロほどなのである。活火山は海の旅行者にとって最大の灯光標識として歓迎された。今日でも、海抜九二六メートルのストロムボーリ火山は地中海の灯台として、夜間には一〇〇キロ以上の遠方からも見えるが、それはシチリア島とカラブリア地方の間で三角形をなすティレニア海の南東部にあって、船人の位置をはっきり知らせた。――しかしながら島々は海の旅人たちにとって役に立ったが、――海賊にとっても便利であった。海賊たちは一九世紀に至るまでイオニア海に浮かぶ島々の見通しの利かぬ入り組んだ場所を心得ており、中世におけるバルト海、北海の島の世界を巣穴として利用した。

⚜潮の干満と海流

潮の干満や海流も人間の利用できる、自然の条件に数えられる。干満による高低差はドイツ湾では二、三メートルである。河口の三角洲や海峡ではそれはもっと大きくなり、ドーバー海峡では約六メートルにも達する。組織的に利用すれば、上げ潮は二つの点で船旅の恵みとなる。つまり、潮の流れはかなりの有効速度に達するからであり、たとえばブルターニュの聖マロでは時速九キロになる。僅かな干満の差でも、たとえばゴート戦争では、六世紀当時まだアドリア海に面していたラヴェンナ市から物資の補給に利用された。相当大きな喫水の船でも上げ潮の時は、内陸深く進入することができる。中世では手頃な場所に碇を投げ落とし、引き潮の時は金のかかる港湾の設備がなくとも楽に荷下ろしできた。内陸部にある港では満ち潮の時しか寄港できないという欠点は、ほとんど干満が感じられぬ海には当てはまらない。バルト海では一日中いついかなる時も寄港できた。

海流は五〇キロから一三〇キロ以上までの幅で、かなり一定した速度でまったく規則的に同じ場所を流れている。遮るものもなく流れる時には海流の秒速は〇・二から三メートルだが、海峡ではずっと速くなる。秒速二メートルの海流の速度は何といっても、自己の漕力や帆の力を借りずに、一日優に一七〇キロを意味する。海流と有利な風のおかげで先史時代、人びとは広大な太平洋に移住できたのである。

海の彼方の国がどんなに魅惑的であっても、海流を知らなかったり、それに耐えられない者にとっては、海峡は危険である。それはおそらくメッシーナの海峡（幅三キロ）を探しに行った、オデュッセイ中有名な海の女怪スキュラとカリュブディスに当てはまるだけではない。この海峡は一八世紀まで水夫たちに恐れられていた。表面海流は一ノット（時速約二キロ）の速度があり、おまけに当地で感じられる潮の干満によってますます速くなるからである。著しい潮の干満の差のためにドーバーの海峡(幅三三キロ)は悪評が高かった。ジブラルタルの海峡(幅一四キロ)やボスポラス、ダルダネル(幅はそれぞれ〇・七、一・三キロ)を通過する際、地中海方向の海流のため不幸な結果を招いた船も少なくない。地中海では流れ込む以上に水が蒸発するので、黒海や大西洋から水を《吸い込む》(ジブラルタルの海峡の深層の逆流については、ここでは無視することができる)。

船は海流のため予定のコースからそれやすい。そのおかげで過去において心ならずも新しい国々の発見につながったのである。こうしてカブラルはまったく偶然にも一五〇〇年南米大陸のペルナムブコあたりに針路を向けたのである。なぜなら彼の船は東インドに向けて航行中、赤道潮流のためずっと西の方に押し流されてしまったのだから。

⚜気　候

ヨーロッパは北回帰線から北極圏にのびる温和な気候帯に数えられる。それは大ざっぱに見て南はカナリア諸島から北はアイスランドまでである。海は蓄熱庫の働きをし、夏は暖かく冬は穏やかで、年間を通じ温度の変動を抑える。規則的な降雨量のおかげでさまざまな植物や動物が育ち、——わりと——規則的な収穫がもたらされ、人は他の大陸に比較してより良い食物を摂取できるようになった。降水のおかげで、河旅ならほぼ一年中可能だった。とりわけまたやっかいな、人間や動物用の飲料水の貯えを携帯する必要がなかった。それに向きを変える風が河旅や海の旅に有利に作用した。もっとも歴史の流れの中で、気候に恵まれぬために人間、商品、思想の交流がもしかするととどこおったかも知れぬが、決定的な妨げになりえなかったことは、制限つきながら強調しておかねばならない。それは穏和な気候帯の境界を越えた彼方を一瞥すれば明らかである。厳冬地帯の東欧、北東ヨーロッパ、相当高温で降水量の少ない北アフリカでも旅は可能だった。それどころか降水がほとんど蒸発してしまうサハラの植物のない乾燥砂漠の旅もそうだった。人間も動物も幾千年のうちに環境に適応した。西欧人が海になじんだと同様、アラビア人たちは砂漠になじんだのだ。西暦一〇〇〇年ごろヴァイキングが遠方へ旅し、アイスランドやグリーンランドへと移住したのも、今日より暖かな気候に恵まれたからだとは、多くの資料が立証している。

ヨーロッパでの旅はまた世界中の他の多くの地域より、自然が敵意をむき出しにすることが少ないので楽だった。流氷の境界はメキシコ湾流のおかげもあって、ノルウェー＝アイスランド間ですら船の運航が危険に曝されないようにのびている。ひどい地震も稀にしか起こらず、それゆえ海底地震による都市を呑みこむような津波に至ってはもっと珍しい。南アジア、東南アジアや北米圏で、海上や陸上ですさまじく荒れ狂う熱帯性の大旋風もない。ヨーロッパでは一般に洪水が人間、家畜、交通路に及ぼす被害は、インドやシナより少ない。ヨーロッパには規則的な降水のため他の巨大地域を襲う旱魃に見舞われることもない。被害は、インドやシナより少ない。トノサマバッタは概して地中海圏ほど人間の食料に対して致命的な影響を与えない。ヨーロッパにはツェツェ蠅によって伝染され、人間の活動を麻痺させてしまう眠り病はまったくない。ハマダラ蚊によって伝染され、アルプス北部にも現われる――マラリアに対しても比較的免疫性をもっていたことは明らかである。これに対し北からの旅人は幾千となくマラリアの犠牲者となったが、皇帝ハインリヒ七世もその一人であった。場所に恵まれていることはヨーロッパを訪れる異邦人にも目についた。一四八〇年代ラオニコス・カルココンデュレスは、その歴史書の中でドイツを見てこう書いている。《周知のごとく悪い空気から生まれ、主として東部で流行し、かの地のほとんどの人の生命を奪うような病気もなく、夏や秋たいていいわれわれの所に来るような他の病気にしばしば襲われることもない。だからほとんどの国民は病気にかからずにすむ。語るに値するほどの地震もない》。

⚜季　節

春

時は四月。

夕立ちがやわらかになってきて、三月ひでりの根本までしみとおってしまう。そのおしめりの精気で花が生まれ咲いてくる。

そよ風もまた、香ばしい息を吹いて、どこの山林地にも荒野にも、柔かい新芽が枝にふいてきた。

まだ若い太陽も、春分からめぐり出して、白羊宮を半分以上もめぐってきた四月の初旬。

ナイチンゲールという小鳥は、夜中もおちおち眠らないで、美しい節回しで鳴いている。

それほどまでに、自然の力というものは、小鳥の心でさえも、やるせなく突くものか。

こんな季節になると、人々は霊廟の巡礼にあこがれて、遠い諸国の国々へ旅立つのだ。

パレスチナの聖地巡礼をする人は、海を越えて、外国へとあこがれる。


（西脇順三郎訳による）

一四世紀末チョーサーが『カンタベリー物語』の総序で語っていることは、ヨーロッパ各地の商人、兵士、使者やその他の旅人にも当てはまる。冬ごもりしていた人びとが春になると、旅立つからである。日が長くなり暖かになれば、野原の雪は融け、馬やロバなどの動物は新鮮な餌を見つける。南部では北部より春の訪れは早い。たとえばリンゴの花の虫取りだが、上部ライン地方では四月一〇日から一九日までに取りかかるのに、デンマークではそれから一か月たってようやく取りかかる。

フランクの軍隊がほとんど歩兵であった時代には、〈三月の戦場〉へと召集された。しかし七五五年以後は〈五月の戦場〉へ召集令が発せられるようになった。今や軍隊は大部分が騎馬隊となり、馬の餌がたっぷり見つかる季節になってはじめて、集合地への長旅が可能だった。教会の領域では年に二度と定められていた教会会議は、聖職者たちが集合地への途上、馬の餌がもう手に入る復活祭後の第四週目と、まだ餌が手に入る一〇月中旬に開くことになっていた。

昼の間雪や氷が融け、人も馬も車もぬかるみ深くはまる初春の道路は、特に通行困難である。この時期は一か八か賭ける男にとっては挑発を意味した。怠惰な競争相手や石橋を叩いて渡るような商売敵が、霜や洪水や人馬の食料を心配してまだ家にとどまっている時期に旅立つ時、リスク覚悟の商人の目にはぼろ儲けがちらついたからである。というのも市場に一番先に店を出す商人を、お客さんは切に待ち焦がれたのである。数か月間雪と氷のため外界と遮断された人は、のどから手の出るような品物をなによりも欲しがり、少したって供給がふえる時期より高い値段を喜んで払った。

春になるとほぼ日ごとに旅の条件は良くなる。陽が高く登り日照時間ものびたため道路は乾き、低い峠はまたどうやら通れるようになり、かなり高い地方では雪も融けて船旅に足りる水かさとなる。規則的に吹く春風はヴァイキングによって利用された。彼らは八〇〇年ごろから毎年強い東風や北東風に乗ってノルウェーから英国に侵入し、秋には強い西風を帆にはらませて故郷に帰って来たのである。

晩春や初夏は恰好の祝祭の時期であった。ヴェネチアのはずれでは少なくとも一三一一年から毎年昇天の祝日に、〈ブチントロ〉（訳者注、ヴェネチアの総督が祝祭の時乗る御座船）の賑やかな出立と、ヴェネチア総督と海との象徴的な結婚を祝ってきた。ドイツでは大きな祝祭は聖霊降臨祭に祝うのを好んだ。九六五年にはオットー大帝が、一〇〇七年にはハインリヒ二世が、一一八四年にはフリードリヒ赤髯王が、ケルンやマインツで祭り仲間を大勢周囲に集めた。この時期にはまた上流の士がテントの《町》に泊まることを期待できた。天気は崩れないと思われたが、一一八四年のマインツにおけるように、祝祭が思いがけぬ突然の嵐によって中断したような例外もなくはなかった。

夏

旅行シーズンはなんといっても夏であった。日は長くなり、中央ヨーロッパでは旅人は冬より六時間も余計使えた。市場にはさまざまな食料がわりと安く出回った。夏かまだ秋のはじめ戸外で泊まれたら、それは最高だ。春には雪崩の危険のために冬よりもっと危険だったアルプスやピレネー山脈の峠道は、今やたいてい通れるようになった。

アイスランドでは年に二週間島の南西部で会議を行なう議会《アルシング》、つまり立法の集いが召集される。これに多くの住民が一四日間かそれ以上かけてやって来た。南部地方では今は旅が苦痛となることもあった。イスラムの旅行者イブン・バットゥータについてはいずれ詳しくご紹介するが、一四世紀半ばの彼の目には、南ロシアで人が真昼の炎暑を避けて、むしろ午前中や夕方旅することの方が奇異に映った。そして夏にはマラリアをうつす蚊が増える。ドイツ人のイタリア旅行者の中で、蚊のために戦争や私闘や襲撃をひっくるめたよりもっと多くの犠牲者が出たようだ。

地中海、インド洋、大西洋の船旅は規則的な風に恵まれる。エーゲ海やクレタ島上空には熱い空気が立ちこめ、それを追って冷気が北から吹いてくる。これによって起こる北西と北からの季節風は強度六ないし七（秒速一四―一七メートル）に達するが、夕方には大体なぐ。『オデュッセイ』によれば、オデュッセウスは九昼夜この風に流され、ペロポネソス半島の南、キテラ島からチュニジアのドゥシェルバにたどり着いたのである。後には例の風によって船はローマからアレクサンドリアまで航行したが、かの地で首都ローマをまかなう穀物を積み込むためである。もっと後になると、マルセーユ、ジェノバ、ピサ、ヴェネチアで乗船する聖地エルサレム巡礼者や十字軍の船も、同じ航路をたどった。九月、一〇月になれば、サハラ砂漠からしばしば一か月にもわたって吹いてくる、シロッコの熱風に吹かれて帰ってくることもできた。七月には、少なくとも紀元後一世紀以来知られ利用された南東の貿易風を帆にはらませて、船はアフリカ北東海岸から数週間でインドに向かった。一月になると今度は北東のモンスーンに乗って同じ航路を戻って来た。中世末期このかた大西洋航路は七月の北東の季節風を、アメリカから欧州への急行帰国便として利用した。

季節風、モンスーン、貿易風のような広域にわたる風ばかりでなく、日中大気が暖かな大地の上空で温まって上昇するため生じる気流も航海に役立った。すなわち夕方になると海風は内陸に向かって吹くのである。するとテヴェレ河ではローマ行きの船が帆を張り、今まで長い綱で船を引っぱっていた牡牛や人足たちの負担が軽くなる。

規則的な風に頼る者は例外も考慮しなければならない。いかに経験をつみ注意深く広範囲にわたって気象を観測したところで、登山家や帆船が天候の急変に見舞われることは今日でも稀ではない。昔も旅人たちはこのような危険にさらされていたのである。

秋

陸の旅人は秋になると、二、三の状況によって恵まれていると感じた。日はまだ長く、陽気も野宿できるほど暖かだし、道も乾き、高山の道でも夏の陽ざしで雪が融けたからである。大勢の人びとが取り入れや葡萄摘みの仕事をしていたし、まだ羊飼いたちも彼らの群れとともに外にいたので、道路はかなり安全だった。だから、たとえばシトー会が九月に総会を招集したのも納得がゆく。

取り入れを終ったばかりの収穫のために、食料品の値段は下った。いざという時には野生の実や青物で暫くはしのぐこともできた。長途の旅には携帯用の食料として高く評価されている、クルミやブナの実を集めることができた。それらは栄養があり（重要性についていえば、ハシバミの実はバターとほとんど同じカロリーを含んでいる）、ヴィタミンや微量栄養素に富んでいることは今日われわれの知るところである。

しかし秋の旅のいい点は往々にして、敵軍が相手方を交渉のテーブルにつかせるため、まさにこの時期に田舎で兵糧を調達したり、取り立ての収穫を台なしにしようとすることで帳消しにされる。

冬

遅くとも一一月には旅人は雨を、またしばしば霜さえ考慮しなければならなかった。道は固く凍らずぬかるんだ。金持ちの旅人はこのころ、目的地からまだだいぶ離れている時に冬場の野営を張った。場合によっては、悪天候も病気も旅を中止する理由と認めないこともあった。トゥールのグレゴアールによれば、六世紀のフランク王シルデベールは領国内の司教たちに、一一月半ばヴェルダンに集まるよう命じた。同地で反逆の廉で訴えられた同僚の司教を裁けというのである。《そのころ雨が激しく降り、水かさがひどく増し、寒気は耐えられぬほどで、道は泥んこだし、河は岸辺を越えてあふれた。しかしみな王命には逆らえなかった》。一〇二五年のこと、さる司教が病気ということで会議の出席を断った時、病床に寝たままでも会議の地へ運ばれることはできようにと宣告された。

地中海地方では彼岸嵐と冬嵐がこわかった。九月中旬から一一月一〇日まで船旅は不確実だがまだ航海できるとされ、それ以後海は三月一〇日まで航行不能だった。危険を冒したくない者は五月二六日から九月一四日までに旅をした。この貴重な体験によって、西暦八〇〇年カール大帝が使節団を春になってようやく、エルサレムから出立させたことが納得できる。急報も季節が悪いため数か月遅らすことさえあった。一六世紀になってもスペインのフェリペ二世は外交上の通信の処理に多くの時間を費した。ヴァレンシアやバルセロナの急使が、冬嵐に逆らってまであえて航海しようという便船を見つけられぬ時、ピレネー山脈やアルプスの峠道が雪で数か月も通れぬ時、なんで急がねばならぬのか、というわけだ。

冬場の地中海の船旅は、おそらく北海や大西洋のそれより危険が少なかったであろう。かの地の海では潮の干満のため嵐の破壊力が強まったからである。にもかかわらず北海の船旅は聖マルチン祭（一一月一一日）にやっと終り、二月二日（バルト海では二二日）にはや再開された。北の船乗りたちが地中海圏の仲間より冒険好きなことは明白である。しかしながら地中海圏でも時には冬場に船旅をしたこと、中世後期以後はよくしたことは特に強調しておこう。

船旅を一時的に中止するのは幾つかの理由から得策だった。冬嵐は人間や物資にとって大きな危険を意味した。どうしても旅に出ざるをえない人はこの時期には概して、海路より陸路を行く方が早く遠くに行けた。というのもこの時期に一定の方角からの風を計算に入れることはできなかったからである。

それをみずから体験したのは宣教師で、後のアイヒシュテット司教ヴィリバルトと、ハインリヒ七世であった。前者は七二六年テュルスからコンスタンチノープルまで船で三か月以上かかったし、後者は一三一二年ジェノバからピサまで僅かな距離に船で一九日（二月一六日から三月六日）を要した。

船は風や時化《しけ》に耐えるため、オーバーホールされねばならなかった。が、それは仕事が少なく、それに応じて賃銀の安い冬に、そのつど母港でいとも簡単に行なわれた。気温が低かったり雨降りの場合、地中海圏でも野宿は問題にならぬことはさておき、海で嵐に襲われる時期にはもうたやすく上陸できないことも、冬の船旅にとって不利だった。

北海地方では冬はしばしば文字通り一夜にしてやって来るし、ましてバルト海地方においておやである。それが旅人にとって何を意味するかは、グレティル・サガに明らかである。湾や一般に港のある河口が凍れば、船旅は中止になる。低温と少ない動きと水中の塩分が低いため氷結がはやまる。平均して大洋はことごとく三五パーミルの塩分を含むが、北海とバルト海では三〇ないし八パーミルであり、（スエーデン＝フィンランド間の）ボスニア湾に至っては一パーミルにすぎない。従って海も冬場は凍り、フィンランド湾やボスニア湾では平均五か月の長きにわたって氷結する。今日でもこのあたりの狭い航路は、必要とあらば強力な砕氷船によって確保しておくことがある。

それゆえヨーロッパ西部では、人も馬も河を渡る際に生命にかかわる風邪をひきかねないので、旅行シーズンは晩秋で終った。異常なことは当り前の事よりいち早く、もろもろの文献の記録にとどめられる。一〇世紀のものでは、アウクスブルクのウルリヒ伝がある奇蹟について報告しているが、奇蹟というものを決して当てにしてはならなかった。ある日ウルリヒ司教は馬でレヒ河の支流を渡らねばならなかった。お供の者どもはヘレヴィヒ某を除き、洪水のために近道の浅瀬を思い切って渡ろうとする人はおらず、渡河するのにもっと適した場所を探した。これに対してウルリヒはためらうことなく馬で河の中を乗り切った。《季節は冬だったので、彼はフェルト靴を履いて寒気をしのいだ。一行が河を渡り切った時、ヘレヴィヒは司教より大きな馬に乗っていたが、革帯までずぶ濡れであった。彼が司教の服も濡れているかと見やれば、靴には濡れた羽毛一本すら見ることができなかった》。この奇蹟に驚いたが、ウルリヒはお供の男に自分が――ウルリヒが――生きている間、《お前が見たことを他人に語ってはならぬ》と禁じた。

多くの集落は冬になると、車のついた乗物がぬかるみの道と緩んだ雪の中に沈んでしまうので、外界から閉ざされた。西ヨーロッパでは衣類も装備も総じてこの時期の旅には適さなかった。おまけにたいていの人が栄養不足で、皮膚に脂がついていないと人はすぐ凍え出し、凍瘡にかかってかゆみのために夜も眠れなくなる。

やむをえない時、とりわけ商人と戦士が創意を発揮し、融通のきくところを見せる。八六〇年フルダの年代記は野の実や木の実の腐りやすい冬のことを記している。イオニア海ですら厚い氷の層に覆われた時、商人たちは品物を馬や車に積み込んで、ヴェネチアまで向かった由。それからほぼ半世紀後、戦士たちは反乱のあいだ戦略上重要な山の守りをただちに固めるべく、冬の寒さもものかわ天幕や急ごしらえの山小屋に野営した。

きまりきった冬の旅の形式を不可能にするすべての事情も、装備と衣類できちんと身を固める術を心得た者にとっては、別の形式で恵みとなった。ヨーロッパでは大河や海洋はメキシコ湾流から遠ざかれば遠ざかるほど、結氷期間は長くなる。ライン河は数日ないし数週間、ワルシャワ近郊を流れるビスワ河になるともう二か月となり、ネヴァ河はレニングラード近郊で、またヴォルガ河はカザン市のあたりでおよそ五か月氷結する。それはまさにボスニア湾やフィンランド湾と同じ長さである。この点旅人にとって有利な点と不利な点がある。国内航路や海洋航路は欠航せざるをえないが、海、大河、沼はもはや障害とはならない。四〇六年の冬ヴァンダル人が凍ったライン河を渡った時、民族移動のあいだにローマに編入されたケルト人、ゲルマン人はそれを思い知らされた。五〇〇年後ハインリヒ一世が季節の利点を利用するまで、ブレンナボール城でわが身安全と思い込んでいたスラブ人も似たような経験をしないわけにはゆかなかった。沼になった低地は夏には理想的な防御となったが、九二八年から九年にかけての冬、厚い氷層に覆われた。ザクセン軍は楽々と進軍し当の城を占領したのである。――一三二三年にはバルト海が氷結し、カッテガト海峡でも再三氷結したので、デンマークやドイツからスエーデンへ歩いて渡ることができた。

霜は秋にはまだ柔らかだった道を固め、氷は重い乗物にすら耐える。冬場ヨーロッパはほとんどすっぽり雪に埋まる。この積雪はでこぼこをならし、冬季の乗物にとって恰好の通行条件となるので、建築用材や長丸太のような大量生産品さえ輸送することができる。北欧と東欧の住人は炎暑の砂漠地帯の人びと同様、風土環境に慣れる。彼らは与えられた寒気と雪という長所を利用して、さまざまの有用な道具を発達させた。つまり、スキー、雪靴（遅くとも一〇世紀以来スカンジナヴィアで）、スケート靴（獣骨製の滑走板のついた）と橇《そり》である。ルネッサンス以来ドイツで使われた豪華な橇の先駆ともいうべき橇が、葬送船オーセベルクの中で見つかった。橇は冬使われるだけでなく、たとえば滑走板に油脂を塗ったり、水で濡らしたりして抵抗を少なくするよう心がける限り、湿原、泥んこ道や固い地盤の上さえ引っぱることができる。寒気で滑走板に付着した水は氷となり、摩擦の抵抗がへり、僅かな牽引力で間に合うようになる。橇は――車のついた乗物と異なり――、舵《かじ》なしの場合特に好まれた。

ノヴゴロドでは夏の旅人（春や秋に出発したり到着する）と、冬の旅人で違いがある。後者は秋の船旅シーズンが終らぬうちに海路で、もしくは初雪が降った後陸路でノヴゴロドへやって来た。そして春になると、雪の降り納めか船旅の開始とともにまた帰郷したのである。冬に旅行する限り、彼らは簡単な犬橇で十分だった。買い物したい人は衣類と現金でことたりた。ほかの荷物はいらなかった。

積雪は地所の境界、街道と耕地の境界を消してしまうので、〈田畑を横切って〉歩くことができる。それどころか雪靴をはけば、雪の下の苗を傷めることなく柔らかな雪の上を歩くこともできる。雪に印された足跡は楽に見分けられるので、冬は野獣や人間も追跡しやすい。人は――住まいや家財を焼失して――生活の基盤を失うと、何の保護も受けられず追跡者の手に引き渡された。ラトヴィアのハインリヒは一三世紀初頭ヨーロッパの《巡礼たち》（十字軍戦士）が、毎年、当時まだ異教徒だったバルト諸国の住民に対して企てた追跡行について叙している。情容赦のない追跡のあげく、異教徒の男どもは剣によって打ち首にされ、女子供は餓死や凍死か――奴隷に売りとばされる目に合った。

乗用、輓曳用、荷物運搬用の動物

中世の旅人はさまざまな任務と気候に応じ、乗用と輓曳用の動物を自由に使うことができた。最も重要なものをここにあげよう。

ロバは温暖なアラビアや北アフリカの原産である。ロバはすでに紀元前四世紀には飼い馴らされていたらしく、同三世紀には隊商の動物として出てくる。地中海圏以外にもアルプス北部の寒冷地方や極東でも好まれ広まった。ロバの有利な理由を幾つかあげる。ロバは無欲だし（アザミや麦藁を食って生きられる）、山岳で身につけたしっかりした足取りをしているので、多くの地方で馬より愛された。また馬より小さいので乗りやすかった。ロバはまず荷物運びと乗用に利用され、輓曳用としてはあまり使われなかった。ラクダに積めるほぼ半分の一五〇キロの荷を運べるので、大人が幾つかの荷物とともにロバに乗って行くことができる。聖書の中やキリスト教の著作では馬からしばしば贅沢、思い上り、戦争が連想されるのに、ロバからは謙虚とつつましやかさが思い浮かぶ。イエスがロバに乗ってエルサレムへ入城したので、真剣にイエスにならおうとする人びとにとっても、ロバは乗用動物として問題になる。クサンテンのノルベルトや他の清貧運動信奉者たちは、徒歩で行けない場合、ロバに乗って出かけた。

バットゥータの観察によれば、インドではロバに乗るのは、恥ずべきことと思われた。

馬は、ロバより速くかつ強い最後の重要な輓曳用、荷物運搬用動物として、遅くとも前三世紀末に家畜化された。それはひょっとすると西欧、南西アジア、モンゴル同じころかも知れない。馬はことに乗用と輓曳用に適し、きちんと馬具をつければ、一〇〇〇キロ以上曳っぱることができる。荷馬として運べるのはロバよりやや多いくらいだ(一七〇キロ)。ゲルマン初期の馬は——モンゴル馬と同じく——おそらく今日の馬より相当小さかった(馬高一六〇センチはなく一三〇センチくらいか)。一三世紀のザクセン法鑑《シュピーゲル》は男子の完全な遺言作成能力は、《一エレ》(ほぼ四〇センチ)の〈踏み石〉から、他人の手を借りず馬に乗れるかどうか次第と定めている。五世紀から一一世紀にかけて、西欧では馬はむしろ稀だった。六世紀にラテン語から借用した〈馬〉が、〈郵便馬〉から派生しているのは注意すべき事実である。中世も盛期になると組織的な飼育のおかげで、とりわけイスラム色の濃い東洋で軍馬がいつでも使えるようになったが、西洋でも事情は同じだった。走力と反応の速さと、鎧兜に身を固めた騎士を運べる強靱さである。種馬は重要な《軍需品》と見なされたので、敵となるかも知れぬ国々への輸出は繰り返し禁止された(カロリング朝ではたとえば七八一年と八六四年、当時この手の禁令は現在ほどには効を奏さなかった)。数十年に及ぶザクセンの反乱軍の抵抗力が著しく弱まったのは、フランク国の王たちが彼らに毎年馬を差し出すよう強いたせいもある(七五八年以後ザクセン人はこれまで通常五〇〇頭だった牝牛の貢ぎ物の代わりに、年間三〇〇頭の馬をフランク人に供給しなければならなかった)。暫くするうち市民層も飼育のおかげを蒙ったので、馬は——さらに広まったこともあって——次第に貴族の乗用動物の性格を失っていった。馬の利点で重要なのは次の通りである。より良い馬具と蹄鉄の打ちつけといった——技術的改良のため、車や農具の牽引用に多くの力を投入することが可能になったこと。中世の

ハインリヒ七世のローマ遠征，輜重隊． 輓曳馬は轅（ながえ）につながれている．その前に補助馬が一頭引き革でつながれている．どこでも山越えの時は車に補助馬を追加してつなぐのである．

盛期に住民が増加したのは、農業に馬を投入したのと深い関係があったろう。高い収穫高を約束するローム質の土も今では耕されるようになった。馬の飼育はカラスムギ栽培による三圃式農業の恩恵もうけた。馬は牡牛はいうに及ばず、ロバより足が速いので、乗用、輓曳用としてより速く旅人を運べた。また、以前より大量供給が可能になったため急成長した諸都市へ、腐りやすい品（たとえば魚、野菜）をかなり遠くの郊外から運搬できたことは、長い目で見ればもっと重要だった。

馬の不利な点。農業や交通用には全体として株が上がったにもかかわらず、馬は近代に至るまで依然として優遇され贅沢な乗用動物であったこと。乗用動物として馬は貴族、騎士、司教のステイタスシンボルであった。一二二八年その会憲の中で、《われわれの修道士》はおのれの車、おのれの馬をもつべからず、また他人の馬を家に預かるべからずと定めたのは、いかにもドミニコ修道会士らしい。食料という点で、馬は人間の重大な競争相手だったこと。馬はロバより欲深く、下層民の常食として欠かせぬカラスムギをがつがつと食らった。中世において大多数の人びとはパンどころではなく、せいぜい奮発してカラスムギの程度だった。ことに中欧の馬は餌についてうるさかった。一三世紀中ごろカルピーニはモンゴル旅行の途上キエフで、自分の馬はそこに預けモンゴル馬に乗り換えるよう忠告されている。この馬だけは雪の下を引っかいても餌をあさることができる、というのである。

飼育の成功にはいつの時代にも欠点はある。ぬかりなく飼育した動物というものは概して病気にかかりやすいのである。七九一年フランク人がアヴァール遠征に失敗したのも、ほとんどの乗用馬が病気に斃《たお》れたからだった。アベラールは落馬して頸の骨を折ったし、クサンテンのノルベルトは落馬してから《新しい生活》へと転向した。最後に日々の糧も馬鹿にできない。ふんぞり返って馬で旅する人は、馬の出費（カラスムギ、干草、厩舎、橋の通行料など）が、少なくとも自分の食費、宿代などとどっこいどっこいになることを覚悟しなければならない。たしかに彼は歩行者より速く進める。しかし金持ちと思われ、貧者に対する特典（たとえば修道院宿泊施設での無料の宿り）を要求することはできなかった。

ラバ（牡ロバと牝馬の後裔）と、駃騠《ケッテイ》（牝ロバと牡馬の交配による雑種）は、逞しい荷物運搬用動物である。ラバは駃騠より大きく、かつ強い。ラバは馬同様力もちだが、ロバのように無欲で、忍耐強く、病気に対して抵抗力もある。一生の労働時間、重労働に対する忍耐力、重荷を負った荷馬として道もないような山国の困難な小径でのしっかりした足取りについては、馬を凌いでいる。一六二三年ハイデルベルク大学図書館に納められた有名なパラティーナ文庫は、ラバの一隊に積まれてローマへ運ばれた。そのしっかりした足取りのために、ラバは今日なお西ドイツ連邦国防軍の山岳隊で高く買われている。

ラクダ――ラクダといっても西アジア、南アジア、北アフリカによくいるヒトコブラクダと、ことに中央アジアに広まっているフタコブラクダを区別しなくてはならない。ラクダは極端な生活環境にはまさにうってつけで、人の嫌う乾燥地帯や熱帯への旅には乗用動物や荷運び用の動物として、ほかに類を見ないほど適している。棘のある固い砂漠の植物を食って生きる点はロバより優れている。何日間かは餌なしで、いざとなれば一週間は水も飲まずにしのげる。ラクダは途中、自身のコブの中に貯えられた水と脂肪を摂って命をつなぐ。ラクダは人間に乳、毛、肉を供給し、さらに乾いた糞は貴重な燃料となる。体温が一日のうち七度ほど上ることもあるが、その時ラクダはごく僅かの水を汗として出す。暑さ寒さは皮の柔らかな下毛によって守られる。足の裏の胼胝《たこ》のおかげでラクダは砂漠地帯の炎熱から守られ、石のごろごろした地方の固い小径でもじっと歩くことができる。こんな能力とよろよろした歩みぶりが、ラクダに対して〈砂漠の船〉なる名称が奉られたゆえんである。

ラクダは紀元前二世紀以来飼い馴らされたようだ。ラクダの隊商は前一一〇〇年ごろから文献中に現われる。乗用動物や運搬用動物として、ラクダは民生用にも軍事用にも同じように適している。ラクダがいなかったら、隊商がサハラ砂漠やシナ＝ビザンチン間の奥深い中央アジアを横断することは不可能だったろう。負荷能力、忍耐力、その他の利点に関していえば、ラクダは馬、ロバ、ラバより明らかに優れている。ラクダは一日に一五〇キロを進むことができ、荷は二七〇キロまで運ぶことができる。それは足の速いラクダを使えば一〇日でカイロからメッカまで（直線距離一三〇〇キロ）行くことができる、とのバットゥータの申し立てと一致する。

なるほどラクダはアラブ人によってスペインやシチリア島にもたらされたし、メロヴィング朝時代のガリアにも投入された。しかしながら、ロバや馬とは異なり、ヨーロッパでは正式に定着しなかった。

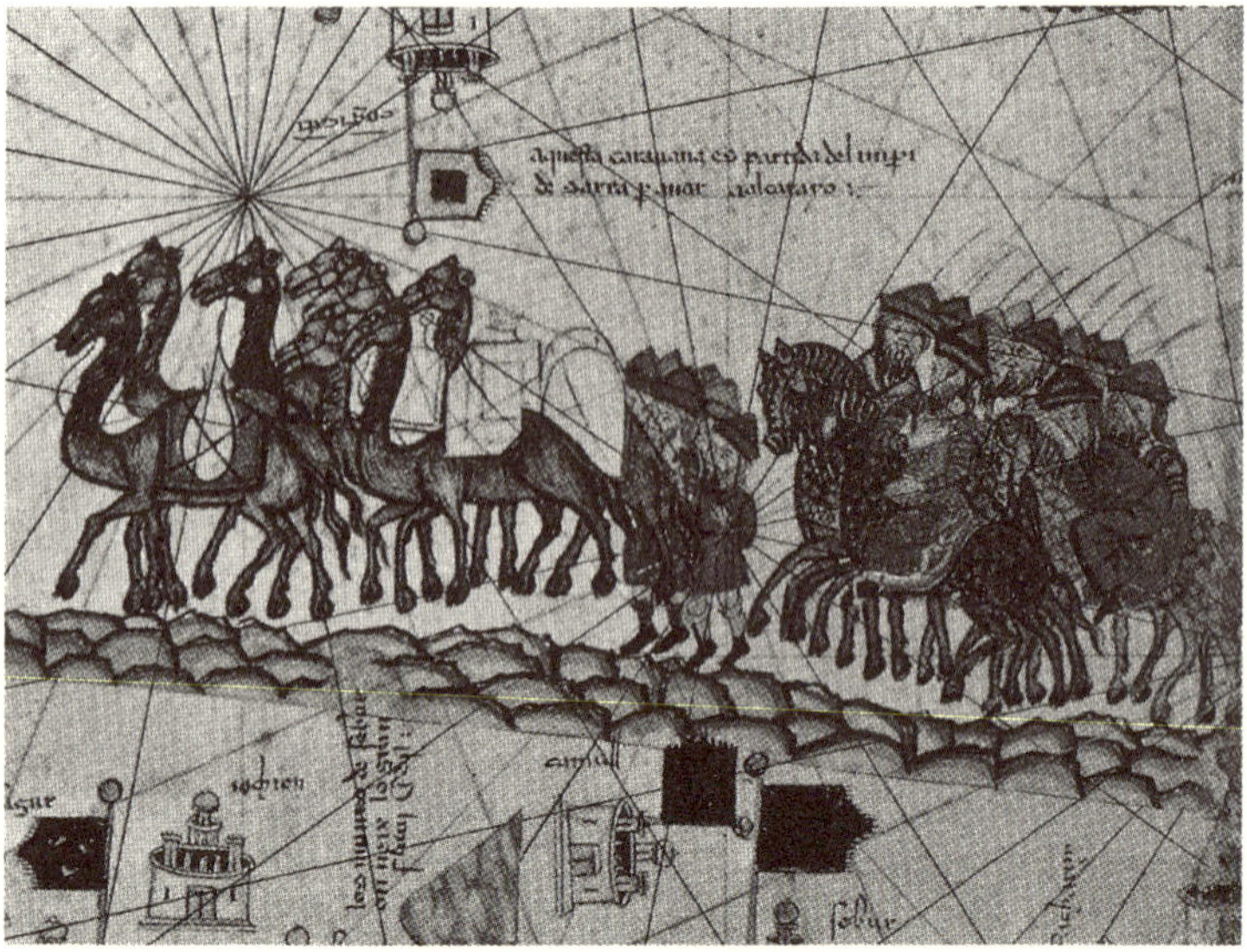

シルクロードの新疆におけるラクダの隊商　1375年のカタロニア世界地図集の一面.

皇帝フリードリヒ二世は帝国内の旅行のさい、この異国風のお伴を連れて注目を浴びることを好んだ。一二三五年彼はイタリアでは未知の動物を連れて行った。つまり、象一頭、数頭のヒトコブラクダとフタコブラクダ、豹、シロハヤブサと灰鷹である。コルマール年代記は皇帝がライン峡谷を《一群のラクダを連れて》行列したと伝えている。六年後彼はヴェローナにあるサン・ツェノ修道院に招かれたが、象一頭、ラクダ二四頭、豹五匹を連れて行って、主人側の顰蹙《ひんしゅく》を買った。

象は、ヨーロッパ中世ではラクダよりもっと珍しいが、この動物は、馬、ロバ、ラバより鈍重である。象は人間を数人運べるので、バットゥータの報告によれば、インドでは戦争に使われた。カリフのハルンは東洋の君主のステイタスシンボルとしてアブル・アバスという名の象を、カール大帝に贈った。この象は事実また八〇二年の夏アーヘンの宮廷に無事到着し、人びとを驚かせた。

牡牛は、中世では車や農具の輓曳用として、もっとも普及した動物であった。牡牛は疑いなく今日よりずっと図体が小さく虚弱だったので、その輓曳動物としての評価は難しい。畜産家が牛に対して馬同様の注意を払ったのは、ずっと後世になってからである。牡牛はたいてい二頭ずつ左右か前後につなげば、引っぱりやすいし、見張りも楽である。彼らは歩みはのろいし、忍耐力も馬よりずっと劣る。ということは、日に一五キロ以上歩むことを期待できないのである。アインハルトはカール大帝伝の中で、メロヴィング家最後の王を嘲笑している。彼は余りにも貧乏で、奮発しても貴族の馬を買うことができなかった。《彼はどこへ行くにも一連の牡牛につながれ、牛飼いが百姓風に御した車に乗って出かけた。こうして彼は宮殿にも、帝国のために毎年集う国民会議にも牛車に乗って出かけ、そしてまた戻って来た》。嘲笑と憐れみのまじった調子で第一次十字軍の年代記作家ノジャンのギベールは、多くの従軍者がなんとそっけない準備しかしなかったか、また彼らが遠い道のりにどんな錯覚を覚えたかを報告している。《あなたはこの機会にまことに驚くべき、そして実に微笑ましい光景を見ることができよう。貧乏人たちは牡牛の蹄に馬のような鉄を打ちつけ、それに二輪車をつなぎ、ごく僅かな貯えと子供たちを乗せて引っぱって行った。子供たちは城や町が目に入るや、あれが目ざすエルサレムなのかと、真顔で問うのだった》。これらの記述から、牡牛は西洋では二〇世紀に至るまで輓曳動物として、《小者》にとって欠くべからざるものだった事実を忘れてはならない。それなくしては、ヨーロッパが農業上の業績をあげることは不可能だったろう。

まあまあ通れる街道や道がない限り、人間や物資の輸送は荷物運搬用動物に頼った——高山用にはそれはヨーロッパでも一九世紀まで当てはまった。これらの動物はしばしば非常に狭い小径でも確実でしっかりした足取りで歩きながら、忍耐力、無欲、大きな運搬能力、と固い蹄をもっていた。ラバと駃騠《ケッティ》は山岳の駄載用として他の動物より好まれた。それに負わせられる重量《ラスト》は各地で計量単位となった（一ラストとは地方によりかなりずれがあるが、約一五〇キロ）。牡牛はたとえ馬二頭の運搬分を車で引くことができるとしても、山岳駄載用動物の方が平地でも牛車より経済的だった。というのは文字通り牛歩のために、牛追いの手間賃と食い扶持と牛の餌代が、遠距離の場合決して馬鹿にならなかったからである。山岳駄載用動物を使うのに不利な理由が幾つかある。やむをえぬ場合、僅かな荷物なら泳いで河を渡れるが、動物と積荷が危険に曝されること。荷を積んだ車なら夕方止めておいて、朝また一緒に出発できるのに、こちらは手間暇かかること。駄載用動物は一日の旅が終われば、人はどんなに疲れていようと荷を下ろして、餌を与え飲み物もやり、翌朝はまた改めて荷を積み込まねばならないのである。その際動物がバランスを失わぬよう、荷物を均等に分ける配慮が必要である。フランシスコ派の僧ギヨーム・ド・リュブリキもモンゴルの汗《ハン》のもとに赴く旅で、そのような事を考えた。一二五三年彼はクリムに到着するや、荷物の運搬方法について決断を迫られた。コンスタンチノープルから来た商人たちは、それなら荷崩れもしないからと、ロシアで皮を運ぶのに使う幌馬車風の車の長所を彼に説きふせた。リュブリキはこの忠告に従ったことを、ほぞをかみながら回顧している。最初の長丁場を彼は数頭の牡牛に引かれた車を使って二か月かかった。荷馬なら同じ距離を半分の時間で進んだろうに、というのである。

荷物運搬人たち――おそらく戦争の捕虜か奴隷であったろうが、彼らも中世の不本意な旅人であった――は道なき高山地帯でさしも器用な駄載動物さえお手上げの時も、出動を求められたのである。〈奴隷〉の語は〈スラブ〉から派生している。スラブ地方で囚われ人となった奴隷たちは中世初期、ヴェルダンを経てイスラム化したスペインへ取り引きされた。《もっと有利に》連中を使おうと、東欧諸国から皮な

エジプトへの逃避　オータン大聖堂（1120—30年）の柱頭．聖家族に敬意を表するため，金持ちの衣裳を着けて描かれている．ロバの皮具には精巧な細工が施されている．

どの荷を、彼らに背負わせた。クレモナのリウトプラントがオットー一世の命をうけ、ビザンチンの皇帝に贈り物としたような貴重な奴隷たちは、もちろん途中で他の《品物》同様慎重に扱われたろう。一〇世紀初頭上部オーストリア、ドナウ河畔のラッフェルシュテッテンの税関判例集で《奴隷、馬、牛、その他の乗り物》について触れている。この規定から判断すれば、人は時に荷物運搬用動物に積む荷物の四分の一を運んだ。

たとえば十字軍のようにいざとなれば、上にあげた動物以外に羊でも山羊でも荷獣として利用した。これらはどっちみち生きた肉の貯えとして携行していき、徐々に屠殺したので、荷獣としてもうってつけだった。旅の辛苦のため、動物たちの肉と脂肪の貯えが消耗されるにつれ、儲けももちろん減った。——最後になったが北欧や東欧では犬が軽い方の橇を、半ば家畜化されたトナカイが重い方の橇を引いた。

馬の乗り方について注釈を一つ。婦人はどのように馬に乗ったのか。オータンのさる柱頭は、エジプトへの逃避の途上の聖家族を描いている。ヨーゼフがロバを引き、幼な子イエスを腕に抱いた聖母が女乗りでロバの背に座っている。モンゴルでのリュブリキも観察しているように、女性風の横掛けが礼儀作法にかなっていると見なされる。《つまり、かの地の婦人連は男のように両股をひろげて馬に跨っている》。婦人は公の場で、股をひろげた姿を見せてはならなかった。そんな振舞いはヨーロッパでは二〇世紀に至るまで無作法と思われていた。しかし婦人連は実際に女乗りでしか乗らなかったのか。馬やロバは股の圧力の代わりに鞭がくると、それほど御しやすくなくなるものだ。側対歩で歩むどの馬も温和なので堅い木製の婦人用鞍をつけるのを喜ぶとは限らないし、どの婦人も遠乗りする時、そのような鞍が手に入るとは限らない。安全性が問題となる時、西洋でも礼儀作法の問題は無視されたのだろう。ハインリヒ七世のローマ行の絵入り年代記によれば、王妃はいずれにしてもアルプス山中《男乗り》で跨って行ったのである。

船の旅、陸の旅

⚜陸の往来

ローマ帝国の全盛期、ローマ広場の黄金里程標からほぼ五〇〇〇キロの街道が走っていた。多くのヨーロッパ諸国がこれと肩を並べる立派な道路網をもつようになったのは、一八世紀になってからのことである。ローマ人の街道がなんと理想的に見えたか、プルタークが叙している。道路の建設に当たってガイウス・グラックスが、有用性と美と快適性に心をくばっていた。《街道は国土をまっすぐ通り抜けた。削った石を敷いたり砂を盛った街道は、その後しっかり踏み固められた。くぼみは埋められた。急流や峡谷が国土を貫くところには橋を架けた。両岸を同じ高さにしたので、橋全体が均整のとれた嬉しい見物となった》。里程標は距離を示した。街道の両側にところどころ置かれた踏み石は、騎士が人手を借りず楽に馬に乗れるようにしたものである。

これらの道路の建設にはいくばくかの軍隊が犠牲となったのだが、国内線の利点は存分に味わうことができた。ローマの軍団はライン河からいち早くドナウ河やユーフラテス河に移動した。これらの道路は市民の通行のために建設されたのではなかった。車や輓曳動物にも適さなかった。なぜなら道の表面は濡れるとつるつる滑り、動物は足が滑りやすくなり、蹄鉄を打っていない蹄は傷みが早くなるからである。そのほかの欠点は民族大移動中に明らかになった。国境の保塁がいったん敵の手に落ちるや、侵入者たちは街道を通ってあっという間に帝国内部へ入ってしまうのだ。それゆえ、古代後期、(ガリア、イタリア、スペインの内部でなく)辺境地域ではローマ人街道を仮想敵の侵入口としてしばしば破壊させたり、石切り場として利用した。農場は街道から離れて作られ、農場間は新たに生まれた道路網によって互いに結ばれた。国土は街道で測量されるので、ローマ人街道はしばしば国境《リーメス》として役立った(limes《リーメス》には〈国境〉と〈道〉の二つの意味がある)。英国の古いローマ人街道の一つ、ワトリング・ストリートは、アルフレッド大王の帝国とデンマーク王グトルムの帝国の境となっている。

　中世初期の帝国で聖と俗の権力者と商人は道路建設には冷淡なくせに、整備された交通網には関心を寄せた。そうなった暁にこそ秩序や統治が維持でき、よい考えや商品も広まるのであった。しかし、戦士、伝道者、贅沢品を扱う遠方商人は、人や乗用動物が通れる所なら狭い道をものともせず外へ出かけた。フルダの修道院長シュトゥルミは八世紀ロバに乗って、フルダ地方の道なき砂漠を通って行った。彼は毎晩木を切り倒し、それでロバを野獣から守る垣根を作らねばならなかった。このような道路事情を目の当りにすると、いい道があるかないかは論外で、道はついているかどうかお構いなしに――とにかくある場所から別の場所へ行くことが許されるというだけで、たいていの旅人は充分だった。

　公文書、年鑑、年代記の日付と地名をたよりに、君主のルート地図が正確に復元されることはよくある。それでもなおかつ道の正確な延び具合や状態についてわからない点は多い。古道路研究にはまだかなり欠陥《あな》がある。土地に付けられた跡は、耕地名、休み場所や宿屋の印、考古学の遺跡、古地図、航空写真の調査などと同じように、解釈できるのである。たとえ《古い》道路を発見したとしても、昔カール大帝が通ったのか、それともグスタ一フ・アドルフがはじめて通ったのか、決めかねることがしばしばある。というのは、道路の消長は河川よりもっと激しいからである。新しい関税が徴収され、橋が架かることを、あげるだけで十分だろう。その前に重要な街道はふたたび耕地と化していたのである。一一五八年ハインリヒ獅子公はイザール河にかかる橋を、オーバーフェーリングから五キロ河上のミュンヘンへ無理やり移すことによって、一二世紀以来イーザル都市ミュンヘンの発展の重要な礎を築いた。

小川を渡る歩行者のためにはせいぜい角材を一本渡すだけだった。ない時は川の瀬を渡るように、小川を歩いて渡った。向う岸へ張った綱を一時しのぎにせよ手で摑めたら、ここではおんの字と言わねばならない。水が通行人の頭のてっぺんまで達することもあったから。洪水の時、小さな河川は手のつけられぬ障害となった。橋の建設と維持には金がかかった。渡し船を設けるのは、渡し守と家族がこの仕事で身過ぎできる時しか意味がなかった。もちろん渡し守がごく無欲で、自分の財産で食ってゆける場合もあった。この点渡し守伝説には歴史的な核心が含まれている。クリストフォルスは旅人を運んで川越させてやったし、両親を殺したジュリアンは渡し守の仕事でその罪を贖った。

《街道》と呼ばれる道路の道幅も概して、二台の馬車がすれ違えるほどの五、六メートル以上はなかったろう。いざという時のための道路の維持は——例外はさておき——中部ヨーロッパでは一八世紀末、一九世紀はじめになってやっと行なわれた。それまで道路の穴ぼこは土くれや柴で応急的に埋められてきた。このような道でも石を敷いたローマ人街道に対して利点さえあった。霜にも平気だったので維持しやすく、蹄鉄を打った輓曳動物や乗用動物のいい足掛りとなったのである。

岩石に亀裂が走り、水が圧力のためそこから流れ込んで沼地となった谷底には、洪水の時いつも橋や堤を危険にし損害を与えかねないので、たいてい道路を通さないものである。おまけに人びとは悪い空気を恐れた。蚊がマラリアを伝染させるとは知らなかったが、人はなるたけたまり水に手は出さなかった。そのためにも道路は谷底の上方や山脈の麓に建設された。たとえば黒森、ヴォージュ山脈、アペニン山脈の麓や、大昔カール大帝に利用された塩の道、後の帝国国道ならびに連邦国道一号線である。塩の道は沼となったリッペ河峡谷の遙か上方ハール山地の麓にあった。この後に続くのは兵站《へいたん》地で、それはフランク人の征服時代に遡るもので、一さしの真珠のようにせいぜい一日の旅程の間隔でもうけられた。九世紀に旅する王と彼の全権たち、後には旅人は一人残らずシュテーレ、ボフム、ドルトムント、ヴィッケーデ、ヴェルル、ゾースト、エアヴィッテなどで、宿と作業場と食料品の貯え、わけても自分と馬用の飲料水が見つかることを確信できた。

西暦一〇〇〇年ごろから商業・交通が盛んになるにつれ、聖と俗の権力者の道路建設について文献中にちらほら現われるようになり、報告記事は以後ますます増加の一途をたどった。道路を作り橋を架けた人は時に列聖されることさえあった——たとえば、サンチアゴ・デ・コンポステラへの巡礼路の一部を補強した一ドミニコ会士とか、アビニョン近くでローヌ河にかかる橋を建設させたさるベネディクト派の僧である。司教ベンノー・フォン・オスナブリュックは《当地方にたくさんある沼を干拓しみごとにならした旅路を》作らせた。一〇〇〇年ごろから、たとえば多くの教会の新・増築用、後には宮殿や橋梁建設用の石のように、重く割れやすい品物を運ぶ道は《ならされ》ねばならなかった。馬車や車から荷下ろししたり道路を保護するために、石切り場ではかなり早くから石が切り出された。仕事中に出る砂利を利用して道の穴ぼこを埋めた。一五一八年から一九年にかけて、ミケランジェロが大理石の塊の運搬用に道路を作らせた時、彼もまだ同じような処理をしている。

西暦一〇〇〇年ごろの時代、状況が幾重にも改善された結果、交通組織の革命が起こった。それはもちろん足音を忍ばせてやってきた革命ではあったが。つまり、農場でお払い箱になった乗用動物、輓曳動物、ふさわしい馬具、蹄鉄、より良い車、わりと拡張された道路、増えてきた橋というようなものを、旅人が自由に使えるようになったのだ。交通組織の改善と、他の領域の改善とは互いにからみ合っている。食料が格安で生産され、僅かなエネルギーで、しかも用具も消耗することなく上昇志向の都市に搬入が可能になったおかげで、多くの人びとは前よりましな食物で糊口をしのぐことができた。

一九世紀まで民衆はほとんど徒歩で旅した。いくら奮発してもそれ以上のことはできなかったからである。貧困、炎暑と履きにくい靴のために、また贖罪のために多くの人はまったくの素足で旅をした。裕福な人は弱者と道連れになったり、へり下りの心をはっきり示して他人と会話を交そうと思った時だけ徒歩で歩いた。司教アイダン(六五一年歿)は重大な理由で騎行を強いられない限り、町でも田舎でも徒歩で旅をしたと、ベーダは報告している。《途中人に出会うと、身分の上下にかかわらず、彼は話をする。それが異教徒なら洗礼を受けるように説得し、キリスト教徒なら彼らの信仰を力づけ、言行一致で良き生活と他者への慈善の模範を示した》。

車で旅するのは男らしくないと思われた。それはきっといろいろ改善されたにもかかわらず、車は依然として乗り心地が悪いせいもあったろう。車に乗って旅したのは女性と、老人、病者に――囚われの犯罪者のようにどうしようもなかった男だけである。聖と俗のおえら方は堂々と馬に乗った。そういう方が老人、病人、ないし目立ちたがり屋の時は駕籠で運んでもらった。駕籠が一二世紀の中ごろにはまだどんな騒ぎをまき起こしたか、さるトリーア大司教伝が伝えている。一一四八年アルベーロはランスの教会会議への途上、《豪華絢爛と現われたので、皆ぽかんと口をあけ目を見はった。というのは、彼は

開墾と橋の建設　旅人は森の中で追い剝ぎや，人殺し，野獣に脅かされていたので，開墾は彼らの役にも立った．図では橋が二つの町を結んでいる．街道は18，19世紀になってやっと継続的に補強されたのに，橋の方はずっと早くから石を舗かれている——たとえば，レーゲンスブルクの石橋．

亜麻布で内張りし、二頭の馬にかつがれた革製の駕籠の中に座っていたからである》。

⚜準　備

旅人の社会的身分が高くなればなるほど、旅立ちの準備は長く、また入念になった。王や教皇ともなれば、概して旅のルートは早くから周到に練られた。援助を当てにした個人や団体に用意させ、内外の人びとにどこで連絡が取れるか知らせるためだった。

手荷物には何を持参したらいいのか。誰もできるだけ少ない方がよいが、それはことに、てくてく歩きの旅人に当てはまる。馬に乗ったタタール人は飲料水の革袋二つ、肉料理用の鍋一つと雨除けの小天幕一つを携えたと、マルコ・ポーロは報告している。おそらく大方の旅人にとって天幕は重すぎよう。泊れそうな納屋でも見つからなければ、風と雨除けの場所を探し、外套にくるまり寝ようとしたのだろう。中世の旅人の原型である——巡礼者たちはしばしば次のように描かれている。彼らは長い外套をまとっているが、それは夜、毛布代わりとなる。つば広の帽子は陽光から顔を守り、雨が首筋に入らないようにするものである。長靴とかなり堅い靴。さらに証明書や他の書類を忍ばせた袋、そして何枚かの貨幣（時に非常な大金のこともあった！）、食料の貯え少々、その他であった。巡礼が手に持った杖は山中で、また川を歩いて渡る時逆流に身を支えるものであり、狭い小川を飛び越えたり、襲いかかる獣から身を守るものである。そのほか卓上ナイフ、もしかすると皮の盃、火打ち石。途中網で捕えた魚をその火の上で焼いた。知人縁者への紹介状は多くの手荷物の代わりになることがあった。ただで飲食でき、宿に泊れ、渡し船に乗れる手立てがあったら、まさに旅人がよく夢見るグリム童話の《魔法の食卓》のように貴重だった。そのような書き付けは現金や貴重品の代わりともなった。追い剥ぎは書類なんかに見向きもしなかったから。

規則的な降雨と長く延びた森のために、中欧の旅人はたやすく渇きをいやすことができた。大人は通常、日に二リットル半の水を必要とした。この水分の量は一部食物にも含まれている。重労働や高熱を発した時には一日の必要量は五—一三リットルに上る。城を包囲された時や十字軍中、中欧からの旅人も、のどの渇きとはどんなものであるか思い知らされた。独り旅の人はたいていくりぬき瓢箪とか、獣の膀胱、石の壺とかガラスびんに水をつめて、少量の貯えを携帯した。ことに南緯地方での、団体の飲料水の運搬用に、軽くて割れない容器として革袋がお薦めできる。中欧でも飲料水はどこで手に入るか、見極めが必要だった。エッケハルトは彼のものした『聖《ザンクト》ガレン修道院史』の中で、当院の修道士たちがハンガリー人に対する防御用の砦を築いた際の行動に、さりげなく触れている。《水が見つかると確信し

旅の途上の二人のサンチアゴ・デ・コンポステラ詣での巡礼　巡礼案内書（ライプツィヒ，1521年）より．

て、以前一帯にいぐさが生い茂っていた所を彼らはかなり深くまで掘り下げていった。果せるかな、彼らは極上の澄んだ水を見つけた》。ベーダはその教会史の中でなみはずれて親切な対策について述べている。エドウィン王は路傍の泉に、今日でもまだ各地で見られるようなつるべを取り付け、旅人に役立たせてやった。船は飲料水の補給のためにも、規則的に陸に向かうことを余儀なくされた。乾燥地帯や砂漠地帯を横切らねばならぬ時、飲み水の補給には慎重に、かつ長期的に計画を練る必要があった。

食料としては、炭水化物と動物性蛋白質と脂肪をとれるパンとチーズに人気があった。元気のいい仕立屋の小僧も道中食にチーズをポケットにつっこんだ。木の実についてはすでに季節に関連して述べておいた。

⚜内陸の船旅

ヨーロッパの商業は船の通れる河川のおかげで栄えた。一九、二〇世紀まで河は——ロワール河が現在なおそうだが——島と砂州の間を曲りくねって流れた。あまり深くなくても、コルマール＝シュトラスブルク間のイル河のような、今日では取るに足らぬ観のある河でも、旅人には有用だった。ヨーロッパでも、二〇世紀になってもまだ作られていたような艀や松の幹製の丸木船、ボート、伝馬船といかだは、ほんの僅かな喫水でよかった。それに応じて積荷の容量も四分の三トン以下のこともしばしばで、——それは牛車といい勝負だった。

中世の水路網の成果について、今日のスイスの例を引いて具体的に説明するとしよう。北海からライン河、アーレ河、ローヌ河を経て地中海に達する道は途中三〇キロを除いて船で航行できるのである。ライン河を遡ってヴァルツフートまで旅し、コブレンツのあたりでアーレ河に折れ、ビーラーを経てノイエンブルク湖に達する。その南端はレマン湖からほぼ一日の旅の距離である。ここを通ってローヌ河を下り地中海へ航行することができた。上部イタリアへ行きたいなら、アーレ河上流二〇キロの所でリマット河に折れ、チューリヒ湖とワーレン湖を通ってワーレンシュタットまで行ける。それともアーレ河やロイス河を上り、ルツェルンを過ぎフィーアヴァルトシュテッテン湖を通ればフリューエレンに至る。それともアーレ河を上り、ベルンを過ぎてトゥーン湖を通れば、ブリエンツ湖に達する。アルプスの彼方の上部イタリアの湖は、アルプス越えの辛苦をいやす保養の区間となる。西部、中部スイスのほとんどの地域は交通的にライン河とローヌ河という二大水路と結びついている。その他の河川はいかだを流せた。日帰りできるかどうかはさておき、人びとは船を利用してライン河やローヌ河の三角洲から旅をすることができたのである。

　ということは、四六時中船に乗りっ放しというわけではない。狭い揺れる小船ではほとんど動きがとれない。それゆえ、少なくとも陸地で睡眠をとる夜分、時には足の運動をすることを好んだろう。低水位（ことに夏、一番いい旅の季節の）、分水界、急流、滝ではボートの積荷を下ろし、ボートそのものは陸路を引っぱったり、担いだりした。ヴァイキングはドニエプル＝デュナ間、商人たちは北海＝バルト海間、一四五三年のビザンチン攻囲のさいのトルコ人、一八、九世紀の西部アメリカの開拓者たちはそうしたものである。バルト海と北海の接点、シュレスヴィヒ地方のハイタブーには、積荷を早く、しかも荷を傷めずに積み換えられるよう一種のコンテナーがすでにあった、と推測される。船を陸上で運搬したり曳行したりするのは文句なしに有利だったにもかかわらず、欠点もあった。旅人が時間を空費する点、治安の悪い地帯——ドニエプル河、急流地帯の北国人のような——では、地元民の攻撃にさらされる点である。反面、急流やその他の障害のために長期間にわたって仕事の口が保障された。シャッフハウゼン市が重要な都市にのし上ったについては、船がラインの滝で荷を下ろし、その船を暫く陸上で運搬しなければならなかった、という事実が与って力があった。ロシアではノヴゴロド航路の船をボルヒョフの滝のため引っぱる人びとの自信にみちた独特な連帯が生まれた。

　川下へは船は流れるに任せておいた。その船は舳先《へさき》の船人が櫂で舵を取った。船が水流によってかなり速く進むことは、以下の考察によって明らかにしておく。ライン河はシュトラスブルク近郊で、上げ潮と引き潮の中間なら毎秒二・一五メートルの速度で流れる。以前河はもっとゆっくりと流れた。今日なおライン の谷の沃野に見るような数多くの支流へと、河は谷に向かって流れた。カルルスルーエ＝マンハイム間だけ、ラインの流れはトゥラの改修工事によって五〇キロほど短縮された。秒速二メートルの速度で計算すれば、時速七キロをやや上回ることになる。理論的にはこの速さなら、二四時間で一七〇キロは優に進めよう。これまでその数字が達成されたかどうかは問わぬこととする。ともかく船の旅は櫂、棹、そして帆によって加速され、しかも晴れた夏の夜なら昼夜兼行で進むことができるのである。船人は勝手知ったる流れなら、短時間に長距離をこなせる。クレモナのリウトプラントはパヴィア＝ヴェネチア間九四三キロを三日間で進んだが、少なくとも三二〇キロはポー河とアドリア海の水路だった。ある時メッツ＝トリーア間を一隻の小舟が一夜で着いたが、陸路の旅だったら少なくとも二日はかかったに違いない。カール大帝はたまにインゲルハイムからコーブレンツまで一日で行ったし、一一五二年王に選ばれてからフリードリヒ・バルバロッサは、フランクフルトよりライン河とマイン河を経由してジンツィヒ（一三五キロ）まで一日か一日半で行った。インゲルハイム城の奴隷たちはカール大帝の船を《母港》に引き戻すのに、その後一週間はさだめし旅の空にあったことだろう。ローヌ河で平たい艀《はしけ》はリヨンからアビニョンまで（直線距離二〇〇キロ）二日ないし五日要した。これに反して船引き人夫が元の場所へ引き戻すのに、なんと一月ばかり要したのだ。

川上に向かっては船は帆を張ったり（英国商船隊は二〇世紀初頭にはまだ内陸用帆船を保有していた）、櫂で漕いだり（聖ボニファティウスの聖骸をライン河の川上に向かって移送した時のように）、棹で漕いだり、船を陸で引っぱったりした。馬、牛や人間は一人の男が舵を取っている船を綱で引っぱった。その際馬は日に一五―二〇キロ引く成果をあげたろうが、牛や人間はそれ以下だった。奴隷たちは

引かれる船　いわゆる小ウルスラ伝連作（ケルン，1450—60年）から．聖女ウルスラとその仲間たちは船でケルンに旅する．彼女らの船が引かれる．二頭の馬（右の方に首輪が認められる）が長い綱で船を引っぱっているが，船では船尾の男が舵を取っている．旅人は特徴あるシルエットだけでなく，同じように二度見られる三つの王冠からケルンの町と見分けがつくのである．つまり，三つの王冠は入江の塔にかかげられた旗と，市門に貼られた紋章に付いている．城壁は川辺の水の所まで延びていない．洪水のためと，船が引かれたり船荷の積み下ろしができるように，帯状の土地には建物を建てさせなかったのだろう．

――しかも住民の大半はそうだった――支配者に対する年貢と賦役を義務付けられている。河辺に住む奴隷たちは事情によって牛や、みずからを船の引っぱり仕事に提供せざるをえなかった。

交通、商業にとって内陸の船旅の利点はごく明らかだったので、早くも古代から自然の水路を拡張して水上交通網が形作られた。タキトゥスによれば、ローマ人はザオーン河とモーゼル河を運河で連絡しようとした。その数世紀後カール大帝は帝国の総力を結集し、マイン河＝ドナウ河の運河の建設に当った。その企ては、ことにザクセン人とアヴァール人に対する二正面作戦がもはや遠のいたため、おびただしい作業をした後で中止となった。しかし、その痕跡は今日なお各地に見ることができる。中世後期には交通も盛んになり、運河も建設のしがいがあった。一八九五年に開通した北海＝バルト海運河の先駆である、リューベック＝エルベ河間のシュテックニッツ運河は一三九八年に完成している。船旅にとってその運河がどんなに役立ったか、ユートランドの北西海岸の一区間が《嘆きの入江》と名づけられている事実に照らして明らかである。

船の旅は概して陸路より速いだけでなく、快適でその上安上りだった。ボニファティウスがライン河やイイセル海やゾイデル海を経てフリースランドに渡ったのは、きっと老人にとって河船の旅の方が快適だった理由もあったろう。穀物、葡萄酒、塩のような大量のばら荷の場合、陸路の運賃は数日後にはすでに積荷の値段を越えてしまうので、遠距離は船で運ぶ方が格安だった。

水上輸送は長い間、金のかかる道路や橋がなくてすむことも、わりと格安の理由だった。陸上交通の場合、道路や橋の維持は両方ともかなりないがしろにされたけれども、それでも応急作業は必要だった。内陸の船の上陸地としては一般に、大河や海に注ぐ小河川の河口にある崖錐《テーラス》でことたり、船は岸に突き当って接岸した。舳先《へさき》にある開け蓋のおかげで、荷の積み下ろしは楽だった。一九四四年にはまだ似たような構造の船舶が、連合軍のノルマンディー上陸に使われた。

森の木がすでに伐採されたり、良質の材木がない地方で、まず材木を川下りで運ぼうとする時なら、人や商品はべらぼうに安く運ばれる。旅の終りに——たとえばライン河の三角洲で——いかだが分解され、材木が売られる。するといかだ乗りは歩いて故郷へ戻るのである。一九六二年ヴェーゼル河下流の浚渫作業中に発見されたハンザ同盟のコッゲ船用の材木が、ヘッセンの山地の産とはいかにもと思われる。つまり、一三八〇年ごろ建造されたその船のために、材木はおそらくフルダ河とヴェーゼル河を下っていかだでやってきたものだろう。一九世紀まで人間を運んだ分の運賃は、いかだ乗りの嬉しいボーナスとなった。いかだの上の簡単な船室は乗客にとって最小の風除けと悪天候をしのぐものとなった。

川の旅はまったく危険がないわけではなかった。まだ改修されていない川の流れは今日より長く浅かった。大河は年ごとに流れを変えることがしばしばで、船頭はいつも新しい針路を知らねばならなかった。だから船は座礁したり、沈みやすかった。カール大帝伝、トリーアのアルベーロやグレティルのサガのような――文献中で、主人公の水練の術が称えられているのは偶然ではない。一〇六二年一艘の川船がクーデターに使われた。ドイツ王の宮廷がライン河に浮かぶカイザーヴェルト島で開かれていた。へアスフェルトのラムペルトの報告によれば、ケルン大司教アンノーが当年一二歳の王ハインリヒ四世を、彼の豪華にしつらえられた船に招待した由。いそいそとハインリヒは船に乗った。《しかし、彼が船に足を踏み入れるやいなや、大司教に雇われた陰謀の一味が王を取り囲んだ。漕ぎ手たちは素早く足を踏んばって身体を起こし、全力をあげて力漕し、あっという間に船を川の中ほどへ押しやった。王は予期せぬ出来事のため呆然自失の体《てい》で、ただただ暴力をふるわれ殺されるのではと考え、川の中へ真逆さまに飛びこんだ。もしエクベルト伯が大きな身の危険もかえりみず王の後から飛びこんで、船に連れ戻さなかったら、王は激流に呑まれて溺死したことだろう。みなできる限り優しい慰めの言葉をかけて彼を落ちつかせ、ケルンへ連れてきた。その他大勢の者は陸路で後から従った》。船人の身にふりかかる危険についてはローレライ伝説の中に取り入れられている。一八三二年から三四年にかけてやっとビンゲン付近の川床に発破をかけて、航行用の深い水路が作られた。

だいたい旅について当てはまる事柄は、川旅や海の旅にも当てはまった。自然の脅威よりわずらわしかったのは、旅人の行く手をはばむ人間という障害物の方だった。利用したいとの願いは競合するので、どこかで折り合いをつけざるをえなかった。たとえば、橋は陸の通行には歓迎されたが、橋脚は船の航行を脅かした。それのために川の上りや下りで、渦巻きや水の淀みができたからである。橋というものは、たとえば九世紀セーヌ河がパリでヴァイキングの攻撃に対抗したように、川を楽に遮断できるよう、わざとそのように建造されたのである。また川は輸送手段だけでなく、食料源、エネルギー源、収入源としても役立っていた。漁師は川の上に網を張ったし、川中の堰《せき》が規則正しく、かつ強く流れる水を水車に供給した。聖と俗の当局は川のさまざまな利用に対して税を課す件については、想像の才のあるところを発揮した。それゆえ、彼らは川を綱とか鎖で遮断させた。一一五七年皇帝フリードリヒ・バルバロッサは《マイン河のバムベルク＝マインツ間の各地で、昔はなかったのに、いかなる権利もない新しい関税が商人たちに要求され、この機会に実にしばしばふんだくられている》と、市民や商人たちからこの件につき苦情が絶えないと嘆いている。領主たちの助言と賛同をえて、すべての徴税吏はいついつまでにおのれの権利を立証すべし、との期限が定められた。ところが法に従って日取りの決まった開廷日に、新しい徴税人は誰一人として出頭しなかったので、《領主たちの判決に基づき、バムベルク＝マインツ間の新たな関税は永代にわたって無効と宣せられた》。ただしノイシュタット、アシャッフェンブルク、フランクフルトのそれは例外だった。バルバロッサは全能なる皇帝権をもって、《マイン河を上ろうとする商人、川岸におる商人ども、船引き綱を引く者どもを妨げるために、関税の名目であれ、その他いかなる方法であれ、何人《なんぴと》からも金を取ってはならぬ。周知のごとく川岸は王の道である》と定めた。皇帝は自明のように船引き道路も王の道であることを要求しており、ここで不法行為を働く者は王の裁きに服さねばならない。

旅行で、市民に役立ったものは敵をも利した。九世紀にはカロリング帝国奥深くまでヴァイキングが侵入したことが、再三再四話題になった。ローヌ河畔アルルとヴァランス、ロワール河畔アンジェとトゥール、セーヌ河畔ルーアンとパリ、マース河畔リエージュ、ライン河畔のケルン、ボン、マインツ、モーゼル河畔トリーアの各市が略奪され、灰燼に帰した。河川から遠く離れたプリューム、シュタブロ、アーヘンもひどい目に合った。この略奪は、良心の呵責なく大胆不敵に襲いかかる冒険好きな男たちが、公海の航行に適した船を使えば、凶報を知らせる使者より速く内陸に達し、ために奇襲の犠牲者たちが防御策を考える暇もなかったことを、支配者たちにまざまざと見せつけたのである。

⚜海の船旅

海の船旅は多くの点で川旅よりもっと大きな利点があった。順風をえれば短時間でも、陸の旅人にとって夢にしか描けぬ長距離を進むことができる。

それは個人であれ、団体であれ、民族であれ、船旅の機会があれば、いつもそれを利用したことによって説明がつく。民族大移動時代、内陸の住民たちは往々にして驚くべき学習能力と適応能力を発揮した。ヴァンダル人はヨーロッパを大幅に移動した後、四二九年に二万の戦士と八万人ほどの人びとと共にジブラルタル海峡を越え、北アフリカに帝国を創設して地中海圏の西をほとんど制覇した。ビザンツ人、ランゴバルド人、ローマ人、フランク人が早くから経験せざるをえなかったと同じような速さで七、八世紀アラブ人は海になじんだ。北アフリカや地中海の島々からサラセン人（文献中ではよく海賊になぞらえられる）が出没して、海やイタリア、南仏を荒らし回った。ブレーメンのアダムの言葉が示すように、やむをえぬ時だけ海を利用したこともしばしばあった。スエーデンから陸路ビザンチン帝国へ向かった人びとがいた由を、証人たちは彼に断言した。《しかし、途中に住む蛮人たちがその旅を不可能にしたので、危険な船旅を試みたのであった》。

他の領域と同じように海の旅についても、日常的なありふれたことについて痕跡は残されていない。

中世では何百万もの人が航海したが、われわれは彼らについていささかも知らない。彼らの中で記録を残した者も、その海の旅の詳細については述べていない。そこでここでは《裏情報》を提供するとしよう。

　蒸気船が建造されるまで、海の船旅の最大の利点は安いエネルギー源を、最大限に利用できる点にあった。現代の海員辞典では帆走とは《風力だけを利用し、できるだけ高速で、しかも物理的に可能なあらゆるコースで、船を前進させる技術》と定義している。帆は突風に合っても引き裂かれないような頑丈な造りでなければならなかった。それは船上でも陸でも天幕として利用されることになった。帆の形や大きさ、マストの数や配列は、長い体験から決めざるをえない。櫂ないしオール、海流、潮の干満が帆に加わる動力となった。しかし、そのような個々のものより船乗りにとって重要なのは、木製の船体、帆、装備といった船全体が海上で密接に機能することであった。木栓と鉄のボルトだけで組み立てられた幾千の木片が、時々刻々変わる風と浪の強度に抵抗しなければならない。

　船の建造に必要な木材は、ことにマストと龍骨用に太い幹を必要としたので、見つけ難いことがよくあった。厚板の間の継ぎ目や接合部は麻くず（亜麻を梳く時の廃物）でふさぎ、腐敗や風化や木喰い虫から守るため、船体はタール（天然の瀝青や白樺材からできる）で塗られた。

　難船者の報告を読めば、船の乗組員たちは概して手先が実に器用で、座礁した船でボートの一、二隻は作り上げてしまうことがわかる。それは中世盛期の北国の航海者や、近世初頭インドへ航海したポルトガル人についてもいえる。

　地中海圏には古代から近世まで本来の貨物船のほかに、櫂と帆で走るガレー船があった。四世紀から九世紀までのアイルランドとスコットランドで、いわゆる一人乗りの小舟《コラクル》、獣皮を張った柳編み細工でできた漁船は、驚くべき耐航性が証明された。アイルランドの修道士たちはこの手の船でアイスランドへ、ひょっとすると——ブランダン伝説によれば——アメリカにさえ渡ったのだ。

八世紀以来スカンジナヴィアでは、いわゆるヴァイキング船がさらに完成に近づいていった。覆いのないボートから発達して高い耐航性をもち、川の航行にも適した（荷を満載しても喫水はわずか一メートル）。重量も軽いので、陸でも運ぶことができた。時には二五メートルに達するものもあったが、長さ一二—二〇メートル、幅は最高五メートル、台形の大きな帆を張れば最大一一海里の速度（時速はたっぷり二〇キロ）に達しただろう。艄先《へさき》と艫《とも》は実用的に同じように造られ、従って上陸も楽だったし、方向転換の操作もせずにまた出帆できた。凪の時は櫂で航行し、ある程度風が出始めると風に向かい帆でジグザグに走った。一八九三年のこと、ヴァイキング船を真似て作ったボートで大西洋を航海し、北欧の船の耐航性と素晴しい帆の特性を実証したことがあった。この船は右側（すなわち右舷）の方が舵を取りやすいことが明らかになった。

このような船の中でさかんに建造されたのは二つのタイプである。一つのタイプ、軍隊輸送船はまず高速だった。だから長く、幅は狭く、漕ぎ手の席はたくさんあった。海の墓場から七八、いや一二〇名の漕ぎ手用の豪華船が引き揚げられたが、それはヴァイキング船の代わりにはならないだろう。なるほど漕ぎ手の数とともに最高速度も上ったが、しかしながら水と食料の貯えももっとひんぱんに補給しなければならなかった。もう一つのタイプ、商船はもっと幅広く船腹は膨んで、長さは短く、積荷の余地があった。できるだけ多く積荷と乗客の席をとるため、必要以上の船員は乗せず、代わりの動力は意識的に断念した。風はたっぷりと必要で、凪が続けば、のどの渇きによる死に脅かされた。グレティルはこのような船でアイスランドからノルウェーまで航海できたのだろう。ノルマンディーのギョーム公は

バイユーのタピストリーから　この断片はギヨーム公の兵士たちと馬が英国に渡った覆いのない軍隊輸送船を描いている．船のマストはそれぞれ1本しかなく，そこには台形の帆が帆桁に結びつけられている．舷側の穴から櫂が出され，そのおかげで凪の時や向かい風の時も航行することができた．

一一世紀半ば、ヴァイキングが数百年来使ったような船で英国征服に向かった。このような船のこまかい点をバイユーのタピストリーは具体的にたくさん見せてくれる。たとえば、船縁《ふなべり》は水面から一メートルを越えないことがよくあったので、厚板に楯をさし込み船縁を越える波除けとした。軍隊輸送船はまた馬匹や商品の輸送にも適した。

中世も盛期になると、この手の船は北海・バルト海域では次第に他の船にとって代わられるようになった。新型船は沿岸船から発達したものらしく、ハンザ同盟のいわゆるコッゲ船もその一つだった。これはヴァイキング船より速くはなかったが、大きく経済的だった。艫に舵があるため舵が取りやすく、ほぼ一〇倍の積荷を乗せることができた（一八八〇年に発見されたゴクスタッド船の排水量はほぼ三〇トンなのに、コッゲ船は約二七〇トンあった）。舳先と艫（ここに水先案内人が座った）の半甲板と主甲板が、船縁を越える波からうまく船客と積荷を守った。半甲板はさらに胸壁も付けて砦のように改築され、船体にしっかり組み込まれた。この船は大型帆船《ホルク》と名づけられ、一五世紀初頭から北欧でコッゲ船を駆逐した。地中海圏では一二世紀末この船があった。それは一一八八年英仏船隊が十字軍士を聖地へ運んだ時のことである。北欧の船はその大きな倉庫、あっさりした艤装、少ない乗組員数、そのため安くなった維持費のゆえに、関心を呼んだ。そのため、この船型は地中海圏では貨帆船《ナオ》として受け継がれた。これらの船も、中世末期、かのコロンブスがアメリカへ、ヴァスコ・ダ・ガマがインドへ帆走した船同様、まだまったく小型だった。コッゲ船の長さと幅はおそらく三〇×八メートル位で、コロンブスの旗艦〈サンタ・マリア〉号は二三×七メートルほどだろう。二隻の伴船のうち小さいが、ずっと高速の〈ニーニャ〉号に至ってはおそらく一七×六メートル位かも知れない。《カラベル船》なる概念でまとめられる帆船にあっては、さまざまな型が問題となる。それはヨーロッパ最西南端のきわめて風の強い一隅で使われた小型の商業帆船、漁帆船が、アラビアや北欧の経験を取り入れて発達したものである。

大西洋の潮の干満と荒海にたえた船の建造に関していえば、それは古代の造船術を範としただけでなく、すでにいろいろな点で凌駕もしている。陸上交通でそれと肩を並べる進歩はなお数世紀かかった。それにまた船はもう無蓋でなくなったこともあり、ある程度の快適性さえ備わった。なるほど大半の乗客も船員たちも相変わらず――グレティルと同様に――船の舳先や艫の方で、好天の時は甲板に寝場所を求めねばならず、ことによると先を争って取ったかも知れない。たとえば、ヴェネチア＝聖地間のような――人気航路では金持ちの巡礼者の需要に合わせている。彼はあらかじめ船室を一つ二つ、荷物、貯蔵物などの置場所を借りた。それが駄目な時は、ウィリアム・ウェイはこう助言している。《君は船に乗ったらまず船長と親友になること、そうすれば最上甲板の横通路に席をもらえる。というのは、下はむっとする程生暖く、いやな臭いがするからだ》。

理論的に可能な高速を船はほとんど出したことがなかった。それというのも、近代に至るまで安全性と快適性のために理想的なコースを航海せず、海岸の近くや島から島へ、また弓なりに走った港々でかなり長く滞在したからである。時化《しけ》の時は港という保護の中に、港がない時はせめて島や岬の風の当らない側に逃れようとした。陸で新しい飲料水、食料と、船上で安全に暖かな食事を準備できるような燃料材を見つけた。ことによれば、海の魚の代わりに獣肉、鳥肉を補い、献立表に変化をつけることだってできた。船上では料理の可能性は——もしあればの話だが——お粗末だった。陸に泊まることも（悪臭もなく、早朝厳しくなる寒気も霧もないので）快適だった。陸では船の大きな損傷も修理できた。ここには船体や櫂用の材木や、さらに厚板をつなぎ合わせたり、帆を繕ったりするためのつる植物やいぐさもあった。最後に陸上では、揺れる船上より正確に位置を定めることができた。船で緯度の測定をすれば五度までの誤差が出た。

造船につぎこむのに比較すれば、交通施設の改善には長いこと僅かな努力しか払われなかった。ローマ人によって建てられた灯台は確かに中世でもまだ残っていた。たとえば、北西スペインのラ・コルーニアとか、ドーバーやブローニュにだが、しかしそれらが実際使われたかどうか定かではない。とまれ、帝国年代記は八一一年、カール大帝が《昔から》ブローニュにある灯台を、《航海者に方向を知らせるべく再建し、先端に火を灯させた》と述べているが、日常生活でどの程度までこの命令に服したものか、わからずじまいである。地中海圏では灯台その他の補助手段は、北国より上手に維持された。住民がほとんど海のすぐ近くに暮らしていたし、だから船旅は住民への物資補給や通行にとって、アルプスの北の国々よりも重要だったからである。北海やバルト海で旅と商業の往来が盛んになるにつれ事情は変わった。遠くからでも見える、特に高い教会の塔は市民の誇りの象徴であり、船乗りには方角を知る助けとなった。

ヴァイキングがどのように公海上を航行したかの問題は、まだまったく明らかにされていない。ここではまず多くの船旅でえた船乗りの体験をあげねばならぬが、それは他の旅人たちの口伝えでますます豊かになっていった。自然となじむことは船乗りにとって、陸の旅人よりはるかに大事である。雲と風、太陽と星辰、水の特徴（色、塩の濃度、漂流物）、植物と動物を注意深く観察すること。コロンブスは航海日誌に、ポルトガル人たちはほとんどの島を翔ぶ鳥によって発見したのだと、書き込んでいる。渡り鳥がアイルランドの修道士たちをアイスランドへ導いたのかも知れない。人は体験上、鳥類や魚類の《行動範囲》に通じ、鳥は海上で眠るのか、それとも陸で眠るのかを知った。隣の土地への方向をわざわざ連れて行った鳥によって教えてもらう方法は、少なくとも紀元前二〇世紀に遡る。ノアが方船《はこぶね》から鳩を放つの図は、芸術家が繰り返し描くところである。一〇世紀来シナで航海に利用した羅針儀は、西洋では一一九〇年にはじめて文献に出てくる。文学的素養のある年代記作家たちは技術革新を無視したので、羅針儀はヨーロッパでかなり早くから、ことによるとすでにヴァイキングに利用されていたことを、前提としてよいかも知れない。ヴァイキングが方向を知るより良い補助手段としても知っていたのか、羅針儀をわざと秘密にしていたのか、それとも幾世紀か経つうちに忘れられてしまったのかは不明である。というのも、彼らは周知のようにノルウェーからイングランドまでの航海で、たいして苦もなくコースを決め、あらかじめ予定した地点へ着けた事実が人目をひくからである。ヴァイキングはノルウェーからグリーンランドまで緯線上を航海したことはありうる。なぜなら、地理上の緯線というものは無蓋船上でも、太陽の高さをざっと測るだけで決められるからである。北海やバルト海の航海では――よく霧に包まれるため、日中は太陽、夜は北極星が見えないことを覚悟しなければならなかったので――他の方法を開発せざるをえなかった。位置を決めるに当って測鉛が決定的な役割を演じたが、それは脂を塗ってあるので水深を測り、海底から標本を取ってくることもできた。ことに他の指標に注意深く気をつければ、――砂っぽい、岩がごつごつしている、石がある、場合によっては変わった色をしている――といった調査の結果、船乗りは楽におのれの位置を知ることができる。

船乗りはたいてい読み書きができなかったので、古代が生み出したような帆走法虎の巻の文献は、中世後期になってやっと知られるようになった。一六世紀にはポルトガルの東インド航路で腕のいい船乗りの中にも、文盲はまだいっぱいいた。ところが中世の盛りの船乗りたちの記憶力ときたら驚くほどずば抜けていた。重要な経験は口伝えで、隣人から隣人へ、父から息子へ語り継がれ、そして文書に記録された。アイスランドのサガの中には帆走法虎の巻のようなところもあり、後世の著者たちによって、時には舞台の小道具のようにその本の中に取り入れられた。《ノルウェーのヘルナルから》ベルゲン市の近くにあるヘンノエ島を、中世後期のその種の虎の巻ではそう称したのだが、《右の方、グリーンランドのワルフ（今日のグリーンランド南端ファーウェル岬）へ帆走すべし、その際、海上の視界がきわめて良好の時、ヤルフランド（シェトランド諸島）からおよそ見える限り北へ帆走すること。さらに水面が山の半分の高さに達するほどまでフェロー諸島から南へ帆走すること。そしてアイスランドから鳥や鯨が見えるほどまで南へ帆走すること》。一五世紀中ごろまで航路の詳細は口づてで伝えられ、その後筆で書き留められた。一五四一年には帆走法虎の巻の最初の印刷本が出た。帆走教則本には海岸の描写、陸地や海のしるし、水深、帆走心得のような重要な情報が記され、航海ごとに完全になり、現実のものとなっていった。

多くの島の周囲の非常に深い海で、おのれの位置を知らねばならない者にとって、測鉛はもう役に立たなかった。インド洋のモルジブ諸島では水先案内人を頼るのがよい、とバットゥータは書いている。

数世紀後ヴァスコ・ダ・ガマは運よく東アフリカで有名なアラビア人学者を、インド航海の水先案内人に雇うことができた。大インド圏では早くから海図を知っていたに違いない。なぜならマルコ・ポーロは《その海域を航海する賢い船乗りたちが》島々を描き、図面に記入したことを観察しているからである。コロンブスは西インド諸島を航海中、調査した地方のできるだけ正確な海図を作った。

ヴァイキングと違い、コロンブスは航海中位置を決めるのに、豊富な道具と理論的知識をもち合わせていた。ヤコブの杖（巡礼杖に似た天測器）、アストロラーブ、四分儀、羅針儀（途中その誤測に彼は気がついた）、時計、海図、地球儀である。西洋の天文学者はアラビア学者の研究を範とし、星辰の高さを測定する器械を発達させた。改良された道具は中世後期には船乗りの役に立ったが、その際以下の二点に注意すべきはもちろんである。大方の船は相変わらず道具の代わりに、船乗りの経験と神頼みで航海したのであろう。そして、揺れる船上で位置を決定するのは困難だったこと。その反面一六世紀には、船乗りの言葉を調べる道具と技能をもった乗客も少なくなかった、とポルトガル人は報告している。

長い間にわたって地理上の経度より、緯度を計測する方が楽だった。時間と速度を正確に計る道具がなかったからである。見張り番は勤務中砂時計のガラスを半時間ごとに、八度回さねばならなかったのに、よく忘れてしまった。漂流物を通り過ぎるのに船が要する時間を基準にしてしか、速度を見積ることはできなかった。一五世紀末すでに測程索を知っていたかどうか疑問である。おまけに海流のため位置の決定が困難になった。コース決定の具体的なありようは、一五〇六年ヴェネチア使節キィリーニが、ポルトガル人最初のインド航海についての報告中で述べている。《いつ赤道に達するか、アストロラーブが彼らに教えてくれる。赤道通過後、そこから三五度離れ、そして喜望峰と同じ緯度にあることをアストロラーブが示すまで、彼らはほぼ二一〇〇マイル南へ帆走する。この長い航海中彼らはいつも海図と羅針儀によって舵を取り、磁石を利用する。彼らはわれわれの北極星が見えなくなったにもかかわらず、なおも羅針儀を使う。磁石はどこであろうと至る所で北を指すからである。こうして彼らはまるで北極星を見ているかのように、かなり正確に風を知る。さらにアストロラーブを使って太陽の高さを計算する。彼らはこうして正午に赤道から何度離れたかを見、避けたい場所や探し求める港へはどれほどの距離か知るわけである》。

くるみの殻に似たコラクル船に乗ってのアイルランドの修道士たちのアイスランド航海、覆いのない小船に乗ってのヴァイキングのグリーンランドやアメリカへの航海、ポルトガル人やスペイン人の発見の旅、それらは上述のような補助手段なしか、せいぜい実に簡単な方法と道具を頼りに成就しただけに、ますます高く評価されてしかるべきである。

現実的な考えの持ち主は生命の危険はないまでも、少なくとも航海中の苦労は覚悟の上だった。木造船の四六時中ギーギーきしむ音、波が船腹にピシャピシャドシンと当る音は不愉快だった。鼠のガサガサする音もいやだったが、船酔いはそれ以上だった。ことに炎暑と凪の時、船底にたまった汚水から上ってくる臭い、かなり長い旅になるとあらゆる食料にまざりこむ蛆《うじ》、非常用堅パンからさえ鼻をつく鼠の尿の悪臭、それと腐りかかった水に吐き気を催した。なるほど飲料水や葡萄酒は陶土で内張りされた樽に詰められてはいるが、数か月に及ぶ航海ともなると、そのような飲み物でのどの渇きをいやすにはかなりの勇気がいった。

時化《しけ》と凪、海賊と反乱、飢えと渇きも危険だった。一二四八年十字軍で出港したジョアンヴィルの回顧録は、いかにも《陸者《おかもの》》らしい懐疑にみちていた。《またたく間に帆が風をはらむと、われわれの生まれ故郷が見えなくなってしまった。こんな危険にわが身を曝す者は無鉄砲だと、私は諸君にいいたいのだ。夕方われわれは寝入ったが、翌朝海底に沈んでいるやも知れないのだから》。
文学作品中しばしば《時化《しけ》》や《港への逃避》といった場面が利用されたり、芸術家が好んで海上の嵐を描いたのも、さだめし偶然ではあるまい。聖ニコラウスが船乗りの絶大な守護聖人として広く崇拝されたのも、いかにも彼らしい。――ちなみに船乗りだろうと商人だろうと構わないのである。両者が同じことは一再ならずあったから。英国と大陸を結ぶ海峡越えの《短い》旅を無事に乗り切っただけでも、運がよかったと思われた。嵐は往々突然襲いかかるので、船乗りたちはその対応がほとんどできなかった。帆がちぎれ舵が壊れると、あとは船を破壊から救うのは奇蹟しかなかった。時化《しけ》の間ずっと旅人たちは、かくあらんかとアイダン司教が持たせてくれた聖油を大波の上に注いだ、するとすぐ風は鎮まったと、七世紀半ばベーダは報告している。第一次アメリカ旅行からの帰途、コロンブスはハリケーンに突入した。ついに彼は、無事助かった暁には巡礼詣でをすると、約束するよりほかに手段がなかった。

海のことを知りつくした浜辺の住民たちには、――船乗りからすれば――きわめてあいまいに聞こえる祈りがあった。南英海岸のさる岬ではよく船がみじんに砕けたが、当地では嵐の時こんな懇願をした由。《神よ、嵐から船を守り給え。――しかし、座礁せざるをえない時は、われらの海岸で起こし給え》。当地の人びとはたいてい貧乏で、漁業とわずかな畑作のあがりでは暮らしが立ちかねたので、浜に打ち上げられた船が歓迎された。難破船の船乗りたちはさておき、品物と船は地元民のものと認めるとの海岸法を楯にとったのだ。船を座礁させようと、手元の航路標識をわざと違った場所に置くこともしばしばあった。法は船の持ち主が死んだ場合、船と財産はその地の住民に帰属することを認めたから、かろうじて海難を逃れてきた人びとの生命は風前の灯だった。だから船乗りはこの海岸法を――もっと

海上の嵐　聖書（マルコ福音書 4 章38節）の一枚の挿絵は中世では一度でも船旅したことのある旅人すべての心に直接訴えた．時化（しけ）の時，くるみの殻のように大波に翻弄される船の中で，人びとはほとんど無防備である．この絵は人びとに——寝ているイエスの周りの弟子たちのように——かくのごとき災難でも神のご加護を頼ってよいのだと，知らせようとしているのである．

狭い人びとの範囲の（一二二四年の帝国自由特権におけるリューベック）、ないしもっと広い人びとの範囲（一三七〇年のデンマークに対するシュトラールズントの平和条約におけるハンザ同盟）の特権として――制限することに関心を寄せた。

ある病気にかかっていると疑われた時、乗客たちはひどい目に合った。一四七九年ゼーバルト・リーターは船で聖地に向かった。鹿島立ちのころ、出港地ヴェネチアでペストが流行っていたので、巡礼たちは途中で上陸させてもらえなかった。寄港地にある地方の聖地を訪れるにも、賄賂を使ってやっと許可をもらえる始末だった。

ヴァスコ・ダ・ガマ一行の東インドへの航海中、アフリカ海岸で飲み水を手に入れるのに困ったことが一度ならずあった。ある時は武器の威力で勝ちとらねばならなかったし、またある時は地元民がずっと親切でその願いを叶えてくれた。発見者たちはしばしばその時どきの祝祭や聖人にちなんでたとえばサンタ・クルスとかナタール（クリスマスの国）と地名をつけたのに対し、ヴァスコ・ダ・ガマ一行は東アフリカの地をテラ・ダ・ボア・ヘンテ《よき人びとの地》と名づけた。長い凪が続くと、のどの渇きでひどく苦しみながら死んだ船乗りも少なくなかった。凪と、のどの渇きのひき起こす災いについては、トリスタンとイゾルデの物語にも描かれている。

海賊のことを扱った報告はたくさんある。海上では陸と同様合法的な暴力と非合法の暴力の差は紙一重である。各地で海賊に対する有効な撲滅策を講じるまで、しばしば長い時間がかかった。ほとんどいつも誰かが海賊の一味になったり、海賊が自分の競争相手を捕えてくれた、と満足気に断言する者がいるからなおさらである。スエトンによれば、地中海でシーザーがやったような、迅速で攻撃的・効果的な海賊退治を、カール大帝はサラセン人やヴァイキングを相手にやらなかったし、ハンザ同盟もヴィタリエン兄弟とリーダーのシュテルテベッカーに対してやらなかった。

キリスト教徒とイスラム教徒が海上で出会えば、負けた方はいい目に合うことは期待できなかった。一三九四年ハンス・シルトベルガーはハンガリーのトルコ軍と戦うため出発したが、その軍隊は敗れた。シルトベルガー一行は船でライン河越えに逃れようと、逃走した。彼が述べている出来事は、難破事故の場合たいていい似たり寄ったりだろう。キリスト教徒の連帯なんぞみじんもなかった。《どの船も超満員で、誰も逃れられなかった。誰か逃げようとする者は、船上で多くの人びとの手を斬り落としたので、その人びとは水中で溺れ死んだ》。シルトベルガーはトルコ軍の捕虜となった。彼と災難の道連れは、鼻や耳をそがれる恐れがあり、足かせにつながれてガレー船の奴隷となる運命が待ち受けていたので、彼らは逃げた。彼らは黒海沿岸のある島から一艘のキリスト教徒の船を見た。日が暮れると、山から乗組員にのろし信号を送った。その信号の意味を確かめさせるべく、《船乗り》は小舟を一艘遣わした。シルトベルガー一行は《自分らは異教徒に捕えられたが、神のご加護によりここまでたどり着いた》キリスト教徒だと身の上を明かし、われわれをキリスト教国へ送り届けてくれるよう頼んだ。小舟の人びとはこの言葉を興味あるテストで試した。つまり、彼らはこう尋ねたのである。《あなた方は主の祈りと信経ができるかと。そこでわれわれは主の祈りと信経を唱えざるをえなかった》。小舟の人びとは五人の逃亡者をすぐに連れては行かず、まず船長のところへ報告にいった。逃亡者たちはついに船に乗せてもらい、この船と運命をともにすることとなった。この船はかろうじて三隻のトルコ船から逃れたものの、時化《しけ》にあってあわや沈没の憂き目を見、はるかな沖合を漂流し全員飢えと渇きで危うく死ぬところだった。《ある時われわれは海上の岩の所にやってきたが、そこで蝸牛と小島蟹を見つけた。われわれはそれを拾い集め、四日間それを食べた》。とうとうシルトベルガーは当時（まだキリスト教支配下の）コンスタンチノープルに着き、さらに《イタリア》の国へと旅を続けることができたのである。
あるリューベックの年代記は一四五三年の項で、三百人あまりの巡礼を乗せた船が聖地からの帰途、サラセン人の手に落ちたと記している。《悪しき者どもは》狼のごとくキリスト教徒の巡礼に襲いかかり、《彼らの善きマホメットを》信じようとしない者を皆殺しにした。《肉の欲望に委ねようと》、婦人たちは赦された。

発見者たちの長旅についていえば、船旅をする者にとっての危険があと二つ加わる。反乱と壊血病である。コロンブスの西への旅があまりにも長びいた時、船乗りたちはいきり立った。コロンブスも顧みて、反乱が起こったことを認めている。コロンブスは彼の三隻の船のために志願者を募ることができた。ヴァスコ・ダ・ガマは東インドへの航海に一四八人の乗組員のほか、一二人の死刑囚や国外追放犯を船に乗せた。彼らは長い航海中危険な仕事も喜んでやるという条件つきで、恩赦にあずかったのであった。反乱はここでは多少なりともあらかじめプログラムに組まれていたが、ヴァスコ・ダ・ガマはそれを鎮圧することができた。

もう一つの災いはどうしようもなかった。彼はこちらの方の経験がなかったからである。ヴァスコは三年分の食料を持参したが、乗組員一日当たり予定したのは以下の通りである。船用堅パン七五〇グラム、塩漬け牛肉五〇〇グラムないし同豚肉二五〇グラム、水一リットル半、葡萄酒四分の三リットル、オリーブ油一〇分の一リットル、酢二〇分の一リットル、さらに目先の変わった食事を調理するための豆、小麦粉、レンズ豆、サーディン、すもも、玉ねぎ、にんにく、砂糖、アーモンド、蜂蜜。航海も長びけば、船の食料は大体食べられなくなる。新鮮な果実や野菜に含まれているヴィタミンCが欠ける方がなお悪かった。壊血病は致死の病だと思い知らされた。出発した一六〇人の船乗りのうち、生きて帰国できたのはわずか五五人であった（マゼランの最初の世界周航で生き延びたのは二三七人中一八人、しかしこのうちマゼラン自身も含めて何人かは戦死した）。

ヴァスコ・ダ・ガマの乗組員のなかで、壊血病はまず東アフリカのザムベジの河口で現われた。ケープベルデ諸島中のサン・チアゴ島出港以来、五か月が経っていた。航海を続けるうちポルトガル人たちはモムバサで、かの地の王からオレンジとレモンをもらった。《この町の郊外で寝ているうちに、われわれの中で病気にかかっていた者は、神の恩寵により突然治ってしまった。というのは当地の空気は実に澄んでいたからである》。ポルトガル人たちは柑橘類の摂取と病気の軽快の関係を、もちろんまだ知らなかった。彼らは航海を続けて新鮮な果実や野菜をとると、病人たちは急速に回復した。その後、短い航海中（南西モンスーンに乗った二三日間）壊血病は一例も現われなかったし、インド滞在中もそうだった。ポルトガル人たちは十一、十二月ごろからは北東モンスーンを計算に入れることをまだ知らなかったので、帰路の旅はとても長くかかった。それで彼らは出発したが、六週間も早すぎた。《三か月に足らざること三日》もかかったアフリカへの帰りの航海は、しばしばの凪と逆風のため苦痛の連続だった。乗組員は一人残らず病気になった。《歯の上の肉はふくらんでもはや物が食べられなくなった。おまけに彼らの脚も腫れ上がった。ほかに身体中に腫れ物もできた。そのため一人の男は身体を壊し、ほかになんの病気も患ってないのに死んだ》。往路ヴァスコは三〇人の乗組員を失っているのに、今また三〇人が死んだ。《それぞれの船でまだ仕事のできる者は七名か八名だったろう。彼らは本来の健康からほど遠かった。……われわれは規律がすっかりなくなる所まで来てしまった。われわれは死の苦しみのなかで航海を続けている間、船上で聖者やとりなしをしてくれる人に誓いを立て続けた》。船長連は次の順風をえてインドへ戻るべきではないかと、つらつら考えた。彼らがついに東風（今始まった北東モンスーン）

をえて、日ならずして、一四九九年一月二日アフリカのモガディシュで、ふたたび大地を踏みしめた時は、《まるでそこがポルトガルの土であるかのように、彼らは喜んだ》。

以上の報告は無名の著者の手をわずらわせたものだが、彼は歯肉、皮膚、筋肉系の出血、下腿部の腫瘍、急速な疲労、勤労意欲喪失といった長いことおそれられていたヴィタミン欠乏症の徴候を、臨床的な正確さで描いている。近代の内科ハンドブックでは簡潔にこう記されている。《治療しないでいると壊血病は確実に死に至る》。生体はある程度までヴィタミンCを貯えることができるが、まったくヴィタミンCを含まない食事を摂っていれば、三月ほどして壊血病の最初の臨床的な徴候が現われる。ヴァスコ・ダ・ガマはインド洋経由の帰路にまるまる三月はかからなかった。おそらく乗組員たちは往路での欠乏のためまだひどく衰弱していたので、病気は今になってたちまち猛威をふるい、彼らに襲いかかったのである。

バットゥータは一四世紀半ば東アジア横断の旅で、シナの船乗りたちが木桶の中で《青物、野菜、ショウガ》の種を蒔いていたのを観察した。もしかすると、この場合は病気の予防対策としてかも知れない。何しろこの病気のため一五〇〇年から一八〇〇年にかけて、従って絶えざる長距離航海が始まって以来、海戦と海難事故合わせたより、もっと多くの船乗りが犠牲となっているのだから。柑橘類の予防と治療効果がヨーロッパに知られるようになったのは一八世紀半ばになってからのことである。イギリスの提督は一七九五年全戦艦に対しレモンジュースの携行を命じた。

⚜処女地から開かれた地へ

西暦一世紀末ごろ、タキトゥスは〈ゲルマニア〉の中で広大なゲルマニアの歩き難さを強調している。《なるほどこの国は個々の点について見れば実にさまざまである。しかし、全体的に見れば、原生林にぞっとし、湿原のために不快感を催す》。

分け入って進むことのできない広い森は、ローマ人にとって不気味だった。中世盛期までに森もだいぶ開墾されたとはいえ、ドイツでは地中海諸国よりはかどらなかった。不快な湿原というのは本物の高層湿原ではなく、沼と化した川原の草地や、ライン、ドナウ、エルベ河の谷の三日月湖のことだったろう。すでにタキトゥスの時代から道は森を抜け、それどころか湿原の中を開かれた。道がなかったら、のどから手が出るほど欲しい琥珀を北海やバルト海からイタリアへ運ぶことはできなかったろうし、ローマ人に敵対するためゲルマンの兵士は再三集結できなかったろう。タキトゥスの描いた像は他の点でも細かく注目しなければならないけれども、それは――乏しい文献と豊かな考古学上の拠り所が示すように――千年あまり経た後世でもなお多くの領域に当てはまる。

一〇八〇年ごろ、ヘッセンのヘアスフェルト修道院の僧ラムペルトはその年代記の中で、ハインリヒ四世が一〇七三年陥った危険について報告している。王はザクセン軍のため高地にあるハルツ城に攻囲されたが、城には非常に険しい一本道しか通路はなかった。《ものすごく広い暗黒の森が山の三方を包み、その森は密集した原生林で、そこからチューリンゲン国境まで延々とのびている》。攻囲軍を欺くため王は彼らと交渉に入っていた。そしてある夜敵方が悪い事態が起ころうとは夢にも思わぬところ、王は僅かな従者を連れて逃げ出した。《報告によれば、一行は三日間というもの食物も摂らず、原生林の中のこれまでほとんど知られていなかった狭い小道を伝って進んだ。この小道は一行の道案内の猟師が、狩りのため辺ぴな森を熱心に踏査した折り、見つけておいたものだった》。飢えと夜番と長旅の労苦にすっかり疲労困憊し、彼らは四日目にエッシュヴェーゲに着き、ここで飲み食いしていささか元気が出た。多数の軍兵が皇帝に合流した次の日、一行はヘアスフェルトに向け出発した。《ハインリヒは当地に四日間滞在し、ポーランド遠征のため帝国全領土から召集した軍勢が到着するのを待った》。

この報告はいろいろの点で注目に値する。中世初頭の初期の開墾期から久しくたった一一世紀末にもなお、中部ドイツに広大な原生林があったこと。幾日も野獣を追跡した猟師たちによって、おそらく一つ以上道が発見されたこと。ことによると現代の街道もけもの道に遡るのかも知れない。裕福なヘアスフェルト帝国修道院の安楽に慣れた修道士にとって、森は不気味である。というのも彼が操るのは弓矢や斧でなく、筆だからである。タキトゥスの〈ゲルマニア〉を筆写したのは、ラムペルトに先立つこと一、二世紀、ヘアスフェルトに隣接するフルダのさる修道士だった。

はじめ森には今日ほど人がいなかったわけではない。なぜなら、上述のハインリヒ四世と従者は途中いつも突然の襲撃を予期していたから。ハインリヒが逃げたのは八月中のころ。このころ森には炭焼き、樹脂作り、草刈り人、落葉拾い、石けん作り、屋根のこけら葺き、羊飼いが住んでいた。気にそまぬ主君に仕えての快適な生活より、厳しいが自由な暮らしを好む人びと、さらに疎外された人、追われた人びとが森に避難所を求めた。百姓衆は盗賊の一味や兵士のため住み家が危機に瀕した時、生きのびられるようにと、森の中に貯蔵品をカムフラージュして隠した。誰も遠く離れた地に穀種を隠さぬよう注意せよ、とカール大帝が御料地の管理人たちに厳命を下した時、念頭にあったのはこのような隠し場所だったろう。もしかしてハインリヒと従者も道すがらこの手の貯えを発見したかも知れない。

ハインリヒ四世の逃走の時代、ドイツでは一平方キロ当たり五ないし七人の人口だったろうが、広い森をかかえるチューリンゲンではもっと少なかった。にもかかわらず、この小人数の一行が古くから人の住んでいたアイヒスフェルトも横断しての三日間に、人っ子ひとりにも出合わなかったとは思えない。その逆のことはありえたろう。さもないと皇帝の臣下たちはヘアスフェルトに出頭できなかったろう。

多くの地方で――たとえばパリの盆地やライン河＝マイン河の三角洲で――中世の初期のころには早くも、往々視程距離にある、時には呼べば聞こえるほどにしか互いに離れていない、密な集落網が生まれた。中世の旅人にとって僅か一、二キロしか間隔のない人間の住居の意味を、過大評価することは禁物である。彼はいつも次の目的地を視野におさめ、それによって炎暑の時は飲み水を、雨降りの時は屋根をあてにすることができた。万一霧や猛吹雪や闇に襲われても、遙かな一すじの光、犬の吠え声、鶏の鳴き声によって屋根のある所へ通じる道を知ることもできた。中世後期ともなれば集落も発展して村となり、多くの村には教会ができた。悪天候や月のない暗い晩には、旅人が道に迷わぬよう、意識的に教会の鐘を鳴らした。エアフルト大聖堂の五〇〇年物の《グロリオーザ》と称する鐘のEの音は、風向きによっては二〇キロ先まで聞こえたものだ！　しかしながら、旅人に道を知らせる吠える犬や鐘がなかったとしても、集落の周りにドーナツ状に存在する境界石、草原、田畑、庭園から、旅人は人間の近くにいることを推しはかることができた。

陸の孤島がしだいに改善され、密になった道路網によって互いに結びつけられたのは、何といっても中世の最大の功績の一つである。もっとも道路は長い間最終的に固定していたわけではなかった。一本の道が危険と見なされたり、もっと便利な道が提供されたり、途中恐ろしく高い道路税を要求されたり、嵐でなぎ倒された樹木で通行を妨害されたりして――その道が利用されなくなるや、たちまちそこにはまたぺんぺん草が生えた。それは遠隔地を結ぶ道路にも当てはまった。

数世紀のうちに個々の農場はさらに王の荘園、王城となり、修道院ともなった。あれこれの修道院は人里離れた荒野に生まれた、と強調されること確かに二、三にとどまらない。それはサン・ギヨーム・ル・デゼールといかにもそれらしい名をもつ、南仏の一修道院についても当てはまる。サンチアゴ詣でのルートで重要な行程となる、砂漠の中の聖ギヨームの意である。その事実はすでに北仏のプレモントレになると、あまり当てはまらなくなる。同地の最初の修道院は、まったく人の住まぬ不毛の地方に建てられたそうである。ということは、その地方は藪と沼に覆われ、人に泊まるよう招くものは何もない――ただし小礼拝堂と小さな果樹園と小さな池はある！　後になると、シトー派の修道院マウルブロンのあたりでは盗賊が狼藉を働き、旅人を襲った由である。盗賊の〈暮らし〉が立つところに人間もいることは、今日高速道路、鉄道、国道の通じる交通至便の地域にあっては、ことさら驚くには当らない。修道院や王の荘園の建設とともに、土地状況（代表的建物、教会の建設、葡萄園、果樹園、養魚池などの施設）の性格は変わり、通行量が増した。使者、聖職者、俗人が往来したのである。

ハンガリー人、ノルマン人、サラセン人から身を守るためにしばしば建設された――避難城塞にも、後に時がたつにつれ人が移り住んだ。避難城塞は集落の像をさらに細分化し、集落網をもっと密にするのに役立った。このような城塞の麓の農場は数世紀たつうちに、ブライスガウのフライブルクのような都市集落へと発展したのだろう。

上部ライン地帯ではまるで教科書を見るように、都市集落の成立を観察することができる。穴は一日の旅程の間隔で計画的に埋められるのである。田舎の集落に対する都市の決定的特徴は、大きさでもなければ人口数でもない。大きな村もあれば小さな都市もある。きめてとなるのは都市のもつ権利で、それは自治権と独自の裁判権を筆頭に、以下市場権、開市権、関税権、貨幣鋳造権、防備施設権と続く。

旅人がある都市に近づけば、共同体の防備を固め、それを市壁によって外界から区切る都市の権利と、判決を下しその判決をただちに執行させる特権が、いやおうなしに目に入る。旅人ははるか彼方から、しばしば飾り豊かな塔や市門に防備を固められた市壁を見ることができる。それこそ自意識と用心深さの象徴である。見張り番のいる市門で、当市へ入ろうとする旅人は本人に間違いないことを確認され、行先を尋ねられる。人通りの多い街道のすぐ近くにある絞首台が、当市の法律を守るよう来たばかりの旅人に警告した。しかし、刑場はまた、よそ者がひどい目に合った場合の楯ともなった。お上は市の平和を監視し、刀のさやをはらっただけで高い罰金が科せられた。市場を訪れる者は市内と往復の路上、特別な保護によって守られた。住人たちが各都市の特徴をつくりあげ、自信家で冒険好きの人種の入来に便宜を図った。われわれが出合う遠方貿易商人や発見家、マルコ・ポーロ、コロンブスといった人種のことである。

上部イタリア、南仏、ウェストファーレン、フランドルといった——都市の多い地方では、旅人は夕方には自分用の宿と馬用の厩舎が、さらに靴屋、車大工（車の修繕用に）、両替商、床屋、風呂屋、娼婦が見つかるという前提に立ってもよかった。彼は市場で橋や渡し船、これから先の街道の安全性、それぞれの地方での食物の供給に関する情報を手に入れることができた。物価は確かに当局に監視されていたとはいうものの、当地でぼられたとの旅人の訴えが、しばしば市の公文書に出てくる。旅人が道中身ぐるみ剝がれたり、はじめから金がなくて旅立ちした場合、それから先の面倒を見てくれる思いやりのある個人や団体を、町の中で見つけることもできたろう。ツンフトは彼らの同業者（たとえば遍歴職人）を助け、兄弟団は他の敬虔なる旅人たちのために献身し（パリのヤコブ兄弟団員は遠国からのサンチアゴ巡礼も援助した)、施療院は苦労した人、重荷を背負った人ならいかなる人でも、助けることを目標とした。

都市の快適さを目の当りにして、その暗黒面を見落としてはならない。厳しい刑罰に脅かされているにもかかわらず多くの犯罪があり、ふえる一方の病気の危険があった。前者は貧困の結果であり、後者は不充分な衛生状態、密集した建物、考えられぬ汚れの結果であった。下水道もごみ収集もなく、たいていはまだ舗道もなかった。雨天の時、靴や衣服を泥で汚さぬよう踏み石伝いに跳んで行けたら、おんの字だった。

一四世紀前半のヨーロッパは、今日よりずっと密な集落網が張り巡らされていた。とりわけ一四世紀半ばのペスト大流行以来、過剰人口による圧迫が弱まるや、集落の誤った建設熱はさめた。一例をあげれば、ある小地域の《過疎化》過程の程度が具体的になるかも知れない。すなわち、南部のフルダ・ヴェラ山岳地帯では、一三〇〇年から一五〇〇年までの間に、約七五〇平方キロで一六九の単一集落と集落群が消えた。一三〇〇年ごろにはこのあたりに一八〇の集落があったのに、一五〇〇年ごろには八〇ほどの村しかなかった。この退行現象の結果は明らかである。旅人にとって、食料、宿や援助の見つかる次の集落までの道が遠くなったことである。それでも他の地域にくらべれば、旅人はまだ快適な状況にあったのだ。リュブリキはモンゴルの汗《カーン》の宮廷からの帰途、二か月と一〇日たっても集落ひとつ、建物の痕跡ひとつ見えなかったので、奇異な思いをしたものである。

過疎化過程はヨーロッパの旅人に、異論の余地のない損失を与えた。だからといって、中世の間国土の改造によって目ざした、安全性と快適性という利点を忘れてはならない。ここでは森と沼の減少をあげるとしよう。ヘンゼルとグレーテルが森の中で道に迷い、人食いに脅える童話には、数世代にわたる危険が反映されている。幾千もの兵士、巡礼、商人、男女が、数世紀の間《腐った空気》のために命を落としたのは、イタリアだけではなかった。当時マラリアの伝染のメカニズムについては知られていなかったが、夏の猛暑の候、この病気の発生と沼沢地方の関連については知られていた。マラリアを伝染するものとして沼ざらいもした。予期したのとは異なり——低地で《良い空気》を見つけた時の安心感が、アルゼンチンの首都《ブエノス・アイレス《良い空気》》の名前にもなお反映されている。それこそ《マラリア《悪い空気》》の正反対のものである。

旅にとっての宗教、商業および情報制度の意義

個人や団体を問わず幾千もの人が中世の街道を往来していた。彼らは一神教の三大宗教のどれかに仕え、人びとに商品や情報を提供しようとしたのである。

⚜宗教と旅

本書で考察される地域はキリスト教とイスラム教の影響を受けていた。両者ともその初期においてはなみはずれた力を行使したが、イスラムの方がキリスト教よりなお著しかった。イスラム教は創教百年にして南からはピレネー山脈を越え、東部ではペルシアまで広まった。キリスト教徒をイスラム世界と結びつけたのがユダヤの学者と商人だった。

旅に対する教会の態度は、いつの世も定まっていなかった。教会は（特に婦人に対して）旅路でもろもろの危険に合わぬよう警告するかと思えば、幾百万の人びとを外国に遣わした。全体としては旅を肯定する面が勝っていたが、それはアブラハムから聖家族を経てイエスによって《すべての国に》派遣さ

れた使徒たちの例のように、キリスト教徒が新・旧約聖書中に見つけ出したたくさんの模範によるものだった。リュブリキはモンゴル伝道に関する報告の中で旧約聖書から一語を引き合いに出している。《彼は異邦人の国を旅し、人びとの間の善と悪を識る》(イエズス・シラクの書、39章4節)。ベネディクトは彼の修道士たちに一所定住を要求したが、旅する修道士のことも考慮して、彼らをよそに派遣する時は必ず二人でやるように、修道院長はよそから来た修道士に紹介状を要求するようにと定めた。クリューニーと法的に結びついた各地の修道院の僧たちは、クリューニー修道院長に修道誓願をたてねばならなかった。教会会議は幾千もの人びとを動員したし、コンスタンツとバーゼルの中世後期の改革公会議は、中世の公会議の最たるものであった。シトー派の修道院長は大勢の従者を伴い、武装した召使いに付添われてシトーの総会へ旅する者も少なくなかった。敬虔なキリスト教徒は聖地を訪れるだけでなく、できるだけ聖遺物をもって帰郷しようとした。その際高度の政治的事件が問題となることもまれではない。一〇世紀のもっとも重要な年代記作家の一人コルヴァイのヴィドゥキントの記すところによれば、サン・ドニの修道院長フルラールはローマを訪れた際聖ファイトの墓を発見し、聖遺物を掘り出してフランスへ移した由。後になってそれはさらに、同地から荘厳な行列によってザクセンへと導かれた。さて、ザクセン人は聖ファイトという強力な代願者を《手に入れた》ので、(西)フランクは凋落したのに、ザクセンは上り調子になった。

教会は旅の辛苦というものを認めなかった。こと布教に関しては旅がつらいとはいわせなかったし、司教を叙階したり教会を奉献したり、信者に堅信礼を与え、教会会議に出席し、書物を手に入れるなどの旅もそうであった。教会がどれほどキリスト教徒の旅行者に照準を合わせていたかは、次の例に照らして明らかである。つまり、司祭は自分用の携帯用祭壇を作り、司教はいつも教会収入の三分の一もしくは四分の一を、旅行者の扶養と貧者（両者はしばしば同じだったが）の援助のために準備することを義務づけられていたのであった。

キリスト教は中世ヨーロッパのもっとも強い鎹《かすがい》を形成した。しばしば分裂したにもかかわらず、それは今日に至るまでヨーロッパ諸国に影響を与えている。一〇五四年の大分裂以来キリスト教はローマ教会とギリシア教会に分裂した。ローマ教会は再三再四分裂の試練に曝された。《清浄者》の協同体（カタリ派）を標榜した東方伝来の教義のために、諸国家が、自治体が、家族が分裂した。西欧キリスト教の団結にとって重要なベネディクトの修道制度は、シトー派とプレモントレ派が意識的に《新しい生活秩序》を志向したことによって弱められた。

キリスト教は一年間と一週間を、祝祭と祭日によって規定し、――地方的な差違があるにもかかわらず――統一した教会という新しい網でヨーロッパを覆った。それは貧者に対する人間の関係に影響し、言語的・文化的・社会的境界を越えた共通性を形成した。神に対する祈りの中で、聖母・使徒・聖者崇拝の中で、人びとは自分たちが共同体の一員であることを知った。旅行者がミサのラテン語を聞いたり、罪の赦しを聞いた時、《自宅にいるようなくつろぎを感じる》ことができたのである。教会と墓地のアジール権は《ろくな裁判もせずあっさり殺されること》に脅かされている旅行者たちにとって、救いの神となりえたのである。

中世人の旅にとって巡礼の意義を過大評価することはできない。キリスト教徒、回教徒、ユダヤ教徒は祈りを捧げるために聖地へ旅した。イスラム信仰において巡礼は、キリスト教とは比較にならぬ高い位置を占めている。すべての回教徒は少なくとも年に一度敬虔な心から、メッカにある聖域を訪れる義務がある。メッカへ向かう街道は年がら年中幾百万もの人でごった返す。途上彼らは自分たちが共同体であることを意識するが、カーバと対してますますその感を強くする。他の問題では異論の余地ある東方教会と西方教会も、共通の聖者、たとえば使徒たちや聖ニコラウス崇拝では一致する。ローマ、サンチアゴ、カンタベリー、アインジーデルンなどへのキリスト教徒の聖地巡礼は民衆を動員し、さまざまな皮膚の色、母国語、法律的社会的状況、年齢、性を越えて、超国家的なわれわれという感情を創り出す。

ユダヤ教徒は西洋と東洋との重要な絆となっている。正統信仰からの離脱を死に値する犯罪と理解する社会にあって、唯一の非キリスト教徒として彼らはきわめて長い中世の間、不安定な状況にあった。彼らは時の支配者に高価な代償を払ってえた特別な保護の下にあった。彼らはしばしば強力な弾圧と、繰り返し——たとえば十字軍や大ペストの時代に——きわめて激しい屈辱と迫害に曝された。

⚜商　業

中世初期の地中海圏とフランクの遠方通商は、シリア人とユダヤ人の手に握られていた。〈商人〉と〈ユダヤ人〉の語はよく同義語として使われた。ユダヤ人の商人、金貸しと医者は長いこと高い名声をえ、キリスト教徒が同じような評価をえたことがないほどであった。シリア人とユダヤ人は商才のあったフェニキア人やギリシア人の遺産を相続したのであった。彼らは数か国語をマスターすることが多く、キリスト教世界、イスラム世界でおのれの進むべき道を巧みに心得ていた。カール大帝は七九七年バグダッドのカリフに使節を派遣する時、ユダヤ人のイザークも付けてやった。この男は遠方商人だったらしく、通辞と案内人の役を勤めさせようというわけだった。彼は他の二人の使節団長の死後、皇帝にハルン・アル・ラシドの贈り物を届けた。

八世紀以来ヨーロッパの商人たちは——ここではフリジア人が一番手だったが——ますます広範な通商関係の道をひらいた。彼らはほんの暫く前まで殺戮と略奪でヨーロッパの大半を荒らした男たちの血筋を引いていた。彼らは経験上、穏やかな形で物々交換をすれば、長期間にわたりもっと多くの利益が約束されると知った。

商人という階級は繰り返し攻撃されたが、教会からも攻撃された。教会改革運動の指導者の一人ペトルス・ダミアニが、一〇五七年聖ニコラウス祭で行なった説教もそうだった。聖ニコラウスは商人の守護聖人の一人である。ペトルス・ダミアニは説く。《汝は故郷をすて、子供らを知らず、妻を見捨てた。本当に不可欠なるものを一切忘れた。汝は欲張っていやが上にも獲得する、獲得しては失い、失っては思いわずらう》。

このように中傷されても、遠方商人が聖と俗のおえら方にとって引っ張りだこの贅沢品の納入業者として歓迎されただけではない、という事実は何一つ変わらなかった。なぜなら遠方商人たちは異国と異国語を解したから、敵や同盟者となるかも知れぬ者たちの貴重な情報を、しばしば提供することができた。だから商人たちは、たとえば船、車、荷馬、護衛その他にかかる面倒な金の免除とか、特別の保護によって支配者たちから特権をえていた。一二世紀末ノヴゴロドの大公は領内のドイツ人とゴートランド人に、平和と法の保護を保証した。《いかなる者によっても害されず、傷つけられることなく》強盗と傷害から守ってやろうというのである。一二六九年ハンザの商人たちは船の修理や建造のために好きな木を伐採する許可をえた。《客がネヴァ河に来て材木や樹が必要な時はいつでも、この河の両岸どこでも切ることができる》。こんな特権が〈抑圧された人びと〉の貪欲を目ざめさせ、そのため平均化の訴訟が始まった。特定の商人が特権を失うやいなや、他の商人たちがその特権やもっと広範な許可をえようと努力した。もともと一階級の特権だったものが、数世紀の間にあらゆる市民の権利へと広がった。

諸国の王の保護状はその勢力内しか及ばなかったので、商人たちはみずからの力に頼った。彼らはギルドやハンザ同盟を結成した。そのメンバーは誓いを立て無事帰郷するまで――ないし死ぬまで相互の誠実を約束した。彼らは追剥ぎや海賊の手に落ちるにせよ、団結し、時には武器を取る味方もいた。陸の隊商に当るのは海では護衛船団である。中世後期、領邦君主に提供され、いや押し付けられた護衛は、そのために要求された手数料が保護を保証する所までしか関心がなかった。税金のような公課を取り立てられることがよくあり、この護衛権が領邦の拡大に役立ったことも稀でなかった。一三世紀前半のザクセン法鑑《シュピーゲル》は万一追剝ぎの被害に合った場合、護衛の主君が補償することを想定している。ただし、被害者が権力と影響力をもつ場合のみ、補償の要求ができるとしている。彼は当局が彼のため加害者に圧力をかけるよう動かすことができ、また保護を必要とする他の人びとと手を組み団結して商売することができた。場合によっては街道、道と橋、市場と見本市、商品と期限遅れの契約相手の仕事をボイコットするという嚇しが単なるジェスチャーでないことは、ハンザ同盟が一三八八―九二年の対ブルージュ市の抗争で証明した通りであった。

商人たちは苦労多い旅の果てに、なじみのある知人の間で暮らすことに憧れた。それゆえ、彼らは重要な遠方通商の拠点に自宅を構えた。ヴェネチアは地中海東部や黒海の各地に、上部ドイツの商人たちはドイツ商館のあるヴェネチアにかくのごとき屋敷をもっていた。またハンザ同盟はベルゲン、ロンドン、ノヴゴロドにその手の屋敷をもち、ブルージュではドイツ人が分散して暮らした。ノヴゴロドのドイツ屋敷は五四×三二メートルあり、裕福なロシアの上流貴族《ボヤール》の邸宅とほぼ同じ広さがあった。当屋敷は木杭でできた矢来に囲まれていた。門はたった一つしかなく、夜になると屋敷番が閉めた。ブラッドハウンド犬は高価な商品の〈客〉に近づかないようしつけられていた（ヴェネチアでドイツ人の管理する家の番犬は、ドイツ語以外の言葉を聞くが早いかひどく唸り出したものだ！）。屋敷の真中にペーター教会があり、それにちなんで家全体が《ペーター屋敷》とも呼ばれた。教会はこの在外商館の唯一の石造建築で、安全な貯蔵庫、祈りの場として、――また憤激したノヴゴロド人が力ずくで権利を手に入れようとする時には――よく最後の逃げ場所として役立った。屋敷の他の設備はすべて木造であり、それぞれ寝室と食堂を備えた簡素な幾つかの家屋は、主人と召使いが八〇人から一二〇人入れる余地があった。主人と助手のための独自の会議室、倉庫、店舗と地下蔵（ノヴゴロド当局の拘留権は留保されてはいたが、獄舎としても使われた）があった。それに共同利用の粉碾《ひ》き場と醸造所、病室と浴室が、わりと独立した屋敷の場景をなしていた。商売のシーズンになればそのつど年かさの者が指揮を引き受ける。彼はネヴァ河入港時、一本立ちの商人たちの中から選ばれ、一五世紀半ば以後リューベック市によって任命された。文書のやり取りはペーター教会の牧師が片づけた。

　商人たちがよその町に共同で構える屋敷は、これと似たり寄ったりだった。外来者たちはここでいささか故郷を見出し、そこでは彼らの肉体的霊的健康のための配慮がなされていた。教会や礼拝堂でなじみの歌を唄い、母国語で説教を聞き、懺悔し、訓戒を聞くことができたのである。この家の住人は商人たちの故郷の出身者であるか、少なくともせめて商用語に熟達していた。このことは外来者が訪れた町の商人、職人、当局と接衡する上で役に立った。

〈見本市《メッセ》〉の名称は中世では、商業用教会暦の意味をもっていた。ともあれ、たとえば教会の守護聖人の祭日や教会開きの祭りに人びとがどっと押し寄せる時、商人や行商人も遠近を問わずやって来て、

旅の途上の商人　遠方商人は，たとえば豪華な細工がほどこされた皮製品のような高価な商品を扱う．貴重な積荷はこの挿絵のように，一頭ないし数頭の荷馬によって運ばれねばならなかった．ステイタスシンボルとしての小犬を腕に抱いている貴婦人とここで話している遠方商人が，情報やニュースを伝える．それは多分に中世の支配者が遠方商人に特権を与える理由となった．

市場で歓待してくれる買い手を待つことができた。大都市(たとえばフランクフルトやライプチヒ)と並んで、小さな土地(たとえばパリ北方サン・ドニや高地ライン河畔のツルツァハ)も、一地域を越えた重要な商業見本市開催地となった。

中世盛期まで貴金属、装身具(宝石、琥珀、珊瑚、真珠、絹製品、毛皮)、奴隷(は品物として扱われた)、乳香や香辛料のような貴重品が、遠方通商のもっとも重要な対象であった。食料を長持ちさせ、単調な献立表に色どりを添え、明らかにもう肉といえなくなったものの臭いをごまかすため、香辛料の需要は多かった。媚薬、麻酔薬ないし医薬として求められた香辛料も少なくなかった。胡椒は遠方通商で一時ごく重要な役割を果たし、関税や護衛代を胡椒で物納したり、商人のことを軽蔑して《胡椒袋》と呼ぶほどであった。中世後期の発見の旅は、インドの香辛料へ直接通じる道を探すためにも行なわれたのであった。

遠方通商で特別な役割を演じたのは礼拝用の品だった。幾千もの教会がミサ用の葡萄酒、聖別式用の油、教会の祝祭用の乳香を必要としたからである。乳香の需要のおかげで、最高七〇〇〇キロ以上離れたキリスト教圏とイスラム教圏の間の絶えざる商業上の接触は、数世紀を越えてなお保たれたのであった。それはアイスランドの商人がアラビアへ行ったという意味ではない。古来琥珀はバルト海から地中海圏へ取り引きされたのに、商人たちがザームラントからフェニキアへ行った形跡がないように、乳香も商人から商人の手へとどんどん伝わったものだろう。商人は往路も帰路も積荷の能力いっぱい利用しようとしたものだから、相手方からの商売も始まった。たとえばアイスランドは羊の毛皮、羊毛、生皮、毛皮、肉、獣脂、バター、チーズ、魚、魚油、鷹狩り用のタカ、硫黄を輸出した。この例が示すように、葡萄酒や油や乳香に対する教会の需要のおかげで、——まだ初歩的ではあったけれども——二つの世界をわかつ言語、文化、乳香の場合は宗教の境界を越えて、統一的な経済圏が形成された。

十字軍以来貴重品の得意先としてさらに大きな地域が開拓された。穀物、葡萄酒、魚、塩のような日用品もますます多量に取り引きされた。主として少量の貴重品を運ばねばならなかった時には、交通路の状態はあまり重要でなかった。バルト海＝地中海圏間の琥珀、シナ＝ビザンチンならびにインド間の絹、イエーメン＝アレクサンドリア間の乳香の取り引きともなれば、道路が改修されねば間に合わなかった。運び人やラクダの隊商なら簡単な小径で十分だった。ますます大量の商品を扱い、この品が大型化しかつ重量がふえるにつれ――葡萄酒樽やニシンの大樽を想起されたし――道路と交通手段はますます重要なものとなった。だから中世後期以来、道路の改修と安定した乗物の発達にいっそう心を砕くようになった。二つともほかの旅人にとっても役に立った。――ザルツブルクとかハルの地名や多くの場所に見受けられる〈塩の道〉は、旅する商人がごく重要な貯蔵食品と香辛料をもってここを往来したことを、今日なお思い起こさせる。フランスの大西洋岸から魚の加工に欠かせぬ塩を輸入するために、共同船隊がハンザの地域から出港した。このような旅が北海＝バルト海圏と大西洋東部の国々を結びつけたのである。

地中海圏では早くから材木の不足が目立ったので、たとえば葡萄酒のように、北欧では木樽で運び、古代では両手のついた壺に詰めた品物のために、革袋を使わざるをえなかった。聖書や〈千夜一夜物語〉に出てくる革袋は、壺にくらべて幾つかの利点がある。軽いし壊れない、必要な時脹ませ、救命浮き輪や渡河のさいの補助具として利用できることである。バットゥータの報告によれば、インド洋では脹らませた革袋をつなぎ合わせ救命いかだに使った由。

いつの時代にも政治と経済の衝突は起こった。独占、通商停止、治外法権の形成と公課の要求が紛争の種となった。シナでは当国の絹の独占を破ろうとする者に対し、何人《なんぴと》であれ死刑に処すると嚇した。また修道士たちがカイコ蛾の卵を巡礼杖に隠して、ビザンチンに密輸するのに成功したといわれている。やがてビザンチンでは絹産業が花咲いたのである。後のアイヒシュテット司教ヴィリバルトも現世の児の才智に恵まれていた。七二〇年に彼はバルサムを容器に詰めたが、その際いかにもバルサム特有の匂いを、つんと鼻をつく石油の臭いでごまかして、輸出禁止令をすり抜けたのである。ビザンチンは唯一の真の皇帝の座として、帝王の色、深紅の独占を要求した。高貴な使節クレモナの司教リウトプラントは出立のさい、合法的に手に入れた深紅の衣を買値で引き取ってもらった。ビザンチン以外の国で深紅の衣をまとってしゃなりしゃなりと歩いても、何の価値もないというわけである。異国の町に構えた商人の館は地元民にない数多くの特権を享受していたので、たとえば刑法の問題で葛藤はほとんど避けられなかった。誰が、いずれの刑法にのっとり、殺人、強盗、窃盗、強姦事件を裁くのか。関税や公課を免れるために、商人が巡礼と自称したことは一再ならずある。そんな場合、当局は追加したらしい関税を後から徴集して、たいてい満足した。しかし、一〇世紀のドイツと一四世紀のシナには、悪人の商品と船を没収すべしとの規定も伝えられている。

遠方通商は生産者と消費者、供給と需要の間の空間的・時間的隔たりをなくした。経済的商品の交換によって、言語圏、宗教圏、文化圏が互いに結びつけられた。商人たちによって開拓された道を、後世戦士が、芸術家が、伝道者が往来した。たとえば九世紀スカンジナヴィアへ布教の旅に出たアンスカールのごとくである。現金はできるだけ僅かにして旅するという鉄則は、ほかの旅人より少なからず商人に当てはまった。このため商業は現金を使わぬ支払手段の流通の先駆となり、パレスチナ巡礼者のような他の旅行者もその恩恵に浴すこととなった。略奪と商業の境界は一七、八世紀まではっきりしないことがよくあった。今日復活したハイジャックを見れば、個人や一味がなした略奪と公共平和を保証する当局の間で、再三再四新たな均衡が保たれねばならぬことがわかる。特定の場所でときおり達成されたことは、他の場所で相も変わらず――すでにまた、というべきか――無効となっているのである。

⚜使者の制度と情報の伝達

本章では使者と使節の区別をつけない。前者はたいてい代理権をもたぬ下層出身者であり、後者は――往々にして貴族、聖職者、富裕な商人で――委任者の名で契約を結ぶ権限すら与えられている。大小を問わず支配層はできるだけ完全で、正確で、当面の急を要する情報に関心をもった。それというのも敵方や同盟国の行動を正しく読み、無駄な出費を節約しようとしたからである。金をかけた使者が長途の旅をした後情報を聞いたり、相手方の支配者がとっくに死んでいたり、使いを出した相手がこの間に失脚したりするのはまずいことだった。都市国家も情報の素早い伝達には関心があった。紀元前四九〇年マラトンの戦いの上首尾の結果を、アテネにもたらした使者は有名である。

ペルシア帝国では国道と使者の仕事は支配者専用で、個人の意のままにはならなかった。ギリシア、ローマ、ビザンチン、イスラム、オスマンの権力者たちは、上記ペルシアの使者と情報の制度を、自国の情況に合わせた。モンゴルとインドの大ムガール両帝国では、ペルシア帝国の伝統に従いながらも、ずっと効率のいい仕事をする使者の役を作り出した。この点に関しては、インカ帝国の飛脚にはかなわなかったろう。

西欧では国家の手による使者の役の伝統は、ローマ帝国の没落、おそくともカロリング朝とともに絶

聖女ウルスラ伝連作中の使者　聖人伝によれば，異教の国王の息子エテリウスが英国王の息女ウルスラ姫に求婚した．図は実用的に半長の上着を着ているが，高貴な身分の使者が封印された書状を一通届けたところ．使者の足の拍車を見れば，知らせが急を要するものだとわかる．

えた。一〇、一一世紀以後新たな使者制度が生まれたが、——古代諸帝国とは異なり——世俗の権力はもはや幾つかの担い手の一つになり下がった。一〇三五年に記録されたリムブルク封建家臣法によれば、当地の修道院の封臣はみな修道院長の命じた所へ、毎日旅することを義務づけられていた。クリューニーは一一世紀、同派の数多くの修道院との連絡を保つため、独自の使者の役目を作り出した。大商会や大銀行はどこも、本店＝支店間の連絡を確保するのに機能的な使者組織に頼った。同じようなことは大都市にも当てはまる。諸大学の学生にとって、規則的な金の送金のために家族との連絡は不可欠だった。教師と学生たちは大学独自の急使を組織し、そのために国王の保護と特権をえた。

情報組織における教会の位置は、教会がしだいに教皇庁へと集中され、フランシスコ会とドミニコ会という——みずから中央集権制に組み込まれた——新修道会が、教皇庁の強力な管轄下におかれるにつれ、ますます重要なものとなった。使者組織を確立するに当って、古代後期の国家の伝統に立つ教皇庁は、自己と司教や修道院の体験を基にした。それゆえ、ローマは中世キリスト教世界の情報化都市となった。人は多くのルートを使ってここで情報を集め、それは手を加えられ狙いを定めてまた広められるのであった。幅広い権限がしだいに教皇庁に集中したので、ますます多くの聖職者や法律家が職務上や個人的理由から、いやおうなしにローマに向かって旅立った。大修道会はローマに館をもったが、そこから――しばしば教皇と直接連絡をもった――伝道者が派遣され、彼らの情報がまたローマの中枢にもたらされた。古代からローマの都は巡礼を魅きつけたが、巡礼にまじった伯、公、国王、修道院長、司教らの情報は、注意深く利用された。

教皇庁は司教たちを定期的にローマ詣でさせただけでなく、こちらからも全権使節を各地の教会に派遣し、教皇の決定事項を伝え、俗人や聖職者、司教や国王らの生活に関する情報を提供させた。これら教皇特使は教皇の衣と象徴に飾られて登場し、《そのさまはまさに教皇自身が来られたように》と、ヒルデスハイムのベルンワルト伝には書かれている。馬の鞍は《ローマの慣習にのっとり、教皇の鞍のごとくに緋色の敷物に覆われていた》。もちろん教皇みずからも出馬した。一一世紀の教会改革以来、巡回しながら司牧職を務めたこともあるが、それは旅の王国と比較される。クレルモンの教会会議では、教皇ウルバン二世が十字軍運動の先頭に立った。

駐在使節のはじまりはヴェネチアに遡る。ヴェネチアから派遣された使節は一二八八年の布告により、帰国後一五日以内に外国における彼らの活動、体験、観察をもれなく報告するよう命じられた。ということは、赴任先とその途上で公式、非公式に探り出した一切を意味する。ヴェネチアで、将来を暗示するような外交史上の改革が行なわれたのは偶然ではない。第四次十字軍に関係した列強の全権が、君主の印璽だけ押した白紙委任状をもって、ヴェネチアに参集したのは、一二〇一年のこと。その後、この白紙委任状に、総督と交渉して取り決められた契約が書き記された。

独自に使者の職を維持するには金がかかった。賄賂やその他雑費はいうに及ばず、馬、宿泊、道路や渡し船利用のための経費は、給金として支払われた。雑費とは、たとえば、船主への鼻薬で、なんとか予定より早く、また時化《しけ》の時期にも出帆する気にさせて、旅のスピード化をはかるよう命じられていた。一六世紀の初頭、ヴェネチアはローマへ特使を送るのに、市の高官の一か月分の給与、ないし大人三人家族の年間のパン代に相当する金額を使わねばならなかった。個人ではそうした支出はとうてい賄い切れず、諸都市、大学、国王にとってもその支出は重くのしかかり、《専任の》使者職を維持する金がないことも間々あった。

そのようなわけで、関係者は同盟を結んだり、臨時傭いの使いを探したりした。商人は商売敵《がたき》より早くある船の沈没や無事帰港の報を知るかどうかで、利益をえたり失うこともあった。そこで一三五七年に一七の商社がフィレンツェにはじめて、《フィレンツェ商人の使い袋》と称する共同の使節団を設けたが、やがて各地で似たような組織が続々と生まれた。どの旅人も口頭や書面で知らせを届ける臨時の使いに適していた。国王や司教、商人や御者、修道士や巡礼、遍歴の歌い手と羊飼い（ノルベルト伝の語るところによれば、彼らは遍歴修道士ノルベルトの到着を知らせるため、羊の群れを見捨てた由）がそれである。一〇〇〇年から一〇〇一年にかけて、ヒルデスハイムのベルンワルトがローマへ旅した時、《アルプスのこちら側の全司教》の手紙を携えて行ったが、帰路は皇帝オットー三世が以前の師で、寡黙で知られた方について伝えたい事柄しか、皇帝から託されなかった。

以上で必要条件は指摘した。使者は男しか務まらない。その仕事の辛苦に耐えるには、使者は健康で、敏捷で鍛えられた身体をもち、重荷に耐えられ、順応性がなければならない。秘密の情報でも託せるよう信頼がおけ、できるだけ多くの外国語にも通じなければならない。教皇、司教、修道院長相手の交渉には、読み書きができ、ラテン語と礼法をわきまえた聖職者が歓迎される。フランクからザクセンへの使者には、人質としてフランクへ来たことがあったり、フランク側に味方した男どもが再三任命された。カール大帝は時に、たとえば上述のユダヤ人イザークのように、キリスト教徒でないものにも使者の役を委ねた。各地で使者はもっぱら注文主だけに仕え、情報を洩らすよりむしろ拷問にあい、ずたずたに斬り殺される旨、職務上の誓いをたてることを義務づけられた。虐待されている奴隷には、忠誠と自己否定は期待しかねた。

使者たるもの、注文主の意にかなうよう職務を果たすべきだが、相手側と仲違いしてはならなかった。彼らは《礼儀正しい》振舞いによって情報の内容を充実させねばならなかった。ローマへ遣わされた司祭タングマールは、どうしたら彼の司教ベルンワルトのためになるかを心得ていたので、教皇や皇帝の前でわが身を大地に投げ伏した。フランシスコ会士リュブリキははじめ、膝をかがめてモンゴルの汗《カーン》に敬意を表するのにためらいを感じた。

使者たるもの、異国を旅するさいできるだけ多くの情報を集めるべきだった――さりとてスパイの非難を浴びてはならなかった。ビザンチン皇帝ニケフォロスはオットー大帝の使節リウトプラントのことを、戦争をしかけに《平和の仮面をかぶったスパイとして》派遣された、と非難しているが、――この皇帝の言葉ももっともである。リウトプラントが失敗に終った使節の件についてものした文書の中で、彼は遠回しだが公然と戦争をあおっているのだから。

きちんとした使者の制度は、使者と受入れ国が一定の規則を守った時のみ可能だった。プロコピオスは使者の二つの義務と一つの権利を強調している。彼らは王に背いてはならぬ、既婚婦人と交際してはならぬ。その代わり、たとえいやなことを言わざるをえない時でも、使いに送り出した人の名を使って、自由にしゃべってよい、というのである。この《基本法》を一瞥しよう。

国王の不可侵性。《暗殺使》は繰り返し送り込まれた。謁見前のかなり屈辱的な身体検査から、自分がどんな見方をされているか、使者は読み取ることができた。

婦人との関係。交際禁止令は相手国の既婚女性が対象だった。ぶしつけに強要しなくとも、客あしらいの枠内で外国の使者はしばしば女性を提供された。

率直に語る自由。この権利があまり知られていないことは、後世の文献を見れば明らかである。ニーベルンゲンの歌の中で、使者たちは敵方の知らせをもち出すのにはっきり許可を求めている。

使者の不可侵性。往復の旅路、外国の宮廷に滞在中の使者の生命、健康、自由は、彼らが前記プロコピオスがあげた条件をさらに上回って果たした時だけ安全だった。使者たちは暴動をたくらんではならず、《国内事件》に干渉してはならず、情報を密輸してはならず、敵方を支援してはならなかった。次の二例を見れば、使者たちがやましいことは何もしていないのに、その生命が安全でなかったことがわかる。ベーダはその教会史の中で、七世紀末フリースランドで伝道の許可を求めるため、地方の権力者のもとに旅した二人のイングランドの伝道者について述べている。途中彼らはさる農場管理人のもとに数日泊ったが、この男が望み通り地区の最長老のもとに案内してやると約束してくれた。人びとは司祭が異教を広めにやって来たのを見て、最長老が新しい宗旨に鞍変えするかも知れぬ、そうしたら昔から伝わる礼拝を放棄せざるをえなくなる、と心配した。彼らは二人の伝道者を打ち殺し、屍はライン河に投げた。苛酷な罰を見れば、使者の不可侵性がどんなに強調されているかわかる。《わが家に来宅予定の異邦人が》打ち殺されたとの報に激昂した最長老は、その村の住民を皆殺しにし、村を焼き打ちさせた。

――緊迫した状況にある時、ある一派が反対派の使者を、ことによるときわめて残忍な、侮辱的なやり方で殺して、《外交関係》を断絶したり忠誠心を捨てる気持を、天下に知らしめることはありえた。これまでフランク国と緩やかな同盟関係にあった《エルベ河以北の民が》、七九八年フランクの支配をはねのけることをはっきり態度で示した。彼らは反抗し、《償いをさせるべく》当時かの地に滞在していたカール大帝の使者たちを逮捕した。償いをさせるべく、との言回しには使者の振舞いに対する批判がこめられていよう。彼らは厳しい態度をとり、大帝の権力を盾にとることが正しい行動だと信じこんでいたのだろう。使者たちは幾人か即座に打ち殺され、残りは身代金と引き換えに釈放するため生かしておいた。数人はうまく逃げおおせたが、後の人は身代金を払って自由の身となった。それゆえ、使者を派遣した大帝は事と次第によっては人質を立ててても（これがまた自国の使者を保護する絶対に確実な切札とはならなかったのだ！）、往路とことに帰路の使者の安全と無傷を、保証させたことでよしとした。厳かな約束も場合によってはどれほどの価値があるものか、ヤン・フスは思い知らされた。一四一四年ジギスムント王に与えられた自由通行権を信じ、彼はボヘミアからコンスタンツに向かって旅をしたが――当地で翌年焚刑に処されてしまった。

使者の保護という言葉が時には実に広く解釈されることは、ヘアスフェルトのラムペルトが反旗を翻したザクセンの口からいわせた、忠実な国際法注解の示すところである。一〇七四年ハインリヒ四世はヘアスフェルトの修道院長を、反旗を翻したザクセン人のもとに派遣した。王の使節団が彼らのもとへ無事往来できるか、確かめろというのである。ザクセン人の誇らしげな回答は以下の通り。《われわれはいかに激しく反目していても、使者の身を傷つけてはならぬことを知らぬほど愚かではありませんし、蛮族の間ですら広く承認された国際法を尊重しないものでもありません》。この断言をえて、ラムペルトはかのプロコピオスがかつていった一線を越えた。リウトプラントはビザンツ人と互いに悪口をいい合うために、彼の自由を大いに利用した。

使者は良い情報には報酬が期待できたが、――良い情報だと大いに力説したにもかかわらず――悪い情報の時は叱責され、さらに悪い事態を覚悟しなければならなかった。司教フライジングのオットーは、ツェーリンゲンのベルトルトの思いやりのある人柄について述べている。ある使者が悲報を伝えるのをためらっていると、《いつものように、彼はいった。〈さあ、話しなさい、話すのですよ。いつも凶あれば吉あり、吉あれば凶ありとわかっていますから。ですからまず悲報を、しかる後吉報を聞こうと、また逆にまず吉報を、しかる後悲報を聞こうと、私はいっこう構わないのです〉》。

使者は身ぶりや物や信任状で、身の証しを立てねばならなかった。聖《ザンクト》ガレンのエッケハルトは、ヴェローナから聖ガレンまでの金《きん》の輸送について、興味ある事実をこまごまと描いている。使者たちは喜捨を乞うさい《親指を手の平の中に曲げる》ことで、おのれの身分を証明するよう指示された。聖ガレン修道院中のごく信頼できる使者が六人、衣裳も言葉も巡礼風によそおって、二人ずつ三つの道をヴェローナへ旅することになった。後で正体を明かした時、金は《脚半《きゃはん》を使い》彼らの脚にくくりつけていた。――古代から特に、残る一方とぴったり合わねばならぬ割銭で、使者は身の証しを立てた。方伯ルートヴィヒ四世が十字軍に赴く時、妃エリーザベトとの間で、定まった指輪をもって妃のところにやって来た使者は信頼するよう取り決めた。

あからさまな信任状の例として、一二四五年教皇インノセント四世がモンゴルへの使節カルピーニにもたせた書簡を、ここで紹介しておく。三部に分かれた書簡の中で、教皇は大汗に平和を守るよう警告し、これまでの相手の行動を激しく非難し、最後に自分の使節を紹介している。自然の理に従って論証を進め、教皇はのっけから平和を呼びかける（しかし、彼は同時に皇帝フリードリヒ二世と一戦交えるため、全軍を招集しているのである！）。人間、分別なき獣や万有の要素すら《自然に結びついたように一つにまとまっており、……変わることなき堅い平和の絆がさまざまな秩序を残らず包みこんだことによって抜きんでている》。その後で、相手がキリスト教徒や他の民族の諸国を襲ってひどく荒らし、今日もなお《全人類これ同胞という自然の絆を無視し、女性や老人をいたわることなく》遠方の地にまで《血に渇えた魔手》をのばしていると、非難を浴せている。教皇は大汗に《かくのごとき侵入、とりわけキリスト教徒の迫害からまったく》手を引くよう懇願している。大汗は神罰をおそれ、これまでの悪行を償うべし、と書いている。しかる後、《余の側近である、いとしき息子、修道士ジョヴァンニ》を紹介しているのである。《一行をまさに余自身を受け入れるごとく、神への畏敬の念をもって優しく受け入れてやって下さい。一行を立派に遇し、当方が申すことを信じてやって下さい。上述の件につき、なかんずく平和を目ざす件につき、一行と実りある交渉をして下さい》。汗がなぜ他国民を追い払うのか、今後の行動計画を、使節の手を通し《はっきりと腹蔵なく》知らせてほしい。最後は使節団に対する援助のお願いで結んでいる。《一行が無事また余のもとに戻れるよう、往復の道中安全な通行権と、日々の暮らしに必要なものをことごとく与えてやって下さい》。

人質と同じくらい自由に、また前提として当然知っている、またはっきり申し渡された一定の限度内で――使者たちは外国の宮廷で概して自由に動くことができた。ある点ではまったく自由がなかった。彼らの帰国は君主のはっきりした許可次第で、わけも聞かされず長いこと待たされることもしばしばだった。七九七年カール大帝はアーヘンでアラビア使節団を迎えたが、彼らを去らせたのはザクセンに来てからであり、しかも冬だった。こうしたやり方で大帝は、フランクの支配権がこの間にライン河＝エルベ河にしっかり根づき、サラセン人がザクセン人をあわよくばフランク国に対する同盟者としよう、という誤った希望を抱かせぬことを、はっきりと見せつけたのであった。——権利を損なわず外国の使者をいじめる方法がいろいろあったことは、この点で非常に敏感だったリウトプラントの報告を見ればわかる。弱気にさせるため、使者を長く待たせる。使者が暮らしの手段を絶たれると、無性に腹立たしくなることもあった。使者の体面を傷つけるため、どんな方法でも試みた——見張りを付ける、行動空間を狭める、他国の使者を優先する、禁令を出す（馬で入来したり、なじんだ帽子をかぶったままでいるのを禁じる）、君主の食卓で冷たくあしらう（席次を下げる、テーブルクロスなし）、帰国に際しての面倒（人間用の馬はやるが、荷物用にはやらぬ）等々。リウトプラントによれば、彼は《ギリシア皇帝》であるビザンチン人の君主を侮ったり、彼らを口で侮辱してかっとさせたり、嘲笑詩を残したり等々により、いたくビザンチン人を傷つけることでお返しした。

使者は異国で花嫁に求婚し、長旅をして彼女を主君のもとに送り届ける、微妙な使命にも直面した。ある時修道士クサンテンのノルベルトも友人テーオバルト伯のために、旅の途中花嫁に求婚したことがあった。このような使命がどんないざこざを招くかは、トリスタンとイゾルデの物語の示すところである。中世後期や近世初期には、花嫁の求婚者が《代理人として》、主君の名代で花嫁と結婚するのは異常ではなかった。

使者を仕事とする人も臨時傭いの使者も、もちろん情報提供者にもなった。高い金をかけて自国の人を異国に送る代わりに、異国人が自分の国に入って来た時に、いろいろと彼らに尋ねた。目はしの利いたスパイなら、呑み屋や市が立って人だかりした広場や巡礼地で、素早く貴重な情報を手に入れた。使者への払いが悪ければ悪いほど、楽に彼らから《情報を探り出せた》。

使者を職業とする人は遠くから見分けがついた。モンゴル帝国の飛脚は次の者の準備が間に合うように、鈴のついた帯をしめていた。使者を職業としない人でも世間の目をそば立たせようとすることはよくあった。人間と装備（衣服、飾り、馬、鞍、馬勒《ろく》など）で相手に印象づけ、あわよくば敬意を表させようとの魂胆だった。ニーベルンゲンの歌では、使者用にわざわざ衣裳を作らせている。遠国へ旅する使者の衣裳、言葉、馬、風習は人目をひいた。お忍びで旅しようとすれば、変装して一か八か賭けねばならなかった。始めから正体をあかす者は面倒なことを覚悟せざるをえなかった。使者たちはモンゴルで、計画の食い違いを再三味わわされた。数千キロに及ぶタタール帝国往復の旅で、リュブリキと随員たちは地方君主の好意にすがったが、連中はもともと使者の相手先に予定していた《贈り物》を、飽くことを知らぬ貪欲さでせびるのだった。仕事をはかどらせようと思う者は堅固さと柔軟性をもち、酸いも甘いも嚙みわけねばならなかった。

重要な情報は往々二人の使者に分けて託したり（一人が病気になったり、死んだり、敵の手に落ちることもあったから）、暗号で書いたり、内密に伝えられたが、目立たぬ人、特別の護衛のついた人によることもあった。隠し場所となるのは肉体、衣服と携帯品だった。たとえば、手紙は木製の盆の臘を塗った膜の下に隠された。巡礼たちは特別に与えられた保護を再三悪用し、周囲の非キリスト教国でもそれを利用した。カイコ蛾の卵を巡礼杖に隠してシナから密輸出したり、同じ手を使って秘密情報を運んだ。トリーア大司教アルベーロはきわめて政治的な教皇の書状を、聖遺物匣と称した箱の中に隠したら、検査官らはおそれて詳しく調べようとしなかった。教会のおえら方も《善きこと》のためなら、聖者に対する同胞の畏敬の念を悪用することも辞さなかったので、一見悪意なく見える巡礼も含め、みな根本的に密輸、スパイ、破壊活動と疑われる可能性があった。不信感をもった当局側も容赦ない検査で対抗し、厳罰に処しても平気だった。空気も食料も悪い、冷たく暗く湿った地下牢での強制拘禁など、まだわりと他愛ない方だった。この点で信頼のおける聖人伝によれば、聖コロマンは非運に見舞われた。巡礼としてイングランドから聖地へ旅した折り、ウィーンの近くでスパイと疑われ、たちどころに処刑されたのである。

使者が手ぶらで行くことはなかった。贈り物とお返しはいつも人と、その社会的地位にそぐわねばならなかった。皇帝コンスタンチヌスは七五七年ピピン王にオルガンを一つ送ったが、それはおそらく、この手の楽器としては中世ヨーロッパで最初のものだったであろう。ガリシアとアストゥリアの王アロンソはカール大帝とは親しく、さかんに意見や贈り物を交し合う仲だったが、七九八年には《驚くべきほど美しい》天幕を一張持参させた。彼はまた同じ年の《冬に》、リスボンを略奪した後勝利のしるしとして、鎧兜、ラバ、ムーア人の捕虜を送っている。贈り物は必ずしも実利的なものでなくともよかった。西暦八〇〇年エルサレムからカール大帝のもとに入来した使者は聖遺物を持参したが、それはキリスト自身ではないにしても、守護聖人がそばにいる保証となるものだった。使者たちは総大司教の祝福しか伝えなかったとしても、彼らは歓迎されたことだろう。たとえばカリフがバグダッドからカール大帝に贈った象のように大きな贈り物は、ステイタスシンボルと解されることもあった。九四四年、後のクレモナ司教リウトプラントは、当時の主君辺境伯イヴレアのベレンガールの命により、ビザンチンへ旅したが、当地でまずいことが起きた。彼に託された贈り物がお粗末で、他の使者たちと釣合いが取れないのだ。彼はとっさに決心し、それより貴重な自分の贈り物を主人からとうまくいいつくろって贈った。鎧兜九個、金めっきしたふくらみのある楯七個、めっきした銀盃二個、剣、長槍、槍、アラル海の南カレゼム地方の奴隷四人であった。この男どもを皇帝は他のどの贈り物よりも高く評価した。リウトプラントは《ギリシア人は去勢して陰茎も奪われた若い宦官をカレゼム人と呼んでいるが、ヴェルダンの商人はいつもこの男らを手に入れ、スペインへ輸出しては莫大な利益をえている》とコメントを付している。その五〇〇年後、ヴァスコ・ダ・ガマがインドでザモリンに国王の贈り物を渡そうとした時のこと、王の執事がポルトガル人のお土産——縞の綿布一二梱《こり》、緋色の布でできた頭巾四つ、帽子六つに珊瑚を四枝、さらに金属製の水盤六個、砂糖一箱、オリーブ油と蜂蜜各二樽——を見てふき出し、王に献上できるような代物は何一つない、メッカから来る商人は一番の貧乏人でもこれ以上の贈り物をする、というのだ。ヴァスコは、これは実は私個人の持ち合わせを贈ったもので、今度またポルトガル国王に派遣された時には、もっと高価な献上品をもたせてくれよう、と説明してその場を切り抜けた。

聖・俗のおえら方はよく旅に出たが、支配権を行使するためにはいつまでも使者に頼った。あまり遠くておいそれと人を派遣できないことも間々あった。たとえばカール大帝がバグダッドのカリフと、聖王ルイがモンゴルの大汗ととった連絡がこれに当る。君主同士の個人的会談のお膳立てをするのも、しばしば使者の任務であった。最後にこのような《頂上会談》について、少々立ち入るとしよう。

同等の君主の会談は両者の勢力圏の境界でよく行なわれた。河川は行政区域の境界として適していたので——それは国と民族を結びつける機能のゆえに、《自然の》境界ではなかった——頂上会談は再三河の真中で行なわれた。ロワール河のアムボアーズ市に近い島で行なわれた、ゴート王アラリクスとフランク王クローヴィスの会談を、トゥールのグレゴアールが報じている。数世紀後《西フランク王》シャルル三世と、《東フランク王》ハインリヒ一世がボン近郊で出会った。《使節が交互に往来して》ライン河上で会談することで合意した。九二一年一一月四日、日曜日、《両者の忠実な臣下たちが会談を約束した誓いが守られるように》、両者は岸から岸へ面と向かい合うだけだった。次の水曜日、二人の王は西と東の岸から河中に向かって船を漕がせた。ここで碇を下ろしていた第三の船に両者とも乗り移り、それぞれの重臣に助けられつつ、先ほど取り決められた契約を、誓いを立て保証したのであった。同様の会談は橋の真中でも繰り返し行なわれた。これによって双方の勢力圏がはっきり承認された。

使者の往来は国と文化を互いに知らせるのに役立った。それは好奇心をかり立て、——少なくとも多くの同時代人の——自分と違ったものに対する関心を目覚めさせた。使者を交換したり、彼らが帰国にさいしてもたらした報告を聞いたりして、ヨーロッパはたとえばシナのように、著しく自己優越意識にみちみちた他の文化より早くから、よそものに対し心を開くようになった。

道中での意志の疎通

中世の西欧圏の教養ある旅人は、アイスランド、シチリア、ポルトガル、ポーランドの知識人と、ラテン語で意志の疎通をはかった。下部イタリア(ここには今日なおギリシア語を話す町がある)、シチリア、地中海圏東部、東南ヨーロッパの一部、黒海周辺の海岸地方といったビザンチンの影響を受けた世界では、ギリシア語の知識がかなり広く役立った。アラビア語をマスターした人は、中世ではスペインからインドの奥まで達したイスラム世界に楽に入れた。テュルスの大司教ギヨーム(一一三〇―八四年)はフランス語、ラテン語、ギリシア語、アラビア語を話し、ヘブライ語を読んだ。その言語的素養に関しては、誰も匹敵できないほど職務にうってつけだった。

クリュ一ニーの修道院長ペトルス・ヴェネラビリスのような視野の広い教養人は、イスラムとの軍事的精神的対決の前提としてコーランの原語研究を必要としたにもかかわらず、また十字軍や、経済上学問上イスラム世界との交流に少なくともアラビア語の初歩的知識が必要だったにもかかわらず、西欧ではアラビア語の知識は格別に普及しなかった。アラビア語圏に旅したり、サラセンの捕虜になって生き延びたいと思う者は、どうしたらうまくいくか自分で考えざるをえなかった。

ユダヤ人はしばしば自分の暮らしている国の言葉と彼らの祭祀の言葉と、二か国語をマスターした。だから彼らはよその国でも信仰仲間と意志の疎通ができた。ヘブライ語はキリスト教徒の間ではごく僅かしか知られていなかったので、ユダヤ人たちは商業通信文や危機に陥ったさい役立つ一種の陰語を操ったことになる。毛色の変わった言語と文字だけとっても、嫌悪感と不信感を招いた。それ以外の生き方についてはいうまでもない。おそらく西暦一〇〇〇年後ごろから上部・中部ライン地方の町村で——ユダヤ人はイディッシュ語を用いて慣用句を発達させた。そのあたりの住民は一部ロマンス語圏から移住したものであり、またその慣用句は東欧圏の通用語として、中世後期から近代に入っても大きな意味をもつことになった。この言葉の語彙はヘブライ語・アラム語の要素と、当時の独、仏、伊のさまざまな方言を含んでいた。ヘブライ語はイディッシュ語経由でドイツ語へ入ってきた。この現象には、遍歴のユダヤ商人や両替商と街道で接触する、悪漢や放浪者の隠語という回り道をしてきたものもあった。少なからぬ要素が後に隠語から日常語に、さらにドイツの文学語にも受け入れられた。

　クレルヴォーのベルナール、クサンテンのノルベルト、ジャック・ド・ヴィトリのような説教師たちは、聴衆の母国語で思想を表現できなかったけれども彼らを熱狂させた。遍歴修道士の言葉に対する異常な反響についての同時代人の報告中に、使徒行伝に述べられた聖霊降臨祭の言葉の奇蹟の《トポス》しか見ようとしないなら、それはあまりに短絡すぎよう。超人的指導者たちは人間の知性でなく、心に通ずる道を見出したのだ。それゆえ、彼らが身振り語をマスターしたことも成功の一因だった。身振り語は文法学、弁証法とともに三科《トリヴィウム》をなす、古代の修辞学の一分野だった。三科とは中世の教育制度にとって基本的なもので、それから《月並みな《トリヴィアル》》という言回しが由来するほどだった。言葉を異にする者同士の意志の疎通に、身振りは一考に値した。たとえば食べたい、寝たいというような人間の要求が基本的であればあるほど、対応するジェスチュアもますます形式が固定され、楽にわかるようになる。ほかの印しは特定の時しかはっきり理解されない。第一次十字軍の年代記作家ノジャンのギベールは神を証人として引き合いに出し、次のような話を聞いたといっている。一〇九六年のこと、《われわれの港にどこから来たのか知らぬが蛮人が着いたが、言葉がちんぷんかんぷんで互いに何をいっているのかわからなかった。彼らは指を十字の形に重ねたが、それは言葉の代わりに、信仰問題で他国に行こうとしていることをほのめかしたのである》。旅にとってどんなに過大評価してもしすぎることはない修道院で、合図言語が体系的に促進された。それは沈黙を命じられた時でも利用された。彼の法令の中で（一〇八〇年ごろのベネディクト会憲補遺の条文）、ヒルザウの修道院長ヴィルヘムは《パンを表わす時は両の親指と人差指で円を作れ、そうすれば丸いパンとわかるだろう》と述べている。修道院の若い弟子たちの間にはいつの時代にも、〈気をつけろ、院長が来たぞ〉とか、〈貯蔵庫には誰もいないぞ〉というような特別なサインがあった。この領域では修道院内で〈語られる〉言葉は、悪漢の隠語とオーバーラップしている。

知恵をしぼってひねり出し仲間内にしか通用しない信号体系を使わない限り、身振り語はいずれ坐折する。西インド諸島の発見の旅で、コロンブスは土着民を船に乗せる。彼らにはカスティリア語を習わせ、カスティリア人はインディオの言葉を習うためである。はじめコロンブスは合図言語を頼りにしようとした。《身振りで私は質問した》、《合図言語によって見つけ出せた》と彼は繰り返し日記に書き込んでいる。自分の聞きたいことを一再ならず聞いたとはいうものの、彼は相手のいうことが理解できず、正確に理解できず――相手もそうだったと認めている。

商人、職人、巡礼たちは遍歴先の通用語を頼りとした。ハンザ圏では低地ドイツで十分間に合った。

近東の港やビザンチンではフランス語（フランク語）が、国際的な通用語として役立った。一二二九年皇帝フリードリヒ二世とサルタンの間で、向こう一〇年間キリスト教巡礼者が自由に聖地に立ち入ることを、保証する旨の契約はフランス語で書かれた。キプロス島では仏、伊、希語の要素から発達したのが、いわゆるフランク語である。マルコ・ポーロ（その〈東方見聞録〉はフランス語でものされた）やバットゥータが旅したインドでは、イスラムの征服者ウルドゥーの言葉にトルコ、ペルシア、インドの言語要素を融け込ませ、もっと一般的な通用語が生まれた。

徒歩で外国語圏へ旅すれば、少なくとも一つのメリットはあった。道連れと道中話しながらよその国の慣用句を繰り返し聞いてなじみ、語ることができた。福音的清貧の生活という新しい形式に心酔し、初期のフランシスコ会士たちも徒歩で旅した。彼らはドイツへ来た時、いくら善行に全力を傾倒しても悪しき誤解を招くことを体験した。そなたらは異教徒なりやと問われて、いかにもフランシスコ派らしい素朴さで彼らは、心に刻みつけた唯一のドイツ語《然り！》と答えたものだ。だが、その言葉によって彼らは火刑に処されかねなかったのである。

言葉の違う国へ行く者は旅立ちに先立って、《然り》に当たる言葉だけでなく、もっと覚えておくと都合がよかった。商人、使者、伝道師、巡礼は早目に外国の初歩の慣用句に親しむのが一番だった。それから計画的にどんどん難しい物と取り組むのである。とはいうものの、たいていの国では幾つかの――ベーダの情報によれば八世紀の英国では四つの――言葉を話しているのがかなりの難点だった。なにしろ国内の標準語が確立されたのは近代になってからだったから。にもかかわらずである、このような国語のある種の〈基本語彙〉があればきっと旅行者のためになり、安全性も増すことになる。数世紀の間に外国語ハンドブックがたくさん出たが、それは――良書の場合だが――良い地図と運命をともにした。

ともにさんざん使われ、貸し出され、風雨に痛めつけられ、ある日失くなるか忘れ去られる。おそらく今は散逸したが図書館とか文書館で長持ちしているものより、良い地図や外国語ハンドブックはあっただろう。

九、一〇世紀作のいわゆる〈古ドイツ語会話〉は、ロマンス諸国で《ドイツ国》へ旅する人のために編まれ、われわれに伝えられる補助手段の一つである。その一部をここで紹介するとしよう。それは単語と用法を、それぞれ古高ドイツ語とラテン語で表わしている。中部フランスやイタリアなら当時まだ大勢の人が、民衆語のまじったラテン語を理解できたのだろう。

第一部では個々の単語が古高ドイツ語―ラテン語の形式で示されている（本書では古高ドイツ語の単語や用法はわかりやすい時、特に具体的な時だけ次にカッコの中に添えられる（訳者注、邦訳した場合重複するので省略した））。頭、毛、耳、目、口、舌、歯、ひげ、手、手袋、胸、腹、太鼓腹、助けてくれ！　旦那さん、良い（悪い、感じのいい、足の速い）封建家臣。

以下道中や宿で聞く言回しが続く。おきまりの《誰か》と《どこから》が平和共存の橋渡しとなる。

お前は誰か。どこから来たのか。どの地方から旅して来たか。
兄弟よ、お前はどこから来たのか。――旦那の家からだ。
どの国から来たのか。――おれはフランク国にいた（あるいは、よその村にいた）。
どんな用でお前はそこへ行ったか。――使いにやらされたのだ。
おれはそこでお前なんか見たことがない。――おれもだ。
昨夜はどこに泊ったのか。――伯の家だ。

おれの旦那を早朝ミサで見かけたか。——いいや。

お前の旦那はどこにいる。——知らん。

おれの旦那がお前と話したがっている。——こちらもそうしたいと思う。

わしは馬で出発するぞ、わしの馬を出せ、馬に鞍を付けろ、楯（長槍、手袋、棒、小刀、臘燭）をよこせ。


ひょっとして騎士は独りでなく妻を供としたのかも知れない。


そなたの妻はどこにおる。何故そなたは早朝ミサに出んのだ。——出たくなかったのだ。

そなたは床の中で妻と共寝した。誓って申すが、殿がそれを知ったら立腹されることだろう。——何をいうか。

よく聞け、馬鹿者。


居酒屋や宿に入った時、次のような言回しが必要になる。


何か飲みたいのだが。——上等の葡萄酒を飲みますか。

そうしよう。馬の餌はあるか。——はい、あります（あるいは、ありません、たっぷり、少しあります）。

おれの靴をきちんと片づけてくれ。

お供に当る語を〈compagn〉（訳者注、供、仲間の意。その語源「パン―とともに」）と訳したことから、語彙集の著者の出身地（今日のフランス国内か？）では粥でなく、パンがすでに主食となっていたと考えられる。お供とはパンを分け合う者のことなのである。〈compagn〉なる語が現代までもてはやされていることは、〈Kumpan〉〈Kompanie〉とか今日のフランス日常語の〈copain〉ないし〈copine〉（訳者注、相棒、仲間の意）に反映されている。もう一つの言葉は食事に光を当てる。〈お前は今日すでに食事をしたか〉の問いは、必ずしも一日に何度かの食事を暗示しない。それをラテン語の〈disnasti te hodie?〉で訳したことにより、さらに文化史的関連が明らかになる。今日のフランス語〈dîner〉（夕食をとる）は推定語形〈disjunare〉、逐語的には〈断食を破る〉の意、に遡る。だから〈disnare〉とは本来一日の最初の食事を意味した。ところが主食をだんだん遅く食べるようになるにつれ、昼食となり、ついには夕食の意味となったのだ。そのために最初の食事のために、同じ語源から生まれたが、本来起床後の初めの軽食を意味する〈déjeuner〉なる別の語が必要になった。この食事は時とともにたくさん、かつ遅く食べるようになったので、朝食は今日用いられている〈petit déjeuner〉で表わすようになった。

ロマンス語系の著者が、〈先住民〉のもとで好意をえる方法を心得ていたことを示す集団的判断（偏見）も、言葉の助けとなる。人は彼らを称讃し、その隣人をけなさねばならないのである。最初は他愛もない調子だが、その後いよいよ攻撃的になってくる。この節の最後の語の裏には語彙集の著者の皮肉が隠されていよう。

賢い、ないし愚かな人。

ロマン人は愚者、バイエルン人は賢者。
ロマン人のもとではほどほどに慧知が見つかる。彼らは慧知よりむしろ愚かしさをもっている。
自分自身のことを考えろ。――おれはいつも自分自身のことを考えてきた。

最後に語彙集には別れの挨拶や祝福の言葉も入っている。

ご機嫌よう。――神の祝福あれ。

語彙集が示すように、中世の旅は視野を広げただけでなく、敵意やうぬぼれや憎しみも生み出した。みずからをより良い、より教養のある、より洗練されたと自認する特定の集団の一員と思い込んだ旅人は、彼らの《われわれ―という感情》はまず共通の言語に立脚していたので、当の言語をマスターしていない人びとを嘲笑した。サンチアゴ・デ・コンポステラ巡礼案内書についてはいずれ取り上げねばなるまい。

多くの旅人は周囲の言葉の違う人びとの間で、失神の原体験にも似た場違いを体験したことだろう。彼らはよそ者として原則的に不信にさらされた。彼らは誤解されやすいジェスチュアで、他人に対し自分が敵意のないことを確信させるより手はなかった。

客あしらいと宿屋

明晩はどこで泊まれるだろうか。どうしたら受け入れてもらえるだろうか。幾世紀にもわたり旅人は日々こう自問してきた。後の問いの方が切実だった。歴史の流れの中でよそ者に対する態度は、二つの極の間を揺れ動いたからである。呪いのかかった者、災いや厄病をもたらす者は、敵方のように問答無用で斬り殺してもよかった。しかしながら、《あなたがたを受け入れる人は、わたしを受け入れる》（マタイによる福音書、10章40節）というキリスト教徒にもよく知られた考え方から――よそ者は神になることもあった。

よそ者を自発的にただで受け入れるほかに、歴史の流れの中でかなり《組織化された》客あしらいの形式が生まれた。信仰仲間の宿泊、教会当局の定める宿、営利本位の宿がそれである。

⚜客あしらい

オデュッセウスは何十年もさすらいの旅を続けてから、尾羽うち枯らし乞食に身をやつし帰郷する。

わが家には、妻に求婚し、よそ者を嘲笑する若い思いあがった求婚者たちがいた。彼らとの間に不吉な対話が交されるが、客の権利と義務に関する話題もある。求婚者の代弁者アンティノオスが足台でオデュッセウスの肩を打った時、その仲間たちすらアンティノオスを非難する。《忌わしき者よ、彼がひょっとして誰か天上の神だったら！　神々は遠来の異国人のように、さまざまな姿で町々を歩き回っているのだから》。ペーネロペイアは親切によそ者をもてなす。足台をもってきて、その上に皮を敷かせ、客を自分の横に座るよう招く。彼女は名前と両親と身の上を尋ね、下女たちに世話をやかせる。《この方を洗って褥の用意をなさい。寝台と掛け布団ときらきら光る布……明日の朝早く湯浴みさせてあげるのですよ》。

ホメーロスの古典的描写、聖書、ケルト人、ゲルマン人、スラブ人の法律は、〈古代社会における客あしらい〉の主題について、かなりこまごまと伝えている。原則的に客は一定の規則を守らねばならなかった。オデュッセウスと階級を同じくする者たちは、確かに客あしらいを期待することができた。しかし、長年の間に彼らはこの家の家憲を破ってしまった。彼らが当主の息子の生命を狙い、下女たちと通じ、当主がまだ生きているやも知れないのに夫人に新たな結婚を迫ろうとした時、してはならぬ事をしてしまったのだ。彼らは客の権利を歪めてもてなしを強要し、要求できる程をはるかに越えて長逗留した。彼らは下女や召使いに世話をやかせる時、当主のごとくふるまい、財産を蕩尽したのである。

オデュッセウスは女主人に名前、素姓、境遇を明らかにするため、よそ者として《身の証しを立て》ねばならなかった。というのは、家の主人たる者、事と次第によっては客を攻撃から守る義務があったので、客の身元を知らねばならなかったのである。ペーネロペイアが求婚者たちにむりやり思い出させていたのは、その件だった。この保護義務の行く手を、他の文化圏では創世記（19章8節）が示している。ロトは泊めてやった客たちよりもむしろ自分の娘を、ソドムの町の男たちにさし出すことをも厭わないのである。

主人側の保護義務から生まれたのが、彼の家で客が死んだら客の持ち物は主人のものとなる、との権利である——中世の盛期にはまだ宿の主人に請求権があった。これに対し皇帝フリードリヒ二世は、主人の利益のために客の後継ぎたちが相続から排除されぬよう、その動産はよそ者のものたるべし、と命令を出した。

はるか近代に至るまで、よそ者に対しいかなる人も拒んではならぬもの、つまり宿と水を、オデュッセウスは頼んだのである。地方によって客は（温かな食事を調理し、夜は寒気と野獣から身を守るため）火と、草の豊かな地方なら馬の餌と、さらに正しい道路情報も期待できる。ペーネロペイアは当然のことをはるか越えた指示を出している。よそ者に同国人同様自分の所に座り、話をするよう乞うているのである。というのも、彼女は行方不明の夫が生きているしるしを相変わらず期待していたから。よそ者はみな使者でもあった。意識しようとしまいと、彼は遠くの世界の情報を泊めてくれた主人の家にもたらすのである。

ペーネロペイアは客に沐浴させるが——それは元気回復にとどまらぬ意味がある。清浄の典礼的儀式としての水浴びは多くの宗教に知られている。サンチアゴ巡礼者は聖ヤコブの墓に着く直前、川の中で身体の汚れをことごとく洗い落としたし、今日でもヒンズー教徒は毎年何十万という人が、聖なるガンジス河で身を浄める水浴びをしている。オデュッセウスはかつての乳母であった、信頼できる侍女に足を洗ってもらっている。カロリング朝時代、さる修道院長はベネディクトの会則に定められた洗足のさいに、乞食に身をやつした青年たちの《柔肌の白い脚》を見て、貴族だと知った。丁寧な主人は客に対し少なくとも食前に手を洗うよう勧めた。高貴な家では食前、食中、食後召使いが水入れ《アクアマニーレ》と称する特別の器から、客の手に（しばしば香水入りの）水を注いだ。その水を別の召使いが皿に受けて集めた。この習慣は教会のミサ聖祭で幾世紀となく保存された。修道院内では、マウルブロンの美しい泉の家のように、食堂の真向いに流水さえ流れていることがしばしばあった。

知り合いの家族間の客あしらいはずっと昔から行なわれてきた。よそ者を泊めるこの形式は長いこと第一位をしめていたが、十字軍の時代になってもなお貴族たちは、聖地への途上ドイツ、ハンガリー、ビザンチンの縁者のもとで、客あしらいを受け泊めてもらった。しかし、実際にまた行き先の社会が開けていなければいないほど、ますます早いうちに賄いと宿の目安をつける必要があった。一二世紀半ばヘルモルトは自分の経験をもとに、スラブ人の客あしらいを称讃している。《スラブ人はみなこちらから泊めてくれと頼む必要もないくらい、例外なく熱心に客を受け入れてくれる。彼らは農業、漁業や狩猟のえものは何でも大盤ぶるまいしてくれる》。既に証明されているように、誰かがよそ者を拒もうものなら《当人の家も家財も焼き払ってよい》のである。

客あしらいというものは実にさまざまな現われ方をする。まったく見ず知らずの人に屋根と水と火を提供したり、自分の土地に天幕を張ることを許したりするケースは、文献にはめったに現われないがたくさんある。かと思えば、ルードルフ・グラーバーが凶作の一〇三三年について戦慄しながら報告しているように、人喰いのケースもあった。《多くの人びとが飢餓から逃れようと、村から村へと旅をした。途中泊めてもらったものの、夜彼らを受け入れた人びとによって殺され、食われてしまった》かと思えば、当家のおかみが客に食卓と寝室をともにするよう招いた、という度のすぎた客あしらいもあった――いずれにせよ、最初のキルケとオデュッセウスについての報告はオデュッセイの中に、二番目の人喰い話は聖ベルナール伝に、最後の報告は実生活に即したボッカチオの短篇小説の中に出てくる。

⚜信仰仲間の宿

言語や国境を越えて、ユダヤ教信者の結束が強まったのは外圧のためである。だから彼らは会堂《シナゴーグ》の近くに、旅する信仰仲間のために宿を維持した。ボッカチオがその印象深い短篇小説（デカメロン、第一日第二話）で紹介しているその手の宿なら、ユダヤ人アブラハムもローマで泊ることができたろう。パリのキリスト教徒の商人たちは、誠実で敬神の心篤いユダヤ商人アブラハムを改宗させようと骨を折った。この男は洗礼を受ける前に、自分を取り込もうとしている教会の《中心》の様子を見たいといいだす。教皇や枢機卿の生活を見るために、彼は馬でローマ詣でをするが、当地の《信仰仲間の間で下にも置かぬもてなしを受ける》――ユダヤ教信者の模範に刺激され、キリスト教徒も似たような客あしらいの形式を発達させたのかも知れない。

新約聖書は多くの箇所で、よそ者を受け入れ、不幸な人を世話するよう命じている。この掟は死語でなく、歴史の流れの中で繰り返し言語と形象によって、人びとに勧められている。

紀元後最初の数世紀のうちキリスト教信者たちは、とりわけ同信者を泊めてやるように呼びかけられた。信者は手紙と聖書を教区から教区へと運ぶ使いの者、聖地を訪れる巡礼、教会会議に招かれた使節を受け入れてやれというのである――むろん無償で。この掟はやがて濫用されるに及び、制限されるようになった。よそ者は紹介状によって身の証しを立てるべし、また――三日以上滞在する時は――働くべし、とした。この宿泊義務が幾世紀も規則的に司教や聖職者、修道院や俗人の心に刻みつけられた事実は、さまざまに解釈できる。このような記憶は確かに必要なことがよくある。繰り返し思い出しているうちに、宿泊義務を守るようになるのは、他の文献も示すところである。

⚜教会の宿——修道院

修道院の宿は古代、中世、そして近代にわたって行なわれた。従って、それは数世紀の間一貫して続いている。教会の宿については貴族や市民のそれより良い情報がある。修道院にはたいてい筆の立つ僧がおり、ここで書かれた文書は修道院とその諸施設専用に、特別の保護の下に置かれているからである。この点に関する記録はよく保存され、相続争いによる散逸の危機から免れている。

隠者の庵や、(しばしばそこから生まれた)修道院が人里離れた所にあった時、教会の宿は旅行者の特別な関心をひいた。《訪れるすべての客を、キリストのごとく受け入れるべきである。なぜなら彼はいつか〈私はよそ者で、あなた方は私を受け入れてくれた〉というだろうから。すべての人に、なかんずく信仰仲間と巡礼たちに、彼らにふさわしい名誉を示せ》。客の訪れを告げられたら、院長も修道士たちも《キリスト教の愛の義務を完全に果たすために》、客を出迎えねばならぬ。一緒にお祈りを終えた後、互いに平和の接吻をすべきである。《挨拶にさいしては、すべての客の前で深いへり下りの心を示せ。彼らの到着と出立の時、その目の前で頭を垂れるか、大地にひざまずけ。そして彼らをキリストとして敬え。彼らはキリストを受け入れた人なのだから……しかし貧者と巡礼を受け入れる時は、彼らこそ真の意味においてキリストを受け入れているがゆえに、とりわけ良心に恥じぬ配慮を示せ。というのも富者の尊大な態度に接すれば、おのずと畏敬の念を呼び起こすからである》。

五三〇年ごろヌルシアのベネディクトはモンテ・カッシーノに修道院を創建した。当院の会則は拘束力をもち、フランスの八一六にのぼるすべての修道院にとっての見本となった。会則とともに以後数世紀行なわれることになった客あしらいの基準も定められた。丁度引用した第五三章は以下の通りである。修道院長と修道士たちは客の足を洗うべし、院長は客の手に水を注ぐべし、客のためなら断食すら破るべし、それゆえ、院長と客専用の厨房もしつらえるべし、と。《そうすれば時ならぬ時に着いたり、修道院にいつも欠けることのない客たちのために、修道士たちの生活も乱されない》。

ベネディクトの会則は大枠のようなものしか指示していなかったので、各修道院がそれぞれ気候、慣習、特別な事情に合わせて従った。九世紀になるとベネディクト派修道院では、貴顕の足を洗うことはもうふさわしくないと見た。若干の人（しばしば一二人）、ないしすべての貧者に対して洗足は行なわれた。おえら方が望んだ時、元気回復用の沐浴は用意された。

宿、賄い、世話のやき方は客の階級によって異なった。《というのは、司教や伯が貧者と、修道院長とよそ者が同席するのは許せなかったからだ》。ベネディクト会則の注解中にある通りである。資力が許すなら、いろいろな寝室が与えられて然るべきだった。ザンクト・ガレン修道院の図面は後世の見本と考えられた。新しい修道院を建立することになったら、計画のさい本質的なものが忘れられないように、この見本に従って方針を定めたのであろう。だからこの図面には外来の修道士の僧房、貧者の宿、貴賓用の家が想定されている。この家は暖炉のある食堂が中央にあり、両側には暖房のきく寝室と、下男と馬用の部屋がある。隣棟にはわざわざ客をもてなすため、厨房、地下蔵、パン焼き部屋、醸造場がある。一八人用の便所があるところを見れば、現実的な計画であることが明らかである。

客たちは修道士の会則、ことに沈黙の掟に服さなかったので、彼らの宿は間々夜遅くまで賑やかだった。それゆえ、客用の家は修道士の寝室や教会の北壁に接した外来僧の質素な僧房から、遠く離れて建てられることとなった。貧者の宿は計画では客の家と似た造りだったが、総じてもっと小さくお粗末だった。図面にないのは厩（貧者は威風堂々と馬では来ない）、厨房、寝室の暖房設備と便所である。貧者はまあ厩の中で用を足し（この世紀の半ばには中欧の田舎ではまだそうしていた）、樹に小便をしたのだろう。

大勢の供の者が泊まる時は、持参した天幕や、修道院備え付けの天幕を、随行の人びとや召使いのために張った。修道院の敷地内のどこか乾いてすきま風の入らないところで、寝場所を探した下男も少なくなかったろう。往来の多い巡礼街道沿いにある修道院では、大量の宿泊施設がしつらえられていた。南仏の修道院の回廊に今日も見るような輪形は、ここで巡礼のほかに馬も泊ったらしく見せている。どっと人が押し寄せる時、巡礼教会すら宿泊用に開放された。聖なる場では夜も道徳や秩序を守るよう、教会会議は繰り返し警告している。

さまざまな宿泊に応じ、食事も階級、地位によって変わった。（つつましいものであったにせよ）規則的に食事のできる特権階級は、貧者がある時思う存分食卓に手を出す機会を与えられ、あっという間にがつがつかっこむさまを見て、吐気をもよおし顔をそむけた。すると、彼はベネディクト会則注解の中でこう書いたかも知れぬ。貧者は程を守ることができない、彼らに好きなだけ食わせることは暴飲暴食へと駆り立てることである、それは修道院にとって功績でなく罪と見なされよう、と。だから貧者には《えんどう豆か他の百姓らしいものを》、ともかく富者より少なくあてがってやるべきであろう。修道院の経済状態に応じ、院が要求できる税の上がりに応じ、来客用食事の責任者をつとめる修道士の考え方に応じ、給食者の数に応じ、貧者に対する賄いの種類も量も揺れ動いた。彼らは少なくともスープは期

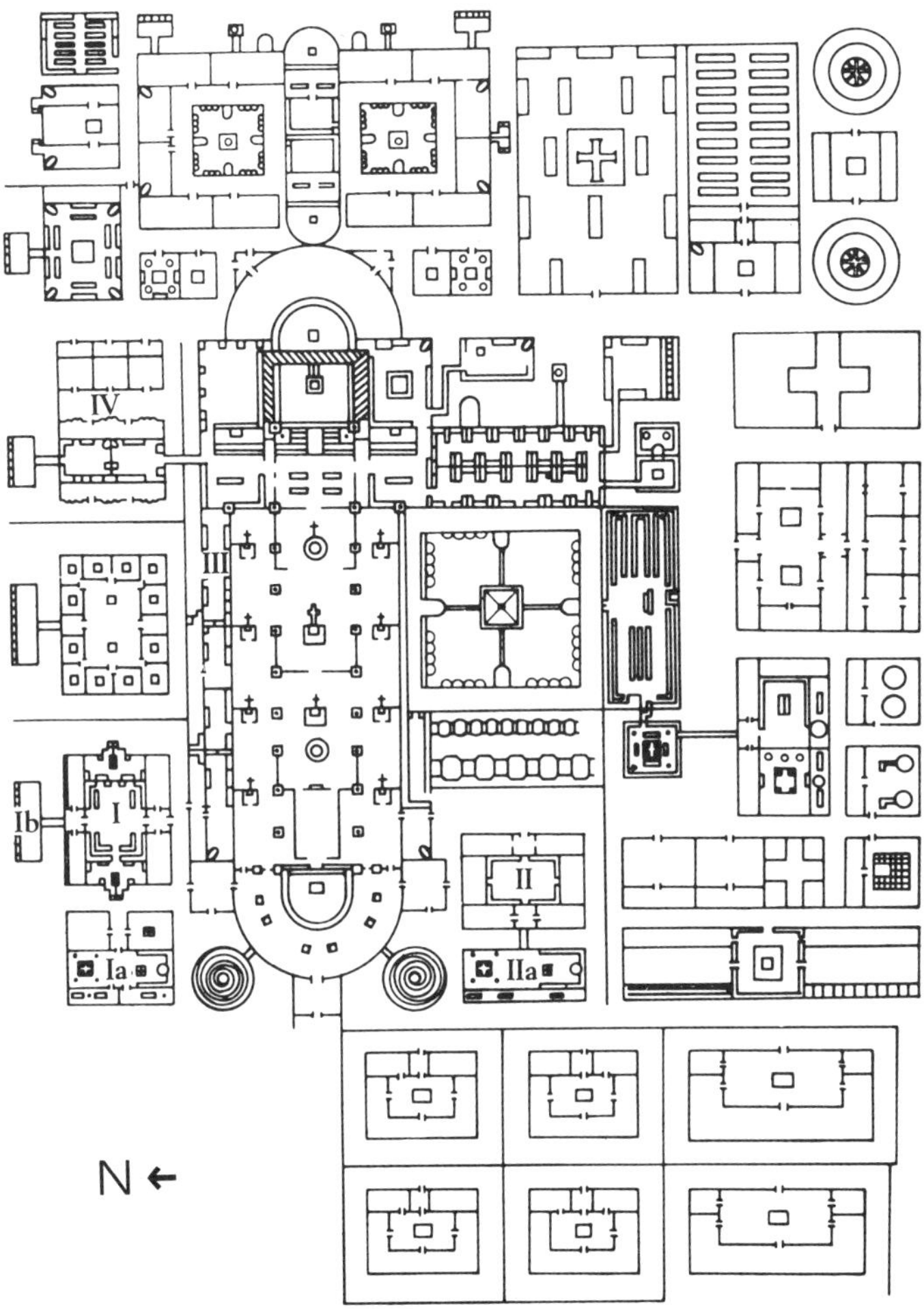

カロリング朝時代の修道院の理想であり，模範と考えられたザンクト・ガレン修道院　この図面（820年ごろ）は中でも以下の施設をわざわざ示している．身分の高い客のための暖房のできる家（Ｉ）；その専用便所（Ｉ b）；巡礼と貧者のための宿（II）；両者ともそれぞれ専用の厨房と醸造場がある（Ｉ aおよびII a）；さらに教会の北側に接して，よその修道士たちのための住居（III）；最後に修道院長の専用事務室付きの家（IV）．

待してよかったろう。一番いい時はパンとチーズ、ベーコン、肉か魚、葡萄酒かビールで給仕してもらったろうし、おまけに金、薪、不用の衣類も出たことだろう。

貧者に、巡礼に、キリストを見て、彼自身を受け入れるというベネディクトが与えた課題を、修道院が果たせる前提となるのは、健全な経済的基盤だった。原則的に無償でよそ者を受け入れるのは、かなりの重荷を意味した。ベネディクト派の修道院は経済的にうまく立ちゆかぬ時も、福音書や会則によって命じられたこの基準を満たそうと努めた。文献はその後、自分らには固形物の代わりに薄いスープしか残っていなかったとの、修道士の不平の声を証言している。修道院内の人びとが貧者や巡礼の給食によっても、無理をしている事実が、このような悲惨の原因となっていることもありえた。飢餓の時代には特に給食を与えるべきかどうか、と挑まれているように修道院は見た。クサンテンのノルベルトは説教の旅路から、彼が最初に修道院を築いた地プレモントレへ送金した。飢饉の間そこで四〇〇人の信者に加えて、さらに一二〇人の困窮者に食事をあてがうためであった。

たとえば修道院がかなり長い間国王とその随員とか、外交使節団を受け入れる時、すなわち階級に応じた食事を出し、宿泊をさせ、ことによるとそれ相応の贈り物さえ考えざるをえない時、いやいやながら大掛りの客あしらいをする修道院が多かった。裕福な訪問者は何らかの方法で謝意を表した。支配者は保護を保証したり、特権を与えたり、修道院の聖者に地所や権利を譲渡した。金持ちの訪問者は奉納品を寄進したが、それは後に鋳つぶされたり貨幣に鋳造されたりした。あまり裕福でない者は臘燭、鶏や銀貨二、三文をもってきた。

身分の高い客が食べたのは概して、毎日大量に与えられる貧者への給食より実質的に少なかったろう。クリュー二ー修道院と同派の分院では物故した修道士の命日に、修道士と同じ食事を貧者に出すのが例だった。物故者の数は歳月とともにひどくふえたので、生存者は死者のおかげでまさにやつれ果て、特別な指令を発せざるをえなかった。もはやベネディクトが命じたように《すべての客》でなく、《修道院が受け入れられる限りすべての人》を泊める。毎日の貧者に与えられるべき食事の頭数と、一人の客の滞在日数の上限を決める。修道院内の人びとが十分——身分にふさわしい——生活ができるように、よそ者の接待費にまわすことを禁じた修道院財産の部分は最初からはずしておく、というものである。

修道士共同体の目標は客を受け入れることによって、葛藤に陥ることもあった。なぜなら修道士は祈りと学問と労働に明け暮れ、なおかつどのよそ者をもキリストとして敬え、というのだから。生きた隣人愛《カリタス》は少なくとも一度は直接修道院の名前の中に入っていった。フランスのさる修道院はマウルブロンのように場所にちなまず、フルダのように河名にちなまず、聖《ザンクト》ガレンのように聖者にもちなまず、機能に従って命名されたのである。Caritas super Ligerim ——ロワール河畔の隣人愛がそれである。

⚜教会の宿——宿坊と救貧院

古代では病人（それは家族が面倒を見ることになっていた）用の家はなかったが、旅人やよそ者のための家はあった、宿坊である。古代も後期になると状況は変わった。キリスト教徒は苦労にみちた人、重荷を負った人を一人残らず受け入れるようにというのである。それゆえ、しばしば教会付属の宿坊に、もっと別の使命が割り当てられた。つまり、よそ者や旅人や巡礼だけでなく、定住の乞食、寡婦、孤児、老人、病人、精神病者も世話するようになった。この種の家では近代に至るまでいつも競ってさまざまな使命を果した。一八、九世紀になってやっと、複合機能をもつ伝統的な施設から、二、三の任務が切り離された。たとえば孤児や盲人の世話である。

救貧院はおそらく、ローマ詣での途上自分らの要望に合った宿があればと、とりあえずは同胞のために〈宿泊施設《ホスピタリア》〉を建てたスコットランドの巡礼たちに遡る。八〇〇年ごろには宿坊と救貧院は同じものを意味し、後世、宿と病院の名称がそれぞれ市民権をえた。術語が長い間いかにあいまいに用いられたかは、hospitium の語の意味領域に、家、強制収容所、宿、救貧院、貸部屋が含まれるのを見れば分かる。一二世紀以来、文献は hospitium を特に〈旅人を泊め、食事を供する宿〉と解釈している。

イタリアでは救貧院は八世紀から文献に現われる。一一世紀になるとその数は飛躍的にふえ、中部イタリア、ルッカ地方のローマに通じる街道では一時四キロから五キロごとに救貧院があった。一二世紀以来救貧院は広義の慈善施設となった。

救貧院はその任務を果たすために、財産と永続的な収入を必要としたが、両者とも寄進と遺言による処分に負っていた。中世盛期から独自の法人として創立された救貧院がだんだん多くなる。それは財産を所有し、印章を登録し、遺贈を受け取ることができた。教会や修道院と同じく、救貧院も所有物を本来の目的以外に転用する危機にさらされていた。聖・俗の支配者のごとき私人は、補償金なしで建物、ワイン山、田畑や現金収入をおのれの物とした。寄進が困窮した旅人の援助のため、とはっきりうたわれた時ですら流用され、収入は広義の慈善的な使命に使われた。旅人はことに春、夏、秋に旅に出たが、土地の貧者は一年中援助を必要としたし、おまけに《現にある収容力》は利用しなければならないので、金や施設の流用は当然と思われた。

宿坊と初期の救貧院の様子について、いい情報がないのには二つの理由がある。考古学からの宿屋の体系的研究はまだ緒についたばかりだし、宿屋の場所はいつも新たに建てられるので、厳密に研究でき

聖ヨアヒムと聖アンナの慈善　翼祭壇の一部，1490年ごろ．聖ヨアヒム（左手前）と聖アンナ（右背景）が施し物をしている．ヨアヒムは身障者の乞食と二人の巡礼にやっている．巡礼はしるし，特に《帽子につけた》サンチアゴの貝殻でそれとわかるのである．

足を暖める客　不適当な衣類と不充分な栄養が霜焼けと凍傷の抵抗力を弱めている．氷のように冷たい水の中を歩いて渡ったり，雪の吹きだまりの中の道をかき分けて進まねばならぬ者にとって，家の造りは実にお粗末だったが，じか火がサービスされた．かなり大きな宿屋では，男女別の暖房部屋があった．

ないことも間々あるからである。山脈の峠の麓で（一一世紀からは峠の頂きで）人の定住する家を見つけ、生命を救われた旅人は少なくない。ここで彼は身体を暖め、スープで元気をつけ、衣類や靴を乾かし、寒気と雪と風から守られて夜を明かすことができた。ところで、そんな家が一部屋か数部屋あったのか、隠者か一家族が召使いともども世話をしていたものか、それはとるに足らぬことだった。

一〇世紀ごろから各都市や騎士修道会、後には兄弟団も方々で――たとえばミラノで――いわば町の中の町として、数百人収容できる大救貧院施設を建てた。大きな家の中には大体男女別の寝室があり、夫婦でもその時は別々の部屋に泊められた。各地で暖房用に男女別のじか火による暖炉がしつらえられた。

病人の世話もする家での宿泊では、旅人にとって利点と欠点があった。彼はここで楽に食事にありつくことはできたろうが、何しろ衛生状態がお粗末だったので、感染の恐れがあった。彼は旅を続けるうち、これまで病気に汚染されていない土地へ、病原菌を運んだかも知れない。病原菌の伝染によって、あっという間に数千の人が死ぬ可能性もあった。ところが長期的には病人の訪れがヨーロッパの人びとの多くの病気に対する、免疫にかなり役立った。それがどんなに大事だったかは、新世界のインディオが天然痘で、猩紅熱で、ジフテリアで恐ろしいほどばたばた死んだ、一六世紀初頭の現象を見ればよい。

さすらいの旅人の食事は地方やその家の豊かさによって、それぞれ違った。英国ではビールを、フランスでは葡萄酒を、スペイン各地では林檎酒を、客に注いだことだろう。扉を叩く客の訪れが少なく、それにまた救貧院（またしても？）も大きな収容力があれば、旅人に目先の変わった栄養たっぷりの食事を提供することができた。食事を待つ人が多ければ、滞在日数を制限したり（たいてい最高三日まで）、スープ一杯、エンドウ豆かインゲン豆の一鍋料理、ないし油で調理したきび粥しか出ないこともあった。人里離れた救貧院の多くは旅人に宿と世話のほか、貴重な援助をした。橋や里程標のある道を維持したり、ぶっそうな地を通る時、護衛をつけてやったのである。

数世紀経つうち幾百万というよそ者が、修道院、宿坊、救貧院の客あしらいを体験した。つまり、おえら方も貧者もおそらく親切に迎えられ、受け入れられた上世話になり、しばしば泊めてもらったのである。ベネディクトの会則注解中で《貧者》が話題となる時、ここでは貧しい旅人のことも意味した。中世盛期以来救貧院や宿坊も強化され、司教や聖職者、大聖堂教会や修道院教会が客あしらいをしたので、中世の旅は金持ちの特権ではなくなった。貧者も長旅を企てたが、出発に際して少なくともたまには屋根とスープがただで提供されることを、あてにして良かったからである。

巡礼の救貧院が建設されたについては、八、九世紀以来もう修道院だけには頼れなくなった、旅という行動の増大一途を意味している。社会活動の結晶点として、各都市は一二世紀以来修道院をしのぐようになった。ここに兄弟団が生まれ、救貧院が建ち、托鉢修道会が活躍した。しかし、中世後期、近代になっても、ベネディクト派の修道院は依然として創始者の理想に忠実であった。彼らは最後の審判の心構えをすべく《私はよそ者だった。そしてそなたらは私を泊めてくれた》の警告を忘れず、よそ者をキリストとして敬ったのであった。

ヨーロッパ中に修道院が散らばり、中世盛期以来わざわざ旅する巡礼のために、数多くの救貧院が建てられたにもかかわらず、個人による客あしらいもまだ増えたことだろう。それについてはざっと文献に当たる方がいいだろう。サンチアゴ巡礼案内書はすべての信者に、個人による客あしらいに頼ることを義務とした。中世の客あしらいは、修道院や宿坊で、司祭や寡婦のもとで、農家の藁の中や、まだ暖いパン焼き窯の中での無料の宿泊やもてなしから、よそ者を泊め世話する代わりに二、三日収穫期に働かせ（農業で多くの労働力が必要とされた時期に旅する大きな理由の一つとなった）、別れに当たっては《路銀》か、金では買えぬ貴重な友人知己宛ての紹介状を餞別にはずむまでさまざまだった。

⚜宿屋

《れっきとした》宿屋も、《れっきとした》亭主も実に少なかった。宿がこの名前も手に入れようとするなら、余分な設備として客用寝台を少なくとも一つは、求めに応じて斡旋できねばならなかった。ボッカチオが紹介しているにわか亭主は、彼の部屋の一つの寝台は自分と女房用に、次なる寝台は一五歳ほどの娘用に、三番目のは万一の客用にしていた。一歳の坊やは揺籃の中で眠った。客が夜まだ何か腹に入れたいと思えば、食料を持参するか、自分で調理せざるをえなかった。十字軍史中の一挿話が伝えているように、他の地方でも客が自炊した宿があった。一一九二年第三次十字軍からの帰途、獅子心王リチャードは難船のため、オーストリア経由で英国へ帰ることを余儀なくされた。王はアッコンのはずれでオーストリア大公レオポルト五世をひどく侮辱したので、変装して旅をした。目立たぬよう宿で下僕のやる料理仕事にまで王は従事した。ところが高価な指輪を外すのを忘れたため、身の上がばれてしまった。このへまのため彼は二年間囚われの身となり、臣下は一五万マルク！（銀約三万五〇〇〇キロ）という前代未聞の身代金を払ったのである。

中世の後期には旅人にも、そのお供にも、馬にもすべてに歓迎される快適さを提供する宿屋もあった。そこには客用の家、パン焼き場、屠殺場、醸造場、厩舎、倉庫をもつ大きな建物群があった。車をとめておく中庭も忘れてはなるまい。一五世紀末スペインでは、多くの地で達成されない宿の最小限の設備を、当地では確実に保証するようにとのお触れが出た。たとえば厨房には暖炉と火、深鍋、フライパンに焼き串、臘燭、クロースのついた食卓、石製ないし木製の長椅子、スープ皿、皿、塩入れ、茶碗、壺、大桶、釜、木のバケツが備えられた。快適さとご馳走に重点を置く人は使いを前もって遣わし、場合によって寝具、掛け布団、カーペットをもたせ、到着と同時に希望が思い通り叶うよう手をまわさせた。毎日宿が変わる時は、前触れの使者を遣わしても大して意味がなかった。何千という人がどっと街道を往来する時期に旅すると、厄介なことが山ほどあった。——みな適当な宿を探す競争相手となるからである。その土地のものに我慢しなければならなかったのは、《貧乏人》だけではなかった。アーサー王の騎士エーレクも、とある《古い廃墟》に忍び入ったところ、人が住んでいる気配がした。彼は挨拶代わりに《もし、私は宿がほしいのです》と、未来の義父に向かってどなったものである。金持ちは大金を払うことができたが、万事金を払えば手に入るものでもなかった。ハルフのアルノルトは巡礼の旅すがら、ブルゴスとサンチアゴの間でカラスムギが買えないことをはじめて知った。だから馬はブルゴスで厩に預け、旅の一行はロバやラバに乗り換え、できるだけ速くサンチアゴに向かった。そして戻って来てから、また自分の馬に乗って故郷に帰った。巡礼が北スペインを《贖罪者の国》と名づけたのもむべなるかなである。

宿屋の名前にしてもヨーロッパにおける《国際的なもの》があった。旅人はドイツでは《冠屋《クローネ》》に、フランスでは《冠館《クロンヌ》》に泊まることができた。《星の屋》とか《黒馬屋》のような名前は、アルプスの北や南にあった。《獅子亭》《鷲屋》といった宿屋の名前は、その時どきの支配者の紋章の動物を示している。《車屋》なる宿屋では特に御者、車力が歓迎されたかも知れない。ほかの名前にもかつての出来事を思い出させるものがある。《三王館》《星の屋》《ムーア人館》はライン の谷でやけに目立つが、それには一一六四年ダッセルのライナルトがミラノからクールを経てケルンまで運んだ、旅人の守護聖人三王の聖遺物の移送の思い出が、なおも生き続けているのかも知れぬ。

営利本位の宿屋は常連に頼るので、特に都市、市の立つ町、かなり大きな村にあった。重要な港町や交通の要衝地ではどこでも、宿屋は通過客だけで食っていくことができた。営利本位の宿屋は周辺の人びとの娯楽場所、集会所として、商談をまとめるにも役立った。時に宿屋は公共の安全の維持のため、当局により計画的に建てられることもあった。一二八六年デンマーク王エーリク五世が納屋で殺されたのも、旅の途中休息場所が見つからなかったせいである。この事件に関連して一三九六年女王マルガレーテ一世は、四マイルごとに居酒屋を建てることを命じた。シュレスヴィヒ地方のエーベルゼーのホテルは、当時旅人に朗報をもたらした設備として建設された、一一三の王立特権居酒屋の一つの跡地に建っている。

宿屋への到着と宿泊　それぞれの家特有の看板がかかっているのを見て，遠くから宿だとわかる．威張って馬で到着する金持ちの客も，寝室を一瞥した図が示すように，雑魚寝を覚悟しなければならなかった．概して裸で寝た．衣類や持ち物は長椅子の上に置いたが——夜分しばしば盗まれた．

著しく通行の多い南仏地方の大都市は、中世後期にいつも二〇から三〇ほども旅館があった。中でもアビニョンは一三七〇年ごろ約六〇も宿があったのできわ立って見えた。この大きな数は当時教皇庁がここに居を構えていたことから説明がつく。

　中世後期、旅人の往来が盛んになればなるほど、ますます宿屋に差がつくのも当然だった。英国では一四〇〇年当時、三つの型に分けることができる。〈宿屋《イン》〉では泊れたし、おそらく食事もできたろう。ロンドンのテームズ河南部の市区サウスウォークの〈宿屋《イン》〉で、かのチョーサーがカンタベリーへ連れていった巡礼の群れが集まった。〈居酒屋《タベルン》兼はたご屋〉では葡萄酒が、《ビヤホール《エールハウス》》ではビールが出る。宿屋がその機能に従って、幾つかの部屋に分かれることはよくあった。たぶん厨房と接した客用ホール、亭主の寝室、一ないし若干の客室がそれである。寝台の数は宿によって異なった。エクス・アン・プロヴァンスでは一五世紀前半一一の宿屋があったが、うち二軒が一八か二〇寝台、六軒が七―一二寝台、三軒が三―四寝台ある宿屋だった。多くの地で最小寝台数三が、その家が宿と認められる前提と見なされた。

　寝室の設備は宿の《格》、気候、時代や場所によって異なった。南国では軽い掛け布団で十分だったろうし、北方では羽毛布団か毛皮二、三枚が入用だった。エルサレムのヨハネ騎士修道会の会憲では、新しいシーツが話題になっている。ことによると、くらべやすいイスラムの設備では当り前の衛生状態に対して、もっと高い要求に合わせたのかも知れない。シーツがどれ位ひんぱんに代えられたかはわからない。それに対してあまりに高すぎる期待は禁物だろう。産褥熱との戦いに伴う事情に直面しても同様である。一九世紀後半にもなおフィリップ・ゼムメルヴァイスは、新しい産婦に対して新しいシーツと換えるようにと奮闘しているのである。

人が寝具に差があるのを知ったことは、実にさまざまな文献から明らかになる。ザクセン法鑑《シュピーゲル》は寝具、枕、亜麻布（さらに敷布、洗面器二、ハンカチ一枚）を、軍隊の装備に数え入れている。アベラールはエロイーズに、彼女の管理する尼僧院ではマットレス、ベッドパッド、枕、掛け布団（場合によっては外套を掛け布団代わりにすること）、と敷布を備えつけるよう奨めている。同じころクサンテンのノルベルト伝は、初期のプレモントレ修道院では修道士たちがシダ製の褥で寝たと述べている。刈り立ての乾いたシダ製の褥なら、カバーや麦藁を何年も代えないマットレスより、快適で健康的かも知れない。

中央ヨーロッパでは二〇世紀になっても、どの子も自分用の寝台をもっているとは限らなかった。個室、寝台、寝具——そして暖房もなかった。というのも《さらに、ふたりで寝れば暖いが、ひとりでどうして暖まれようか》（コヘレトの言葉、4章11節）という聖書の言葉には、大昔からの経験が秘められているのだから。共寝する人の体温に頼ったのは、だいたい裸で寝たし、パジャマやナイトガウンではあまり暖まらなかったせいも多分にあったからである。人とベッドを共にした場合、寝返りは当り前である。しゃべり疲れたり、言い争った時、身体をずらし寝返って、相手に《冷たい肩》をくっつける——宿屋でも（今日でもフランスのホテルはそうだが）一つの寝台にたいてい最少二人を予定した。一〇人といわぬまでも三人、四人、五人詰めはよくあった。一五二〇年デューラーはブリュッセルで五〇人用のベッドについて触れているが、それは酔客のために考えられたものだろう。一三八五年中部イタリア、アレッツォーのさる宿屋では一九日間にのべ一八〇〇の宿泊客、日に四人から一五人、を数えた。客にあてがわれたのは寝台四つとマットレス一つだったのに！　一つ床に数人共寝しても社会的地位を下げると見られなかった。さもなければ、芸術家はオータンの柱頭に聖三王が一つの寝台で、しかも一枚の掛け布団の下で寝ているところを、描かなかったのは明らかだろう。

東方の三王　オータンの大聖堂柱頭．王さまでさえ旅行中の夜，自分用の寝台と自分用の掛け布団が確実にはもらえなかった．王冠からそれとわかる東方の三王が，ここでは立派な飾りのある外套の下で仲良く寝ている．

ごく狭い部屋で寝台が幾つかすし詰めに並べられ、それぞれに数人ずつ寝た時、悲喜こもごもの出会いがあった。短篇小説や喜劇はこの広く普及した社会的現実を映している。臘燭は高かったし、危険だった。修道院の寝室では夜臘燭をともすことになっていたが、宿の客室では禁じられた。どの家でも思い切って便利な《おまる》を使っていたわけではない。夜分《厠へ》行かざるをえない人は、手探りで中庭や厩を探し、帰りは勝手知らぬ他人の家の闇の中、狭い部屋の寝台の間で立往生したこともあった。あるいはボッカチオでおなじみの小説の冒頭で描いているように、わざと愛人のベッドへ入ったのであった。

宿屋の衛生状態は中世でも今日と同じく、社会全体のそれに応じていたことだろう。過食と豪華な衣類も含め——身体は手入れするよりむしろないがしろにされていた。古代の浴場文化はローマ帝国の没落とともに、少なくともアルプスの北では消滅した。身体全体を洗い、湯浴みすることはその後も行なわれはしたが、むしろ例外であった。古代文明の要素を幾つか後世へ伝承してきた修道院には、概して便所と風呂用の大桶はあった。それらは贅沢と見なされ、禁欲という修道院の目標と矛盾するので、めったに使われなかった。中でもヒルザウの会憲には次のようにあった。《そのほか世の人びとはひげを剃った時、沐浴するのを常としている。われら修道士については多言を費やさずもがなである。年に二度だけ、降誕祭と復活祭の前、希望者は許可なくして沐浴することができる。そのほか健康がそれを必要とする時、許可をえて沐浴してもよい》。ヒルザウのヴィルヘルムは朝の潔めについての会憲も伝えている。修道士は《手を洗い、欲するなら顔も洗う》。司祭用、助祭用、副助祭ならびに教養なき非聖職者用とそれぞれハンカチが用意され、四枚目のハンカチは《健康な手をもたぬ者》のためであった。ここではむしろわざわざ手を拭うため用意された布があったこと、衛生上の重要な対策は皮膚病の伝染を避けるのに役立ったことを、見なければならない。

便所についてはザンクト・ガレンの修道院の図面に関連して、すでに述べた。用を足すために考えられた自分用の空間はヨーロッパでは贅沢な設備だったが、それは次第に貴族や市民にも受け入れられた。夜間用のおまるもあり、——近代に入っても市当局が嘆いているが、おまるをこぼす使用人が市道や、時には通行人にも投げ捨てたので、ますます早くから《はばかり》はいらぬと思うようになった。このような細部については信頼できる証人と見てよいボッカチオの一短篇によれば、一四世紀半ばナポリでは小路の上高く掛った二枚の踏板が、家の便所として役立っていた由。高い所にまたがって夜、用を足そうとした蒼い目の求婚者が、糞便の中に落ちた際首の骨を折らずにすんだ幸運を語っている。この話の続きも衛生のテーマになる。耐えられぬ臭いから逃れようと、この欺かれた恋人はわが身と衣類をあ

——る井戸の中で洗うが、実は住民たちが朝になるとそこから飲み水を汲み出すことになるのである。ヨーロッパ人はトイレットペーパーを、パジャマ同様シナから知った。それまではエッケハルトがそのザンクト・ガレン修道院史の中で触れているように、干し草や柔らかな麦藁が心地よいとされたようだ。

今日ならわれわれはホテルで当然のように期待する便所と風呂を、当時の旅人が宿で見つけるのはごく稀だった。都市には公衆浴場があったが、それは中世後期になると断然芳しくない評判を呼んだ。女郎屋と浴場の差は往々にしてぼやけた。身体の手入れを怠ったので——バロック時代になっても風呂代わりに香水を使っていた——人は強烈な体臭をまき散らした。それは誰もごく若いうちから親しんでおり、いたる所で吐き気を催させる悪臭とまじり合ったので、特に目立つこともなかったろう。都市の大通りで旅人は、動物の排泄物、犬や猫の死骸、捨てられた瀉血の血、厨房や屠殺のくずのために、回り道せざるをえなかった。中世人が嗅覚に関して敏感でなくもなかったことを、ヒルデスハイムのヨハネは示している。彼は一四世紀後半の〈三王伝説〉の中で、《厩の中の悪しき空気に対する》薬として、魔術師が生まれたばかりのイエスに与えた乳香を説明している。

多くの宿は流れ者の亭主によって経営されている。ケルンから来た旅人はリヨンでさるドイツ人の亭主のもとに逗留できたことを、高く評価することができた。ここで彼は母国語を使えたし、舌になじんだお国料理が食べられ、マルセーユ行きの船の座席を予約したり、当局、商人、職人たちと交渉する段に、亭主の忠告や応援をあてにすることができた。外国人の検査はできるだけ簡単にとの当局の関心と、遠方商人の利害が一致した。商人たちにとって——ことに港町では——遠方通商の際の独自の拠点が重要だったのである。その《国民》の宿に泊まるようにと、各地で《ドイツ人》《フランス人》《スペイン人》が引き留められた。自由を制限するこんなやり方に対して、その時の宿の亭主の評判がよい時、その家が関係する商人たちによってとりしきられている時は、何一つ苦情が出なかった。商人が自分と商売に必要な物を見つけ出せるヴェネチアで、ドイツ商人の定宿〈ドイツ商館《フォンダコ・デイ・テデスキ》〉は、もっとも有名な遠方通商の拠点の一つだったろう。ここで彼は飲み食いし、眠り、商品を山積みし、関税を払い、売ることができた。Fondaco はおそらく宿と商品倉庫と税関をいっしょにした意味をもつ、アラビア語の〈funduq〉から由来したのであろう——ドイツ商館はヴェネチアのもっとも高価な地にあり、厨房、食堂、葡萄酒酒場、それに商人たちが長期間でも借りられる部屋から成っていた。

食事の差ときたら、山中のお粗末な宿泊施設と町の豪勢な宿の差以上の雲泥の差があった。下じもの者が途中パン少々、チーズ一かけら、時折りスープ一杯にでもありつけたらおんの字だったのに、一六世紀初頭チロル地方でザルツブルク大司教ご滞在のため買い足したものは、牛、羊、豚、仔牛の肉と舌、去勢鶏、鵞鳥、鶏、卵、さまざまな魚、パン、パン粉、カラスムギ粉、大麦、牛乳、クリーム、チーズ、ラード、洋梨に林檎、薬草、かぶ、玉ねぎ、酢に辛子、酵母、肉桂、その他多くの香辛料であった。二〇品、三〇品の祝宴も例外ではなかった。

一か所にかなり長逗留したり、常連客となった時、別れの食事をおごったりおごられたりした。そのさい、よく歌手や管楽器奏者たちによって音楽が演奏されたのは、古代の饗宴の名残りか。オデュッセイで神々は《食事の伴奏に》リラを演奏した、といわれている。

宿の亭主は文献中しばしばけなされている。学生たちがラテン語、ドイツ語ちゃんぽんの隠語でわめいた《宿のおやじが褒めるのは大酒飲みで、あんまりくだ巻かぬ奴》なんか、まだ無邪気なものだった。クレモナの司教リウトプラントはさる論争書中で憤激し、ビザンチンの葡萄酒は瀝青、樹脂、石膏がまじっているので飲めたものではない、と嘆いている。彼は西欧でもワインに蜂蜜や薬草を加えることは知っているが、他人が自分の趣味を貫く権利を認めようとはしないのである。詐欺だ人殺しだと非難するのは影響力が大きかった。ホテル客の嘆きがどれほど正当か、今日でもなかなか決め難いところである。

遠くの宿屋での滞在のいやな面を、文献はしばしば後世に伝えているが、それには二、三の理由があろう。それについて一つには教養階級に属する文献の書き手の、低い民衆に対する尊大な態度も働いたかも知れない。彼らは異郷ではその低い民衆の手の中に落ちたと見たのである。さらに人間というものはよそでの飲食、睡眠に関しては敏感になり、注文が多くなるものだ。また当人に不都合なことは進んで忘れようとするのに、まさに宿という領域では嬉しいことより、好ましくない経験の方が深く思い出に残ることもある。それは家ではただだと思っている寝台に、金を払わねばならぬという理由だけではない。過去の旅人と宿の亭主を正当に評価しようとするなら、この点を考慮することが重要である。

旅の速度

中世ではどの位の速さで旅をしたのか。〈平均値〉には問題があるので、極端な数を披露しよう。モンゴルのきちんと組織された駅伝飛脚や急使は、二四時間で三七五キロ走破したという（ローマ国家駅逓《えきてい》は《わずか》三〇〇―三三五キロしか進まなかった）。しかし、途中手の皮が剝がれるのを防ぐいわゆる〈小椅子〉をたよりに、数センチいざる身障者もいた。聖女エリーザベト奇蹟譚は旅の歴史にとっても貴重で、二一歳の一身障者のことを報じている。彼は一二三二年ヘッセン州グリューンベルクからマールブルクまで、直線距離にして二八キロ、約三五キロの道のりを、なえた身体を五週間かかって引きずって行った。それゆえ、中世の旅人の速度は日に一キロから一〇〇キロ以上と幅がある。

一九世紀までたいていの人は徒歩で旅した。時速四―六キロで日に三〇―四〇キロこなすことができた。馬なら日に五〇―六〇キロに達しよう。この数値を予測してはならぬ一例を説明することにする。ヒルデスハイム＝ローマ間の直線距離一二〇〇キロは、中世なら少なくとも一五〇〇キロの道のりに相当しただろう。その距離を（歩行者や騎行者の低く見積った一日の行程の）三〇ないし五〇キロで割れば、五〇ないし三〇日となる。少数の徒歩旅行者だけなら七週間かかれば一五〇〇キロはこなせただろう。だがヒルデスハイムのベルンワルトは間違いなく駿馬を調達できたにもかかわらず、往路に二か月以上（西暦一〇〇〇年一一月二日から翌年一月四日まで、トリエント経由）を要し、帰路には二か月弱を要した（一〇〇一年二月一六日から四月一〇日まで、上部ローヌ渓谷のサン・モリス・ダゴーヌ経由）。モンゴルの大汗への伝道から帰国の旅のリュブリキの方がずっと早かった。カラコルムの宿営から中央ボルガまでほぼ一〇週間（七月九日―九月一六日、直線距離四〇〇〇キロあまり）の旅だったが、それは一日にならせば約六〇キロになるだろう。自分の馬による一日の行程はパリ＝オルレアン間（直線距離一一〇キロ）に相当したとのリュブリキの主張は、とことん信用できるように思われる。

平均値を計算するのは現実に即していない。なぜなら（自発的な、またやむをえざる）休息日も、旅行記中いつも話題となるもっと長い休止のことも考慮されていないからである。人や動物には休養が必要である。親類縁者のもてなしにあずかろうと思う人もあれば、その地の教会や聖遺物に敬意を表する人もあろうし、見本市を訪れてお得意さんと連絡をとる人もあろう。また病気、洪水、雪、たちの悪い税関吏によって足止めをくらうこともある。馬が死んだり、宿の亭主といざこざが起こったり、渡し船が……。

現実に旅を計画する者は山中の遅れを勘定に入れたが、いわんや海路においてはなおさらのこと。高山で日に四、五キロというのは、天候、季節、身体の調子によっては立派な成績といえた。サン・ベルナルディーノ峠を通ってクール＝ベリンツォーナ間（直線距離八〇キロほど）を、少なくとも四―六日は計算に入れた。一九世紀前半になっても、アルルベルク峠経由インスブルック＝ブレゲンツ間（直線距離一三〇キロ）を、優雅な旅行馬車を使って一週間はかかった。

一日三〇キロの行程は陸の旅人にとって立派な平均を意味した。馬で行く者も一〇日でせいぜい三〇

路上の身障者　(ヒエロニムス・ボッシュのペン画，1516年)．身障者たちは今とはきわめて異なる松葉杖を使った．〈小椅子（シェーメルヘン）〉は1本の枝と4本の小枝で簡単にできるので，貧乏人にも手に入った（だからその小椅子にすがる人のことを〈シェーメラー〉と呼んだ)．

〇キロ以上だった。それも途中で馬を替え、よく四日から六日目後にとる休息日も断念しての話である。よくなった街道、馬を交替する駅の新設、まあまあ快適な旅行馬車の導入のおかげで、上流階級と、中流階級の多くの人びとが速く旅行できるようになったのは、ようやく一八世紀以降のことである。一九、二〇世紀になって交通の自動車化により、旅はすっかり変わってしまった。

海路の遅れときてはまったく計算が立たなかった。切に祈った順風は数週間とはいわぬまでも、数日待たされることはよくあった。一二四九年聖王ルイはキプロス＝ダミート間（四〇〇キロ）を三日で渡れると思ったのに、まるまる二三日かかってしまった。マルコ・ポーロは悪天候のためスマトラで、心ならずも五か月の滞在を余儀なくされた。

平均的な一日の行程を計算するのは問題だが（それには冬と夏で異なる日の長さのせいもあったが）、経験上の数値は存在した。しばしば急報を伝達しなければならぬ聖・俗の官庁、個人、団体はそれをあてにすることができた。その数値をまとめて一覧表にしておく。すべて

旅行者		時速（キロ）	1日の行程（キロ）
歩行者		4—6	25—40
走る人		10—12	50—65
ギャロップの馬		20—25	
あまり急がず，供を連れ荷物をもった《平均的な旅人》（例：商人）			30—45
元気よく，急いでいる普通の騎手			50—60
替え馬を乗り継ぐ急使			50—80
13世紀モンゴルの騎馬飛脚（マルコ・ポーロによる）			375
14世紀インドの早飛脚（イブン・バットゥータによる）			300
14世紀の教皇急使（平野部）			100
同　上　（山岳部）			50
14世紀フランスとスペインの急使			150—200
インカ帝国の早飛脚		10	240
16世紀南米のスペイン風騎馬郵便			44
ライン河やポー河の谷に向かう河船			100—150
櫂だけで動く場合のガレー船			
最初の1時間	4.5ノット	8	
その後	1.5—2.3ノット	2.7—4.2	
帆をつけて	6ノット以上	11	
帆　船		5	120—200
帆　船（風と海流と櫂により）	6—7ノット	11—13	
1893年に模造されたヴァイキング船	9—11ノット	17—20	150
ハンザ同盟のコッゲ船	4.5—6.8ノット	8—13	

について時速から一日の行程を〈はじき出す〉のは意識的に避けた。

　海の旅で相対的に〈平均値〉が低いのは、とりわけ船が理想的なコースを進めるのは稀であることによって説明がつく。途中上陸するのは間々あったこと。リューベックからベルゲンまで全旅程三、四週のうち、純粋に帆走する期間を九日と見た。日夜順風をえれば一週間で一四〇〇キロ（リスボン＝カナリア諸島間）進むことができた。ゴクスタッドの模造船は一八九三年大西洋を横断したが、それは六〇人の船員を乗せ、帆一つと櫂二八本を備えていた。四月三〇日ベルゲンを出港し、五月二七日ニューファウンドランドに到着した。ノルウェー人たちは風と海流ならお手のものだった。彼らは近代的な器具と海図を駆使した。それでもほぼ四二〇〇キロの距離を、平均して日に一五〇キロ〈しか〉こなせなかった。

　アラビアの旅人イブン・ヨバイルは一二世紀に、コイタからアレクサンドリアまで三〇日を要した。途中彼の船はバレアレス諸島、サルディニア、シチリア島、クレータ島に針路をとった（ほぼ三八〇〇キロ）。帰路の旅はついていなかった。アッコンからメッシーナまで（二〇〇〇キロ）だけで、船は時化《しけ》のため五〇日もかかってしまった。船客たちは激しい飢えに苦しんだ、とヨバイルは報告している。というのは用心深い旅人でも三〇日間、そうでない人は二〇日かせいぜい一五日間の貯えしか持参しなかったからだといっている。だから二〇日の食料を用意した者は日に一〇〇キロ進むと踏んだし、一五日分用意した者は一日の行程にたっぷり一三〇キロを前提としたのだ。ヨバイルによって記された旅はそれゆえ長い一区間距離に、楽天家が期待したより優に三倍もかかってしまったのである。この報告はイタリアの港町から伝えられている、経験上の数値とも合っている。つまり、ヴェネチアからカンディア（クレータ島、約一六〇〇キロ）まで異例の順風で一八日、ふつう夏場なら二三—三〇日、冬では四五—

六〇日かかったとしている。ジェノバからアッコンへの旅は一か月と計算した（二八〇〇キロ）。インド洋ではマスカットからカルレム（キロン、南西インド）へ、ある程度の順風で一か月かかった由（二五〇〇キロ、一日八〇キロ位に相当する）。

中世末期から近世初期にかけての旅のスピードが上がったについては、能力の高い馬の飼育、替え馬用の宿駅の整備、街道や橋の建設、渡し船がいつでも利用できること、旅路での人や動物に対する物資補給の改善、快適な高速船の建造などさまざまな理由がある。一五世紀半ばローマからフィレンツェまで（直線距離二三〇キロ）急使はまだ五、六日要したが、一六世紀後半になるとわずか一日しかかからない。このころ特急の使者は日に二五〇—三〇〇キロ進んだそうな。これによって、西欧はアジア諸国に数世紀にわたって水をあけられた遅れを取り戻したといえよう。

情報を伝達するのにもっと金のかからぬ、しかも、もしかしたらずっと速い方法はほかにないのかとの問いは、依然として残る。

コルヴァイのヴィドゥキントはそのザクセン史の中で、ハンガリー人たちは遠征でドイツ国を通るさい、のろしによって連絡し合っていたと報告している。彼の国ではこのような情報の伝達方法は、一〇世紀にはそれほど知られていなかった。マルコ・ポーロによれば、インド洋上の海賊たちは船から船へリレー式にのろしを上げ、獲物を見つけたことを知らせた由。コロンブスは第一次アメリカ旅行のさい、インディオが〈戦中の兵士のように〉のろしで連絡し合っていたと報告している。この情報伝達方法はそれゆえ多くの民族に親しまれており、西欧では教皇選挙で今日まで用いられている。しかし、まさにこのさい待ちこがれていた民衆は信号——白煙か黒煙か——を、誤解したことが一度ならずあった。〈煙火通信〉の欠点は昔からわかっていた。知らせは〈攻撃のため集合〉とか〈危険に陥れり〉といったきわめて簡単、かつ明瞭なものでなければならなかった。イタリア諸市で攻撃を受けたドイツ王の弱小な軍隊は、火を付けて信号を発するよりわが身を救う術がないことを、いつも知っていた。その輝きが町の近郊一帯に広く野営している軍隊に、危険を知らせたのだった（たとえば一〇〇四年にパヴィアで、一〇二六年にラヴェンナで）。地中海地域では《煙火通信》を用いて成功している。ビザンチン帝国は山頂で何本かの松明の火をあげることによって、イスラムの攻撃を首都にいち早く警告した。一〇世紀のこと、アラビア人はのろしによってアレクサンドリア＝コイタ間（直線距離約三五〇〇キロを、一日で情報を伝達したそうだ。もっとも《通信距離》は海岸沿いのゆえに伸びたのだろう）。聖地の十字軍諸国はいつも、互いに視界に入るようにしてその城を築いた。しかしながら煙火信号にははっきりした欠点もあった。それは敵方にも見られること、靄や霧の時見分けがつかないこと、平地では伝達がそれほど楽でないことである。

海上では旗で連絡をとり合った。コロンブスは第一次アメリカ旅行からの帰途、二番目の船〈ニーニャ号〉と夜間灯光信号で、できるだけ長く連絡をとろうと努力したといっている。この方法で文章がそっくり伝達されたかどうか、詳細は述べていない。――本来の光電報はフランス人シャップの一〇年前一七八二年にやっと、クリストーフ・ホフマン（一七二二―一八〇七年）によって発明された。

プロコピオスは六世紀にラッパで信号を送る《術》を《今や》忘れてしまったと、残念そうに断言している。単純な命令はもちろん、それから後も、戦争中ラッパによって軍隊に伝えられた。アウクスブルクのウルリヒ伝もいっているごとく、ハンガリー人の間でもそうである。アフリカではわれわれの世紀まで、相当の遠距離ですら太鼓が情報の伝達に役立っている。

伝書鳩は東洋ではすでに紀元前一〇〇〇年ごろには使われていたろう。それは軍事用には紀元前一世紀に、民生用には紀元後四世紀に投入された。鳩は産業が起こらぬ時代以前なら情報伝達に理想的だったが、――実に速いし、安い上に飼いやすい――鳩通信のために体系的に飼育できないのは明らかである。イスラム諸国では九、一〇世紀にその利点を思い出した。サルタンのバイバルス(一二六〇―七七年)は十字軍諸国の残党に対する戦いで、鳩通信をかつてないほど利用した。

われわれが今日もう当り前だと思っている可能性――音速以上のスピード旅行とか光速電話――について、昔の人びとはせいぜい夢想するのが関の山だった。その後、それを方向転換すれば、持ち主を希望の地へと連れて行ってくれる指輪のような物を願ったのだ。

支配と法令

ローマ帝国は地中海世界を統一し、東ははるかメソポタミアに、南西部では今日のスコットランドの境界にまでのびた。当帝国内での旅は一九世紀になってまた、ようやくそうなったように、安全で当り前のことだった。――使徒パウロとは反対の経験をしてもそうだった。一商人はフリュギアのヒエラポリス（現在のトルコ西部）にある墓石に、われ小アジアよりローマまで旅すること生涯に七二度に及びたり、と誌させている。

地中海圏の統一は民族移動、ローマ帝国の地盤でのゲルマン諸国の建国、七世紀以来のイスラムの伸長によって崩壊した。ビザンチン帝国のローマ国家は一四五三年のコンスタンチノープル征服まで、なおも連綿と生き続けた。

ゲルマン、スラブ、アラブの君主たちは彼らが征服した地域の文化の中から、必要なものを摂取した。ローマの言語、法、行政の中にまで教会の力は及んできた。ローマ帝国の地盤に成立したゲルマン諸国は、ローマの国家思想と結びついた。フランク人はビザンチンと競り合い八〇〇年西帝国すら新たに蘇らせ、それによって旧ローマ帝国の北西部に新しい支配の中心地が成立したという、見まがうことなき印しを示したのであった。

外敵の激しい攻撃と内部の緊張のため、フランク大帝国はカール大帝の歿後幾つかの国に分裂した。一〇世紀ヨーロッパ中央部で、東フランク王国を継承した新たな大帝国が生まれた。この国は旧ローマ帝国の一部、以前の自由ゲルマニア、ロマンス語、ゲルマン語、スラブ語系諸国の一部をまとめて統一国家となり、外敵からの防禦に成功して九六二年帝権を蘇えらせた。西部では西フランク王国からカペー王家の《フランス》国が生まれた。新国家に共通するのは、君主たちがその権力を聖と俗のおえら方に分け、彼らがおのれの権利によって支配したことであった。

中世の王たちは、ローマと結んで全世界的な中心地をもち、司教都市と結んで地方の中心地をもった教会の前例を目の当りにしたものの、数世紀間堅固な世俗の居城を築くことはできなかった。王はたいてい旅しながらおのれの職務を執行したのだ。絶え間ない旅回りのため君主（とその妃）は、どんな負担にも耐えられるよう無理な要求をされた。大物で若死する人がとても多かったのは、旅の難儀に耐えられなかったのも一因だった。

中世の王は一般にローマ人とは違って天然の交通の障害を道路、橋、隧道の建設によって和らげようとする気持もなく、また個人的・財政的手段もなかった。君主は自国の領内で旅人を脅かす危険を追い払っただけで、運が良いと思った。旅人が犠牲になるのは戦争やフェーデ、追い剝ぎ一味の悪事より、確かに森、高山、氾濫、霧、時化《しけ》による方が少なかった。自分の権利を傷つけられたと思った貴族どもは、自衛権を楯に他人にその尻ぬぐいをさせ、身代金をしぼり取ったり、商品を差し押えたりしたのである。貧困から犯罪に身を投じた乞食、浮浪者、浮草稼業の人びとの数はあまりにも多すぎて、どこの街道や宿でも、安全は長いこと保証されなかった。

目の利く支配者は公道での最低の安全を維持することによって、危険を少なくしようとした。一二三六年皇帝フリードリヒ二世や領主たちに決断を迫った問題は、いかにも当時のものらしい。《公道を通って市場へ旅する人に誰かがこの公道から立ち去れと叫んだり、私道を通って市場へ行くよう無理強いするのは、そもそも許されているのか》というのである。この問題はきっぱり否定された。たいていの支配者は旅人たちに通行許可証を発行して、独自の関税を免除し彼らをおのれの配下の役人の好意に委ねることで満足した。そしてまた彼らは旅人のために通過国の領主たちと契約を結び、地面接触令や海岸法のようなわずらわしい法律を失効させないまでも、せめて制限することでよしとしたのである。海岸法は座礁した船や商品は、発見者のものになることを認めていた。前者の法令によれば、車の車軸が地面に触れたら、支配者は車に積んだ商品を要求することができた。かくのごとき法令の恩恵を蒙る者は、旅人が立派に維持された街道を車で通行するのに、関心がなかったのは当然のことである。

一一世紀も半ばになると旅の通行が著しく増える気配が濃くなり、また恥知らずにも弱者や異邦人から略奪したり平気で殺す今までのやり方はキリスト教の生き方にそぐわない、とする権力者の意識が研ぎ澄まされる兆しも目立ってきた。神の平和運動が生まれるわけだが、それはフランスの南部・中部の教会に端を発し、数十年のうちに全ヨーロッパの世俗諸侯によって、国内平和令の中に取り上げられた。一段と高まった平和令の対象となったのは一定のグループ（聖職者、修道士、婦人、商人、巡礼、農夫、ユダヤ人）、一定の時間（毎週木曜から日曜まで、待降節とカーニバル、祝祭）、一定の場所（教会、墓地、水車小屋）、輓曳動物、農具等々である。人がどんな対策を取らざるをえなかったかは、一〇八三年ケルンの大司教区で発せられた神の平和令を見ればわかるだろう。もし身分の高い人がこの平和令に違反すれば、きわめて痛い所を突かれるのである。つまり、国を追放され、封土を失う羽目になるのである。《無一文の人びと》は死刑に処された。《一二歳に達しない童の両手を切断してはならない。ただしこの年、すなわち一二歳をもって成年に達した者はその限りにあらず》。追い剝ぎ、強盗はいかなる平和令からも排除される定めであるが、庇護《アジール》の権利は享受できるとされた。教会内や墓地で盗っ人や追い剝ぎを殺したり、捕えたりすることは禁じられた。《というよりは連中が飢えに迫られやむなく降伏するまで、そこで包囲しようとするものである》。それが問題となる場合、崇高な目標を日常の現実に置き換えるという面倒なことがもち上った。略奪と追い剝ぎを誰が判断するのか。判決に服すことをいとわない者は誰かいるか、誰が権力者と対決するのか。

地方の権力者はたいていおのれの地位の強化には関心をもったが、隣人や中央の権力（それが存在するとしての話だが）には知らん顔だった。旅人たちは克服すべき障害がまだまだ足らないかのように、人の作った通行止めに出くわした。その関所は長い間、気候、森、河や山以上に旅を困難にしたものだ。権力者の金庫を満たすのに役立ったのは関税、商品置場（外国の商人はここで品物を陳列しなければならなかった）、護衛用の同行者（旅人は関心がなくともそれには従わねばならなかった）、それと何か規定に従わなかったり、何らかの法律を無意識に破った時の嫌がらせである。このような《法律》はしばしば恣意、追い剝ぎ強盗と変わるところがなかった。

それに対する反応はさまざまであった。人びとはできるだけ足で自分の態度を表明した。問題の地域を避けたのだ。それが不可能な時、個人や団体は手を結んで——往々期限付きながら——ハンザ同盟や盟約を結び、都市は都市で提携して同盟を結成した。このような団結によって人びとは自然のもたらす危険から身を守り、襲いかかるかも知れぬ敵方にとっての危険も高まり、また旅人たちがいろいろな争いに巻きこまれ、騎士や傭兵たちに無防備のまま曝されぬよう保護することになった。

生死にかかわる問題が旅人に提起された。彼が通る地域の領主は生命財産を本当に守ってくれる、という前提から出発できるのか。彼は武器をもって旅するべきなのか、武器をもたずに旅していいのか。両方とも利点と欠点があった。丸腰の旅人は旅路の領主や住民たちに（当然の）信頼感を与え、彼らに好意的な態度を取らせることにもなった。争いや戦争の場合、彼らは楽に中立の立場を立証でき、それゆえ生命拾いできたろう。武器をもてば、よそ者は根本的な不信感をひき起こす。彼はスパイとして、泥棒として、人殺しとして来たのか。ひょっとして伝染病を広めるのではないか。丸腰の旅人は攻撃者に対して身を守ることができなかった。中間の道を求めてお上と旅人は協力した。やむをえず旅立つ時、旅人は一人だけで出発せず、また貴重品はなるたけ携帯しないようにした。お上は聖・俗ともたとえば、婦人や巡礼のような無防備の者に対する犯罪を、特に非難すべきものと見た。

領主たちはしばしば旅人に、定められた道を利用するよう義務づけた。そのような道からはずれて見つかった者は、関税の脱税者（商人）と見なされるか、王の保護（北スペインのサンチアゴ巡礼者）を失った。もちろんこれらの道は悪党どもも知っていた。一定の道に通行を限るだけでは充分でなかった。他人に疑われたくなかったら、途中でよく音によって合図し、森の中では規則的に叫ばねばならなかった――おそらく正にそれによって、カモを狙っていた犯人を呼び寄せる羽目とはなった。

ヨーロッパが富者と支配者に区分されるのは、必ずしも欠点ばかりではなかった。各地の権力が集中すれば、《大権力》に対して釣合いをとるものとなった。いわゆる叙任権闘争中の俗と聖の権力の対決によって、知的な活動の余地が生まれた。それが世界像をも創造することになる、文化と科学の分野での革新の前提となったのだ。

一五世紀以来のヨーロッパの著しい拡大に先立ったのは、もう一つの植民、商業、軍事による拡大であった。国内の開拓と平行して、東方移住、《ヴァイキング》のアイスランド、グリーンランド、北米への旅、はてはイベリア半島の再征服《レコンキスタ》と十字軍。これらによってローマのキリスト教会はヨーロッパ圏外にある、移住者の密な古い文化圏に食いこんだ。発見者たちが新しい——住民の住む——国々を彼らの王のために手に入れたのはごく当り前のことである。彼らは国、島、河川に命名し、自分たちの王の紋章入りの柱をすえたり（ポルトガル人）、カトリック両王の旗を翻させたりして（コロンブス）、支配権を要求することをはっきりと示したのだ。

　ここにざっと述べた拡大の努力は、決してヨーロッパやヨーロッパ人独特のものではない。一三世紀にモンゴル人は数十年のうちにドナウ河下流から北京にまで達する国を征服した。スペインでイスラムの支配が撃退されている間に、トルコ帝国は中央ヨーロッパ東部までのびているのである。

　西暦五〇〇年から一五〇〇年まで一〇世紀の間にヨーロッパ諸国は、外的脅威に（わりと）妨げられることなく、旅人に役立つ共通点を形作ることができた。発展の本質的な前提はヨーロッパやヨーロッパ人の功績でなく、地の利と、外敵にあまり触手を動かさせない初期の貧困にあった。それはヨーロッパにとって有利な運命であった。アジアからヨーロッパに侵入した——フン族、アヴァール人、ハンガリー人、モンゴル人、トルコ人は確かにこの地でひどい損害を与えた。しかし、ヨーロッパの独自の発展はいつまでも妨げられることはなかった。なぜなら東欧と南東ヨーロッパの諸民族と諸国が、物質的にも人的にも長く尾を引くはなはだしい損失を受けながらも、外敵の攻撃の勢いを食い止めたからである。ヨーロッパはロシア人、ポーランド人、ハンガリー人に対して深い恩義がある。彼らがモンゴル人の力をひどく弱めてくれたおかげで、中欧、西欧がモンゴル人の攻撃を免れたからである。ビザンチン帝国は数世紀にわたりトルコ人の勢力を抑えた。ヨーロッパ人は感嘆と嫉妬と宗教的憎悪と劣等感のないまぜになった気持を、ビザンチン帝国に対してもったものである。一四五三年この国が亡びると、続く数世紀間トルコ人の攻撃を撃退するまでに、ヨーロッパは力をつけてきた。アフリカ、アメリカ、アジアとは反対に——ヨーロッパは以後五〇〇年は他の外敵の攻撃に曝されることはなかった。

楽になった通行

⚜渡し船

一一八五年ごろ編まれたアンノー奇蹟譚の報ずるところによれば、ライン地方のジッタルト出身の一婦人がサンチアゴ・デ・コンポステラからの帰途、ローヌ河の渡し船へやって来た。船人の《なげやりか金銭欲》のため、四〇〇人もの男女、馬、ラバ、ロバが船に乗りこんだ。《かなり大きな船》が向かい風にあって《やっと激流の只中へ進んだところ、そのような重荷に耐えられず船は波間に沈み、乗りこんだ者を残らず深淵へ道連れにした》。ジッタルト出身の例の婦人だけは救われたが、彼女の言葉によると、ケルン大司教聖アンノーさま（在位一〇五六—七五年）のお取りなしのおかげだと。

このような事故は数世紀の間、他の運命の打撃と同様やむをえぬこととして受け入れられた。河の渡し船は流れを横断しなければならないので、流れが急になればなるほど、転覆の危険も大きくなる。今日でもなおアジアやアフリカの河で渡し船の事故のため、数百もの人が犠牲になるのは新聞で読む通りである。奇蹟譚の著者の見方からすれば、彼はもっぱら渡し船の《金銭欲やなげやり》のせいにしている。荷を積みすぎた船は急流では操りにくい、従って二重に脅かされているわけである。こんな危険にもかかわらず、バーゼル゠ロッテルダム間のライン河にかかる固定橋は、一九世紀半ばまでなかった。人をかついで川越えさせ、浅瀬を通って導き、――アンノー奇蹟譚に見るように――船に乗せて向こう岸へ渡すため、中世には男たちが数人渡し守として待機していた。文献類は概して日々おのれの義務をまっとうする人びとより、期待に反する人びとについて報告するものである。サンチアゴ巡礼案内書で触れている渡し守は巡礼を乱暴に扱ったり、貧しい巡礼のきれいな妻を平気で報酬として受け取った由。

川越えが軍隊にどんな問題を提起するか、中世叙事詩の傑作の一つを読めば明らかである。一二〇〇年ごろ書き留められたニーベルンゲンの歌では、第二五〈歌章〉が重要な位置を占めている。その仔細はハーゲンがここで、大軍中たった一人しか故郷と相まみえることがないだろう、と確信するからである。

ヴォルムスを発って一二日目、ブルグントの軍勢はドナウ河にたどり着く。王はハーゲンに、水かさ増して逆まく急流の中で浅瀬を探すよう命じる。浅瀬《フルト》とはフランクフルト、シュヴァインフルト、オクセンフルト、オックスフォードの地名が示すように、開拓地から発展した土地の決め手となるだけではない。奇蹟的に絶好のタイミングで浅瀬を発見したため、旅を続けられたと文献は繰り返し報告している。鹿やノロジカが河中の道を教えた物語には、歴史的な核心が含まれていよう。

ハーゲンも奇蹟に助けられる。王室付司祭のほか誰一人生命が助からない、と二人の《水の乙女》が彼に予言する。河の上流に一軒の宿があり、そこで渡し守が見つかるだろう。この男は《怒りっぽい性質》だから心して会い、男にふさわしい渡し賃をやらねばならぬと、乙女らは打ち明ける。《誰がわれわれを向う岸へ渡してくれるのか》と模範文集に生き続けるような——叫び声も効を奏さない。この渡し守は稼ぎなんか当てにしていないからである。ハーゲンは計略をめぐらし相手を撃ち殺して、渡し船を手に入れる。これにて一件落着とゆかなかったことは、ゲールノートの嘆きを聞けば明らかである。彼は船人が一人も見当らないので、早くも親愛なる一族が死ぬであろうと嘆いている。ハーゲンはまたしても代役をかって出る。彼は馬に河中を泳がせ、一万人の軍勢を対岸に渡す——一万とは〈非常に多くの人〉を意味するのでなく、〈まるまる〉の実数である。

ドナウ河の渡し船は、アンノー奇蹟譚にあるローヌ河の渡し船と同じく、四〇〇人乗りだったそうだ。高速のヴァイキング船が四〇—一〇〇人の軍士を乗せた点、また渡し船では速度は問題とならぬ点を考慮すれば、多くの渡し船は一〇〇人よりずっと多く乗せることができる。大きないかだは即席に渡し船代わりになることもある。アンノー奇蹟譚やニーベルンゲンの歌に描かれた困難な川越えに直面すると、古代には渡し船の利用者が河の神の憐れみの情をそそるべく、貨幣を河中に投じた事情がわかる。この貨幣を発掘することによって、渡し船のあり場所を決定することができた。

最後にハーゲンは《水の乙女たち》のこの上もなく重要な予言を試みようとする。事情をのみこめぬ従者たちが抗議して叫んだにもかかわらず、彼はたった一人生命拾いするといわれた人物を、さっと船から投げ落とした上、なおもまた沈めた。王室付司祭は泳げなかったものの救われる。《神の手が彼を救い給うたのである》。

渡し船が荷を下ろすや、ハーゲンは船をこなごなに打ち砕いてしまう。いったいどうして帰国するのかと非難する問いに、彼はのらりくらりと答える。万一われらが陣営に臆病者がいて、逃げ出そうとする者がいたら、《その輩はここでみじめな死を遂げねばならぬ》。

ベネディクト会の修道士リシェーはその〈歴史〉の中で、九九一年の春、召使いと土地勘のある使者を供に連れ、ランスからシャルトルへ向かった旅のことを回想している。その旅についてはいずれ〈教養の旅〉の章で紹介することにする。数かずの思わざる出来事に出会った後――一行は雨ですっかりずぶ濡れとなり、暫く道に迷い、馬が一頭斃死する――リシェーは夕闇迫るころパリから東へ一日ほどの所モーへやって来た。彼は当地のマルヌ橋をしげしげ眺め、新たな不安に襲われる。《橋にはこの日ばかりは地元の人でも渡れないほど、たくさんの、しかも大きな穴がぽっかりとあいていた》。慎重な召使いが小舟を探したが見当らなかった。ついに《彼は一か八かこの橋を渡ろうと決心し、天のご加護をえて無事向う岸へ馬を渡すことができた。穴のあいた所は馬の蹄が落ちぬよう楯やうっちゃられた板切れを下に敷き、かがんだり立ち上がったり、前進したり後退しながら、彼は実際に馬もろとも向こうへたどり着いた》。リシェーの歴史は、通行が本当に楽になり、人も動物も確実に渡そうとするなら、橋もたえず維持管理されなくてはならぬことを明らかにしている。

一一世紀から一三世紀にかけて人目をひくほど橋がたくさん架けられた――経済的・軍事的、それに他人のためにという理由から。利益追求思想によって商業交通は促進されることになった。橋と橋頭堡はよくよく考えられて、都市の防禦設備に組み込まれた。橋梁の建設は中世盛期にはついによそ者への宿貸し、身代金による虜囚の解放と同じように、隣人愛の業とも見られるようになった。道中の遅れや危険はできるだけなくしてやろう、歩行者や巡礼を守ってやろうというのである。一〇八〇年、この章の冒頭にふれたサンチアゴ詣での女巡礼があわや溺れ死のうとした時期に、ローヌ河からほど遠からぬジェルス河に石橋が築かれた。動機として、洪水の時生命を落としたくないという願いがはっきり記されていた。一一三〇年ごろブロア伯は魂の救済のため、ロアール河にかかる橋の建設を手配している。ただ、世の人もおしなべて橋の建設のため、遺言によって財産の一部を投げ出す気になる点では徹底していた。中世も後期になると、あまたの橋が免罪金によってまかなわれた。もろもろの例は、中世盛期以来橋の建設と維持は欠かせぬという意識が高まり、技術的な大建築のための寄金も、魂の救済のための伝統的形式（ミサ謝礼、代理巡礼の派遣）と同じようなウエイトを持ったことを示している。

このような背景があるため、中世でもっとも有名な橋の一つ、アビニョン近くの聖ベネゼ橋の架橋について、報告する伝説も驚くには当たらない。それは歌にも唄われた橋で、他の廃墟とは比べものにならないほど想像力をかき立てる。ある時ベネゼ（小ベネディクトの意）が羊番をしていたところ、突然幻を見た。そして次のような対話が交された。


もし、私に何をしろというのですか。

汝が見張り番をしている、汝が母の羊の群れを見捨ててもらいたいのだ。わがためにローヌ河に橋を架けるのだ。

もし、私はローヌなんて河は知りませんし、母の羊を見捨てる気もさらさらありません。

信じろと汝にいわなかったか。だから勇気を出して来るのだ。なぜなら汝の羊を見張るようにわしが心配してやるし、ローヌ河へ案内する道連れをつけてやる。

もし、金は三文しかありませんし、ローヌ河に架けろといっても橋の架け方なんかわかりません。

わしの教え通りにやれ。

大事業が始まるに当たり、民衆出の子供になみはずれたことを要求する幻が現われるのはこれが最初ではない。一二一二年の子供十字軍が幻によってひき起こされ、かのジャンヌ・ダルクの手によってついに仏国からイングランド人を追い払ったのと同工異曲である。下層の一少年が主導し、旅人を危険から守ることになる橋の建設をなしとげる伝説は、ベネゼの物語のほかにもまだある。アルルベルク峠の宿泊施設についてはいずれ取り上げる。

他の物語の主人公同様、ベネゼもはじめ使命に反抗する。彼はあえて自分の職業を捨てようとせず、ローヌ河も知らず、財産もない。この論拠は通用せず、天の声に服従しついに出発することになる。杖と旅嚢をもった巡礼姿の一天使が、彼の先に立って歩む。このイエス・キリストが橋を架ける現場まで、天使はベネゼを導きやり方を伝授する。ベネゼは河幅を見てしりごみし、橋を架けるなんてとうてい出来っこないと宣言するが、天使は彼を励まして聖霊の加護を確信させ、一艘の小舟を示す。それに乗って河を渡れ、アビニョンの町で司教と人びとの前に姿を現わすのだ。そこでベネゼは小舟の所へおもむき、《神と聖なるマリアへの愛のために》自分を町まで漕いで渡してくれ、そこで、ちょっと相談事があるのでと船人に頼む。ユダヤ人の渡し守は《河を渡してくれというなら大判二枚寄こすんだな。皆そうしとる》と答える。ベネゼは繰り返し《神と聖なるマリアへの愛のために》と頼みこむ。ユダヤ人は反論していう。《マリアなんぞと一緒に来るな。マリアは天でも地上でも何の力もないわい。おらはマリアの愛なんかより貨幣三枚の方が大事じゃ。おまけにマリアなんぞたんと居る》。ベネゼはこれを聞くと、貨幣を三枚渡す。例のユダヤ人はもう彼からしぼり取れないと見て金を受け取り、童を東岸に渡す。

このような対話は数世紀の間、何百万回も繰り返されたことだろう。《有難う》だけでは渡し守は食えず、まして家族を養うなんてとんでもない。おまけに二つの宗教の出会いが加わる。さまざまなマリアの間で、わが身を対処できぬユダヤ人の不信仰については、批判されていない。ただ〈しぼり取る〉の語だけには非難がこめられている。ベネゼは河を渡るのに現金を残らずはたかねばならないが、客観的に見れば、この渡し守はほんの僅かな貨幣を手に入れたにすぎない。

ベネゼは司教に向かい、イエス・キリストに遣わされた者と自己紹介して失笑を買う。司教区の役人の一人は《貧乏人の無一文め、神もペテロもパウロもカール大帝も、誰もやらなかった橋を架けるというのか》と彼を嘲笑する。ベネゼは志を翻すことなく、むしろ神明裁判に同意する。お前が司教の宮殿から巨大な石を運ぶことができたら、橋の建設もできると信じてやる、と相手はいうのである。司教と大群衆を目の前にして、《三〇人がかりでもその場から動かせなかった》石を取り、ベネゼはそれを高々とさし上げ、まるで掌中の石ころのごとく軽々とあしらい、将来橋脚となる場所に置いた。《これを見た者は一人残らず神のみ業は偉大で、何でも思いのままにできると感嘆した》。つい先ほど彼を馬鹿にした司教区の役人は考えを改め、かなりの金額を提供した。神は盲いの人に光を与え、耳の聞こえぬ人が聞こえ、足なえの人が歩けるようになる奇蹟によって、神の使者が正しいことを裏づけるのである。

アビニョン近くのローヌ河の架橋工事は実際に大胆な計画だった。神も聖人たちもカール大帝もやらなかったのに、なぜ架けようとするのか——との論拠はむげに退けることはできず、神みずからこの件に介入しない限り通用する。神明裁判は同時代人にとって司法制度以外にもおなじみである。イエスがかつてそうしたように、神はいつも超人的な力と奇蹟によって正しいと使者を認めた。克服できそうもなかった障害がこうして一掃された、と多くの文献は報告している。

中世のギルドは男も女も、俗人も聖職者も（後者はたいてい指導的立場になかった）含めたように、友人、保護者、支援者のサークルは兄弟団の形で組織された。教会や救貧院と同じように、橋梁の建設のため寄金、遺贈、遺言による処分を受け取る法人が作られた。橋の建設のため陸路水路を問わずアビニョンへ旅する人びと、当市を出立する人びとを動かした。建築現場へ傭われて行った職人たち、割り当てられた司教区の富者貧者のもとで神のみ心にかなう業のために浄財を集める人たち。彼らは戻って来るとまず財布を祭壇に供え、それから証人のいる所で数え、浄財募集人は割り前をもらう。暫くすると渡し船の所有者に金を払って片をつけるようになる。この橋は僅か一一年という記録的な早さで建設された。

一一八五年に完成したアビニョン橋はその大きさゆえに、かつまた——他の多くの橋と違い——石造りだったので、人びとに強い印象を与えた。ローヌ河上に二二のアーチがかかっていたが、一六六九年の洪水以来今では四つしか残っていない。橋の建設者ベネゼは教会によって列聖された数少ない平信徒の一人である。ベネゼは今日でもなお訪れることのできる《彼の》橋の上の礼拝堂に埋葬された。

⚜中世の交通法規

《王の道路は車が対抗車に場所を譲れるほどの幅とすべきこと。空車は荷を積んだ車のため、軽い荷を積んだ車は重荷を積んだ車のために道をあけるべし。騎馬の者は荷車のため、歩行者は騎馬の者のために道をあけるべし。ただし狭い道や橋上にいるか、騎馬の者、歩行者の後ろについた時は、この者らが通過できるよう荷車は止まるべし。はじめに橋に入った荷車は——空であろうと荷を積んでいようと——またはじめに横断すべし》。

まだ僅かな条文で間にあったが、ドイツで発布された最古の道路交通法規を見れば、人や物のひんぱんな通行が読み取れる。《優先交通権》をめぐるもめごとも含めて争いや、道路上の安全を脅かす恐れがない時も、拘束力のある規則が必要となった。この規則は十三世紀前葉アイケ・フォン・レプゴウが書き留めた、《ザクセン法鑑《シュピーゲル》》の中にある。大体が不文律として通用していたオストファーレンの法習慣をまとめたもので、裁判実務と法生活から取っている。この集成は二〇世紀まで影響を及ぼし続け、諺のようになっている条文が少なくない。冒頭に引用した箇所にすぐ続く条文にはこう述べられている。《はじめに水車に来た者はまたはじめに粉を碾《ひ》くべし》。ここではアイケの記録をザクセン大公国における実体を映す鏡として、かなり詳しく考察するとしよう。

後世の帝国道路や国道の先駆である《王の道路》と、〔ただの〕道をアイケは区別している。公道ないし軍用道路ともしばしば呼ばれる——王の道路は概して〔ただの〕道より幅が広かった。それどころかここには車は他車に道を譲るべし、との規範も定められている。だから道幅は少なくとも四メートル位はあっただろう。《道》と《道路》は往々同一物を表わしているので、両者の間に根本的な区別を期待してはならない。

旅人にとって道幅よりもっと重要なのは、道路の法的地位である。王や帝国の道路では《道路使用者》は特に保護されていた。ザクセン法鑑はこの点に関し実にはっきりと、古来《いついかなる時も》司祭と聖職者、少女と婦人ならびにユダヤ人の生命財産、さらに濠や垣に囲まれた教会の墓地か村落、鋤と水車、及び《水路と陸路を問わずすべての王の道路》は法律上特別な保護を受けるとしている。《これらすべては永続的な平和のもとにあり、平和はそこに（すなわち教会、墓地、水車、村）に入る者全員にも適用される》。人と場所に与えられた保護は、言葉と絵でしっかり書き留められている。平和を破った者は犯罪（人殺し、強姦、襲撃、強盗）の重さに応じ、斬首されたり車裂きの刑に処される定めである。

ザクセン法鑑は農民と旅人の利益を調整しようとはかっている。畑や草地で苦労する農民の利益が優先され、利用したいという旅人の願いは原則的には承認されるが、かなり制限されている。《耕されていない土地を車で通る者は、草地が垣で囲まれていない時は、賠償金なしでも構わない。……畑で動物に穀物を食わせる旅人は誰でも、その価値に応じ損害分を支払うこと》。耕作した畑に誤って入った者は車一台につき一ペニヒ、乗り手の人は半ペニヒ支払うべし。すでに種子が蒔かれた時には損害を弁償しなければならぬ。《そのために彼らの財産を差し押えることもできる》。不法に差し押えを拒む者は拘引され、少なくとも三シリング（羊一頭ないしライ麦一〇〇キロの対価）支払うべきこと。

このような対策のためにどんなに不愉快な思いをしたか、楽に思い浮かべることができる。捕まった人は、たぶん知らずに害を与えたのだろう、他国の事情にうとかったり、道の印しがなかったり良くなかったりしたために。ことによると土地の所有者が、〈不法侵入者〉を拘引し、彼から多額の身代金をしぼり取るためだけに、口実を探したのかも知れない。彼はおそらく一族の者に知らせる機会すら、囚われ人に与えなかったのだろう。

夜、疑う余地なく干し草や穀物を盗んだ者——ましてや盗品を運び去ろうとした者は生命を失うべし、とザクセン法鑑は明らかにしている。馬が《動かなくなってしまう》時だけ例外が認められる。その時旅人は《片足を道に立てたまま、手の届く限りの穀物を刈り、馬に食わせることが》許される。ただし穀物を運び去ってはならなかった。たとえば、旅人が大変けちで、朝、馬にきちんと餌をやらず、故意に《動かなくなる》ようにしたのではないか、と誰が決められようか。決疑論はなるほど懺悔と裁きの中で発展してきたが、しかし万一の場合を想定して拘束力のある規則を与えるのは、アイケの目標ではなかった。共同生活を楽にする大枠の条件を定めるのが、彼の関心事だった。

家畜に襲われた損害の責任も取り決めねばならなかった。このテーマについてのアイケの考えは今日に至るまで問題になっている。犬、牡豚や他の動物が誰かを襲ったり、咬みついたり、路上や畑でその人の家畜に咬みついたという理由で、その人が犬などを傷つけたり撃ち殺した時は、一つの前提に立って処罰もされず、賠償金を払わなくとも構わない。彼は聖遺物にかけて、自分は正当防衛をしたのであり、さもないと危険を免れなかったろうと誓わねばならないのである。鉄製の犬鎖は高価だったし、牡牛でも牡豚でも楽に押し込めておける鋼や電気の柵がなかったので、その脅威は今日より大きかった。所有者は自分の動物に対して責任がある。《たちの悪い犬、馴れた狼、鹿、熊、猿を飼う者は、これらがひき起こす損害に対して責任も負わねばならない》。

しかしながら一番ひどい損害をひき起こすのは、相変わらず人間だった。中世の官憲は発達した官僚機構もなく、一九世紀まで支配地はごちゃごちゃ入り組んでいたため、犯人を追跡したり犯罪に立ち向かうのが難しい事情もあったので、旅人はいつもその地域の当局に保護を願い出た。ザクセン法鑑はここでは旅人の側に立っている。《生命財産をあえて賭けようとする者は誰も、当然のことながら護衛料を払うのを免れる》。アイケの見解によれば、ここでは手数料が——従って税金と異なり、一定の仕事に対する補償としての納付金が問題となることは、以下に詳しく述べられる。護衛料を取る者は、彼の領内で被保護者を損害から守り、万一の損害に対して補償せねばならぬ。

これと関連してアイケは別の手数料に立ち入るが、この件はいつも怒りともめごとの種となる。橋税と渡し賃がそれである。冒頭にあげた引用の中で、彼は橋がたくさんあることを前提としている。さもなければ《優先規則》なんか余計ものとなってしまうだろう。当局はたいてい橋の建設、維持に欠かせない永続的な収入がなかったので、渡し船を営み橋を建設する権利を、賃貸ししたり、売ったり、贈ったりした。この権利の所有者が渡し船や橋の利用者から通行税を徴収したのだ。護衛料に反対したように、アイケは関税や税金のごとく扱われる強制的な川越えや橋渡しにも反対した。船も橋も利用しない車乗り、騎乗者、歩行者は、また支払わなくともよい。

アイケは渡し賃と橋税について報告している。荷をいっぱい積んだ車は空車の倍払う。渡し賃は橋税の倍でよろしい。橋税は歩行者四分の一ペニヒ、騎乗者半ペニヒ、荷を積んだ車は《往復で四ペニヒ》だったらしい。ちなみに、バター一ポンドは当時二ペニヒ、鶏一羽二、三ペニヒのようだ。

ザクセン法鑑によれば、司祭と騎士は渡し賃と橋税を免れていた由。何の特権であれ《下位特権者》の貪欲を刺激し、はじめは一定の階級の特権だったものが、だんだん多くの人に認められるようになる。たとえば橋と渡し船の特権が、僧や尼僧に、時には商人にも及んだ。橋税や渡し賃をごまかそうとする者は数倍支払わねばならなかった（これに反し市場税のごまかしは一定の金額で——豚六頭ないしライ麦一〇〇〇キロの対価、三〇シリング——で罰せられることを彼は知っている）。ことによると手数料のごまかしには司祭、僧、尼僧に化けた人びとをも想定していたかも知れない。

⚜宿泊施設

一四世紀初頭ハル近郊の岩塩鉱床が開発されたおかげで、標高一六〇〇メートルあまりのアルルベルク峠も人通りが盛んになった。東の聖ヤコブと西のシュトゥーベンという最後の休憩地の間が大変離れていたので、雪、雪崩、嵐、霧による人身事故が絶えなかった。救いをもたらしたのは教会や世俗の当局ではなく、修道会や平地の兄弟団でもなく、〈捨て児ハインリヒ〉だった。この人の物語は敬虔な聖人伝のように読むことができる。もっとも中世後期には伝説と現実が入り混っているのだが。下層の出の子供たちが幻に導かれ、信じられないような事業をやってのけるのである。

一人の捨て児がアルルベルク峠から遠からぬ城で豚飼いに傭われるが、このハインリヒは旅人の生きざまと死にざまを知る。一六四七年の印刷本にはこう書かれている。《アルルベルク峠で死んだ人がたくさん運ばれてきた。鳥に目をえぐられ、のどは食いちぎられていた。私こと捨て児のハインリヒはそれを見てひどく痛ましかった》。

ハインリヒは数年間給金をため、峠の頂きに宿の建設用地代として、一五グルデンの提供を申し出た。世人は冷たく彼に背を向けたので、彼はオーストリア大公レオポルドに願い出て――成功する。インスブルックからアルルベルク峠越えで、スイスのハプスブルク家の領地へ速く着くことができる。レオポルド大公はみずからの旅行体験から峠のことを知っていた。一三八五年大公は一通の公文書を出すよう命じ、その中で現に居る者、これから来る者全員に対し次のように知らせた。《幼年時代捨て児だったケンプテンのハインリヒと申す貧しき童》が余のもとに訪れ、アルルベルク峠に家を一軒建て、《そこに泊る貧しい異邦人のため》みずからそこで暮らしたい旨を、語った。人びとは峠で嵐や病気のため、もはや《以前のように死ぬことは》ないであろう。大公はこの企てを検討し、寛大にも下じもの者が《大事業に手を付けることを》認めた。それゆえ、大公はハインリヒに家の建築を許し、遠近に住む者すべて、とりわけ峠越えの人びとにこの企てを助けてやるように乞うた。彼はハインリヒをオーストリア官僚の特別の保護下に委ね、誰も彼を妨げたり害を加えてはならぬ、と命じたのである。

一三八六年の洗者ヨハネ祭の当日、六月二四日に礎石が置かれた。数年のうちに簡単な宿舎のほか、管理棟、礼拝堂、墓場が建った。本礼拝堂は旅人、渡し守、船乗り、遍歴者の守護聖人クリストフォルスの庇護のもとに置かれる。各地の病院や宿泊施設同様――後にアルルベルク峠に生まれた新たな組織によって制度上安泰なものとなったのである。それはハインリヒと彼の仲間に加わったザンクト・ガレンのウルリヒ某が、他日もはや任務を果たせなくなる場合に備え時宜をえた対策であった。聖クリストフォルス兄弟団と称する共同体がこの宿泊施設を支えることになり、兄弟団の者は《貧富の別なく泊まるみすぼらしい宿を》彼らの浄財で援助するよう要求された。礼拝堂の司祭たちは兄弟団の亡くなった兄弟や姉妹のためにミサをあげ、引き続き一八クロイツァーの対価として食事が振舞われる定めであった。

ローヌ河にかかる橋の金集めに使者が派遣されたように、ハインリヒと協力者もドイツ、イタリア、ハンガリー、ポーランド中を旅し、メンバーをつのり金や現物を集めた。礼拝堂には聖遺物が遺贈され、橋上の礼拝堂と同じく――そこへ訪れるのは特別な免罪と結びついていた。シュワーベンの帝国都市エスリンゲンはアルルベルク峠の宿泊施設への寄金を、《充分に支出した》といった由。兄弟団のメンバーは本に、名前、階級、紋章、楯、兜、素姓、生前と死後の負担金、追加義損金、入会日時が記入される。こうしてみごとな記録が生まれた。保存されている約四〇〇〇の紋章は、中世末期の最大、かつもっとも貴重なドイツの紋章集成である。

冬になると、ハインリヒとウルリヒは毎夕、手には火屋《ほや》のついた蠟燭と長い杖をもち、脚にはひもを張った丸いのやら卵形の木製かんじきをつけて、家から出て行く。その木製かんじきは皮やベルトで靴にしっかり固定されている。この《スノーラケット》は脚が緩んだ雪の中に沈むのを防ぐものなのである。それでもって雪の中に目印を描く。家の周りに大きな円が、それからもっと狭い円が描かれる。《われわれは誰だろうと〈みすぼらしい宿〉へ運び込み、ここから先へ旅を続けられるようになるまで施し物を与える》。彼らの活動の初年度にハインリヒとウルリヒは七名、最初の七年間に五〇名を死から救ったということである――七も五〇も〈聖なる〉数であり〈まるまる〉の数である。この援助活動にもかかわらず、どれほどの人が凍死し、転落死したか、文献はなに一つ触れていない。

後になると主人に特別な責任が与えられる。彼は旅人に道路情報をサービスし、彼らに安く（貧者にはただで）食物と飲物を提供することを義務づけられる。荒天の節にはいつも、冬は毎朝毎夕アヴェマリアの鐘が鳴る時刻に、召使いを連れて外へ出て行くよう要請される。彼らは葡萄酒とパンを携え、きまった所まで行って、そこから四度《誰か助けを必要としている人はいないか、大声を張りあげて叫ぶ》よう決められている。そして何か聞こえたり見たりすると、助けを求める人をできるだけ素早く宿へ伴ったり運び込み、《必要な気付けで（それは代金を取ったが、貧者は無料）さわやかにし、食物を与えてやる》。兄弟団の団長の認識によれば、主人が任務を果たさない時は《罰せられ》、必要なら《罷免される》定めである。最後に主人は毎年《かの荒涼たる地で起こった》重要なことは逐一、兄弟の長たるツアムスの司祭に口頭ないし書面で報告しなければならない。

聖クリストフォルス宿泊施設の運命には、いささかヨーロッパ史が映し出されている。アルルベルク峠の道と同じく、それは暫く見捨てられた時期もある。事故や戦争で幾度か焼け落ちたが、また再建された。今日でもアルルベルク峠に聖クリストフォルス兄弟団はある。中世の兄弟団ではまずオーストリア大公がメンバーの一人だったが、今日のには政界、経済界、社交界、教会、文化界の錚々たる顔ぶれがメンバーとなっている。

高山の旅

ヨーロッパでもっとも巨大で、多彩な形に富む高山、アルプス山脈は気候、植生、文化、住民の境界となっている。たいていの峠道は一九〇〇―二五〇〇メートルの高度にあるので、冬は通行困難となった。春の氾濫が起こるたびに水の流れは新たに、がれや茂みにさえぎられ沼と化した河谷の間を縫って進んだ。だから人はほかの谷と同様に、谷底の上部にあって斜面に沿って通じ、大体が乗物に適さぬ実に険しい、ほとんど人跡未踏の小径を歩いた。毎年なだれが起きるので、道の作りがいがなかった。小径が土砂の下敷きになったり、ふさがれたりすると、翌春は別の道を選んだ。商人は途中それを見て驚いただろうが、大きな石崩れのさい、スイスのエアストフェルト村で金の財宝と、装飾豊かな首輪四つと腕輪三つが見つかった。

文献記事と地図の調査結果の共通点を見つけ出すことは難しい。フランスからスペインへ行く、ドイツからイタリアへ行く旅人の前に、ピレネー山脈とアルプス山脈は横桁《よこけた》を張ったように立ちはだかった。にもかかわらずアルプス越えはしばしば改めていうに及ばぬ、ありふれた事のように述べられている。反面アインハルトは《カール大帝と部下のフランク人が道なき尾根、天にそびえる岩、でこぼこ石を越えて進軍した時》、彼らがランゴバルド人を相手にした戦争でなめた艱難辛苦を、いささか取り上げている。

せいぜい初期のそれらしきものにせよ、平地では道標が見つかるが、高山にはなかった。土地の住民には必要なかったし、地域を越えた支配者には道標を建て、それを維持する金も興味もなかった。土地に明るい旅人が後から来る人が迷ったり、凍死したりしないように——現在でも山の中で見かけるような——四つの石を小ピラミッド状に築き上げるのは、すでに慈善事業を意味した。というのも旅人はここでは他所よりずっと危険にさらされ、土地と天候に明るい案内人を頼りにしたからである。一五〇〇メートル以上の地帯になると、なだれや野獣のほかに、急に寒くなる天候の激変、霧、嵐、あられ、雪に脅かされた。靴が悪ければ悪いほど、足掛りはますます悪くなった。そぐわぬ服装は冷えすぎや手足の凍傷を招いた。

自然はアルプスでも敵となるだけではない。概して飲み水はたっぷりあり、かなりの高地でさえ焼けつくような陽光をさえぎる木陰が見つかろう。そのわけは、中央アルプスでは今日森林の限界は一四〇〇—二〇〇〇メートル、樹木の限界は二一〇〇—二二五〇メートルの高度にあるからである。アルプスは位置によって通行の味方とも敵ともなり、人の住むのに適したり、はねつけたりする。中世盛期になって峠の通行の重要性が増すにつれ、ここでも新たな土地利用が促される。中央アルプスでは穀物栽培によってともかく一五〇〇メートル（ほかでは一二〇〇メートル以上は稀）の高地でも、永続的な入植が可能となる。入植も通行も山奥にある魚の多いアルプス湖の恩恵を蒙り、湖は湖辺の人びとに有利な条件を提供する。マジョーレ湖とガルダ湖は今日では、北から南へ約五〇キロ（以前は両方とももっと山奥まで達していた）延びている。小船に乗れば、陸路なら数日かかる距離を、一日で悠々と進むことができる。骨の折れる峠の登りの前に、最後に食卓の楽しみを味わったり、やっとのことで旅の一番の難所を越えた旅人には快い環境で休むよう、まるで自然が旅人を招待してくれるようである。

アルプス山中で土地を開墾しようとする人びとは、よその地の入植者よりもっと控え目にならねばならない。概して彼らから高い税は期待できない。自然に制約された散居と土地柄のせいで、山の住人たちは手なずけにくかった。彼らに何か要求する時は、肥沃な平野に住む人びとに対するよりずっと好意的な態度で臨まねばならなかった。彼らを敵にまわしたら困ったことになる。土地に明るく、鍛えた身体をもった優れた山の男たちと事を構えざるをえなくなる。彼らときたらどんな隠れ場でも心得ており、不案内な者をあっという間に待伏せ場所へ誘い込んだのだから。カール大帝の軍勢の後衛はそういう目に合った。ローランの歌はこの敗北をくまなく描いている。重苦しい暗黒の峡谷を目の当りにした不快感は、ピレネー山中の旅人にだけ忍び寄るものではないだろう。《山々は高く、谷は深く、岩は薄暗く、峡谷は不気味である。その日フランクの男たちは大きな苦しみを抱いて、それらを通り過ぎた。彼らがガスコーニュを眺めた時、娘や気高い妻のことを思い出した。感動のあまり涙しなかった者は一人としてなかった》。

見通しのきかない地形は悪の一味に幸いした。九、一〇世紀サラセン人はフランスの海沿いのアルプス、フラクシネトゥムに橋頭堡を築き、ここからローヌの谷間やブルゴーニュ地方を襲い、略奪し、火を放ち、人を殺した。九八二年大サン・ベルナール峠にあるクリューニー派のマジョルー修道院の院長を支配下においた時、彼らの企てはものの見事に成功したのである。一二四〇年皇帝フリードリヒ二世が、後のスイス連邦原始三州の一つ、シュヴィーツの谷の全住民を、皇帝と帝国の特別の保護下においたのは偶然ではない。ドイツ諸王にとってこの地は、通過地としてきわめて大きな意味をもっていたのである。

多くの人びとがアルプス越えの旅をしたので、サービス業が生まれた。しかし、それがいつごろから強固な組織になったのかわからない。品物——当初はたいてい高価な物——を特別な道具にのせて運ぶ、地理と道に明るい運び人足がいた。ことによると人も駕篭に乗せ山越えしたかも知れない。往来が激しくなるにつれて、ますます旅人のために金のかかる援助をはじめる口実がつくようになる。というのも、平地と違い高山では風雪をしのぐ宿は即、生きのびる問題につながるからである。ローマ時代国立の宿が設けられたが、その幾つかはカロリング朝時代になってもおそらく維持された。《個人的な》旅人たち——巡礼、商人、遍歴の騎士——にも最低限の安全と援助を提供するために、中世では峠の麓に修道院が、峠の下には（一一世紀以後は一番高い所に）宿泊施設が建てられた。修道院や宿泊施設は旅人が一日の行程のうちに、峠を目の前にした時は最後の宿を、峠を越えた時は最初の宿を見つけるよう、できるだけそのように建てられた。ゴタールのロイス河がウルゼレンの谷に注ぐあたりに、ホスペンタール（宿の谷、一四八四メートル）といういかにもその性格を表わす名をもった場所がある。そこからさしたる難儀もなしにゴタール峠（二〇九五メートル）を越えて、一日でアイロロ（一一五〇メートル）へ行けた。山地の登り、下りでたっぷり一五〇〇メートルは克服しなければならなかったが、うち一〇〇〇メートルほどはもっぱら骨の折れる険しい下りだった。ディゼンティス修道院は八世紀に前部ライン河と中央ライン河の合流点で、幾つかの峠、なかでもベリンツォーナ市やイタリアに通じるルクマニール峠の麓に建てられた。このような家の設備にも人間の能力の限界を考慮したことが、ディゼンティス修道院からもわかる。旅人にとって、峠の相対的な高さ、つまり最後の段階で克服せねばならぬ標高差の方が絶対的高さより大事だった。ディゼンティス修道院（一一四三メートル）で一息入れると、ルクマニール峠（一九一六メートル）まであと《僅か》七七〇メートルを克服しなければならないのである。

ブレンナーはもっとも重要なアルプスの峠道の一つである。ここは標高僅か一三七一メートル、冬でもまあまあ通行できる。ローマ時代この峠にまず荷馬用の小道が作られ、一九五年から二一五年にかけてエッチュ河の谷からアウクスブルクまで軍用道路が建設された。民族大移動の時代、ブレンナー峠がゲルマンの侵入者たちにとって、主な突破口の一つとなったことは、いかにも良い道路と楽に通れる峠のもつプラスとマイナスの性格を示している。南チロルにはゲルマン人がたえず移住してきた。そのため今日ではロマンス語ゲルマン語の境界線は、ブレンナー峠のはるか下、ボーツェン市の南を走っている。

フランク人は安全なアルプスの峠道に関心があったので、早くから（五七五年）アオスタ谷口からの南側のアルプス登山道とともに、スニ山と大サン・ベルナール峠を、自己の領地とした。歴代のドイツの王や皇帝はイタリア遠征に当って、ブレンナー峠とグラウビュンデン州の幾つかの峠（ユーリアー峠、二二八四メートル、ゼプティマー峠、二三一〇メートル、クールのライン谷やキアヴェンナと、コモの間にある）を好んだ。迅速に前進し、しかも途中で物資補給の困難という危険を冒したくなかったら――大軍はさまざまな街道や峠を通ってアルプス越えしなくてはならない。

中世も後期になってやっと、二、三の領主たちは千有余年も昔ローマ人がしたように、またアルプス街道の拡張に努力するようになった。商人たちから期待できる高い税収に心を動かされたのだ。一二〇〇年ごろゴタール峠を広げることになるシェレネン峡谷中の一本の細道、一三一四年のブレンナー峠のアイザック峡谷を通る道の拡張、一三八七年のゼプティマー峠の荷車道の建設、これらはいずれも人工建造物の一つだった。わずかな例外を除き、中世末までアルプスの峠は荷物の運び人と荷馬しか通ることができなかった。

谷も通行するようになった。谷の特に狭くなった所では楽に旅人の監視ができ、外国軍の侵入を食い止めることができた。八世紀ランゴバルド人は教皇とフランク人の間の往来を、アルプスの谷の出口で阻止し、ポー平野に入れないようにした。そこで使者たちはティレニア海の方を選んだ。たかが一つの道をふさがれても、確かにたくさんある他の峠をどれか選ぶことはできた。しかし、回り道による時間の損失はいうに及ばず、これらはたいがい不便で、もっと高地にあった。ハインリヒ四世と七世は一〇七七年冬と一三一〇年秋、スニ山を越えてイタリアへ進軍することを余儀なくされた。何といってもこの山は標高二〇八四メートルで、ブレンナー峠より七〇〇メートルも高かった。

多くの旅人は途中不安にかられ、冬が来ぬ間に山越えできるかと自問した。ボニファティウスは第一次ローマ詣ででではまだ《ちょうどいい時、雪のアルプスの頂きを》後にすることができた。数十年後ユダヤ人商人イザークは一〇月に貴重な象を使ってのアルプス越えをあえてしなかった。冬でさえ象を使ってアルプスを通行できたことは、優に千年以上前（紀元前二一八年）ハンニバルが実証している。

歴史上の《おえら方》は供の者どもを引き具して旅をする。彼らにはいつも一番いい援助と、地理に明るい案内人を利用する手段があった。《下じもの者》は文献中でめったに話題にならない。彼らが転落死し、凍死や餓死したところで、年代記作家は大体そんな事を記録にとどめようという気にはならない。せいぜい雪融けの後で遺骸を墓場に葬り、永久《とわ》の休息につくよう祈ってやった位である。

劇的なアルプス越えを伝えているのは、ヘアスフェルトのラムペルトである。皇帝ハインリヒ四世は一〇七六年秋、彼が破門になった記念すべき日、一〇七七年二月一五日までに教皇の破門を解いてもらうか、支配権を失うかの瀬戸際に立たされていた。一〇七七年二月二日反対側の諸侯たちは、ハインリヒと対立する教皇グレゴリウス七世を、アウクスブルクへ招いた。ハインリヒは意表をつく行動によって教皇の機先を制しようと、冬のアルプス越えをし、教皇にまみえようとするのである。皇帝ハインリヒに敵意を抱く大物連が《彼からいかなるアルプス越えの機会をも奪うべく、イタリアへ通じるすべての道と、巷間狭間《はざま》と称する峠を前もって警備兵によってふさいだ》と、皇帝は小耳にはさんだ。そこで彼はブルゴーニュに行けば縁者を頼れるからと、西側のルートを取ろうと決心した。

《冬はことのほか厳しかった。山脈はとてつもなく延々と続き、頂きは雲を突き抜けんばかり、その山脈の上を道は走っていた。山脈は恐ろしいほどの雪と氷に覆われていたので、滑る急斜面の下り道、騎士も徒歩の者も危険なしには一歩も進めなかった》。

ハインリヒには不可能を可能にするしか手はなかった。皇帝をあまり快く思わぬ年代記作家ランムペルトも、彼に称讃を惜しまない。彼は損害の大きい困難な旅を、特に急斜面での危険をこまごまと述べている。ハインリヒは地理に明るく山を知りつくした土地者を傭い、彼らには皇帝のお供の者どもに先立って岩や雪原を越えさせ、後続の者にどんな事でもできるだけの援助をするように命じた。

《一行は土地者の案内によりひどく難儀しつつも山の頂きにたどり着いたが、それから先へ進むことができなかった。なぜなら山の急斜面は上述のごとく、冷い氷によって大変滑りやすくなっていたので、ここでは下りはまったく不可能のように見えた。そこで男たちはあらゆる危険を自分らの体力で克服しようとした。ある時は四つんばいになって這って進み、またある時は案内人の肩にすがり、足を滑らせてころび、かなり滑り落ちたことも間々あった。しかしながら一行は大きな生命の危険を冒してついに平地にたどり着いたのであった》。

年代記作家はお妃も皇帝と苦難をともに分け合わねばならなかった、と述べている。スニ山の下りで《帝妃と従者の他の夫人たちは》牛の皮に乗せられ、一行の先達の案内人たちがそのまま下へ引っぱって行った。馬も大損害を受けねばならなかった。馬は《ある種の装備の助けをかりて》下へ降ろされるものもあり、脚を縛って引きずり下ろされるものもあった。そのさい多くの馬が死んだり重傷を負い、《ごく僅かしか無傷で無事危険を脱することができなかった》。ラムペルトは年代記中で馬の方に夫人たちよりずっと多く紙面をさいているのが特徴である。馬の災難に多言を費すのは尋常でない。

カノッサでハインリヒは――おそらく一〇七七年一月二八日――破門を解かれる。彼はその後なお二九年間統治を続けた。カノッサへの本来の贖罪行は、現代まできわめて有名な中世の《旅》の一つとなるだろう。当地でハインリヒが粗布をまとい灰をかぶって雪の中を数日間立ちつくしたというのは、もちろん伝説である。これに反しラムペルトは冬のアルプス越えという現実を描いている。どうしても冬に高山の山越えをせざるをえない人は、ハインリヒ四世やその従者と似たような体験をしたことだろう。いや、皇帝のような僅かな人しか当時可能な援助を求めることができなかったので、むしろもっとひどい体験だったろう。

改革

文明と技術の成果は古代後期、中世初期にほとんど失われてしまった。新しい君主たちが《素朴な生活》に慣れ、水道、完全な下水道、デラックスな浴場、床暖房に関心を失ったからである。

とりわけ鉄加工、馬の飼育、船の建造という三つの領域で発達した中世独自の技術も、破滅に瀕していた。前者の二つは戦争で相当大きな効果を狙ったものだし、後者は富を増すのに役立った。総じて中世は進歩に対しお世辞にも好意的とはいえなかった。確かに開墾作業では、《地を従わせよ》という創世記の命令に文字通り従った。新しいものは往々誘惑と見なされた。新しいものに取り組めば考えを変えるよう強いられ、乞食の群れがどんなに働いても、その語の真の意味での貧困から抜け出せなかった世界で、仕事場を失いかねなかった。無限にただの労働力を調達できた大土地所有者は、技術革新に対して無関心の態度をとった。一二、三世紀になって労働力が乏しくなると、新しいものに心を開く気運が生まれた。

二人の司教の伝記を読めば、相反する立場が明らかになる。皇帝オットー大帝の弟で、ケルン大司教ブルーン（在位九五三―六五年）伝には、その昔ギリシア人はいつも新しいものを聞き、考案しようとした由、といかにも見下したように書かれている。ヒルデスハイム司教ベルンワルト（在位九九三―一〇二二年）伝中の言葉はそれとはまったく違った響きをもっている。《宮廷に参ったり、長途の旅に出る時、彼は常に並み以上の能力のある従者をお供に連れた。彼らは何らかの技術の分野で目についた貴重なことを、すべて厳密に研究しなければならなかった》。ことによるとベルンワルト自身が軽蔑された《機械技術》に手を染めたり、彼の技術者や職人たちが金属加工の画期的な改革ないし再発見に成功したとしても、格別不思議ではない。ヒルデスハイムの大聖堂正面玄関やベルンワルト円柱を見れば、上述の司教が作った仕事場では、古代以来二度とお目にかからなかった記念碑的な、青銅の鋳造技術をマスターしていたことは明らかである。一般に指導者層が新しいものに対してこのような関心を示したら、ヨーロッパの経済、技術、社会の発展はずっと早まったろう――もっともそれがヨーロッパと人類の利益となるかどうかはさておくが。

技術革新の導入の速い遅いの問題は、どんな尺度で計ったらいいのだろう。ヨーロッパ内の視点から見れば――手工業者の同業組合が新しいものに抵抗したにせよ、古代の権威にはかなわないとわかったにせよ――万事確かに発展したのに受け継がれなかった、と繰り返し断言できるだろう。ルネッサンス時代の個々の改革だけを視野に入れ、これらの変化を可能にした発展を視野に入れようとしないなら、歴史的な発展というものを不当に短縮することになるだろう。

中世で収めた少なからぬ成果についてはすでにあげた。ここでは見出し語風に繰り返すとしよう。それ以外のものはもっと厳密に考察すべきである。陸の旅では、引き続き馬の飼育。生理的技術的にふさわしい馬車用具（首輪はおそらく紀元前四世紀シナで発達したものだろう）の引き継ぎ、この結果馬は全力を出して引っぱることができ、下り道ではブレーキをかけることもできた。それと並行して有効なブレーキの発達。あぶみ（以前は運動神経の発達した若い人だけ有利だった）、蹄鉄（長距離でも馬に付けられ、氷道でも山道でもより確実な速足で駆けることができる）、クッションの利いた鞍（人馬に適したものなら、騎行は安全で楽になる）などの、旅をさらに便利にし安全にする補助具の発達ないし継承。動く前車輪（用具の磨滅はへり、脂の切れた軸の神経をいらだたせるきいきいいう音は和らげられる）と革ひもに吊られた車体（道路の衝撃の吸収と、婦女子や老人、病人の旅が快適になるように）の（再）発見。

海の旅。少ない船乗りで大勢の客や大量の荷物を長距離輸送できる航行に適した船の発達のために、二つの前提が必要だった。それは逆風でも横断できるよう一定の物理法則を直観的に身につけておくこと、それに加えて最少の人手を使って最大の安全性と速度の出せる幾つかのマストと帆を備えた船の建造だった。羅針儀と艫《とも》の舵はたぶんシナで発明され、一二、三世紀以来ヨーロッパに入ってきたものだろう。信頼できる時計（歯車時計は一三世紀末よりあった）、同じく船の位置を決定するのに適した道具も発達した。船底にたまった汚水を汲み出すのに用いる能力の高い螺旋ポンプが発達したのは、ひょっとすると古代の知識と、鉱山で威力を発揮した道具を受け継いだせいかも知れない。

ある技術上の成果について文献や図版で最初に触れたものには、その実際の広がり方は何一つ書かれていない。一つないし数個の軸の周りを回る懸垂式の艫の舵は、わずかな力で確実な舵取りを可能にするものだが、ヨーロッパでは一一世紀以来知られていた。それは各地で一五世紀初頭にはまだ《改革》と見なされていた。

地球を円盤や球と理解できるのかという世界像に関しては、古代の地理学者、キリスト教著作家と対決してきた。球状と決定した時だけ、西の方インドへの帆走が可能だった。この問題を討議すれば啓示宗教の牧者との摩擦を招いた。信仰の放棄できぬ本質とは何かについて、中世では今日と考え方が違っていた。中心となる信仰上の真実を揺るがす者は、異端審問に触れることもあった。審判の果てに待っているのは往々にして薪の山であった。なるほどスコラ学以降権威者の間にも反論を期待できたが、しかし世界像に関してはテーゼとアンチテーゼから総合へと熟考の後、その反論も聞き入れられる、ということは決して認められていなかった。――実験は権威に対してはごく徐々にしか重みをもたなかった。技術の改革とまったく同様、知識の広まりも重要だった。莫大な数にのぼる中世の旅に比して、旅行記はわずかしか残っていない。その知識が他人の役に立つものなら、旅行記は書き写されたり、また――中世末期なら――印刷されてしかるべきだった。古代と中世には地図もあり、その読み方の心得のある者には大きな助けとなった。大聖堂建立のさい、石工、左官屋に図面という形で援助した時、エルサレム巡礼が聖母教会の正確な図面を描いた時、その限りでは旅人も自明なように、記憶をたよりとした見取り図作りに参加したことだろう。まずその方向に進んで……それから振り返って……ここでは……の方へ行くこと……そしたら……が見えるだろう、といった具合に。良い地図は利用され、手垢がつくほど使い古され、そしてなくなる。実用地図があったことは大いにありうることである。図書館に保存されてわれわれに伝えられた地図では、救済史の中心であるエルサレムが中心点となっている。聖地の周りに当時知られていたヨーロッパ、アジア、アフリカの三大陸が、T字状にグループをなしていた。このような地図が存在するこ

ローマに通じる道であり，マイル毎に点で表わされており，ドイツ中の町がのっている》と書かれている．ブレーメンとミンデン間には10の，リーベとフレンスブルク間には9の点が記されている．直線距離にして87対75キロは，ほぼ10対9になる．だからこの点表示は旅人にとって有益な助けとなった．地図の左端には北緯が41°から58°まで記入され，右端にはこの緯度の大体の日照時間が記されている．最後に地図の下には特に中央に描かれた《羅針儀》の使い方が示されている．

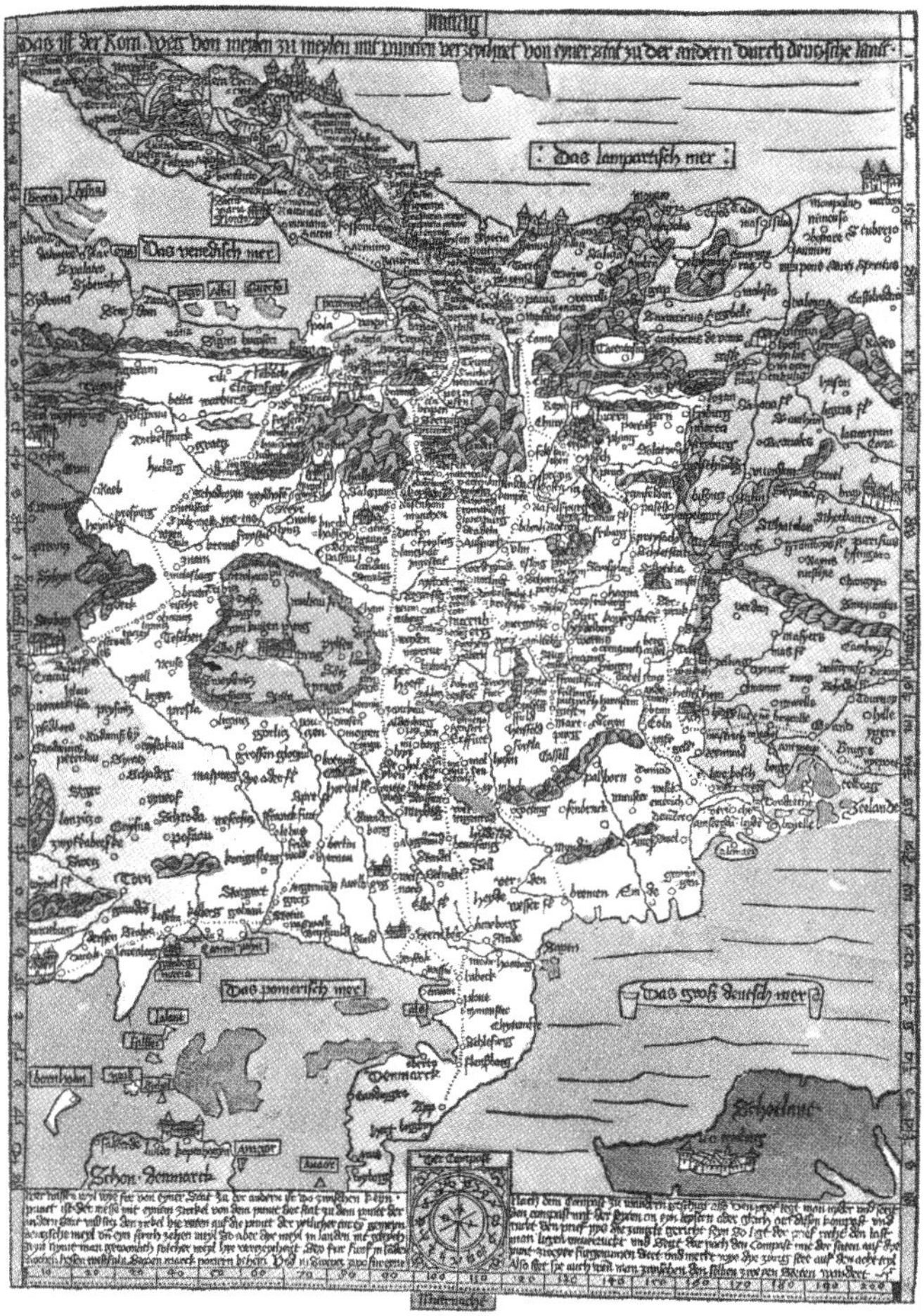

ハーラルト・エッツラウプ作のローマ行きの地図　（ニュルンベルク，1502年）．エッツラウプは現代の道路地図の先駆ともいうべきルート地図の画期的な製作者だった．この地図は《南向き》になっている．上にローマと《ティレニア海》，下に《デンマーク》が見える．重要な河，山脈（たとえばボヘミア盆地に注意されたし）と峠が記入されている．ビュンドナー峠（クール＝コモ間）とブレンナー峠（インスブルック＝ボーツェン間）は太い線で表わされているのは，おそらく苦労せずアルプス越えできるのを暗示しようとするものだろう．この地図の天飾りには《これは

とは、他の場所や、大きさ、位置、海岸線の状況に関する知識を補足できるという限りで利点だった。もっともそんな校正の機会は速かには訪れなかったが。それでも中世の末ごろにはローマ巡礼用地図とか地中海の船乗り用の海図とか、特殊な目的をもった地図を手にすることができた。前者には巡礼にとって重要な都市、河、山脈が記されている。後者は船の舷側から特徴のある陸標や海岸線を知らなくてはならぬ、船乗りのニーズに合わせている。

地球上の探検

古代の旅人と学者の知識を、中世人は書き写し、翻訳し、注を付けた。古代の権威は中世の研究者にとって障害となることがよくあった。新しい知識がヘロドトスやプリニウスなどを引き合いに出して不可能だと片づけられたり、権威に合わせるあまり記事と観察に食い違いが出てくるようになるからだ。独自の知識の限界というものは概して明らかにされず、豊かにふくらんでゆく空想によって覆い隠されてしまうのである。今日でも学問的な地図帖で、不確かなデータに疑問符をつけるのは当り前ではない。

西暦紀元前四世紀アレクサンダー大王は、インド遠征にさいし大勢の学者を供に連れた。彼らの書いたものは数世紀たつうちほとんど失われてしまったが、秘密にみちた豊かな国のイメージはおぼろげながら、童話風にアレクサンダー物語の中に取り入れられている。それどころかアレクサンダー大王なら空中や海底に旅することができた、と信じられた。こういう物語のおかげで好奇心、探究心、利潤追求の念が目覚めた。中世の絵から判断すれば、アレクサンダーは〈千夜一夜物語〉ではありふれている魔術、かのファウスト博士も操った魔術とはまったく無縁だった。彼は魔法の指輪とかおまじないは使わず、一部は実現できる納得のゆく手段を使った。つまり、数羽の巨鳥が籠の中の大王を空中高く吊り上げ、樽の中に座ったまま大王は海底深く沈められたのである。その点アレクサンダー物語はルネッサンス人が考案し、やってのけた発明を先取りしている。物語や童話の中にも世界各地の発見のプログラムは、潜在的に隠されている。

地球上の探検をしようと、数千年にわたり人は命と健康と自由を賭けてきた。中世で地球を探検した男どもは誰だったか。何が彼らを異郷の旅へと駆り立てたのか。目的を持たず研究し知識をえようとしても、古代ギリシアにも劣る役割しか演じなかった。たとえばリュブリキ、マルコ・ポーロ、バットゥータのごとき——旅人たちはキリスト教徒もイスラム教徒も共通して、異国に対して心を大きく開き、人びとと国々を注意深く観察しようとする貪欲なまでの好奇心をもっていた。進んで新しいものを受け入れようとするのは、もしかするとキリスト教徒・イスラム教徒の教養階級が受け継いだ古代の遺産の一つかも知れない。

ほとんどの旅には具体的な任務が隠されている。その中心となるのは福音の宣教で、キリスト教の伝道師たちはイエスの使命に従い、おそらく一世紀には早くもインドへ、七世紀にはシナへ、一一世紀にはグリーンランドへ福音を伝えた。ボニファティウスもリュブリキも、長い宣教の旅体験を後世に残すべく、暇と労を惜しまなかった伝道師の一人である。

住みつく所が足らなかったという事情が、ヴァイキングの旅のきっかけとなったものだろう。彼らは九、一〇世紀アイスランド、グリーンランドと二、三の北米海岸地帯を発見し、移住することによって、古代の成果を越えて視野を拡げた。

商人たちは利潤追求のため、新市場を開拓し、新しい商品を知ろうとした。ギリシア＝ローマの著作家の知識が、イスラム教布教のさいインドを知ったアラビア人たちの役に立った。西欧中世の著作家たちは古代地理学者のひそみにならい、《インド》をたいていはインドの亜大陸および、東南アジア、シナを含む東アジアと解した。インドにあると思われ、実際にある富のことは、一三世紀末マルコ・ポーロによってヨーロッパ中に知らぬ者がなくなった。

発見の旅に数えられるべき旅でも、政治的理由から企てられた旅も少なくない。カルピーニとリュブリキはモンゴル人をキリスト教化し、トルコ人に対する同盟者にできる可能性を探るように命じられた。近東のヴェールをはぐのに非常に役立った十字軍には、宗教的・経済的・軍事的動機がからみ合っていた。それを手に入れようと今日まで激戦を繰り返している通過地、そして交通地理上最大のターンテーブルであるレバント地方を、十字軍士は知った。ここで黒海、シナ、インド、エチオピア、地中海圏西部からの通商路が交差した。

偶然のいたずらで発見の旅になることも時にはあった。一五世紀末ごろ、遥かな西部めざし楽にアフリカを周航するため、帆を張り出し輪を描いてアフリカ南端に向け、針路を取らねばならぬことは知られていた。一五〇〇年カブラルはこのような旅で、あまりにも向きを変えすぎてしまった。彼は南米海岸のバイア゠ペルナムブーコ間に心ならずも上陸した。発見者たちの成功を説明するのに、地理的な要素だけでは充分でないことを、上の例は示している。一四二七年ポルトガルの連中はリスボンと同じ緯度上、ポルトガルから約二〇〇〇キロの大西洋上で、アゾレス諸島を発見した。しかし、彼らは風と潮流次第では、アメリカを発見していたに違いない。

スペイン人が新大陸へ一番乗りしたのは、一五世紀末スペインで有利な要素が幾つか重なったことによる。つまり、一四九二年のグラナダ征服でムーア人相手の戦争の荷が軽くなったり、さらに大学教授の目から見れば、はなから焚刑ものの計画にも進んで物質的精神的に支援しようとする気運であり、最後にあげるのは理論の正しさを改めて調べようとする個人の大胆さ、自意識、経験、伝道師的熱意、利潤追求心である。彼らはどんどん西に向かって帆船を進めれば、アラビア人にさえぎられぬインドへの、すなわち東部への近道を発見できると確信していたのである。

中世の多くの探検の旅、ひょっとするとそのほとんどをわれわれは知らない。原生林で身を滅ぼし、砂嵐で窒息し、海や河で溺れ、病に倒れ、砂漠や海上で渇きのために死に、多くの旅人が行方不明となった。成功すれば――今日発見の旅として大きな評価を受けたに違いない旅が、人殺しのため途中で打ち切られたことも少なくなかったろう。アイスランド・サガの中では、誰某が海の旅へ出たが、もはや彼の消息を聞かない、と繰り返し出てくる。一五二一年マゼランは最初の世界周航で、先住民と戦い生命を落とした。

中世ではたいていの人が読み書きできなかったので、旅行記も多くは口づてで伝えられるにすぎなかった。自分の経済的成功を描いた文献を競争相手にかぎつけられぬよう、おそらくわざと書かなかったのかも知れない。多くの知識は時とともに漏れて知れ渡ったのだろう。ことによれば、ますます童話的要素に飾り立てられ――口から口へと伝えられて。数世紀の間浮かんでは消えた、婦人の支配する国という考えのために、世界最大の河の一つを〈アマゾン〉と名づけたほどだった。

西暦二世紀、ローマ帝国の全盛期に、さるローマの知識人は世界の次のような地域を知っていた。地中海圏全域、ほぼビスワ河に至るヨーロッパ大陸に、イギリス諸島北西部を加えた地域である。ケーニヒスベルクからカスピ海北岸を結ぶ想定線の彼方の部分は、かなり闇の中に消えてしまった。東方ではアラビア半島の大部分、インドの海岸圏、マラッカ半島にスマトラの幾つかの地方、赤道北のインド洋もある程度知っていた。南東部、南部、南西部ではソマリア半島、ナイルの谷の上部にアビシニア、北アフリカの海岸圏奥深くまでとアフリカ西海岸であった。

続く千年間は、ヨーロッパから見れば視野の拡大にはあまり役立たなかった。七世紀以来アジア、アフリカへの立ち入りは難しくなった。ヨーロッパでは自国の植民と開発に没頭し、キリスト教世界の外の国々にはあまり関心を示さなかった。一〇〇〇年ごろまでに関心のあるヨーロッパ人は、北部、北西部でスカンジナヴィア、アイスランド、グリーンランド、北米北東海岸を、東部ではウラル山脈までのロシアを知るようになる。

中世盛期になると、カルピーニ、リュブリキ、マルコ・ポーロの旅行記のおかげもあって、視野が広くなる。アフリカ内部、アラビア、インドの奥深い地方について、イスラム側の学者、商人、旅人のえた数多くの情報は、徐々にキリスト教世界にも流れ込んできた。そのさい情報源から遠ざかれば遠ざかるほど、ますます童話的色彩が濃くなることがしばしばだった。一四世紀半ばのペスト大流行も探検熱を一時的に冷やしたにすぎず、一四世紀後半からなかんずく一五世紀になって、世界像が飛躍的に拡大することになった。それは最初ポルトガル人の、次いでスペイン人、英国人、フランス人、オランダ人、ドイツ人の功績によるものである。ポルトガルの旅人たちは二、三〇年にして岬から岬へとアフリカ海岸を探り、その後一四九七年から九九年にかけてインド航路を確認した。コロンブスは西へ西へとインドへの道を探し、一四九二年《西インド》諸島という新世界に到達した。一五〇〇年ごろには中央アメリカ、南米の北東部海岸の諸地方と、アフリカ回りのインド航路が知られるようになった。

別れ、到着と帰郷

飢えと渇き、炎暑と寒気、疲れ、病気、そして死——中世では誰もがこういった危険に脅かされていることを自覚していた。ましてや旅人は幾層倍もそうだった！　かなりの長旅を企てる人は死を覚悟した。早手まわしに作った遺書の中で、ミサを上げてもらうこと、讃美歌を歌い、乞食に食物をふるまい、病人の面倒を見ること、宿無しを泊めてやること、遠くの巡礼地へ巡礼を送ることと、みずからの魂の救済のために、やってもらう行事の手筈もととのえた。旅人は家を整頓し、けんか別れした者を和解させ、非行に走りそうな者には平和が一番と諭した。彼は留守中の代理人をきめ、路銀、衣類、紹介状を揃えた。自分の手でできることをやり終えたら、今度は神ともろもろの聖人に援助を乞うた。彼は教会を訪れたり、親類知己に道中の無事を祈ってもらったりしたが、権力者たちは領内の修道院の祈りに身を委ねた。

文献にはしばしば代願のことが出てくるが、それはこの手の文献はたいてい聖職者によって書かれたからという事情だけでなく、おそらく道中で日々新たに体験する孤独感と脅迫感を埋め合せできたことにもよるだろう。人びとは望み、祈る人間と、代願する聖人の大きな共同体に、自分が組み込まれていると思った。修道士たちは旅立ちの前に仲間の修道士たちや院長に祈ってもらうよう、また修道院内の人びとは留守中のすべての修道士たちのことを日々忘れぬようにと、ベネディクトは命じている。ボッカチオは旅立ちの前、毎朝聖ジュリアンに暇乞いをする陽気な商人を描いている。コロンブスはどの筆も筆下ろしの時はまず、《イエスとマリア、道中のわれらとともにあれ》といういざという時の祈りを、《書き慣れる》ようにするのが癖だった。第一次アメリカ航海のさいはそれどころではなかった。彼は旗艦を聖母の特別の保護のもとにおき、〈サンタ・マリア号〉と名づけた。ヴァスコ・ダ・ガマは第一次インド航海では旗艦〈サン・ガブリエル号〉に乗って行ったが、大天使ラファエルは旅人の守護聖人として崇拝されていた。

数世紀たつうちに、自発的な祈りは定まった祈禱形式となり、独自の随意ミサの中にも入ってきた。特別な願いをこめたこのミサは、旅人の守護聖人たち——聖三王、ラファエル、トビアス、クリストフォルス等々——のためにたてられた。神への祈願には旅の現実が写し出されている。旅人を肉体と魂の危険、ことに盗賊と嵐、蛇と野獣、海上にあっては海賊と時化《しけ》、総じて狡猾な人間と悪魔から守り給えというのである。そのような祈りを一例、ここに一字一句紹介しておこう。《聖なる主、全能なる父、永遠の神よ、汝もろもろの聖者の上に立つお方にして、道中の義なる人びとを導く方よ、汝の僕《しもべ》N某を目的地に導く平和の天使を送り給え。道中敵にさらわれることのなきよう、天使をわれらの愉しきお供となし給え。悪の手がわれらから遠ざからんことを。われらの供として聖霊が授けられんことを》。神と聖人と天使が、高い山越えや谷間を通る（先に名をあげた）旅人の供となり、河や浅瀬や渡し船の危険から守り給うように。めでたく計画を終った暁には、神が現世と天上の財をたっぷりもった旅人を、また無事に故郷へ導き給えというのである。

別れのために愛する人びとは胸を引き裂かれる。ニーベルンゲンの歌には王妃ブリューンヒルトが、王にエッツェルとクリエムヒルトのいる宮廷への旅を、思いとどまらせようとする件りがある。

美はしの王妃はなほも留まらんことを王に願ひて、
その夜は王の晴れがましき身を今一度愛《め》でうるはしみぬ。
斯くて喇叭と笛の音朝未明《まだき》に起り響《とよ》み、
発向を告げたれば、茲に一同用意にかかりしが、
愛人《いとしびと》を抱きし者はその身を愛でいとほしみぬ。
エッツェル王の妃ゆゑに心悲しく訣《わか》れ往きし者衆《おお》かりき。

（服部正己訳による）

一二四八年フランス貴族ジョアンヴィルはフランスの聖王ルイのお供をして、十字軍に参加した。王は死を覚悟した病いが治った時、十字軍に従軍すると約束したのであった。ジョアンヴィルは別れに当たり友人縁者を、四日間の賑やかな宴に招いた。五日目、その日は金曜日だったが、彼は列席者に加えた悪事の赦しを乞い償いをした。しかる後に贖罪者のシャツを身につけ、手には巡礼杖をもち、裸足で出立した。諸聖人の墓では道中の保護を願った。後で彼はこう書いている。《旅立ちのさい、もう一度ジョアンヴィルの地を見るため決して振り返るまいとした。――二人の子を残してきた城を見たら、心が張り裂けるのではと恐れたからである》。彼は小舟でザオーネ河とローヌ河を下り、マルセーユで船に乗り込んだ。馬も積み込まれた時、天の祝福が下るように祈った。――創造主なる聖霊とは、ここでは神

の霊と順風のことをいっている。《舳先で船長が準備はすんだかと、船乗りどもに向かって叫んだ。へい、船長、坊さまたちが乗るところです。聖職者や司祭がやって来ると、船長が彼らに向かって、どうか歌って下さいと叫んだ。皆で声をそろえ〈創造主なる聖霊来たまえ〉を歌った。それから船長は船乗りに帆を張れと命じたので、彼らはそうした》。

親しい人びとは道中で——馬に乗った時も——熱い抱擁とキスで挨拶を交し合った。修道院内の挨拶はもっと冷静だった。ベネディクトは現実的に、ノックして院内に入ることを願ういかにも君主然としたおえら方と、嘆願する乞食では差をつけた。門番は後者には《神に感謝あれ》と答え、これに対し前者には出迎えて祝福を乞うよう命じられた。着いたばかりの客は平和のキスと祈りで、修道院特有の平和を義務づけられた。

カロリング朝のベネディクト戒律注解では、修道士には修道士が出迎え、高位の者には高位の者が出迎え、王、司教や《その他権勢高き人びとには》修道院長が出迎えるべし、彼らの前で一同平伏すべし、と記録通り厳密に指示されている。《王妃ご入来のさい、修道士は王妃に対しそのように挨拶する必要はないが、膝をかがめうやうやしく頭を下げねばならぬ》。

しかるべき歓迎を受けたい者はずっと前から訪問を知らせた。これは特に君主とその従者について当てはまった。皇帝や王、教皇や司教、時には伯や他の権力者、そしてクレルヴォーのベルナールのごときカリスマ的人物が到着する時には、盛大な準備がととのえられた。ローマ皇帝の宮廷で発達した儀礼でもって、修道院長と修道士たち（あるいは司教、聖職者、修道士、尼僧、市民たち）は、新来の客を行列して出迎えたが、どこまで出迎えるか人によって差があった。客に贈り物を渡し、讃歌（連禱形式のように、聖者の名を唱えながらの頌歌）で歓迎し、それから賑々しく出迎えた。この儀礼の重要なところは後に聖体行列に受け継がれている。つまり、十字架を先頭にして、蠟燭、乳香、聖遺物、その後から聖職者、尼僧、俗人が、地位と名前に従い、二人ずつという具合である。行列の中ほどの一番いい場所で、天蓋の下、駒に跨ったり、悠然と歩むのは王や皇帝とその妃である。沿道の人びとが呼びかけたり、歌、応答歌を唄っているところを、賓客は祝祭気分あふれた鐘の音とともに教会の儀式へと導かれる。

客の地位や、彼がどれほど重んじられたかは、人によって遠近の差がある出迎え場所や、滞在中彼にあてがわれた部屋、召使い、道具などを見れば明らかになる。皇帝オットー三世は以前の師ベルンワルトを、ローマから二マイル離れた地まで出向いて迎えた。師が故郷へ発つ時、皇帝はまるまる二日の旅程の地まで随行した。それからオットーは師ヒルデスハイムの司教に別れを告げたが、その先も側近の中からお供をつけてやり、供の者には後でベルンワルトの安否と、この旅の経過を報告するよう命じた。

地位の高い客には極上の中でも極上のものをあてがうことになっていた。それで司教たちは（修道士や司祭も！）矛盾におちいることとなった。自分が手本にしようとしている模範的生活は、謙譲と控え目を義務づけていた。上の役所は世俗の権力者のそれにひけをとらぬ贅沢ぶりを擁護した。エッケハルト四世はある日ザンクト・ガレン修道院を訪れた、ヴェローナの一司教ピエトロのことを報告している。ひょっとするとこの司教は実在しなかったかも知れないが、司教というものがどんな期待を抱くかが描かれている限りでは、この報告には歴史的核心が含まれている。この司教が到着すると、修道士たちは《かなりいい一巻》と思われる聖福音集を彼にさし出した。が、客は自分が見下されたように感じた。彼はこの大修道院のことを聞いていたので、安物の一巻の件で心中むっとした。ミサのために《それ自体はかなり上等の銀の聖杯》が並べられたが、ミサが終った後ピエトロは聖杯の件でも釈然としなかった。

1414年7月3日，ジギスムント王のベルン入城　王と従者が馬で威風堂々とベルンの町へ近づきつつあるところ．遠方からでも旗でそれと知れる．長槍隊は王の勢威を誇示し，ラッパ手が王の到着を知らせる．ベルン市民ははるか町はずれまで出迎える．帝国と市の旗をもったグループの後から聖職者がやって来る．彼らが手にするのは市と教会の豊かさを示す高価な聖遺物匣と思われる．

三度目、修道士の目には贅沢と見える食事が彼に提供された。食後ピエトロは修道士一同を——院長は旅行中だった——責めたのである。皆さんは確かに私を親しく遇してくれました。《しかしながら、私にあてがわれたごくお粗末な聖福音集と聖杯には啞然としました。私自身は品位に欠け取るにたらぬ者ではありますが、かなりの土地の司教を名乗っております》。当院ザンクト・ガレンでは一番上等のものをお出ししたのだと、皆してやっとのことで彼を納得させ、とうとううまく宥めることができた。ピエトロは当時すでに話題になっていた術策を弄してアルプス越しに輸送する金《きん》で、当修道院を援助しようと約束した。

旅人の帰郷には旅立ちと同じような準備がととのえられた。誰かがさんざん苦労した末、無事旅から帰るの報はすぐ広まった。職人ならおそらく市門で仕事仲間が出迎え、国王なら町から数マイル先で高官と名門の人びとが一人残らず出迎えたろう。儀礼は挨拶、教会での個人的な感謝の祈りと公的な感謝のミサによって繰り返された。修道士が帰ってきたら、いっさいの過ちに対し、目で、耳で、むだ口で犯したすべての罪に対し赦しを乞うよう、ベネディクトは定めている。旅人が道中どんなに不幸を覚悟したかは、ボニファティウスの書簡を見ればわかる。その書簡の中で、彼は友人たちに無事到着を知らせて——それから先の旅の手配をしたのである。生きて無事帰国した十字軍士は時に、たとえば修道院の建立のように、教会に太っ腹の寄進をして感謝の念を表わした。旅立ちの前に宴を張ったジョアンビル同様、カール大帝も七八七年第二次ローマ旅行から無事帰国した時、祝宴を催した。いつもはどちらかといえばそっけない筆致のフランク年代記作家は無事帰国後の喜びを描いている。《このいとも寛大な王がヴォルムスの王妃ファストラダのもとに帰られた。そこでご両人は互いに喜び合い、神の慈悲を称讃した》。

1270年十字軍で亡くなった王ルイ九世の屍がチュニスで船に積みこまれるところ
《フランス大年代記》中の装飾画．

道中で命を落とす旅人は多かった。疲労困憊や病気で、溺れたり斬り殺されたり、雷に打たれたり、サンチアゴ巡礼のドイツ人がトゥールーズで誤って絞首刑にあったり……。巡礼たちは道中過労で倒れても、それを不運とすら見ないこともよくあった。旅のきっかけとなった聖者が、彼らをきっと天上の故郷へ導いてくれるだろう、と思ったのである。旅先で死んだ旅人のため各地に特別な墓地があった。ローマのピエトロ大聖堂の裏手にあるトイトニコ墓地は八世紀に遡るもので、この手のものとしては今日なお証明できる最古かつ最も有名な墓だろう。

亡くなった旅人は普通現地で埋葬された。船上で死んだ者は布に縫いこまれ、海中に沈められた。おえら方の屍はたいてい故人や相続人によって、指定された場所へ運ばれた。たとえばオットー三世は一〇〇二年おごそかな葬列をなして、中部イタリアからアルプスを越えてアーヘンへ導かれ、かの地のマリア大聖堂で最後の憩いの地を見つけた。地中海沿岸諸国の炎熱と長い道中を考えれば、屍をそっくり運ぶのは多くの場合感心できなかった。一一九〇年六月一〇日第三次十字軍で歿した皇帝フリードリヒ・バルバロッサは、香油を塗られてセルキアへ運ばれ、世人は四日間皇帝の死を悼んだ。内臓はタルズスに、肉はアンチオキアの大聖堂に葬られ、遺骨はさらに旅を続けて運ばれ、おそらくエルサレムに埋葬される予定だったのだろう。が、チュルスに運ばれた時、行方不明となってしまった。数十年後チューリンゲン方伯のルートヴィヒ四世が、聖地への途上亡くなった。方伯とお妃の伝記はよく記録されているので、これから別れと死と屍の輸送――そして未亡人の悲しみを述べるとしよう。なにぶんにも文献中に、旅人の死が遺族にもたらした結果に触れているのはごく稀なので。

ルートヴィヒは一二二七年六月二四日、洗者ヨハネの祝日に十字軍従軍のため、シュマルカルデンを発った。エリーザベトは夫について、日々の道程を進んだ。妃はどうしても最愛の夫から離れられなか

別　れ　エリーザベト窓，マールブルクのエリーザベト教会．優しく抱き合っているエリーザベトとルートヴィヒは離れることができない．方伯は胸の十字架で十字軍士とわかるが，嘆き悲しんでいるお妃と戦友の間で，あちら立てればこちらが立たずといった体である．お妃の苦しみは侍女の顔や態度にも映し出されている．ついに一人の従者が方伯をお妃から引き離そうと，彼の手首と肩をつかむ．

197　別れ，到着と帰郷

ったのである。この別れは同時代の人々に深い感銘を与えた。というのは、一二三三年さるご婦人が報告しているのだが、彼女はこの年のはじめマールブルクのエリーザベトの墓へ向かう途中、《方伯夫人の涙の別れの歌、ドイツ語版》が唄われるのを聞いた由。――十字軍の軍隊は平均して日に四〇キロほど進んだが、ことにアルプス越えで、しかも道中の半分以上イタリアの七月の猛暑の中を進んだだけに、それは偉大な業績である。ルートヴィヒは八月三日アプリア地方トロイアで皇帝フリードリヒ二世と出会う。両者は進軍を続ける。十字軍士たちがパレスチナへ向け船に乗り込もうとした、ブリンディズィの地で恐ろしい病気が発生し、皇帝や方伯もその病気にかかってしまった。方伯ルートヴィヒは重病となり、死の覚悟をしてエルサレム総大司教から聖体拝領や終油を授かり、九月一一日みまかった。しめやかな死者ミサの後、屍は堅い豪華な布にくるまれ、さし当りオトラントに埋葬された。その後忠実な臣下たちは十字軍のため聖地へ向かった。

使者がルートヴィヒ歿すの報を、チューリンゲンにもたらしたのは一二二七年一〇月の半ばか末ごろだったろう。その時代の報告に依拠したラインハルツブルン年代記は、エリーザベトがこの知らせを受けた時の模様を述べている。口さがない者から訃報がエリーザベトの耳に入ってはと、義母が彼女のもとへ訪れる。エリーザベトよ、《そなたの夫、私にとっては息子が神の摂理により、めぐり合わせた運命のため》衝撃を受けぬよう、気丈な心をもたねばなりません。《――私の兄（彼女はともに暮らしていた幼年時代からルートヴィヒのことをそう呼んでいた）が囚われ人になったのなら、私や臣下の者どもの助けにより釈放されることもありましょうに――息子は亡くなってしまったのです》。エリーザベトの指はこわばっていた。《亡くなったのですって。この世も、この世の輝きもすべて消えました》。彼女は突然立ち上り、気が触れたように荒々しく部屋を駈けぬけ、壁にもたれ身も世もなく泣くのであった。

聖地からの帰途、ルートヴィヒの臣下たちは主君の屍を、また墓の中から取り出した。屍は上流の士が故郷を離れて亡くなった時の定法通りととのえられていた。屍は腑分けし、肉が骨と離れるまで長いことゆでた。その後骨以外の軟らかな部分はその場に埋められ、心臓は祈りを見て教会内の特に高貴な場所に埋められた。ルートヴィヒの真白な遺骨は立派な匣に納められ、荷馬に運ばれ、夜は教会内で祈りをあげながら見守られた。朝になると、ミサをあげ捧げ物をしてから、一行はさらに故郷へと向かった。エリーザベトの伯父のバムベルク司教は、葬列が彼の町を通るとの知らせを聞いた。司教、司祭、修道士に尼僧がおごそかな行列をして、葬列を迎えた。祈りをあげ、弔歌を唄い、暗い鐘の音が響くなか、匣は大聖堂へ運ばれ、エリーザベトの目の前で開かれた。蒼白な遺骨を目の当りにして、彼女は自分の愛を信じ、当代の十字軍に寄せる敬虔な心を支持するといった。彼女は神のために、二人の思い通り聖地守護へとおもむいた人をうらまなかった。《神さまはご存知です、神のご厚意によりもし夫が私の手もとに残されたなら、私はこの世のありとあらゆる歓びよりあの方の命を選んだことでしょう、と》エリーザベトが夫を取り戻せたら——彼と引き換えに喜んで全世界を捧げ、いかに極貧にあえごうと二人手に手をとって乞食をして歩いたことだろう。

この間にゴータ市の南西にある方伯家の修道院ラインハルトブルンに、たくさんの民衆が集まっていた。当地でも聖職者や修道士がおごそかな行列をして、祈りを捧げ弔歌を唄いながら葬列を迎えた。葬式は、貧者が肉体的幸福になるよう関心をもつことが、故人の魂の救済を配慮することになる、とする大昔からのキリスト教のしきたりにのっとり、ミサ、祈り、夜の讃美歌、修道院への寄進、貧者への施しが行なわれた。最後に未亡人、母、兄弟たちに見守られ、ルートヴィヒ四世は一族の墓地に埋葬された。

II

文献調査と証言

適切な文献にもとづいて、これから旅のありようを語りたいと思う。はっきり文書で残っている個人ないしグループを叙述の中心としよう。確かに第II部は六世紀のある逃走から始まり、一六世紀初頭のデューラーの旅日記で終る。しかしながら厳密に年代順に並べるのは断念した。事項的に互いに関連する節を連続する方が、意味があるように思われたからである。本書巻末の年表は第I部と第II部を解明する補遺となる。

ある逃走

ガロ・ロマンの名門の家柄のアッタルスは、さる契約を保証するため人質として、トリーア地方のゲルマン族の一領主の宮廷に送られた。契約の当事者——五一一年に歿したクロードヴィヒ王の息子たち——トイデリヒ王とヒルデベルト王が不和になると、人質たちは国の手に落ち奴隷となった。監督のため人質を手に入れた者が、今や彼らを召使いとして使うようになった。かくしてアッタルスも《蛮人》のもとで馬丁として働かざるをえない。伯父のラングレー司教グレゴリウスが、何とかして甥を請け出そうとするがうまくゆかない。新しい主人が法外な大金をふっかけるのである。そこで司教の料理人レオが一計を案じる。彼は例の《蛮人》に売られるが、やがて料理の腕のおかげでその信頼をえるようになる。彼のしつらえた祝宴が果てた夜中、彼とアッタルスは逃走する。二人は領主の馬と衣類の束をたずさえて行く。彼らはモーゼル河畔で足止めを食い、馬と衣類を見捨て、楯に乗り泳ぎながら河を渡ることになる。対岸に着くや、彼らは何も食わず昼も夜もランスの方めざして走る。三日後一本のすももの樹で元気をつけることができる。ある夜騎士どもが彼らの方にやって来る。二人は黒イチゴの木陰にやっと身を潜め、男どもの話に聞耳を立てることができた。その中には領主もいて、逃走者たちを呪い、一人はブランコに吊るし、もう一人は剣でめった斬りにしてやると誓っている。その夜のうちにアッタルスとレオはランスの町に着き、道を尋ね尋ねしてさる聖職者のもとにたどり着く。この人はグレゴリウス司教の古くからの知己で、すでに夢のお告げによってあらかじめ二人の到着を知らされていた。彼は二人の若者をもてなし、数日間匿ってやった。彼らの領主がまた二人の跡を嗅ぎつけたからである。もうしばらく旅を続けた後で、グレゴリウス司教は涙ながらに甥を腕に抱きしめることができた。彼は甥を解放してくれた感謝の気持として、レオとその子孫に自由と個人財産を贈った。

同じくガロ・ロマンの名門の出で、五七三年以来トゥールの司教を勤めるグレゴアールは、曾祖父とその甥の伝記中ここで一挿話を述べている。グレゴリウスは司教になる前はオータン伯であった。中世では人質は何千人となく交換され、一方的に取られ、あるいは遠方へら致された。少なからぬ人質が逃亡には成功するが、目的地にたどり着くのは僅かであった。カール大帝の同時代人パウルス・ディアコヌスも、彼の曾祖父が人質としてアヴァール人の支配から逃げ出せたことを覚えている。彼は途中飢え死寸前のところスラブの一婦人に拾われ、匿われ、食物をもらってやっとのことで元気になった。彼がまた元気を回復した時、スラブの婦人は食料を与え故郷への道を教えてやった。後にワルタリウス叙事詩は、人質としてアッチラに無理やり連れて行かれたハーゲン、ワルター、ヒルトグント——ニーベルンゲンの歌の人物たち——の逃走の成功について報告している。人質として囚われの身から逃亡した者にとって、共通の憧れは同国人の中で自由の身となることである。

トゥールのグレゴアールの報告は、例えば夢のモチーフのような伝説的な尾ひれがついて書かれている。中にはまったく辻褄が合わない点も少なくない。逃亡者たちがある日曜日に出発し、また日曜日に例の聖職者のもとにたどり着くことが話題になったかと思えば、二人とも四日後にはすでにランスに達したといっている。このような辻褄の合わなさ以上に重要なのは、多くの家族が数世代経てなお一族の逃走の成功を詳しく覚えている事実だろう（ひょっとして今日でも多くの家族が父や、曾祖父が戦争の捕虜からうまく逃げおおせた記憶を語り継いでいるかも知れない）。

中世における旅のありようを思い浮かべようと思えば、たくさんの文献の材料から石ころを拾い集め、モザイクのように全体像を組み立てなくてはならない。グレゴアールは多くの年代記作家とは異なり、《日常性》の点でわれわれに興味ある事実を少なからず写し出している。ここでグレゴアールの叙述の《石ころ》を幾つか、同時代のつながりの中でもっとくわしく考察するとしよう。

アッタルスとレオは中世で何百万人に上る旅人の一人である。つまり、戦士と商人、奴隷と人質、追放者と使者、間諜とスパイ、泥棒と人殺し、花嫁探しに出かける仲人と巡礼、信仰上、政治上の亡命者、老若男女、達者な人と病人……。

アッタルスとレオが上にあげたほとんどの人びとと違うのは、日中は森の中に隠れ、もっぱら夜、旅をしたことである。二人とも他人にわが身の上を明かしてはならなかった。人が旅人に名前、出発地と行き先を問うのは当り前である。古代後期には戦争と疫病のため人口は大幅に減った。それゆえ、グレゴリウス司教とランスの聖職者のように、なじみの深い知己は少なくなった。それが追手の《蛮人》にとっても、逃走者を捕え直すいい機会となった。

二人の逃走者は馬をモーゼル河までしか連れて行かない。あるいは馬泥棒と間違えられたくなかったか、領主の追跡を困難にするだけで満足したのかも知れない。なぜなら馬丁奉公しているほどの者なら、馬上でモーゼル河を泳いで渡る方法を心得ていようからである。なるほどトリーア近郊にはローマ人が築いた橋が一つあることはある。その橋脚は現在の交通にすら耐えられるだろう。が、しかし通行のはけ口となって、旅人が検査を逃れられる橋は僅かである。ことによれば橋税さえ徴集する、そのような橋は逃走者にとって問題外である。盛夏、すもの熟す時――モーゼル河を泳いで渡るのは、若者にとって何でもなかった。ましてや皮で内張りした菩提樹の木でできたと思われる、楯の上に横たわることができたのだから。水を堰きもせず、狭い川床に無理やり押しやられた川は、数多くの島や砂州の間を曲がりくねって流れた。この島や砂州のおかげで、楽に河が渡れたのである。

旅の伴侶に何をもって行くか、今日でもなお徒歩旅行者ならよくよく考えるところである。二人は馬以外に衣類の束も見捨てている。八月九月は暖かな夜を当てにできる。仮りに夜寒くなるとしても、ずっと移動し続け、日中森に守られてたっぷりと休む。というのは、二人ともアルデンヌ南方の支脈を横断しなければならなかったから。衣類よりずっと二人を悩ませたのは食料の件だった。彼らは金をもつのは禁じられていた。今日でもやむをえぬ場合、その家の外では一文の価値もない《牢獄金》を囚人に渡している。ほかの旅人同様レオとアッタルスも追い剝ぎを恐れる。連中は剣と楯をもち、夜集団の馬の足音が近づくのを聞こうものなら、剣と楯に手を伸ばす。二人がたとえ金をもっていたとしても、食料を買い込むのは禁物だった。そのため追手に手掛りを与えることになるからだ。だから彼らは熟したすもものように、偶然途中で見つけるものに頼った。こんな粗食に依存していたのは解せない。森には夏になるといろいろな食べ物が生えるが、料理人なら野生の果実、くるみの類、根、薬草といった食べ物を知らない筈はあるまい。しかし、逃走者たちが魚捕りや鳥も捕えられる軽い網を携帯しなかったのは、ことのほか驚きである。ほぼ同じころ聖ガルスがボーデン湖の南で、僧房を建てるのに適した場所を探していた時、彼の従者が簡単な食事を調理した。彼は魚を捕え、それを火の上で焼いた。網と火打ち道具が彼の旅の伴侶となっていたのは明らかである。持参した何がしかのパンとともに聖ガルスと従者は食事をしたのだが、それは炭水化物、動物性蛋白質、動物性脂肪、微量栄養素——それに飲料水という近代栄養生理学の最低の要求に適っていた。アッタルス逃走の報告では魚は話題になっていない。その代わりアッタルスはランスで二人に宿を貸してくれた僧に、自分たちはパンも肉も食わず四日目になると嘆いている。《蛮人》の食卓にはおそらく、いい食事が出たので、馬丁風情でも日に一皿の食はあてがわれたのだろう。多くの人にとって肉ははるか近代に至るまで、叶えられぬ夢とはいわぬまでも、ときおり食べられるご馳走だった。パンでさえ、小麦パンに至ってはますますもって長い間金持ち専用だった。貧乏人は概して粥で我慢しなければならなかった。

アッタルスとレオは地理には大変明るかった。夜は星で、日中は太陽で《方向を定めた》のだろう。この点でも季節が二人に幸いした。夏の盛りで空は明るく、月がなくても旅路の行く手がわかったからである。旅路については前に触れた。トリーアからアーロンを経てランスまで、直線距離にして約二〇〇キロのローマ人街道がのびている。だから実際の道のりは二二〇キロ位か。おまけに逃走者たちは宿駅の休憩所は迂回せざるをえなかった。ことによればアッタルスとレオはこの道に従ったのかも知れない。ともあれ、領主との出会いはこれによって説明がつく。若者なら二二〇キロを一週間でこなせた。

アッタルスと彼の道連れは運がよかった。彼らの逃走は成功した。自由をえるために——彼らはわれとわが身を大きな危険にさらした。二人の逃走者は——パウルス・ディアコヌスの祖先と同様——飢えと死をうまく逃れることができたが、それも快く客あしらいしてくれる人が二、三いたからである。六世紀にアルプスの北側では、ローマ帝国の組織化された宿泊制度は僅かに名残りをとどめているにすぎなかった。国境塁壁の彼方には、たぶん宿屋はなかった。それだけに個々の人びとは客に親切であった。フランスの聖職者や東アルプスのスラブ婦人と同じく、修道士や隠者たちも手厚い客あしらいをした。

ボニファティウスの旅

六七五年ごろ生まれたボニファティウスは、なろうと思えば修道院長にも司教にも出世できたろう。彼はアイルランドやアングロサクソンの修道士の例にならい、故郷イングランドでの秩序正しい生活より、大陸での伝道師、教会組織者としての苦労多い生活の方を選んだ。彼の生涯はほとんどの同時代人より確たる資料で裏づけられる。その書簡、伝記、彼に刺激された教会文書の中に、《八世紀の旅人》の主題についての詳細が数多く現われている。

七一六年から七五四年亡くなるまでほぼ四〇年間、ボニファティウスは休むことなく旅をした。彼は三度ローマの使徒のもとに赴いているが、七三七―三八年に第三次ローマ旅行を企てた時は六〇歳を超えていた。伝道師としてはフリースラントで活動し、荒れ果てた教会の組織者としてはバイエルン、フランケン、チューリンゲンで活動した。フランケンの教会改革者としては宮宰、国王、司教と大司教、修道院長と聖職者を相手にしなければならなかった。ローーマの教皇庁との連絡はいわずもがなである。さまざまな活動ができたのも彼自身が足を運ぶこと、すなわち旅と、信頼できる協力者を派遣することが前提となった。

大陸であまたの信仰の使徒がゲルマンの異教徒どもに打ち殺された――ベーダが言及しているアングロサクソンの伝道師たち〈黒い〉エーワルトと〈白い〉エーワルトのように信仰上の理由によるか、ボニファティウスのように追い剝ぎによるものだった。この人は殉教者になろうと盲進したのではなく、大規模な伝道と改革の作業に慎重に取りかかったことは、彼が聖・俗のおえら方からもらった文書を見れば明らかである。長旅を計画した人なら誰でもほしがる紹介状の代わりに、それを披露しておこう。七一八年ウィンチェスターの司教ダニエルは《きわめて敬虔にして恵み深き諸国の王、すべての大公、いとも尊敬し愛する司教諸卿、ならびに神を畏怖する修道院長、司祭、キリストの御名に刻印された息子たち》に宛てて依頼している。一般に神の掟を、個々にはアブラハムの人柄を引き合いに出し、ダニエルは客あしらいの義務を人の心に刻みつける。旅人に対して人間としての義務を果たすのは、神のみ心にかなう業である。呼び掛けられた者は一人残らず紹介状を持参した者、全能の神の僕ワイン・フリートに対し――この人がローマでボニファティウスの名を頂くのは七一九年以後のこと――神が愛し指示した愛を示すように、というのである。ボニファティウスを受け入れる者には、《あなた方を受け入れる者は私を受け入れるのです》という福音書の言葉が適用される。司教ダニエルはこの掟を実行する人びとに永遠の報いを約束する。《卿がさわりなく天の恩寵を受けんことを》と彼は祝福の言葉で結んでいる。

ボニファティウスはこの書状を世俗の権威の頂点に立つ人と、平の司祭から司教まで聖界の役職者に提出することができた。呼び掛けられた者たちが文盲でなく、――聖職者にあってはまったく自明のことながら――ラテン語に通じていることが前提だった。ともあれ三〇年ほど後、バイエルンの司教たちは教皇に、以下のような言葉で人びとを教会に入信させる一司祭について知らせている。《私は父なる国と娘と聖霊のみ名において汝に洗礼する》。俗界の支配者たちはめったに読み書きできず、いわんやラテン語においておやである。だからこそ彼らはしばしば聖職者を宮廷に召しかかえたのである。

司教ダニエルはボニファティウスのために客あしらいを要請することで満足している。四年後教皇グレゴリウス二世は同様のことを裏づけているが、彼の要求を明瞭にしている。呼び掛けられた人はボニファティウスに《必要な物を》与え、《彼の旅にお供をつけてやり、飲食物その他不足する物を与えるよう》要求される。万一道中でボニファティウスを困らせたり妨害する者は永劫の罰をもって嚇される。フランク帝国で王権をほしいままにしたカール・マーテルもその紹介状の中で、ボニファティウスが道中妨害の危機にさらされていると見て、何人《なんぴと》も彼に不利なこと、有害なことをするな、むしろ彼がいつも宮宰の保護の下、苦情が出ぬよう無事滞在できるようにしてやれと求めた。

特殊な請願をもってするよりも、大枠を定めた幅広い指示の方が旅人にとって役立つことは、ボニファティウスが自分の使節に道中もたせてやった紹介状を見れば明らかである。アングロサクソンの強大な王国マーシアの王には、わが使節が陥ったいかなる苦境にもどうかご援助賜わりたく、と書いた。ボニファティウスはさる伯には、ローマに旅する使節がご領内を無事通過でき、《伯が以前わが使節たちに示され、彼らが帰国後報告せしごとく》万一苦境に陥った節には助けてくれるよう願っている。

ボニファティウスのために書かれ、また彼が書いた紹介状を見れば、客あしらいを求める要請には異国で必要となるいっさいの物が、含まれていることが確認できる。つまり、それは馬の餌も含め、食料、衣服、住まい、場合によっては燃料、薬品等の補給、休息地から休息地まで当該の領内の護衛、特別な危険（強盗、沼沢、森、山脈、降雪、霧）に際しての護衛、被保護者を快くただで川越えさせるよう渡し守への指示等々である。危険やリスクが予想される場合、旅路について専門知識をもって客の相談にのってやるのも客あしらいのうちである。客あしらいには不運な時の慰め〈〈solatium〉なる語は慰めを含む〈広義の助け〉の意味で繰り返し用いられる〉、安楽死、ふさわしい葬儀すら含めることもある。

ボニファティウスが要求できたような客あしらいによって、旅人は現金を携帯する必要がなくなった。だから追い剝ぎにつけこまれる隙はほとんどなくなり、彼らに悪びれることなく自分は無一文だ、金目の物もないということができた。どっちみち《正統派の》詐欺師には読めっこない書き付けは、そのつどの相手にしか役立たなかった。それゆえ、ボニファティウスが差し出した紹介状は、少なくとも今日普遍的に使われている各種のクレジットカードと同じような価値があった。

世人はボニファティウス——至る所にいるただの人にすぎぬ——に何十年にわたって援助し、彼は幅広い客あしらいを受けることができた。どうしてそうなったのか。ボニファティウスはゲルマン思想とキリスト教思想を同時に刻印された地域で活動した。二つの世界では——必ずしも理想化するだけでない——タキトゥスの叙述と福音書の要求が示すように、客あしらいがきわめて重要な役割を演じていた。他面ボニファティウスの活動はフランクの支配者たちに歓迎された。彼が司教区や修道院を創設し、教会会議を主宰し、腐敗聖職者を正し、献身的に開発作業をやる気のある教養階級を故郷から自己の活動範囲に連れて来たことは、国土の改造に貢献したからであった。彼はまた何かしらを提供しなければならなかった。その助言、祈り、時には贈り物さえ求められた。ボニファティウスは身分にふさわしい贈り物で支配者を味方にする術を心得ていた。マーシア王エセルバートに——王者の狩猟のために灰鷹一羽、鷹二羽を送り、さらに楯と長槍を二本ずつ送った。楯も長槍もさだめし豪華にしつらえられていたに違いない。ケント王エセルバート二世はボニファティウスに鷹二羽を送ってくれるように乞い、お返しに中を金メッキした重さ三ポンド半の銀盃一個と《もじゃもじゃ毛の生えた胴着》二着を送っている。

ボニファティウスはヨーク大司教エクベルヒトに、書簡の持参人を介して《接吻代わりに葡萄酒二樽を》送っている。司教と修道士の皆さんと自分を結びつける愛の絆を想い起こし、これで一日楽しくやってくれというわけである。ほかの書簡幾通かの内容を見れば、ボニファティウスは無事ローマに着いたことを知らせ、イングランドの同国人に慰めと助言を求めたり、モンテ・カッシーノの修道士たちに自分をその祈りの共同体に受け入れてくれるよう乞うたり、教皇に信仰や教会の規律の論争に決着をつけるよう求めたり、自分の伝道活動に援助の手をさしのべるよう、故郷から協力者を送るよう乞い、聖者の聖遺物を、定められた書物（使徒伝、殉教譚、教父、ベーダ）を求めたり、衣類、燻製品、香辛料……。

ボニファティウスの書簡と、彼宛ての書簡はたくさん伝えられているが、それを見れば聖・俗の君主の使節の出入りが明らかになる。これらの書簡を《コミュニケーションの媒体》として片づけようとするのは、短絡すぎよう。使者によって伝達されたボニファティウスの書簡は、《孤軍奮闘する人》に孤独と往々非人間的な労苦に耐えさせ、彼を祈る人、願う人、希望する人、待つ人の輪の中に包みこむのに役立つのである。これらの書簡は、数世紀の間に西欧をますます強固に結びつけ、多様な形態にもかかわらずそれを統一し——そしてヨーロッパ世界・非ヨーロッパ世界間の結びつきを維持する、さまざまに組み合わされた関係をあらわにする。ローマ教皇庁のさる文通相手はボニファティウスに、肉桂、胡椒、乳香を送っているが、これを見ればアラビア人が地中海圏に侵入したにもかかわらず、八世紀にもインドとの遠方貿易は途切れていなかったことは明らかである。

罪の赦しを受けるためローマ詣でした巡礼たちの中には、古代後期以後女性も少なからずいた。この人たちは道中男性よりもっと危険にさらされていた。一尼僧院長さえローマ巡礼の件でボニファティウスに、助言を求めているのがその表われである。七二〇年ごろ尼僧院長エアンギイトの筆によれば、私は当院の大勢の尼僧や親類縁者のようにとうの昔から《かつての世界の女帝ローマを訪れ、多くの人びとが前にやり今もしているように、罪の赦しを受けたい》との願いを抱いて参りました。《もう他の方々より年を取り、現世で遙かに多くの過ちと罪を犯した私は、罪の赦しを受ける最たる者でございます》。彼女は多くの人からそのような旅を計画して叱られた、と率直に認めている。誰も誓願を立てた場所で神に仕えるべし、との教会の掟は彼女も知っていた。にもかかわらず、《故国で暮そうと異郷へ行こうと》それが自分にとってためになるのではないか、ボニファティウスから聞きたがった。二年あまり後、この尼僧院長の娘で後継者である女性が明らかに同じような焦燥感に駆られ、ボニファティウスに助言を求めている。この方はあえて《そなたの巡礼行を禁じもしませんが、さりとて安心して勧めもしません》。彼はもうサラセンの危険がなくなるまで忍耐と辛抱を、総じて慎重に行動するよう忠告する。ブッガよ、そなたが祈りの中で自分の目論見を検討したら、主への愛の命ずるままに行動なさい。ボニファティウスは婦人への手紙より腹を割って、七四七年カンタベリー大司教カドバート宛ての長文の書簡中で、自分の考えを述べている。私は卿には女性巡礼に関する杞憂を包み隠さず申し上げ、教会会議と王命により既婚婦人と修道女のローマへの旅を禁ずるよう、切にお勧めする次第です。ボニファティウスは道中注意深く観察したこと、自分の杞憂について他の人びとと語り合ったことを示している。ローマ詣での女巡礼のほとんどは堕落し、清浄な女性はごく僅かだった。《と申しますのは、ロンバルディア、フランク、ガリアの地方で、アングロ族出身者で姦通女、娼婦のいない町は非常に僅かしかございません。それは貴教会全体にとって不快であり、恥ずべきことでございます》。

教会と俗界の不正に立ち向かうため、ボニファティウスは再三再四ここで勧めている手段——教会会議と支配者の命令——を利用した。このような教会会議は年に二度、少なくとも一度は召集されることになっていた。つまり、聖職者（と俗人）は毎年、決められた場所で信仰と道徳の問題を協議し、場合によっては訴えられた同僚に弁明を求め、その協議の結果を教会法で〈canones〉と呼ばれる議決にまとめるべく、街道を賑わせたのである。一定の禁止令がしばしば繰り返されるのは、社会的現実が規範からはずれていることを示している。七四二年のいわゆるゲルマン公会議は《神の僕たる者》が、武器を手に取り、戦い、戦場や敵に向かうことを禁じた。ただし、ミサの犠牲の祝祭や聖人の聖遺物の携行のため、その任務に選ばれた者はこの限りではなかった。だから諸侯は司教を一、二人、宮廷礼拝堂の司祭を招くこととなり、どの司令官も《罪を懺悔し、判決を下し、贖罪を課すべき》司祭を招くことになった。さらに五世紀後には家庭内司祭が裕福な十字軍軍士のお供に加わったのである——七四二年のゲルマン公会議ではそのほか《すべての神の僕が森の中で犬を連れ、狩りをしたり徘徊したり、はたまた灰鷹や鷹を飼育することを》禁じている。

教会当局の指示によって行なわれた特定の人びとのグループの大規模な移動を反映した掟は、上述の禁止令に対応している。どの司祭も断食期間中管轄の司教に対し、自己の職務執行、生活、信仰、教えについて弁明すべく定められている。司教が人びとの堅信を施すため管区内を旅する時、修道院長も司祭も彼を受け入れ、必要な物すべてを援助すべく定められていた。八世紀半ばのバイエルン教会会議は平和（呪いと酩酊の放棄、正しい升と分銅の利用）を呼びかけ、全キリスト教徒への掟と約束で結んでいる。《彼らはよそ者と客を家へ受け入れること。彼らがそれを全部慮ればそのため永遠の報いを受け、現世でいかなる禍いが襲いかかろうと、神のご加護により耐えられるようになるだろう》。

大いなる成功と若干の失敗の後——前者には教会会議とフルダ修道院の建立によるフランク帝国の教会改革が入り、後者ではボニファティウスは他の誰よりもフランクと教会の結びつきを強固にしたにもかかわらず、かのセンセーショナルな教皇ステパノ二世のフランク帝国訪問に招かれなかったこともその一つに入る――、八〇の翁になった彼は四〇年前に取りかかったが徒労に終ったフリースランドでの伝道の仕事を引き継いだ。その伝記作家の報告を見れば、国内航路と伝道師一行の飲料補給に関する詳細がわかる。ボニファティウスは何人かのお供と一緒にライン河を下った。船旅では陸路を行くより荷物をたくさん、しかも楽にもって行くことができる。あまたの書物も旅装のうちに入った。ボニファティウスは旅ではいつも聖遺物を携えた。この団体はいつも夜になると港に入った。ライン河と、当時はまだそれほど大きくはなかったゾイデル海を経て、フリースランドに渡った。当地でボニファティウスは今度は説教で大成功を収めた。

聖・俗の大物が数世紀にわたり旅ではそうしたように、伝道師たちは天幕に寝た。一樽の葡萄酒も含め生活必需品は小舟に収められた。なぜ葡萄酒かと問われる方もいよう。水は往々不健康で汚染されており、これに対し葡萄酒はほどほどに飲めば健康によく、血行も良くなると世の人は知っていた。赤頭巾ちゃんも祖母に葡萄酒を一びんもって行ったのも偶然ではない。そして、ベネディクトも修道士たちに葡萄酒を飲みに行くことをはっきり赦しており、地中海圏では自明のことであった。とりわけボニファティウスは旅の計画を練りに練った。その伝記の最終章には、地下水や河の水は飲めないので《フリースランド全土で》、真水の不足のため人も家畜もひどく不愉快になった、と書かれている。新しい受洗者のため堅信の用意をしていた日、ボニファティウス一行は盗賊のため打ち殺された。ボニファティウスが歿した所では《土地の性質にまったく反し》、かぐわしい香りの真水が突如として噴き出したという奇蹟で、伝記は最後を飾っている。

ボニファティウスの屍は船でユトレヒトへ運ばれ、かの地で仮の葬儀が行なわれた。ほどなくして《屍は船の漕ぎ手たちによって讃美歌と頌歌の唄われるなか、何の労もなく》厳かにライン河を上って運ばれた。歿後三〇日目ボニファティウスの亡骸はマインツに着いた。ここで文献はやや矛盾するのだが――おそらくもうフルダに着いたのであろう。ボニファティウスは自分の埋葬のため手回しよく当地に修道院の建立を定めていたのであった。

故人に敬意を表するために遠近から人びとが殺到した。故人の聖性は病人、身体障害者、苦労と重荷を背負った人びとが彼の墓地で治ったことから、ただちに証明される。フルダは巡礼地としていつの時代にもカンタベリーとは比較すべくもない。だが、数世紀の間に聖ボニファティウスの墓所にも幾百万もの人びとが、苦しみから救われることを祈り、またお礼詣りのため訪れた。今日でもなお毎年ドイツの司教たちはフルダへ旅し、ボニファティウスの墓所でドイツの教会と社会に関する問題を協議している。

旅の王国

⚜旅に出るカール大帝

《上述の寛大なる王はヘアシュタールでキリスト降誕祭を祝い、同じく復活祭を……。七七九年カール王はノイシュトリエン経由でコムピエーニュの御料地へやって来た。……帝国議会はデューレンの御料地で開かれ、軍勢はザクセンへ出兵した。リッペハムあたりでライン河を渡れば、ザクセン人はボホルト近郊で抵抗の構えを見せた。神のご加護により、敵は優位に立つことができなかった。……ヴェーゼル河右岸のザクセン人は人質を出した上、誓いも立てた。それから件《くだん》の名声高い王はフランクへと帰った。そして王はヴォルムスの町でキリスト降誕祭を祝い、同じく復活祭を祝った。七八〇年カール王はザクセンの秩序を守るべく遠征し、エーレスブルクに達し、さらにリッペウアシュプルングに足を伸ばし、そこで集会を開いた。そこからさらにエルベ河まで出兵したが、途中……大勢の者が洗礼を受けた。彼はエルベ河の河口に達し、かの地からザクセン人及びスラブ人に対して命令を発した。しかる後、例の優れた王は故郷フランクに戻った。それから祈りを捧げるため、王妃ヒルデガルトとともにローマ詣でをすることを決心した。王はパヴィアの町でキリスト降誕祭を祝い、……七八一年上述の旅を終り、ローマで復活祭を祝った……。カール王はそこから帰るとミラノの町へ赴き、当地でギーゼラ姫が大司教トーマスにより洗礼を受けた。……そして王はここからフランクへ戻った》。

公式めいたフランク史、いわゆる《帝国年代記》には毎年同じように記されている。カール大帝は――その父や祖父、息子たちや孫同様、多くの修道院長や司教、時には教皇と同様――毎年数週、数か月間にわたって旅に出たのだ。聖と俗の大方の支配者の旅路、いわゆるルート地図はしばしばそのような記録により、とりわけ記載場所と記載年月日をあげた公文書に基づいて、実に正確に復元することができる。計算によればカールは王在位四五年の間に、合わせれば地球数週に匹敵する距離を旅したのである。十字軍時代イスラムのさる君主についても似たような業績が知られている。サルタンのバイバルは一七年の統治期間（一二六〇―七七年）に三八度遠征し、一五度みずからも戦い、しめて四万キロを踏破した由。

帝国年代記が七七九―八一年の項で述べている距離を、カールはほとんど馬で進んだものであろう。フランク帝国には船の航行できる河がたくさんあったが、河の流れは七八〇年王とお伴の者の通った道とは一部しか平行していなかった。ヨーロッパでは数世紀してやっと、丈夫でたくましい君主もまた輿でかつがれるようになる。この点でもビザンチンの前例が印象的だったのかも知れぬが、かの地ではローマ帝国の多くの成果を決して忘れていなかったのである。

アーヘンの王城がますます首都としての使命を帯びてきたのは、カールの統治期間の最後の二〇年であった。しかしそうなってもなお王は後のフランスやドイツの諸王同様――しばしば各地を回って支配者の職を果たした。フランスと違い、ドイツでは首都は作られなかった。当国ではたまに準首都が生ま

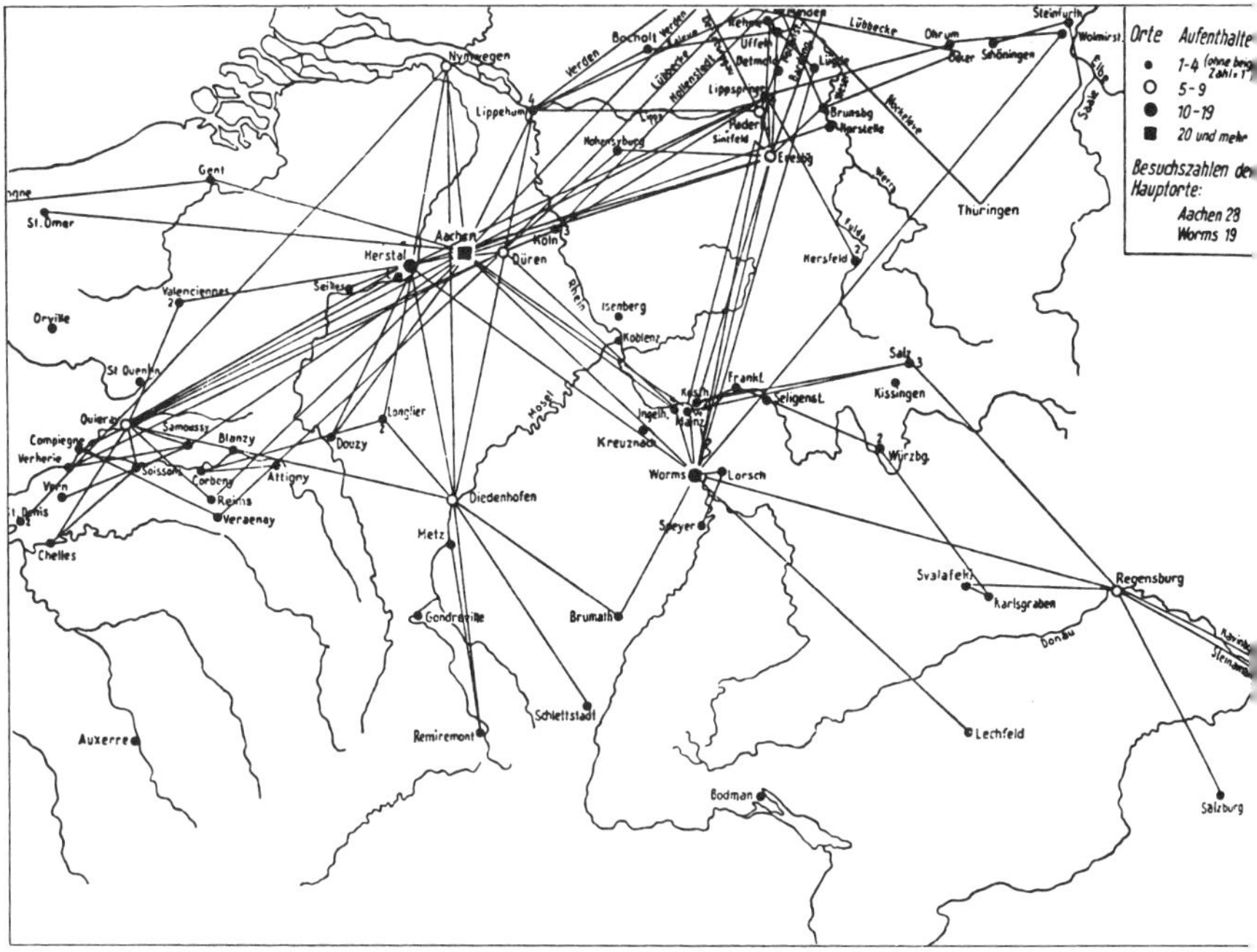

カール大帝のルート地図　カール大帝の旅路を見れば，中世の君主がどんな重荷にさらされていたかわかるだろう．このルート地図は不完全で，中でもローマ行きは記されていない．支配の中心はセーヌ河＝オアズ河間の地域，アーヘンの地域，ライン河＝マイン河の三角形内，ザクセンにあることが明らかになる．大帝国でもカールがめったに訪れなかったり全く訪れなかった地帯が少なくない．たとえば中央フランスである．

れるだけだった。たとえばオットー大王治下のマクデブルク、カール四世治下のプラハがそれである。固定した官庁、官僚機構、文書館、建築物をもつ首都がないことは、中世の支配者が移動するのに有利であり、その原因ともなった。カール帝国のような大国は中央から管理し難かったろう。パリが中世でときおり首都の役割を果たしたのは、支配下の国が《帝国》とは段違いに小さかったせいもある。

　ランゴバルド、スペイン国境、ザクセン征服後のカール帝国の規模を思い浮かべるには、そこいらにある歴史地図を一覧すれば充分である。それぞれ直線距離にしてバルセロナ＝ハムブルク間一五〇〇キロ、ナント＝リンツ間一二〇〇キロ、ハムブルク＝ローマ間一三〇〇キロである。エブロからエルベ河まで赴くある使者は悪路、橋がないこと、延々と続く森、沼や通行困難な山脈に直面して、少なくとも一か月はかかった。ピレネー山脈のかなたへ王の知らせを伝えるには、もう一月を要した。そう見れば、カロリング帝国の中核は好都合だった。カールの数十年に及ぶ統治期間中に、帝国はマルヌ河＝オアズ・エースヌ河間の地域から、ライン河＝マース河間の地域へ、ライン河＝マイン河地方へと延びていった。冒頭に引用した帝国年代記は七八〇年ごろ、これらの地域の代わりに、コムピエーニュ、デューレン、ヴォルムスの名を挙げている。

七、八世紀ごろフランク国に人目をひく変化が見られる。古代の都市文化との訣別である。カロリング朝に先立つメロヴィング朝の王たちはローマ時代の都市——ランス、ソワッソン、パリ及びオルレアン——に王城を構えた。カロリング朝の王は田舎暮らしの方を好んだ。ヘアシュタール、コムピエーニュ、デューレンは数多くの御料地の代表である。旅する王国にとって御料地の重要性はどんなに過大評価してもしすぎることはないほどで、それゆえもっと詳細に論じられて然るべきである。ここでは御料地が、王とかなり大勢の従者を大祝日にすら泊めるに適していなければならぬことを、いい添えておく。

祝祭がとるにたらぬものだったら、年代記の作家は多くの細目同様黙殺したことだろう。他の文献からも明らかなように、またたとえば、ノルマン人征服後の英国のような——他の国々からも知られているように、支配者たちは教会の大祝日に彼らの王権神授説を明らかにし、自分の支配を強者にも弱者にも全国民にはっきりと見せつけることを重視した。キリスト降誕祭や復活祭の折り、ある一定の地での滞在プランは周到に練られた。そこには外国の使節団も呼び出され、《いと高き位の》王が彼らを接見しようとした。カールがパヴィアでキリスト降誕祭を、ローマで復活祭を祝うについては、高度に政治的な権力示威の気持が働いている。つまり、パヴィアは数年前併合したばかりのランゴバルド帝国の首都であり、ビザンチン帝国はローマをまだ決して断念していなかったからである。

七七九年帝国議会がデューレンに召集された。カールは司教や修道院長も任命し、それどころか教義論争にまで介入したので、帝国議会が帝国にかかわる一切の問題を討議し決定することはまったく明らかだった。王権と司祭職の最終的な分離は数世紀後にやっと要求され、叙任権闘争以後一部実現したのである。それゆえ、帝国議会には一般に聖と俗の君主が召集された。だからデューレン、フランクフルト、インゲルハイムのような御料地は、当地でも大集会が召集できるよう建設されねばならなかった。ここには高位顕官、使節、食料運搬人、商人、行商人と芸人がひっきりなしに往来した。

訪問先の御料地の住宅、厩舎、納屋と仕事場は、王や王家の者が泊まるにふさわしく整えられて然るべきだった。贅をつくして人目をひく建物はむしろ王城に一歩譲ったが、王城と御料地はほとんど区別できないことがよくある。ある王城では王の聖務を祝うための《礼拝堂《オラトリウム》》さえ期待される。王がヘアシュタールでキリスト降誕祭と復活祭を過したということは、当御料地に独自の礼拝堂があったのだろう。

建築素材としての石は、はるか中世盛期に至るまで教会専用であった。王城や御料地の住居は長いこと木材、粘土、編み細工からできていた。これらの素材はうまく熱を遮断したので、家の中は夏涼しく、冬には暖房のきく部屋は楽に暖めることができた。このような建物はわれらが世紀の当国の多くの家と同じように、もちろん欠点もあった。地面の湿気が昇るのを遮断できず、石造建築より火事の危険が大きかった。帝国年代記には七九〇年ヴォルムスの王城が焼け落ちた、と記されている。

帝国議会の出席者はごく僅かしか居住用の建物に泊まれなかったので、帝国と教会のおえら方もみずから宿を手配しなければならなかった。七八〇年リップシュプリンゲにおける集会の時はますますもってその通りだった。彼らが天幕を張ったのは、フリースランドにおけるボニファティウスや、一一八四年マインツの盛大な宮廷祝祭における皇帝フリードリヒ・バルバロッサの賓客同様である。自分の天幕で、自分用の毛布や毛皮にくるまれて眠るのは多くの人びとにとって、空気の澱んだ臭い部屋で泊るよりずっと好ましかった。じめじめした寝具や害虫はいわずもがなである。今日でも裕福な同時代人たちはホテルよりも――ことによると実に快適な――テントに泊る方を好む。カール大帝の時代にはもちろんこんな二者択一はなかった。

カールは計画した遠征の作戦基地に、帝国議会を召集することがよくあった。七七三年ランゴバルド遠征前のジュネーブへ、七七九年ザクセン遠征前のデューレンへ、七八〇年にはザクセンにすら召集した。このような命令の裏には召集される者に不必要な道のりを強要してはならぬとの考えがこめられていた。大国といえども限定された援軍や救援物資の能力に気を遣わぬわけにはゆかなかった。

はるか近代に至るまで中央ヨーロッパでは、遠征は主として春か夏に行なわれた。それでも春にはまだ洪水や氾濫の恐れがあり、フランク軍は七八四年と七八五年それでひどい目に合った。夏になれば道は秋雨や冬雨の降る中を行くより、人も車もずっと楽に通れた。それから宿の問題も楽に解決できた。軍卒は毛皮にくるまれ、野天で心地よく眠った。補給が困難な時、夏なら軍隊はいざとなれば森や野原に生えるもので数日命をつなぐことができた。それでも夏の乾きのためフランク軍はザクセンで、あわや不幸な目を見るところだった。この軍隊のいた地域でいい潮時にたっぷり雨が降ったことを、同時代人たちは奇蹟と見ている。晩夏には敵方の収穫物を取り入れたり台なしにし、ために敵軍は生き残るのが難しく降服する気になった。軍隊は通常秋に解散したが、それは冬大勢の人の補給や宿の問題があったからである。おまけにもう一つの原因があった。中世の王たちは好んで狩猟に熱中した。この王者のスポーツには娯楽と、いざ鎌倉という時の絶えざる肉体の鍛練と結びついていた。帝国年代記はカールについて、たとえば八〇四年軍隊を解散しアーヘンに赴き、それから狩りのためアルデンヌに向け出発し、その後——たぶん冬になってから——アーヘンに戻った、と報告している。このような規則にも例外はある。カール大帝も繰り返し——奇襲のために——冬の遠征を行なったが、七八四年のザクセン行、七八七年のイタリア行がそれである。一〇年後の一一月中旬彼はザクセンに出動し越冬している。フランク人が敵国内で長く居坐る心構えを、相手方に見せつけたのである。

七七九年カールの軍隊はヴェーゼルから遠からぬリッペハム近くでライン河を横断したが、それは作家にとってそれ以上書く価値のない出来事だった。これに対し七七八年フランク軍がエブロの川瀬を渡ったことは強調している。ライン河下流では夏の乾季でも大量の水が流れるので、——マイン河などとは違って瀬を横断できないのである。帝国年代記によれば、フランク軍は七八九年強固な橋頭堡をもつ橋を二つエルベ河上に築き、三年後には船を並べた橋を一つドナウ河上に作った。七七九年軍隊は小舟や荷船の上を通ってライン河を横断した。固定した橋が取り除かれたからであり、小舟や荷物はタイミングを見計らってそこへ運んでおくよう命令されていたのである。

それから先のルートについて年代記の記事はない。カールがどの道を経由して《フランクへ》帰ったかの問題についての記事もない。ライン右岸の地域にも大昔から道はあった。それはもちろんライン左岸の大体保存のいいローマ人街道とは比ぶべくもないが、この道をカール大帝や彼の同時代人たちはまだ往来していた。パーデルボルンにおける帝国集会と関連して帝国年代記中に、カールはザクセンの街道や道の《悪党を一掃》させ、《公道は》いたる所平和になった（七八五年）、と記されている。七九七年フランク軍はザクセンの沼や《道らしい道もない》地方を通ったことが強調されているが、それはまた普通なら道を利用できたことも示している。

《旅の途中多くの人が洗礼を受けた》と帝国年代記は七八〇年の項で告げている。洗礼は聖職者によって授けられたが、軍隊に聖職者が常駐することは、ボニファティウスによって提起された改革教会会議がはっきりと想定している。かくのごとき洗礼では改悛は問題にならなかった。ヨーロッパにおける《内なるキリスト教化》が始まるのはやっと一一世紀の教会改革運動からであり、それは一三世紀の托鉢修道会によってさらに促進され、一六世紀に入りようやく宗教改革と反宗教改革によってある種の深みに達した。ザクセン人が洗礼を受けることにより、フランク帝国との結びつきは二重の基盤の上に立つことになった。皇帝に対する忠誠の誓いに、洗礼の約束が加わったからである。異教への寝返りは体罰、死刑、罰金刑で処罰された。どのように行なわれるかを、レットラントのハインリヒのものしたリブラント年代記の一二一六年の項を見れば、ときおり行なわれた大量洗礼のやり方がわかる。攻囲されたエストニア人たちは飢餓のため放棄を余儀なくされた。講和は彼らがキリスト教を受け入れるとの条件で約束された。エストニア人はその準備があることを宣言した。一司祭が彼らの城内に遣わされ、エストニア人を祝福していった。《彼はいった。〈偶像崇拝を捨て、一なるキリスト教徒の神を信じるか〉。一人残らず〈はい〉と答えたので、司祭は彼らに水をかけ〈では全員父と子と聖霊のみ名により洗礼される〉といった。これが終ると彼らは平和を手に入れた。長老の息子たちが人質として差し出された後で、軍勢はすべての略奪品と囚われ人とともにリブラントへ戻り、異教徒が改宗したことで永遠にたたえられる神を称讃した》。

カールがザクセン人の征服で満足せず、おのれを神の手の道具と見ていたことは、キリスト教の伝播を自分の義務とした支配者の自己認識にふさわしい。

カールは《祈りのため》ローマ詣でしようと思い立った、と帝国年代記の七八〇年の項に記されている。この旅の裏には七五五年とその翌年、彼の父ピピンが教皇のためランゴバルドへ出かけた時、あるいは七九九年カールが追放され評判の悪い教皇によって第三次ローマ遠征に呼ばれた時の、助けを求める絶望的な叫びはない。主な動機として祈りがあげられているが——それは政治的ないし軍事的意図を糊塗するものなのか。フランク人のローマ崇拝はメロヴィング朝時代に遡り、ボニファティウスによりその後もずっと促進された。自身と帝国の無事を真剣に考えれば、《天国の門番》との友好関係は大事だった。そのような旅では司教、修道院長、世俗の権力者との交渉も行なわれ、二つの世界の中心地でのキリスト教降誕祭と復活祭に、《旗幟を鮮明にし》支配権を誇示する機会が利用されたことはもちろんである。七八六年に帝国年代記はまたしても、カールは《聖なる使徒のもとで祈りを捧げるため、ローマへ赴いた》と述べている。さらに曰く、《イタリアの事件を片づけ、統一に向け帝国の使節と折衝するためだが、事はそのように運ばれた》。

聖と俗の領域がきわめて密接に結びついていた時代、《国事行為》の裏にはたいてい二、三の——政治的・宗教的その他の——動機が隠されていた。歴史家は宗教的な動機も真剣にとった。カールの父について同じ文献は報告している。病い篤くなり、ピピンは七六八年サントから故郷に帰った。トゥールでは聖マルチンに祈りの言葉を捧げたが、同地を経て《聖ディオニシウスのもとに至り、そこで死んだ》。この言回しを見れば人と聖人の密接な結びつきがわかる。ピピンはトゥールやサン・ドニには行かず、聖マルチンやディオニシウスのもとに赴いている。聖マルチンはカロリング帝国のもっとも重要な聖人で、その聖遺物を人は勝利を約束する印しとして戦いにさえ持参した。聖ディオニシウスも同じような崇拝を集めている。聖人伝の述べるところによれば、彼は斬首された後も自分の頭を手に取り、山までやって来たというが、この山は彼や他の殉教者に敬意を表し私の殉教者《モンマルトル》と名づけられた。

文献はカールの帰路、彼が往復のさい横切ったアルプスの峠については語っていない。季節、従者数、駄載用動物の飼い主はいたのか、いなかったのか、支配者もどこで下馬し、狭く険しい小径をつらい徒歩行進を続けねばならなかったか、の問題にも黙している。

カールは王妃ヒルデガルトとともにローマに向かった。これは異例のことで、そのため帝国年代記はその詳細をしっかり書き留めている。それによれば、中世の支配者とその配偶者はどんな重荷にさらされていたかが浮かび上がる。指導的立場にある者はその職務のおかげでえている名声のために、高い代価を支払った。どんな悪天候だろうと彼らは旅路につき、夏でも肌まで濡れることがあった。風邪をひけばたちまち生命にかかわる肺炎になった。不潔な宿や風の吹きこむ天幕に泊った。じめじめした寝具にくるまれては夜も寝られず、のみ、南京虫、ねずみのごそごそいう音、おそらくかゆい霜やけに苛まれた。うるさい相宿についてはいわずもがなである。元気を回復する睡眠はあてにできなくとも、翌日は堂々と出立する定めであった。不平顔の召使いに指示を与え、使節に応対し、聖・俗の君主をいんぎんに迎えた。これらの人びとは支配者の一行に合流し、自分らの問題に心安く耳を傾けてもらうべく依頼し、懇願し、嚇したり——王妃を仲介者として抱きこもうとした。《余の妃の願いによっても》贈与と承認と授与があれこれと行なわれたと公文書にはよく出てくる。それからまた荷物の整理、出立、旅の続き。荷物は定まった荷馬や、——後には——定まった乗物専用の場所があった。計画的な荷物の出し入れは手慣れた仕事のせいか、文献ではざっと触れているだけである。

カールのお供でローマへ赴いた王妃ヒルデガルトについて、われわれは実によく知っている。それゆえ、例として《旅の女性》のテーマについて詳しく述べるとしよう。それは文献には現われないが、他の女性たちについても当てはまるだろう。七七一年カール大帝は一三歳のヒルデガルトと再婚した。カールとの結婚一二年間に彼女は九人の子をもうけている（カールは他のすべての側室に同様少なくとも九人の子を産ませていた）。ヒルデガルトは第一子の誕生時、一四か一五であった。文献抜粋の報じているギーゼラは末から二番目の子で、王夫妻が七八一年に産んだ子である。ギーゼラはミラノで洗礼を受けているので、ローマ＝ミラノ間で生まれたと推測される。それは分娩を控えた身重の母親が街道や小径を、峠や河を越え、山や森を通って旅したことを意味しよう。一二年間に少なくとも九度の出産やそのような旅は、ヒルデガルトが若冠二五歳だったからこそ理解できる。母性、旅、宮廷のごたごたによる幾重もの重荷が、彼女と運命を共にする多くの人びとと同じく、王妃を早く消耗させたことだろう。

王妃はどの旅にも支配者のお供をすることはできなかった。それだけに無事帰郷したことを祝う祭での喜びはますます大きかった。婚外婚もパートナーのしばしばの、かつ長期にわたる別居から説明できよう。カールは生涯に四人の妻と、そのほか少なくとも六人の側室と婚姻関係を結んだ。

バイエルンやザクセンへの軍事計画は大変な成功を収めたので、七九〇年の帝国年代記には一改訂者によっていささか独特な補遺が付けられている。が、遠征や、ヴォルムスのキリスト降誕祭や復活祭の祝祭についてはない。人は王が旅に出ることを期待した。その滞在中王は裁判官であり、事と次第によっては土地の権力者に弁明を求め、ひょっとして《小物》を助けて正義を貫かせることもあったろう。まだある。王は幸福をもたらす人であり、彼が居ることによって田畑を豊穣にし、家畜や人間にも多産を贈るというキリスト教以前の時代からの考えは、四九六年のクロードヴィヒとフランク人の受洗後数世紀をへてなお生き続け、多くの祝祭や慣習同様、大なり小なりキリスト教の観念と重なり合った。それゆえ、帝国年代記の改訂版中の七九〇年の項にこう出ている。《王は何もせずにぐったりとなり、ぶらぶら時を過しているような印象を与えまいとして、船でマイン河を上り、ゲルマニアのザーレ河畔ザルツに建てた王城へと向かった。それからまた同じ河を下りヴォルムスへと戻った》。

⚜国王巡察使

どんなに王が旅に出たとしても八〇〇年ごろのフランクのような大国では、正義と秩序をつねに監視する制度が必要だった。八〇二年《王の使節》と称する監視組織が設けられ、聖と俗のおえら方の中から《頭のよい賢者》が割り当てられた地方へ旅し、監察することになった。後世、似たような制度が大国にはあった。一九世紀になってからも中位の監理官が個々の村へ日帰りの旅で出かけたり、ゴーゴリの劇で有名な《検察官》がいる。

《カール王の使節》は現場でそのつど正確に調査し、ただちに王に報告する定めであった。自分で権利の濫用を処理できない場合、その件をためらうことなく皇帝の裁判所にもち出さねばならなかった。つまり、《司直は追従、買収、縁故採用ないし権力者に対する恐怖など見逃し》てはならぬ、というのである。神の教会、貧者、中でもとりわけ寡婦と孤児が、脅かされていると見た。

八〇三年サン・ドニ修道院長とパリ伯が王の使節として、共同でパリとルーアン地区の担当をすることになった。彼らが持参した質問指導要領は一見の価値がある。上記修道院長と伯は、司教、司祭、修道院長、修道士、修道女が教会の規定通り生活しその義務を果たしているか、とか怠惰でだらしなくないか、調べるように命じられているのである。そのほか、司祭は詩篇を知っているか、彼らは洗礼志願者にキリスト教信仰を教えているか、彼らは特別ミサの祈りを――たとえば死者のための――祈りの対象となる人びとの数や性別に応じて変えられるか、というのもある。王の使節は、司祭が教区民に教えるため説教中どうしたか、罪人にどんな贖罪を課したか、害のつぐないのため何を命じたか試験すべきである。《しかし、他の何にもまして重要なのは、彼らが司祭の生き方と貞潔を心得ているかであり、彼らが信者の模範となっているか否かということである》。また平信徒が教会財産を流用していないか、司教、修道院長、伯、尼僧院長及び王の家来たちの間に協調と友情があるか、争い――注を付ければ、権利と所有地をめぐっての――はないかを王の使節は確かめるよう要求される。それから、偽誓や人殺しや姦通の事件はあるか、貧者が役人に兵役義務を押しつけられていないかも。たとえば、もはや土地を耕す暇もなく、納税もできず、無理やり自由を奪われるほど毎年兵役を強制されていないかというわけであった。また王の使節は海岸では命じられた船を建造しているかも調べる……。

王の使節たちは長たらしい質問表を携えて出発した。しかし、ここには大まかな指示しか与えられていなかった。この意味で、卿らは万事教会法と世俗法にかなっているか探るべし、というのである。このような管理手段は一定の前提が存在する間しか機能できなかった。使節の背後には、使者として非の打ち所のない買収のきかない人物を派遣したことを保証する、強大な権力がなければならなかった。王の使節たちは弊害を暴いたら個人の人柄にお構いなしにそれを罰し、場合によっては役職も適任者とすげ替えることで、定評がなければならなかった。中央の権力は派遣した巡察使をあらゆる攻撃から守ってやる必要があった。この前提はカールの帝国内では大体うまくいっていた。《王の使節たち》は少なからぬ弊害を取り除き、無実の者に正義を回復してやったことも少なくなかったろう。しかしながら、文献には圧力と不正についての訴えがみちみちている。巡察使の適任者がいなかったことも確かにあろう。というのは、一つの穴を埋めれば別の穴が破られる危険があった。サン・ドニ修道院長が王の使節として数か月も旅に出れば、同時に自分の修道院の者の正義に気を配れない道理であった。

⚜フルダ修道院長の王への奉仕

《余は汝に、六月一七日充分なる武具に身を固め戦闘準備ととのいたる汝の手の者を一人残らず伴い、ボーデ河畔シュタスフルトに赴くよう命じる。当地より余の命とあらばいずこへなりとも軍事遠征を行なうべく、配下とともに充分なる準備をととのえ上記の地に出頭されたし。すなわち、武器と道具その他すべての軍備をたずさえ、食料と衣料を……》。カール大帝は実力者の一人、フルダ修道院長フルラートにこのような言葉で依頼している。

フルダはいわゆる帝国修道院の一つである。帝国修道院とはつまり王と帝国の庇護下にあり、両者によって援助され、かつ要求されるのである。フルダ、ライヘナウ、ザンクト・ガレン、ヴァイセンブルクのような修道院と司教区が合体して帝国教会を形成し、王と帝国に対し奉仕と納税の義務を負う。帝国修道院は火災や戦争のみならず、能力をこえた奉仕によってさえ貧困化してはならなかった。それゆえ、九世紀に次のような区別が行なわれた。まず王と帝国のために祈るだけの修道院、第二に祈りと経済的業績をあげねばならぬ修道院と、第三のはフルダもここに入るわけだが、祈りと経済的業績と兵役義務を要求された。

修道院長フルラートがこの命令の裏に隠された要求と正当性を知らなかったとしても、書状ののっけの句がまぎれもなく彼に教えてくれるだろう。カールはその文を祈りのごとく《父と子と聖霊のみ名により》と書き始めたのである。カールは《神によって戴冠され、平和をもたらす偉大なる皇帝にして、神の慈悲によりフランクとランゴバルドの王でもある》と自己紹介している。それから先の命令も支配者のきっぱりした調子でいかなる抗弁も許さない。それを見れば、遠征のさいの携帯物やその他旅で考えねばならぬ問題も明らかになる。《騎馬の者はみな楯、長槍、剣、鹿狩り用の猟刀をもつべし。その他弓や矢入りの箙《えびら》も。汝らの荷車にはあらゆる種類の貯え、つるはし、斧、穴あけ機、手斧、シャベル、鉄製シャベル、及び遠征で必要なる一切を積みこむべし》。手入れの行き届いた街道や固定された橋は例外的にしかなかったので、道路の改修や仮橋の建設に役立つ物は携帯しなければならなかった。《食料は帝国議会から数えて三月の間、武器及び衣料は半年間もたねばならぬ。余が汝に厳に注意するよう命じるのは、余の帝国内いかなる地方を行進しようと構わぬが、上記の地に無事到着すること、他人の貯えには青草飼料、薪、水以外いかなる物にも決して手を触れぬことである。汝の配下の者が荷車、馬もろとも何者かの所有地内を行進する際は、同地の地主を同行さすべし。地主不在により所有地が軍卒の手に委ねられぬためであり、そうなれば災いの種となろう。以上のこと目的地に着くまで適用さるべし》。

上の命令から二つのことが明らかになる。修道院長フルラートは単なる祈り以上のことを期待されたこと。そして、軍隊の通過地はいつも重荷に脅かされていたこと。院長は軍士、完全な武装、道具、車と大量の食料を調達せねばならなかった。上述の行進区域、ということは往来の激しい街道の近くに住む者は、はるか近代に至るまで敵よりは《味方》に少なからず悩まされていたのである。だからこそ王は修道院長に遠征に参加するよう願ったのだ、彼なら部下を知っており、いざという時には歯止めをかけることもできる、と。王たちがそれぞれの実力者に対しどれほどの人数を要求したかは、二〇〇年後の召集令状を見ればわかる。九八一年ある動員令の中に、修道院長や司教某々はかくかくしかじかの頭数を率いるべし、某々は《三〇名を連れてくるか、四〇名を送れ》とある。動員令が下っても万一みずからの出頭義務を免れたいと思う者は、——自費で——予備の武器と糧食をもたせた上、鎧兜に身を固めた騎士一〇人分の軍備をととのえねばならなかった。動員の指令官と、そのつど通過する地域の地主が行進について行けば、わずらわしい裁判上のごたごたは避けることができた。起こるやも知れぬ損害はすぐその場で補償し、片をつけることができた。同じようなことは今日でも大演習のさいに行なわれている。輓曳動物の青草飼料、火起こし用の薪、人獣用の飲料水については、兵士は旅の途上黙って無料で利用することが許された。この好意は薪と水がたっぷり用立てられる間は続いた。住民がふえるにつれ草の利用権は制限された。

《汝が帝国議会で余に届けねばならぬ贈物は、五月半ば余の滞在地へ送られよ。出立に当たり汝みずから余に進呈できるよう行進の手筈をととのえれば、ますますもって嬉し。汝にとって余の恩寵が大事なら、そのさい粗相なきよう心せよ》。書信の結びの辞も明らかである。話題になるのは友情でなく、恩寵である。権力者というのは一回の自発的な贈物を、定期的な貢物にすり換える点にかけてはいつも天才的である。願いの内容がとうの昔に好ましからざる税になっても、《願い》という無邪気な表現は残っている。修道院長フルラートはここで周知のものとして前提となっている確かな《贈物》を持参せねばならなかった——それはおそらく馬か、武器か、貨幣ないし金属だろう。それゆえ、帝国議会は実力者たちに支配者への《贈物》をさし出すことも許した。人が他人を凌駕できることは名誉なことであり、《贈物》が貢物に匹敵するのは恭順の意を表することであった。

修道院長フルラート宛ての動員令から、旅する王国のそのほかの前提も明らかになる。王に個人的に会いたい者、書簡、食料、日用雑貨を手渡したい者は、いつもどこで王と連絡がとれるか知る必要があった。だから旅程はできるだけ早くから練られ、関係者全員に知らさねばならなかった。最後に、王は個人的に修道院長フルラートとの会談に関心があったこと。帝国や教会に関する問題は使者や文書の報告を介するより、帝国議会でさしで、または他の実力者をまじえて話す方が相談しやすかったのである。

もう一つ別の文書は東ザクセンへの軍隊動員令と帝国議会のことをさしていると思われる。つまり、数十年後ランスのヒンクマールの報告によれば、王は帝国の名声高い実力者たちに――フルダの修道院長もこの中の一人だったが――《あてもなく召集したと思われぬよう》ごく重要な法案と管理案をあらかじめ伝えた由。権勢高い王といえどもそのような配慮を余儀なくされた。個々の大修道院や個々の実力者の能力を過度に酷使してはならなかったからである。

⚜王の御料地

教皇ステパノはフランクへ旅し、教皇の支援によって二年前王位に即《つ》いたピピンと、クイルズィの御料地で会見した、と七五三年帝国年代記は報じている。どんな役が割り当てられたかは、教皇がフランク国の数百キロの道をはるばる旅しなければならなかったことからわかる。教皇側の文献によれば、ピピンは教皇をポンティオンの御料地から《ほぼ一時間の道のりを歩いて》出迎えた。もっともピピンは道々《元帥として教皇の荷物用馬の横を悠然と歩いた》とある。以上のことから教皇権は王権ないし皇帝権の下風に立ったので、この奉仕ぶりが後にごたごたの種とはなったのである。

ステパノは請願者としてやって来た。ピピンにローマ教会をランゴバルド人から守ってもらおうとしたのだ。御料地では帝国集会を開いたり大祭を祝えないばかりでなく、国賓を迎えることもできなかった。ピピンが賓客をローマ時代からの都市――二、三例をあげれば、パリ、ランス、ソワッソンはクイルズィから遠からぬ所にあった――でなく、王の御料地に迎えたことは、王の自己理解と、そのような《villa》の能力を物語るものである。それを《御料地》と訳しても、中世の王の農場という不完全なイメージしか浮かばない。まさに旅する王にとっても《villa》とは何なのか、それはむしろフランス語の《都市》という名称がラテン語の《civitas》から取ったのではなく、《villa》から導き出された事実が示してくれる。

国中に散在している帝国領のもっとも重要な部分は王の御料地であった。カール大帝の帝国領は、クイルズィもそこにあったが、セーヌ河＝マルヌ河間の地域、アーヘンとデューレンを含むマース河＝ライン河間、インゲルハイムとフランクフルトを含むライン河＝マイン河三角形内、カールがバイエルン大公の遺産を相続したレーゲンスブルク周辺と、最後にザクセンに集中していた。ザクセンでは叛徒の広範な領地が国庫に没収され、帝国領に加えられた。もちろん王は家長として食料、飲物と宿を他人に乞うたり、他人から買う必要のない所に時にしばしば滞在することを好んだ。

カロリング朝時代から類のない文献が保存されている。〈御料地令〉である。この勅命《カピトウラール》の名はカロリング朝時代法律は条でなく章《カピーテル》で分けられたことに由来するのだが――それは領土と人民の支配の構造を覗かせてくれる。また王がその高い職務を行なうために、中世では誰が旅に出なければならないかも伝えてくれる。それははじめから帝国全土に適用され、再三再四見られた権利の濫用を取り除くことを目的としたものであろう。

《余は命じる。御料地は宮廷を巡察すべく余が設けたものであり、余の用にのみ役立つべきで、他の何人《なんぴと》にも役立ってはならぬ》。基本方針として第一章から他人の要求をしりぞけている。《余の用》とはまず狭義の王家の需要であり、それから王の従者のそれである――食物と飲物について、王の食卓では時に、たとえば教皇ステパノのような最高の客をもてなしたので、食品の製造と加工に関して〈御料地令〉は厳しく命じている。一番いい物を出すべきで、食品の加工に際してはこの上ない慎重と清潔さをもって事に当るよう要求している。つまり、小麦粉、ベーコン、燻製肉、塩漬肉、葡萄酒、酢、葡萄汁、マスタード、チーズ、バター、麦芽、ビール、蜜酒、蜂蜜、等々を作ったり、調理したりする時である。こう並べてみれば、富裕階級がふつう旅に出た時欲しがる食物や飲物がわかる。さらに責任ある役人どもは、いかなる者も《余の葡萄を厚かましくも足でしぼる》まじきよう、むしろ《万事きれいで清潔に行なわれるよう》、注意するよう求められている。

食品衛生に関する最小の基準がここには定められている。それが今日まで中部ヨーロッパ各地で守られているかどうか不問に付すとしよう。食品の調理の際の清潔さに関しても、われわれが折りにふれ思うより、中世が《暗い》こともなく、現在の方が《啓かれている》こともないようだ。一九五〇年代半ば、本書の著者が南フランスで葡萄摘みのアルバイトをして、傭い主のかみさんが当り前のような顔をしてぶどう圧搾機を――前もって洗った――足で踏むのを見た時、この命令のことを思い出した。

王の御料地の貯蔵庫にはさらに客の宿泊と接待、農業や森の仕事、戦争に必要なものは、用意されてしかるべきだった。細かくいえば、用意される寝具には掛け布団ないし寝台枠、マットレス、羽根まくら、シーツが入る。厨房用には銅製、鉛製、鉄製、木製の容器、炉の薪架、鎖、釜架け。食堂用にはテーブルクロスと椅子のクッション。仕事場用にはかんなの刃、つるはし、穴あけ機、彫刻刀――《要するに、よそに頼んだり借りたりしなくてすむよう必要な道具一切である》。金属性の道具は長いことまだ珍しかったので——たとえば、鋤は三日月状の刃だけ鉄で、ほかは全部木だった——、暇がかかることはさておき、そんな道具はよく借りる努力をしたことだろうが、時間を無駄にしたことはいうまでもない。鉄製の武具も使用後は御料地の貯蔵庫に慎重に保管される定めであった。戦争用の馬車は《いざという時いっぱい積んでも、水がもらずに河が渡れるよう》作られねばならなかった。車の屋根は獣皮で張り、内部は《余の財産が、要求通り無傷で先方に届くように》縫い合わされた皮で内張りすべきである。どの荷車にも一定量の小麦粉と葡萄酒を保存しておくこと。

このような命令は多くの章でもっと正確に規定されている。御料地はできるだけ自給自足の小世界たるべし。農耕と家畜の飼育を、できれば葡萄栽培や魚の養殖、養蜂も行なう模範的な農業経営体たるべし（民間用でも軍事用でも、王には同じように重要だった馬の育成について、御料地令は特に詳細に取り組んでいる）。広範囲にわたるカタログは農園で栽培されるべき有用植物、香辛料植物、観賞植物をいっぱいあげている。——もっとも気候や土壌、役人の資質等が許すならばの話だが、それについては本章や他の章で補足しなければならぬだろう。事業や仕事場についての規定もたくさんある。水車小屋と葡萄圧搾機、パン屋、醸造屋、漁師、鍛冶屋、金・銀細工師、靴屋、ロクロ工、車大工、楯作り、石鹸作り。さらに鷹匠や網作り、また女性が羊毛や亜麻から製品を作る仕事場のことが話題になる。《そのほか特別の召使いもいるが、それを羅列するのはわずらわしすぎよう》。それゆえ、——ザンクト・ガレンの修道院平面図に比べれば——総体的に大枠を定めた命令で、決断力と想像で任務を果たす役人に対する問題提起である。

王が帝国内をよく旅行した際、食事を提供しその世話をやかねばならなかった。食物と飲物、乗用動物、輓曳動物用の餌、宿泊の需要が、個々の御料地の供給能力を上まわることがしばしばあった。管理機構上たとえ他の御料地が当の御料地に従属するとしてもである。だから遠く隔った御料地の上がりが、王の当面の滞在地へと送られた。陸上交通では短距離でももう運送費がばかにならぬほどかさんだので、役人たちは万一出た余りや、王の御料地へ供給できない物、また自家用に使えない物は、ひっくるめて市場で売り、（そしてたとえば地のワインのように不足しているものをそこで買う）ことを要求された。役人は一一月一〇日の聖マルチンの日に牡の若馬を御料地に送らねばならなかった。遅れた役人たちは王城の（王か代理人の前で）弁明しなければならなかった。そこに至る道は徒歩でやって来なければならず、《遅延の理由を申し立てるまで葡萄酒や肉をたしなんではならぬ。それから彼らは背中にか、そのほか余ないし王妃がふさわしいと認めた方法で、判決を受けるだろう》。異議がある場合、役人は書面をもって宮廷宛てに送り、出来事を述べ釈明すべきである。彼らは毎年収入と支出について説明すべきであり、税金、罰金、関税、橋税を宮廷に送るべきである……。

御料地と市場間の、そして御料地とその折り折りの支配者の滞在地間の出入りが、ここではっきりする。王と従者があり余った物をその場で食い尽くすように、意識的に旅路を選ぶこともよくあった。いささか誇張気味だが、具体的に《牧場の草を食い尽くす》といわれたものだ。

要するに役人たちは王の万一の滞在に必要なものはすべて準備するよう、配慮すべきだった。特に住宅棟には火を絶やさぬため、火の見番を立てるよう義務づけられていた。この命令の裏には自分が来た時乾いた部屋と乾いた寝具をほしいという王の願いを読み取ってもよい。

御料地へ旅する、またはそこから旅立つ王の使いや使節団は、ここで宿も食事も要求してはならぬ。しかし逆に宿や食事が提供されることは往々あったようだ。むしろ《昔から》この任務に気づき、補助馬や《その他必要な物一切》を配慮する人びとに、王の使いの面倒を見てやれというのである。多くの隷属民が税金を払わねばならなかったように、他の人びとにも定まった奉仕を要求した——たとえば使い、渡し船、引き船の奉仕、あるいは今述べたような王の使節のための宿泊と世話である。

隷属民はしばしば実に高い税を要求されたので、彼らの家族が暮らすに必要なものはほとんど残らなかった。〈御料地令〉は義務の履行を拒むことを前提としているからといって、驚くには当たらない。《犯人が穀物の種を地下やその他の場所に隠し、そのため収穫が減らぬよう役人は注意せよ》。この点については非常用備蓄が周到になされているのだが、それは道中飢えに苦しみこのような隠し場所が目についた人にも、もちろん役立った。

広範囲にわたる責任とたくさんの義務を負わされた役人たちは、〈御料地令〉によればしばしば王をだしにして越権行為をしようという気になった。彼らは王の御料地の手入れをする人びとに対し、自分と猟犬用の宿と食事を要求してはならなかった。彼らは王にさし出された人質を御料地で隷属民の地位に追いやることは禁じられた。彼らは……をすべきではない、……をすることは禁じられている。彼らは読み書きできるよう、戦争ともなればそれぞれの地域の動員を指揮するよう期待される。こういう彼らが数世代たつうちに騎士まがいの地位に慣れるのは自然の理である。ことに恒常的な監督官がいない場合、王権が弱まるか外敵に脅かされている時はなおさらである。そうなれば、件《くだん》の役人たちのいる御料地は王国の絶対権力の手の届かぬものとなる。そうなれば、後にまた王国が強力になったとしても一定の地方では、旅する王国の根拠はなくなってしまう。一一世紀末ハインリヒ四世の時戦争と簒奪のため、ドイツ王国はザクセンの膨大な領地を失うが、それはハインリヒ一世によって帝国へ併合されたものであった。そのこともあって後の王たちは北へはめったに旅しなかった。マイン河の線は後の王たちがただフランクフルトでの選挙とアーヘンでの戴冠式の時のみ越える境界となった。

自分の大修道院教会や大聖堂教会から数百キロも離れた土地について、宗教界の実力者たちもカール大帝のようにふるまった。高位聖職者はこのような所有地を購入、交換、贈与によって組織的に強化した。彼らはしばしばやむをえぬ旅の途上、市場や他人の客あしらいを頼りたくなかった。つまり、巡察や堅信の授与のため司教区を旅する司教。ローマへの途上の司教や修道院長たち（ブルグント王ルードルフ三世はヒルデスハイム司教ベルンワルトが、ローマからの帰途王を訪れた時、彼にパヴィア近郊の荘園を三つ贈っている）。しばしば帝国議会が聞かれる場所で（たとえばマインツ、ヴォルムス、シュパイアー、フランクフルトで）。生まれつつあった居城で（クリューニーの修道院長はパリに大きな居住地をもっていた）。クリューニー派の修練士をかかえる各修道院は、同派への入信誓願をクリューニーの修道院長の手に委ねる定めであった。この点でも修練士たちが途中教団所有の家に立ち寄れるのは有利だった。遠かったり道中が危険だったりでこの旅は何か月ものびたり、ことによるとまったく行なわれないこともあったから。シトー派の修道院長たちは年次総会への道中、教団の家に泊れることを評価することができた。

修道院や司教区の遠方に散在する所有地は〈御料地令〉にもあったように、ある種の自給自足の努力からももちろん説明がつく。特定の産物に関して、ここではとりわけミサ用に必要であり、また日々の飲物と考えている葡萄酒に関して、他人の世話になりたくなかったからである。だからザクセンのコルヴァイ、ガンデルスハイム、クヴェートリンブルクの各修道院では、ライン河畔、アール河畔、モーゼル河畔に葡萄の木を所有していた。ワイン山は定期的に監督され、納税義務のある人は検査をうけ、出来上った葡萄酒はほとんどが遠方にあった修道院へ陸路か水路で送られねばならなかった。ワインの輸送は数世紀にわたって街道の風景となっていた。それは個々の旅人にとっても関心があった。なぜなら彼らは修道院長や司教の命をうけて街道に出た荷車と、道連れになれたからである。乗物の横や後ろからついて行く人は楽しかった。ことによると車上で休むこともできたろう。もっと大事なのは彼が二重の保護を手に入れていたことだ。彼はもう一人ぽっちの旅をしなくてすんだし、それに——いわば《便乗者として》——教会の設備や人に与えられた特別な庇護に浴したからである。

⚜王のローマ訪問

ローマ人が大挙して教皇レオ三世を襲って捕え、目をくり抜き舌を抜いたと、帝国年代記は七九九年の項に報じている。が、教皇はまだ見たり話したりでき、従って暗殺は失敗したことが後に明らかになった。教皇はフランク国の使節に助けられ、カール大帝のもとに難を逃れることができた。レオに対して重大な非難が浴せられたので、カールはこの窮鳥を迎えに急がなかった。彼は半世紀前父王ピピンがさせたより遠い旅路を教皇にたどらせた。カールはようやくパーデルボルンで彼を迎えた。この訪問はフランク国による征服を、教会のいと高き権威によって承認してもらう絶好の機会だった。カールは教皇を《大いなる名誉をもって》迎え、暫くして《迎えられた時と同じ名誉をもって》帰したと、帝国年代記はまったく言葉少なに述べている。

翌年カールはイタリア遠征を命じている。なかんずくローマ教会の秩序を回復しようとしたのである。《彼がローマに来た時、教皇レオはその前日ローマ人を引き連れ、市から一二マイルはずれのメンタナまで迎えに出、いと高き恭順の意を表し最高の名誉をもってカールを迎えた。上述の地にて会食後、ただちに彼はカールの前に立ち市内へと導いた。翌日教皇はまず大帝を迎えにローマ市旗をさし向けた後、みずからは聖なる使徒ペテロの教会の階段に立って大帝を迎えた。その場にはまた讃歌を唄わせるべく大勢の外国人や市民たちも呼び寄せた。カールが下馬し階段を登った時、聖職者や司教たちすらそれに和した。祈禱後みなが歌う中を教皇はカールのお伴をして聖なる使徒ペテロの教会へと入った。これは一一月二日の出来事であった》。

外交儀令は今日に至るまで大きな問題である。外交儀令は主人側が客を高く評価し、ことにローマで、教皇権が問題となる時ますますもって高く評価していることを示している。主人側の外交儀令には古代後期ローマ帝国の支配観が反映されており、さらにその支配者崇拝はヘレニズムとオリエントの帝国に義務づけられていたものであった。教皇は客を歓迎するため、みずから一二番目の里程標まで（ローマから北東二〇キロはたっぷりあった）出向いた。レオがパーデルボルンを訪れた時、それと比すべき応対は明らかになされなかった。

会見には幾度かの平和の表明がつきもので、挨拶には平和のキスをし、それはわけても会食のさい行なわれる。これはまさに平和と連帯感を生み出すゼスチュアだが――そのためしばしば悪用され、人を信じすぎる客は短剣や毒で片づけられた。――引き続いて歓迎の最後の準備をすべく、教皇は王をローマへ先導した。翌日王はごく僅かな距離を歩まねばならなかったが、それはおそらく双方の儀典長が儀式の時間が長続きするよう申し合わせたものだろう。町の外にある――ペテロ教会への沿道で王は大勢の外国人や市民たちから挨拶を受けた。《外国人》の中には信頼できるフランク人たち、たぶん王の安全を守るべきフランクの軍士たちもいたことだろう。中世のローマにはフランクびいき、帝国党びいきと並んで、反帝国党がいつもいた。オットー大帝は九六二年皇帝戴冠式の間すら陰謀を恐れる理由があった。ローマと、オットーのローマ政策に好意的でない年代記作家ティートマールによれば、オットーは聖なる儀式の寸前、わが身を注意深い太刀持ちに委ねた。太刀持ちは今は王の命に注意をはらえ、その後ずっと祈るがよい。

大勢の外国人と市民たちはカールのため讃歌を唄うよう要求された。この讃歌は連禱形式の祈りで、王権神授説を強調し、ことに強力で影響力大とみなされる聖人たちのとりなしに王を委ねた。片や王ないし皇帝と、片や教皇との間で、いとも強大な聖者をどちらが自分の讃歌の中に入れるかについて一悶着すら起こった。

ペテロ教会への途上、ローマ市旗も王の迎えに送られた。旗（や鍵）とともに支配権が象徴的に手渡された。王は支配者としてやって来た。その伝記作家アインハルトはもちろん、カールは誓約を果たすためにローマへ四度来たと強調している。巡礼や贖罪者として来たなら、王はペテロ教会の階段まで威風堂々と馬で乗りつけたりせず、徒歩で、いや裸足でさえ近づいたことだろう。教皇も司教も聖職者たちも教会のずっと前から王を迎えた。彼が階段を登る時に、一同は迎えに出た。遅くともその時香炉入れ、聖遺物、臘燭をもった聖職者がカールに追いついた。支配者は全員の歌の伴奏のなか最高の名誉の証しをもって教会の中へと導かれた。聖ペテロに捧げられた祈りは王と教皇の結びつきを強め、平和を保証することとなった。

カールは数週間にわたる交渉で、教皇に浴びせられた重大な非難を解明しようと努める。最後に教皇は八〇〇年一二月二四日潔白の誓いをたてて弁明する。カールが皇帝に戴冠されたのはその翌日である。フランクの王権がこのように高まったことで、フランク人をローマ教会に結びつけようとしたボニファティウスの努力もクライマックスに達する。

《北方人》の船旅とグレティル・サガ

八〇〇年ごろの帝国年代記にはこう書かれている。王は《三月半ばアーヘンの城を発ち、ガリアの沿岸地帯を通り、海賊でぶっそうになった海上に一船隊を配し、監視所を設けさせた。そして聖リクイアーで復活祭を祝った》。それはカールが皇帝に戴冠されることになる年だった。いまやヨーロッパ・近東圏にはバクダッドのカリフの支配する国、ビザンチン、そしてカロリング帝国と三大列強が存在した。遠近からカロリング宮廷へ使節団が送り込まれたのは、この支配者を認めることにほかならなかった。人びとはカールと友好関係を結ぶことに関心をもったが、少なくともいざという時に相手となる人物の正体を知りたがったのである。フランクの半ば公式の史書が新たな危険について報じているのは、まさにこの時期である。《海賊》がフランク帝国を一世紀も、ブリテン諸島を二世紀以上にわたり不穏に陥れ、略奪し、荒廃させることとなった。なるほど一船隊を建造したことは話題になったが、この脅威に対するカールの対応策は、ザクセン人、ランゴバルド人、ムーア人、アヴァール人に対するのと異なっていた。その気になれば《海賊ども》を隠れ家まで追跡して根城を破壊し、補給を絶やすこともできたろうに、カールはそのような攻撃的作戦をとらなかった。その点に《農民的な》基本的立場が幾らか現われているのかも知れないが、それは他の点でもカロリング王家の人びとに認めることができる。この海賊どもの正体は誰だったのか。ハンガリー人やサラセン人と並んで——海賊どもは数十年にわたり、どうして西欧の災いとなりえたのだろうか。

五世紀半ば民族大移動の過程で、一部のアングロ人、ザクセン人、ユート人は船を建造して他国を脅かし、移住地を探し求めた。彼らはイングランドですでにローマ人に傭われ、——ローマ人の撤退後は——ブリテン諸侯に傭兵として召し抱えられ、ついにローマ＝ブリテンの住民を犠牲にして、自分らの移住地、支配地を建設するに至った。彼らは王国を築いてキリスト教を受け入れ、大陸のゲルマン人を改宗させるべくただちに伝道師を遣わした。例のボニファティウスはその一人だった。同郷意識は色濃く残り、北海とリッペ河、エルベ河とライン河の間に住む人びとを、アングロサクソンの文献類は繰り返し《古ザクセン人》と呼んでいる。

他のザクセン人は五世紀末——四〇〇年後のいわゆる《北方人》のように——河口に侵入し、強奪と略奪、人殺しと暴行によってあたり一帯を仰天させ恐れさせたのである。ノワールムーティエ修道院の僧たちは、ロワール河口の南にある彼らの島から立退きを余儀なくされた。彼らは数十年漂泊の旅を続け、聖フィリベルトの聖遺物をあちこちたらいまわしにした末、最後にブルゴーニュ地方のトゥルニュに運んだ。彼らは当地で安住の地を見出したと思ったのだが、数世紀後にはここでもハンガリー人やサラセン人に悩まされることになった。

ザクセンの船乗りたちはもともと初夏に船出し、秋になると故郷に戻って来た。その後彼らは時に守りやすい島など、現地で冬を越すようになった。その周囲の地では積極的な抵抗はできず、彼らは——九、一〇世紀のイングランド住民同様——人質を立て高い身代金を払い、少なくとも当座は厄介払いできれば御の字だった。海賊たちはついにその地に腰を据えるようになった。一旦定住すると、先住民に同化し、今度はみずから平安と秩序の維持に、外敵の防禦に関心を抱くようになった。

船乗りたちが海賊をしながらある地を知り、まず冬だけ居座り、最後に永住するという――このパターンは九世紀に繰り返された。この世紀のはじめ、《北方人》はイングランドを半ばデンマーク領とした。いわゆる《押し引き効果》、つまり《北方人》がみずからの地から《押し出された》のが、見て取れる。その原因は相対的な人口過剰であり、以前支配していた独立の小国王、首長、豪農を犠牲にして強化しつつある王国のためであり、平和を乱したりその他の重罪を犯した場合、個々の種族の人殺しという血族の仇討ちに委ねず、一時期ないし終生の所払いによって、果てしなく続く人殺しと復讐の禍根を絶とうとする慣習のためである。冒険好きで逞しい若者たちは――アングロサクソン年代記によれば、弱者を犠牲にして――獲物を、移住地を、自由を見つけ出すチャンスに《心ひかれた》。


九九七年。この年敵の大軍はデヴォンシャーを包囲しセヴァン河河口に侵入し、かの地で略奪して国土を荒らし、コーンウォール及びウエールズ、デヴォンの住民を責めさいなんだ。……敵は……をひどく荒らし、行くところ手当り次第焼き殺し打ち殺した。……彼らは書き尽くせぬほどたくさんの獲物を船に引きずっていった。

九九八年。この年敵軍はまた東方に向かってフロム河河口より侵入し、ドーセットを攻め、勝手気ままな方向へと進撃を続けた。彼らを阻止するためしばしば部隊が集められたが、戦いが始まる段になって退却の命令が出、そのつど結局は敵方の勝ちとなった。その後暫く彼らはワイト島に堅陣を敷いたが、その間ハンプシャーやサセックスから補給を受けた。

九九九年。この年またしても敵はテームズ河河口より侵入し、……馬を調達して国中を勝手放題、縦横無尽に駈け回り、西ケント中をほぼ破壊し荒らしつくした……。

一〇〇二年。この年国王と顧問団は、敵が残虐行為を止めることを条件に、船隊に賠償金を払い、平和条約を結ぶ決心をした。……彼らに二万四〇〇〇ポンド支払った。

一〇〇三年。エクセターが破壊された……。

一〇〇四年。ノーウィッチの町が焼き払うと嚇され金をまき上げられたあげく、火を放たれた。

一〇〇六年《ママ》。敵軍は聖マルチンの日以後、ワイト島の堅陣へと引き揚げた……。

一〇〇六年。国王は彼らの食料を保証するよう命じた……。

一〇〇七年。この年三万ポンドの賠償金が支払われた……。

一〇一二年。カンタベリーが攻略され、大司教が虐殺された……。

一〇一六年。この年クヌートが一六〇艘の船を率いてやって来た……。


殺戮と人殺しはなおも数か月続いたが、エセルレッズ王とその後継者エドマントが同じ年に歿したので、事実上の権力者クヌートが一〇一六年イングランドの王位を継承することができた。年ごとに支払う賠償金はさらに高くなったが、戦乱と破壊から数十年へてある程度の安全と平穏がこの国に再び訪れた。一〇二八年アングロサクソン年代記にはこう書かれている。《クヌートは五〇艘の船を率いてイングランドからノルウェーに向かい、オラーフ王を追い払ってその国を手に入れた》。こうしてクヌートはデンマーク、イングランド、ノルウェーに君臨し、制海権、つまり海上支配に基づく大帝国の礎を築いたのであった。北海やバルト海圏では数世紀以来、遠洋航海に耐える一層完全な船を建造すべく没頭していたことが、クヌートにプラスした。高速の軍隊輸送船と、遅いが積荷能力の高い商船を使えたおかげで、その領土が数百キロ以上海に隔てられた（デンマーク＝イングランド間はほぼ五〇〇キロ）帝国で、彼は支配権を行使することができた。船と、船の操作を心得た船乗りのために、税を取り立てたり、動員部隊を帝国内の別の地へ輸送することができたのである。

年代記と娯楽物の中間に位する文学上のジャンルであるアイスランド・サガは、《北方人》の日常世界をかいま見せてくれる。剛毅なグレティルの物語は確かに一三〇〇年ごろようやく書き留められた。しかしながら、そこには年代記や年鑑にはないような、一〇〇〇年ごろの海の旅をテーマとする事柄がいろいろと、事細かに描かれている。グレティルは実在の人物で、九九六年北西アイスランドで生まれた。人殺しをしたため、若いころから人生を享楽することができなかった。それで一〇一一年には一五歳ではじめて三年間の追放を食らい、一〇一六年には終身の追放刑に処された。長年にわたる漂泊の末、一〇三一年彼は殺された。

要約体の物語には頭の下がる海の男の才能と、まったく救いようのない無鉄砲さ加減が入り混っているので、読者はグレティルの次なる冒険が読みたくてわくわくする。一艘の船が苦しい旅の末、アイスランドの島が見える所まで近づく。岸の手前を横切ろうとした時嵐に襲われ、沖に流される。そこで数日の間風浪に翻弄されるが、ついに風向きが変わって陸に向かい帆を張って進むことができる。老練の水夫たちはこの海岸を知っており、今ようやくにして自分らの居場所がわかる。

グレティルは（はじめて）追放の宣告をうけ、国外へ立ち退かねばならない。父は息子のためとある河口で冬越えしていた船で、口を世話してやる。それは遠国へ商用の旅をするハフリディの持ち船だった。アイスランドの島には鉄も木材もなかったので、ノルウェーと島を結ぶ定期航路は早くから必要だった。グレティルは旅立ちに当たり、父から僅かばかりのお粗末な毛織物と食料しかもらわなかった。食べる物は誰もみずから調達しなければならないのである。船上で暖かな食事の調理ができる快適な設備など数世紀も後の話である。父は息子に武器はなに一つくれてやらなかったので、母親が別れに当たり母方の父祖伝来の貴重な剣を一振り与える。幸運と無事を祈る祝福を後にして、グレティルは船に乗り込む。

《準備もととのい追い風が吹き次第、一行は船出した。浅瀬を通り過ぎる時はいつも帆を張った。グレティルはマストの後ろにある小舟の下に陣取って、一歩も動こうとしなかった。船に流れこむ海水を汲み出す、帆を張る、その他船の雑用といった誰もがしなければならぬ仕事を何もしようとしなかった。さりとて仕事を免れるため、金を払おうともまるでしなかった》。船旅の費用はこうして金か、自分の労働力で払ったのだ。いずれにせよ、船に乗せてもらうだけでそのような清算方法がとられていた。船旅の間誰も居心地のいい場所、夜の寝方は自分で心配しなければならなかった。今その下でグレティルが陣取っている小舟は、大体船が綱で引っ張って行った。それは積荷の揚げ下ろしの際、船から船への往来に、いざという時の救命ボートとしても役立った。その小舟は岩の多い海岸に上陸したり、船の外側を修理しようとする時にお呼びがかかった。帆を張れない場合、張りたくない場合、小舟を漕いで船を引っぱることもできた。

グレティルの船は嵐に見舞われる。《船は少し水もりしたので、荒海には耐えられなかった。船乗りたちは気分が悪くなった》。グレティルは他の旅人が《同じ小舟に乗り合い》になるのを認めようとしない。苦境にあって手を貸すどころか、軽口叩きざれ歌唄って皆を刺激する。ある日天気は荒れ寒気が厳しくなる。人びとは指がすっかり凍えてしまったと訴えるが、グレティルは助けてくれとの願いをせせら笑ってはねつける。彼は寝ころんだまま舵取りの可愛い若妻にいちゃつきかかり、重労働している人びとをからかい続けた。船上の緊張は高まり、凍えた連中は激高してグレティルを海へ投げ込んでやるぞと嚇すので、船長は心配する。今や嵐と水もりに加え、船上の乱暴沙汰も彼を脅かすことになる。

長いこと説得された末、グレティルは心を入れかえ、力と辛抱強さの持ち主であることを示すようになる。《当時は》――と作者は数世紀の昔を回顧する――《船から水を汲み出すのに、水を吸い上げて溝から流す方法でなく、桶を使ったものだ。このやり方を〈桶の汲み出し〉と称した。この流儀は辛いものので、人はずぶ濡れとなった。つまり、二つの桶をもって、片方を上げている間にもう片方を下げねばならないのである。人びとはグレティルに水を桶に充たして上に揚げてくれるよう頼み、これで今こそお前さんの力が試せるぞとつけ加えた。〈小手調べが一番いい〉と彼は答えた》。グレティルはこうして船底へ下りてゆき、桶に水を充たした。暫くすると、グレティルから桶を受け取り空にする役の二人の男はすっかり疲れ果ててしまった。四人でも足らなかった。《人の話では、グレティルのさし出す桶を空にするのに、結局八人の男が同時にかからなければならなかった由。それで船の水は残らず汲み出されてしまった》。以後グレティルは山なす仕事に手を貸したので、船乗りたちの彼に対する態度はがらりと変わった。

《彼らはさらに東へ向かって進んだが、いつも濃い霧に包まれた。ある夜のこと、船が岩礁に乗り上げ船底の部分がまったく無くなっているのに、突然気づいた。小舟が海に下ろされ、婦人連と船内の運べるものを残らず乗せた。彼らから遠からぬ所に小島があり、夜の間に一切合財をそこへ運び込んだ》。夜が明けると、自分らの居場所はどこだろうと知りたがった。以前アイスランドとノルウェーの間を航海したことのある船乗りたちは、ノルウェーのゼンドメールにたどり着いたことに気づいた。《大陸へ向かう途中、彼らのすぐ近くにハルハメーと称する島があり、ここには小さな農家がたくさんあり、代官の領地もあった》。

嵐は逃れたものの、船乗りたちは新たな危機に直面したと悟った。層をなしてたなびく霧が必ずしも陸を示すとは限らないので、特に注意しなかったのだろう。速度と距離の見積りが大きく狂ったことは明らかだった。ましてや船が海流や嵐によって流された時は、ますますそうだった。舵取りは大体のコースを正しく取っただけだった。何しろノルウェーの国はトロムゼからベルゲンまで、一二〇〇キロ以上！ にも及んでいる。最高の装備をそなえた船が航海中におのれの位置を定める方法を駆使できるのは、何世紀もたった後のことである。グレティルの乗ったような船は、星辰、鳥、海中の動植物、漂流物……をたよりにしながら、誤った方角を取りがちである。

船が座礁した時、ボートが真価を発揮する。婦人をまず安全な所に避難させるということは折りに触れ言及され、まさにそれゆえに注目に値する。〈女子供優先〉の原則はごく古くからあったようだ。島から船が難波したのを見るや、代官のトルフィンはただちに大型ボートを海に出すよう命じた。《片側で一六人の男が漕ぐことができた。このたびは三〇人余りの男が乗り込み、力の限り速く漕ぎ商人たちの財産を安全な場所に移した。しかし件《くだん》の船は沈み、多くの財産が波に呑まれた。トルフィンは一人残らず船から自分の屋敷に連れてきた。彼らはそこで一週間過し、品物を乾かした。その後商人たちは南をさして旅を続けたが、この物語にはもはや登場しない》。

難船した人を助けることを、カール大帝も帝国内の沿岸住民に義務として課していた。自分もしばしば海に出、明日はわが身となることを覚悟しなければならぬ人びとにとって、援助義務はごく当然のことだったろう。このサガのかなり前の方で、船乗りたちがアイスランドで座礁した船の残骸で、新船を造ろうという話が出てくる。《しかし、それはなみたいていのことではなかった。その船は船首と船尾の材木が細く、胴体がずんぐりしていた》――本物の商船のごとく。ともあれ、船乗りが大工の知識と必要な道具をもち合わせ、遠洋航海に耐える船を建造できると信じた事実は、注目に値する。ハフリディの船は沈み、積荷も幾らか船とともに波に呑まれた。それでも人はみな救われた。難破した人びとは一週間大地主のトルフィンの客あしらいを受け、宿も食料も見つけることができた。職業としてととのった宿屋のなかった時代と土地では、中世初期の聖ベネディクト修道院におけるように、客あしらいは当り前だった。ただし、ここではたいがい最高三晩と限られていた。商人たちは主人に贈り物のお返しをし、品物を失ったにもかかわらずその先の旅で、もっといい商売をしたことだろう。商人の成功、失敗の決め手はすでに一〇世紀にあって、長い目で見れば品物の質だけでなく、少なくともそれと同様、経験、客筋、人を見る目にあった。この物語では海岸法の話は出てこない。海岸に流れ着いた主のない品――たとえば木材や鯨――は発見者の物となるということは、グレティルのサガでも当然の前提となっている。

サガではグレティルはその先またしても商人たちと船で旅するが、今度は冬のはじめである。しばしば時化《しけ》に合い、おまけにある日吹雪に見舞われひどい寒気に襲われる。かろうじて陸地にたどり着くが、疲れてくたくたの体。財産と食料は安全な場所に移すことができた。商人たちは火のないことをこぼし、生命も健康も暖かい物次第だと思い込む。グレティルは生命がけで海峡を泳ぎ渡り、他の旅人の群れから火をもらってくる。翌日この人びとの焼け焦げた屍しか見当たらないのは謎めいている。グレティルはあまり丈夫でない商人たちが風邪をひかぬよう、ことによると肺炎にもかからぬよう守ってやったのである。

一〇〇〇年ごろ大海を越えて、ノルウェーからアイスランドへ、この島からグリーンランドやアメリカへ船の旅をすることもできた。しかしながら相変わらずできるだけ沿岸沿いに進もうとしたのは、大量の飲み水を船に積んで行けなかったせいもある。夕方になると陸に上ったのは、聖ボニファティウスの最後の旅のライン下り同様である。聖ガルスのお供はその心得があったのに、グレティルと道連れが火を起こせなかったのは明らかである。材木がなかったわけでもあるまいに、これは少々おかしい。サガをその先まで読み進めば、秋にはきちんと目的地へ着かねばならぬのは、それなりの理由《わけ》があることが理解できる。冬が文字通り一夜にしてやってくるからである。グレティル一行は即席に天幕を作れる帆を、明らかに携帯しなかった。商人たちは海岸や見本市に着くと《屋台》を作るので、これもおかしい。屋台とは何本かの柱とか、芝土を幾重にも積み上げて作った壁の上に、布を一枚張る例のやつである。

放浪を重ね、殺戮と人殺しをした末、グレティルはついに重病に取りつかれた。そのため、トルビエルンが追放中の瀕死の病人にその貴重な剣でとどめの一撃を加えた時、わが身を守ることができなかった。グレティルの頭蓋は非常に堅かったので、剣はひどく刃こぼれしたほどだった。トルビエルンは死体の首をはね、それを冬中塩漬けにして、次の裁判日に誇らしげにさし出した。ところがそこで彼の立場は苦しくなった。魔術の力を借りなければグレティルを負かせないと訴えられ、彼の首に賭かっていた懸賞金は支払われなかった。それどころかトルビエルンはただちに、恐ろしい血族による仇討ちを逃がれ、この国を立ち去る方を選んだ。

自分を追うグレティルの縁者に足跡を残すことになるとは露知らず、トルビエルンは途中いたる所で、剛毅のグレティルを打ち負かしたのだと自慢する。この縁者トルステイン・ドロームントは卑劣な人殺しの復讐をしようと決心した。人の噂も七五日とグレティル事件のほとぼりがさめるまで、トルビエルンは多くの北方人のようにビザンチン宮廷で、一種の外人部隊であるヴァレガー隊に傭われようと思う。彼はヴァレガーの旧街道をキエフ経由で、または帝国領土内を通って、それとも北海、ドーヴァー海峡、ビスケー湾、大西洋、地中海と海路をとったのかも知れない。追う者も追われる者もビザンチンで、北方人とわかるや歓迎される。トルステインの長い探索も実らない。顔も知らぬ人殺しは見つからないのではと、ついに彼はすっかり意気消沈する。ある日彼の隊は出撃命令をうける。それに先立ち古来の慣習にのっとり武具の点検が行なわれる。トルビエルンがまたもグレティルから奪った剣を自慢すれば、みなの感嘆しきり。彼が刃こぼれの由来を説明すれば、トルステインは探し求めた敵が目の前にいると確信する。彼ももっとよく剣を見せてくれるよう頼めば、トルビエルンもいやとはいわない。この男も——大勢の男たちと同じように——おれの剛勇無双ぶりをたたえるだろうと思い込んでいるからである。《トルステインは剣を取るやいなや振りかざし、トルビエルンめがけ打ちかかった。狙い違わず頭に命中した。渾身の力をこめた一撃だったので、剣は奥歯に達した。トルビエルン・アンゲルは大地に倒れ、死んだ》。

グレティル・サガは本書中唯一の《復讐の旅》の例となるだろう。ビザンチンはアイスランドから直線距離にして四〇〇〇キロ以上はある。仇を討つ者は正義を守るため、数か月も、いや数年も旅の空にあったことだろう。そう見れば、この旅は異常でも何でもなかった。中世ではローマやエルサレムの聖地詣でのため、アイスランドからも巡礼衆がやって来た。中には贖罪の巡礼を課せられた者もいたかも知れぬ。卑劣な殺人によって乱された正義の秩序を回復するため、トルステインが血族による仇討ちをみずからの義務としたように、——重罪を償うため——危険の多い長旅を課せられた人もいた。彼らは罪滅ぼしを終れば、また共同体の平和を享受することができたのである。

旅する聖職者たち

⚜ローマ行と巡察、アウクスブルク司教ウルリヒ

司教たちは堅信を授け、教会を聖別し、教区、修道院、聖職者を定期的に巡察することを義務づけられていた。この任務には長旅がつきものだった。イタリアでは一都市とその周辺しか司教区の管轄下におかれないことがよくあったのに、ドイツの司教たちは往々にして広大な司教区の面倒を見なければならなかった。たとえば、コンスタンツ司教区は北はネッカー河中流から今日のスイスの奥深くまで達し(約二五〇キロ)、西はライン河から東はイラー河まで延びていた(約二〇〇キロ)。司教ウルリヒが五〇年間(九二三―七三年)にわたり指導していたアウクスブルク司教区は、北から南へは《僅か》二三〇キロを越え、西から東へは一〇〇キロにわたって延びていた。彼は生涯よく旅に出た。帝国司教区を預かる身として宮廷会議や帝国議会に参加するのも義務のうちだった。司教団の一員として教会会議に欠席することは許されず、またおのれの魂の救済を気遣い遠近の聖者の墓を訪ねた。

ウルリヒは何度もローマへ旅したが、最初は九〇九年、一九歳の時であった。彼の伝記は旅の経過、宿、アルプス越え、特別な事件について詳しい事は伝えていない。それは言葉少ないながらも間接的に、若者にとってシュワーベンからローマへの旅は格別注目に値するものでないと強調している。《そのうちに使徒聖ペテロとパウロの墓を訪れようという彼の気持が強くなった。彼はその地に至り、教皇から親しく迎えられた》。九七一年か翌年、優に三八歳になったウルリヒは第三次ローマ旅行をした。《敬虔の念から発し、おのれの魂の救済のために使徒ペテロとパウロの墓を訪れようと思った》この旅について、伝記はかなり詳細に述べている。はじめウルリヒは暫く車で進んだ。その後——注釈を付ければ、アルプス山中で——道中が困難になった。《彼は数頭の馬が運ぶ寝台に寝かされて、ようやく旅を続けることができた。その方法はお伴の者にとっていたる所で危険だと思われたけれども、神と使徒聖ペテロのご加護をえ、彼はこうして無事ローマに到達した》。必要な時は何とかして切り抜ける術を心得ており、当時の西欧の文献ではめったに話題にならない駕篭を一時しのぎに作ったりした。帝国の諸侯や司教たちはふつう威風堂々と馬に乗って旅した。

ウルリヒは四年ごとに車で司教区内巡察の旅もした。車の車体に鋼索で専用の椅子が取り付けられた。ウルリヒは最初このような移動を選ばなかった由。なぜなら彼はもう馬に乗って行けなかったからではなくて、大勢の供の者が《くだらぬおしゃべりをし》讃美歌の祈りが妨げられたからである。

いつもウルリヒのお供をしたのは、毎日荘厳なミサ聖祭が行なわれるようにということで、経験を積んだ司祭と助祭二、三人、それにきわめて有能な臣下数人だった。聖務と俗事を決定する際、ウルリヒはいつもお供の者の助言を基に必要な決断を下して交渉しようとした。助言と行為によって補佐する義務は、王だけでなく司教に対する奉仕にとっても重要だった。ケルンの大司教ブルーンは旅にはいつも

教皇ウルバン二世の1095年クレルモンの教会会議への旅　教皇は白馬に跨っている．彼は背もたれもある楽な鞍の上に座っている．修道士と幅広の帽子でそれとわかる枢機卿をお供に従えている．

書斎を携行させたし、ヒルデスハイムの司教ベルンワルトは腕ききの職人と芸術家を供させた。

そのほかウルリヒのお供には輓曳動物を引いたり、車の左右で警備を心がけるべき隷属民たちもいた。この警備はおそらく車の一行が司教への貢を運んでいたため命ぜられたのだろう。最後に司教区の民も馬や車や徒歩で、彼の供をした。人びとに尊敬の念を起こさせるお供の人びとは、合わせると相当の日数移動したことになろう。国王の大規模な計画、クレルヴォーのベルナールのような成功した遍歴説教師が当然のことと公表したことは、そっくりアウクスブルクのウルリヒのような巡察の旅にも当てはまる。つまり、道のりは周到に決定され、従者が宿の手配をし、人馬用の食料はアウクスブルク教会の農場から取り寄せさせたことである。

到着するや、ウルリヒは鐘の鳴る中を福音書や聖水で、各地の住民ができるあらゆる表敬の仕方で迎えられた。司教が到着すると、国王や聖者のお着きと同じようにみなして祝福した。ウルリヒは文字通り教会と、広義の教会の維持に心を砕いた。つまり、彼は教会や修道院の建物の補修が必要なら自分の手でやれるよう、前もって道具を用意させておいたのだ。

まず歌ミサが上げられる。それからウルリヒが着席する。彼が王侯のごとく座り他の者どもが立っている点に、その権力のほどが明らかにわかる。人びとは呼び集められ、《賢い者、信頼できる者ども》に誓いをたてさせた上尋ねる。《かの教区に改むべき点はないか、キリスト教の掟に反している行為はないか》と、彼らは率直に答えるよう求められるのである。違反事件は司教と、同席の聖職者たちの判決（それゆえ、巡回裁判の名称は教会会議の裁判と同義であった）により人柄のいかんを問わず罰せられた。伝記作家によれば、その際ウルリヒは使徒パウロの助言によって方針を定め《あらゆる忍耐と巧みな教え方をもって》罪を認めさせ、叱責し、警告したのだった。難事件には彼はお供の者の意見を求めた。軽い事件の判決はお供の者の手に委ねたかも知れない。ことに彼がなお多くの信者に堅信の秘蹟を授けねばならぬ時はそうだったろう。堅信の授与はたいてい夕方までのび、最後の者は臘燭の明りを頼りに彼の前に進み出たほどだった。

裁きと堅信礼が終って彼は宿に戻るが、係の聖職者が貧者に施し物を分け与えぬうちは食事しないのである。おえら方旅行中の報は口伝えでたちまち広まる。貧者、住所不定の者、身体障害者が行列を待ちうけようと、いやそれどころか数日間お供をしようと押しかける。というのは、それから先はこのように書かれているからである。《同行したり、彼の目の前に座った弱者のために、彼はたっぷり食べ物をさし出させた。彼らの宿やその他いっさい必要な物を、彼は召使いたちに誠実に世話させた》。

司教区の聖職者は地方教会会議のため、定められた日に集まる。巡回裁判の時のように、首席司祭、教会参事会会長に、ごく信頼できる人びとが厳しく尋問される。カール大帝が地方教会会議をどのように規定したか、またそれが幾世紀にわたり教会史を一貫して行なわれたかは問題である。いつの世も教会は改革を必要としていることを地方教会会議は証拠だてている。日々のミサ聖祭、民衆への教え、幼児洗礼、病人の見舞と終油、死者の葬式といったさいの規則性と親切さである。《信者の十分の一税や捧げ物はどのように貧者や弱者への給食に用いられているか。彼らはいかなる熱心さをもって客やよそ者の中にキリストを見て奉仕しているか。彼らは女性を囲ったり、この点に関し疑わしい行為をしていないか。彼らはまた犬や鷹とともに狩りに出かけないか、飲食のため料理店に出入りしないか、喜劇通になっていないか、程度を越えて宴を愛していないか。彼らはまた争い、もめごと、敵意をもっていないか、また世俗の婚礼に出席していないか、そもそも聖職にふさわしからぬ事をはびこらせていないか。彼らはいい潮時に自分の教会に気を配っているか。命じられた従順を守り、何事においても職務に忠実で有益であるよう努力しているか……》。正道を歩んでいる者は鼓舞され称讃され、邪道に陥った者は将来誤ちと手を切るよう叱責され、警告される。

上述の規定によって旅人の世話をやいた。司祭も――ベネディクトがその会則で要求したように――よそ者の人柄の中にキリストを見て崇うべきだと、規定しているからである。他の諸規定も間接的ながらよそ者に役立っている。それは教会財産を保全し、結婚と遺産相続、狩りや遊びに――流用しないことを目標としているからである。料理店への立入禁止は古くから教会の伝統である。それは昔の教会会議の文書からの丸写しかどうか、またアウクスブルク司教区内の飲食店の挑発に対する解答になっていたのか定かではない。

ヒルデスハイムの司教ベルンワルト(一〇二二年歿)の体験によれば、巡察と秘蹟授与の旅は往々にしてそうすんなりとはいかなかった。皇帝オットー三世の妹ゾフィアもガンデルスハイムの修道院に入って来た。彼女は定住の掟を軽んじ、長いこと皇帝の宮廷に滞在し、《束縛のない生活の小径に足を踏み入れ、自分についてのさまざまな噂をふりまかせた》。ベルンワルトが彼女に修道院に帰るよう迫ったが、無駄だった。うるさい警告から逃れようと、彼女は自分の修道院をマインツ大司教の管轄下に置こうとする。新しい修道院教会の聖別のさいには大騒ぎとなった。病いの尼僧院長の代理としてゾフィアに祝祭の権限が委ねられたのだから。ベルンワルトが聖別のミサのため赴いたところ、《ただでさえ激高した尼僧たちが》激しい気性のほどを見せた。奉献の時、彼女らは怒り狂い信じられぬほどの怒りをあらわにし、捧げ物を投げ捨て司教に向かい荒々しい冒瀆の言葉を吐いた》、ベルンワルト伝の作者の報告によれば、彼は落ちつきを失わなかった。《この異常な光景に深く心動かされて、司教は目に涙を浮かべ、大したことではないと自分に対する侮辱のことは考えず、迫害者のために祈った真の牧者の見本にならい、怒り狂った女性たちの悪意だけを嘆いた》。

⚜王への奉仕といたずら、トリーアのアルベーロ

一一三一年から五二年までトリーアの大司教だったアルベーロの伝記を、ナミュール地区の聖職者のバルデリヒが著わしたのは一一五〇年代だった。この伝記の特徴は、いわゆる叙任権闘争のさなか帝国＝教会間の、政治的・精神的・軍事的対決にある。アルベーロは向こう見ずな戦術をとる政治家だと証明されている。彼は教会の利益になる、つまりトリーア大司教区の権力が拡大することなら、躊躇するこ

となく聖と俗の剣をとった。伝記作家はアルベーロのごく身近な知り合いであった。作者が伝記中かなりの記事を、真実かどうかわからぬが、としているのが彼の筆の魅力となっている。個々の事件が眉唾ものだったかどうか定かではない。

目撃証人としてバルデリヒは、一一四九年フランクフルトの帝国議会への彼の主君の登場ぶりを報じている。アルベーロは人目をひくお供を連れて現われる。もちろん彼は自前で、ないし司教区の金でそのお供の装備、宿、食事の面倒も見てやらねばならない。河畔に位置する見本市都市が今日大勢の訪問客を期待して投入するような船舶ホテルは、明らかにそう目新しいものでないとバルデリヒは述べている。ともあれアルベーロは四〇隻の居住用船舶を率いて現われた。おまけに軍船、荷物用船、厨房用船も多数加わった。伯八名、大公二名、あまたの聖職者と騎士が彼のお供をしたので、《それを見た者は誰も目を丸くした》。経済力・軍事力をこのようにこれ見よがしに示してもまだ足りなかったので、――アルベーロはやり方は異なるが同胞の目を丸くさせた遍歴説教師の同時代人なのだ！――ステイタスシンボルとしてといってもいいだろう、彼はそのほか当代の有名学者を二人自分の居住船に乗せた。この学者たちと深遠な会話をし公開討論をするのは、彼の大きな楽しみだった。帝国議会から帰国後、彼は惜しげもなく贈り物をたっぷり二人の学者に与えて敬意を表し、無事彼らの故郷へ帰している。

アルベーロはマインツ人を快く思っていなかった。ひょっとして彼らに不信感を抱いていたのかも知れない。いずれにしても彼は帝国議会からの帰途、トリーア大司教区の権力をマインツの人びとに見せつけてやった。その船団がマインツの町に近づくと、全船いっせいに旗をかかげさせ、騎士には金色に輝く楯と、白銀の鎧兜を誇示するよう命じた。《それから彼はラッパを高鳴らし角笛を響かせ、武器をがちゃがちゃいわせ、男声のげにも恐ろしい歌声のなか近づけば、町中を興奮のるつぼに陥れた》。伝記作家はマインツ人の反応に陶酔している。町中から男どもがいっせいに駆けて来るかと思えば、女どもが叫び声をあげた。《いたる所、不安と混乱が――さながら町が征服されたかのように》。ほぼ同じころマクデブルク大司教クサンテンのノルベルトは、武器に手を出すよりむしろ殺される方を望んでいたのである。

伝記の別の章を読めば、アルベーロはすでに教会諸侯が領邦国家拡大のため熱烈に献身した時代の人ではないことは、またアウクスブルクのウルリヒと違い、彼にとって国王とか皇帝はもはや《主の聖油注がれたる者》ではないことは明らかである。それによれば、アルベーロは欺瞞と変装の名人だった。ある時彼は教皇の書状を無事に一祭壇の上に置き、それによって内容が発効するよう、女巡礼に化けた。その書状とはメッツ市に聖務停止（秘蹟授与と死者の教会葬の禁止）を課したものであった。《女性のかぶるようなヴェールで頭と顔を覆い、灰色の布でできた外套で身体を覆った》。またある時は国王軍の手中にあわや陥るところだった。彼はもはや逃れられぬと観念し、《楯と長槍と軍装束で身を飾り、屈強の駿馬に跨り、敵軍の真只中へ馬を駆った。そして、ただちにこう尋ねたものだ。おぬしらかのメッツの悪魔、アルベーロの奴めが通り過ぎるのを見かけなかったか。おれは王命により即刻奴を捕えるよう遣わされた者だ……このように彼はあまたの手練手管を使い、いつも王の襲撃を嘲笑した》。

帝国と教会の激しい対決で、アルベーロは教皇側に味方し、国王に敵対した。だから国王に迫害されたのである。国王がイタリアへ旅し、彼を捕えようとしたことは周知の通りである。伝記作家によれば、アルベーロは当地で国王と鬼ごっこをしたのだが、それを見れば旅の日常生活がはっきりとわかる。《しかしアルベーロはいろいろ変装し、人知れず敵の只中を往来した。ある時は召使いに自分の衣裳を着せ、自分はさる召使いの衣を着こんで彼らに奉仕し、馬の世話をし、食事の仕度をし、他人の長靴を脱がせてやり、召使いの食い残しを食った。またある時はいかにも乞食然とした恰好で歩き、それからまたいかにも商品を運ぶといった体で商人たちと同行したりした》。馬子にも衣裳、衣裳から着ている人の身分を読み取らねばならぬ。

変装術に長けたアルベーロは衣裳を変えただけでなく、顔も化粧し、髪や髭にも色粉をつけた。《人の話では（その通りかどうか、私はもちろんわからぬが）》と伝記作家は皮肉にもやや距離を置いて書いている。《ある時彼は、ちょうどロバに跨り身体が麻痺したような振りをしていた最中、国王とその軍勢に出会ってしまったところ、王妃から五シリングの喜捨を拝領した》。またある時――またもや作家は条件つきの記事ながらも――彼が乞食に化け、長いこと王の行列についていったり、また机の下に隠れ、彼の、つまりアルベーロの上でのんき気に話をしている国王に聞き耳を立てた由。その情報によれば、彼はローマで王妃に対し人づてに、前に恵まれた五シリングの礼を述べさせたそうな。

その後陸路も水路も国王は彼に対して準備対策を厳しくする。追跡者たちの手に落ちぬよう、帰路アルベーロは召使いと荷物はピサの港から船に乗せ、自分は別の地から小さな漁船に乗り後を追った。《別の船に乗り移ろうとした時、彼は海に落ちた。暫く泳いでいたが、船から下ろされた一本の綱にすがりつき、やっとのことで船に引き上げられた》。夕方衣裳が乾くと、彼は船の乗組員と食事をとった。《ひどく手入れの行き届いたその手が船乗りたちの目につき、彼が下じもの者でないと悟られてしまった》。船乗りどもは教皇の書状を携えた者は誰一人乗せぬと、誓わせられていたのであった。それゆえ、連中はアルベーロの荷物を調べ、中に書状を隠した、鍵のかかった象牙の匣を見つけ出す。それは《聖なる物のようにうやうやしく深紅の布にくるまれていた》。この匣には《海の彼方から》もってきて、たった今私が溺死するところを守り給うた聖遺物が安置されていると、アルベーロは主張する。《すると船乗りどもは不安になり、例の匣をうやうやしく聖なる物のように扱い、あえて開けようとはしなかった。こうして彼はいつものあまたの危険同様、この危険からも逃れたのであった》。

この報告中少なからぬ記事は、伝記作家の他の箇所とも《符号している》。モーゼル河を馬で泳ぎ渡れるほどの男なら、船に乗り移るさい距離を読み損なったとしても、おそらく自分でも泳げたことだろう。当局が巡礼、乞食、商人に面子をつぶされたくなかったら、油断なく見張らねばならぬことも上の報告から明らかである。能ある野心家の聖職者が巡礼女に化ける時、大司教が聖遺物に対する畏敬の念を濫用した時、アベラールが孕ませたエロイーズを修道女に変装させてブリタニアの彼の故郷へ同行した時、どの巡礼、修道女、旅人に対しても不信感を抱くのが賢明だ。

⚜遍歴の説教師と修道士、クサンテンのノルベルトおよびクレルヴォーのベルナール

《その新しい生き方、すなわち地上に生きて、大地に何も求めぬ生き方に世人はびっくりした》。聖ノルベルト(一〇八五ごろ—一一三四年)は生を楽しむ聖職者から隠者、有名な遍歴説教師、教団の設立者となり、最後にはマクデブルクの大司教に昇った人である。彼の伝記作家は新しい生き方に対する外界の反応として、もっぱら驚きという共通点を見出した。ノルベルトは一二世紀初頭キリスト教精神を実現する方法に不満を覚え、原初に思いをいたし、急進的に使徒的素朴と清貧の生活を送ろうとした、数知れぬ男女の一人である。

修道士どころか、大修道院の院長たちまで規律正しい修道生活から逃れ、仲間を捨て、隠者の禁欲的な生活を送るため荒野にこもった。そこで彼らは注目に値する活動を展開し、男女を問わぬ崇拝者と弟

子をひきつけ、ともに説教しながら国中を遍歴したのである。彼らは民衆に贖罪と改悛を呼びかけ、聖職者階級の言動をイエスや使徒の生活と対照した。ノルベルトはあたり一帯不和がはびこる世に、自己聖化の努力が足らぬと感じた一人であった。人生の第二段階で彼は他の同時代人のように、使徒にならい遍歴説教師として福音の教えを成就しようと努めた。所有物はすべて捨て諸国を歩いて回り、贖罪と平和を守るよう警告し、聖職者階級の罪にはやっきになって反対した。第三段階になると、旅の途中彼につき従った信奉者たちを修道院に集めた。それは教会当局をいたく不安がらせた遍歴修道士と説教師の運動を押さえることに一役買った。というのは使徒的生活という新しい理想のために、俗界に働きかけ、狭い修道院と、荒野での人里離れた隠棲の区別を放棄することを強いられたので、一時的に修道士とか司教座聖堂参事会長、説教師、隠者の差はなくなってしまったからである。

この運動は教会に緊張をもたらした。洞窟の孤独の中できわめて苛酷な禁欲と超人間的な贖罪の生活を送る方が、同胞の弱点や司教や修道院の弱点を慮《おもんぱか》るより楽なことが明らかになった。ノルベルトやアベラール——後者はヨーロッパ精神史上実に重要な遍歴の哲学者、神学者であり、一時修道院長も勤めた——のごとき人物は、同時代人に過大な要求をしようとしたのである。

一一、二世紀の交、教会の状況につきつけた挑戦状に対する解答が、異端と新修道会による宗教運動であった。当初は何をもって正統信仰とし、異端とするかまだ片がついていなかった。教皇庁という西欧のいとも高き権威がノルベルトの遍歴説教師としての自由な妨げられぬ活動をはっきり承認したからこそ、彼も異端者の烙印を押されずにすんだのである。

一一、二世紀の交における遍歴説教師と修道士の運動は、西欧全体をとらえた不安の兆候と解される。説教師のほか、アベラールのごとき哲学者も国中を歩きまわった。大学から大学へ移る教師や学生、商人、十字軍士、遠方へどっと押し寄せる移住者たちもそうだった。ほとんどの同時代人にとって遍歴説教師の焦燥感は依然として謎だった。ノルベルトの伝記作家でさえ辻褄の合った説明ができず、《彼は異国に駆りたてられた》とそれが運命だったかのような口ぶりである。ノルベルトと、その同志にとって――中には定住の義務に反した大勢の修道士もいた――、目標でなく民衆の中で旅をしている事実が重要であった。

中世の聖職者の生活は概して平信徒よりたくさんの資料の裏づけがあるので、ここでは当代のもっとも有名な遍歴説教師を二人紹介しよう。クサンテンのノルベルトとクレルヴォーのベルナール。前者はプレモントレ会の、後者はシトー会のそれぞれ創立者である。彼らの伝記文献は騎士や商人や農民の旅と旅路についての叙述ともなっている。たいていの遍歴説教師はみずから筆を執らなかった。彼らは修道会の創立者や教皇庁のおえら方同様、定住の修道士より執筆活動の機会が少なかった。本書で述べるクレルヴォーのベルナールは例外で、彼は冥想好きと、絶えざる旅と物書きを両立させる術を心得ていた。

ノルベルトやその同志が使徒にならってえようと努力した生活を、世人は具体的にどのように思い浮かべたのか。突然の回心の後、ノルベルトは僅かばかりの銀と僧衣は別として、財産、官職、収入と縁を切り、神の名のもとに二人の仲間と巡礼の旅に出た。マース河畔のいずこかで残った銀を貧者に分けてやり、その後彼は《一枚の羊毛の衣と外套だけをまとい、二人の仲間とともに冬の厳寒のさなか素足でサン・ジル（ローヌ河下流にある）に向かって》歩いて行ったのである。

遍歴説教師の質素な衣服については、後でも繰り返し話題になる。ノルベルトは同行の僧に、羊毛の衣と外套のほか亜麻のズボンも認めてやる。伝記作家の記述によれば、彼はキリストが命じた物（マタイによる福音書、10章10節）だけを身につけようとした。つまり、旅嚢も履物も二枚の下着ももたなかったのである。贖罪者たちは（たいてい期限つきだったが）素足で、羊毛をまとって歩いた――ドイツの片田舎では二〇世紀になってすら、正式な靴を買う金もなかった多くの住民も同様だった。

クレルヴォーのベルナールやノルベルトのような人びとは富裕な家の出である。ほとんどの同時代人が手にできなかった快適な生活を放棄し、それによって彼らの告げる福音を信じさせようとした。というのは、世人の納得のゆくように清貧の福音をみずからの生き方で範を垂れる役は、栄養のいい高位聖職者には委ねられなかったからである。とはいえ幾つかの禁欲的修練に、同時代人の間で異論がなかったわけではない。たとえばアベラールは裸足で歩くことを拒んだ。その伝記作家が二、三指摘するように、ノルベルトもいつも裸足というわけではなかった。大勢の司教や修道院長が訪れる教会会議へ彼が裸足で現われたのは、挑発のためだった。これ見よがしに清貧の範を垂れ、それによってひたすら帝国に奉仕する高位聖職者の際立った所有欲に反対したわけである。彼は大司教に昇ってからもマクデブルクが見えると裸足になり、そのまま町へ入った。彼は実にみすぼらしい肩掛けをまとったので、司教館の門番に追い返されたほどであった。

ノルベルトは時に馬に乗った。イエスにならってロバで旅することは、裸足で歩くと同じようなへり下りの態度を意味した。帝国諸侯の肩書では、ノルベルトはきっと馬に乗って行ったに違いない。なにしろマクデブルクの大司教はもっとも高位の帝国諸侯の一人だったから。

クサンテンのノルベルトのような人物の出現による挑発の意味は、たとえばトリーア大司教アルベーロのごとき何人かの同時代人と比較すれば明らかになる。一一四七年アルベーロは《聖俗あげ謹んで》シトー会からの初代教皇エウゲニウス三世をトリーアに迎え、いつもとは打って変わって華やかに、後世に残るほどのお祝い気分のなか大聖堂へとお供した。アルベーロの伝記作家は恍惚として、教皇のお供をしてトリーア大聖堂に入った名士を数え上げている。《大司教は一二週間の間ずっと彼らに一人残らず大名暮らしをさせたので、彼ら自身、福の神が角《つの》にいっぱい詰めこんでわれらの所に舞い込んだ、と告白したほどである》。客の誰一人として贈り物をもらわずに当地を立ち去った者はなかった。キリスト降誕祭を称讃するに当たり、件《くだん》の伝記作家は《側対歩の馬に跨った教皇が――その前には白馬に跨った枢機卿や大勢の司教がいたが――聖パウロ教会に入ったこの聖なる日に、行列は何と華やかなことであったか、諸君これを何と考えるや》と直接読者に向かって問いかけている。《荘厳ミサの後饗宴となったが、その時教皇と枢機卿諸卿が一方の側に、反対側には司教冠に飾られた大司教と来臨の司教たちが、向かい合わせの食卓についた。すべてこみで幾らかかったのか、どんな算術の名人なら計算できようか》。この問いにこめられた挑発を伝記作家は自覚していなかった。

教皇はその後さらにランスに向かった。当市で公会議を主宰するためである。アルベーロはしゃれた駕篭にかつがれて行く。彼は生涯センセーションを巻き起こし、脚光を浴びる才に長けていた。今やめっきり年とって老人となった彼は、公会議で筆頭の司教となることを要求した。彼は自分の教会に優先権があることを読み上げさせ、ランスの大司教を怒らせた。それで両大司教の従者の間でつかみ合いとなり、アルベーロ側の家来が数名傷を負う。《これに激高してアルベーロ大司教は自分をイヴォアへ左遷しろ、ランスの司教区にぺんぺん草を生やしてやると脅した》。伝記作家が一言も非難がましいことをいわないのはアルベーロをまったく正しいと見ているからだ。ノルベルトのような人にとって喧嘩好きのおえら方が模範となることはありえない。

ベルナール伝の一節を読めば、遍歴説教師たちの言行が一致するかどうか、同時代人がいかに注意深く見ていたかわかる。ベルナールが一一二五年グルノーブル司教を訪れたさい、カルトゥジオ会の大修道院に立ち寄り、盛大な歓迎を受ける。ところがそこにはあらゆる敬虔なものにまして《当修道院長にはいささか釣合いのとれぬ物が一つあった。すなわち、それはかつて院長の乗った馬の鞍敷きがあまりにもみごとに手入れされていることであり、清貧など見る影もなかった》。院長の自慢の言葉がベルナールの耳に入ると、彼はすっかり驚き、こんな不快の念を催す鞍敷きを、いったいなんでお持ちなのかと尋ねた。クレルヴォーからこのカルトゥジオ修道院に来るまで――ともかく直線距離にしてほぼ二五〇キロ、一週間の旅だった――自分は鞍敷きなんか意識して見なかった、どんな様子をしているのかわからない。《というのも馬は自分のものでなく、近所に滞在中のクリューニー修道士の伯父貴からの借り物である。馬は伯父貴がいつも自分用に鞍をつけているそのままだった》。それで修道院長は、ベルナールが長旅の間ひたすら魂の問題に没頭し、院長ならすぐ目につく身近な物などまったく眼中になかったことに、さらにいたく驚き入った次第だった。〈攻撃は最良の防禦なり〉の原則通り、伝記作家はこのばつの悪い状況をクリューニー会士への当てこすりに利用している。ベルナールは彼らの聖ベネディクトの会則違反を非難したのであった。もちろんほかにもベルナールが周囲の物に無関心だったことを示すそのような光景は、幾つか報告されている。彼は食ったり飲んだりとか（たとえば水の代わりに油を飲んだ）、自分の通った地域にまったく注意を払わなかった。例のカルトゥジオ会修道院訪問についての報告のすぐ後には、こう書かれている。《まる一日の旅で彼はジュネーブ湖に沿って馬で行ったが、その湖の印象は何一つ残らなかった――いや、彼は自分が見たことを見なかったのだ。なぜなら道連れの者が夕刻湖について語り合ったところ、それなる湖はどこにあると問うたものだ。これには一同呆れかえった》。

これによって人は旅路で見た風景をいかに体験したか、問いが投げかけられた。ヨーロッパではすでにロマン派のずっと以前から風景画が起こった時、好ましい厳かな風景が絵画や言葉で描かれた時、古代のモチーフの取り上げるトポスが問題になる必要はなかった。むしろこのような絵や文は、少なからぬ人が自然の美をかいま見た印しとなりえよう。《少なからぬ人》という限定を許されたし。飢渇、寒気、害虫にさいなまれたり、悪者に襲われる人は、大体自然の美に目が向かないからである。その人は自然を神の賜物としてでなく、危険として体験する。ベルナールの時代、大方の人は自然を恐ろしいものとして体験した。それでも前に述べた光景は、人が見たことについて夕刻語り合ったことを示している。ベルナールの従者が現代の旅行者と同じように、ジュネーブ湖についておしゃべりしたかは問わぬことにしよう。現代の旅行者ときたら四度の食事、快適な寝台、朝のシャワーと夕べの葡萄酒にありつけると信じて疑わないのである。ベルナールによって異端者として迫害されたアベラールも、少なからぬ人が自然の美をかいま見たことを示している。アベラールも同様に使徒的素朴の生活のために努力し、賑やかな都市を逃れ、哲学者として好ましい村に誘われた。《たっぷり水が灌《そそ》がれる地方、緑の樹の葉、鳥のさえずり、鏡のように滑らかな湖、小川のせせらぎ、要するに目と耳を魅するものすべて。哲学者たちは横溢と過度のなかで欺かれないように、それを捨て去ってしまった》。

ベルナールとノルベルトは市内で、また特に好んで田舎で説教した。二人ともアルベーロのごとき人物に代表され、貴族的との刻印を押された教会によって内面的に語りかけられることのなかった、素朴な民衆の群れに向かって説いた。たとえその地方の言葉をマスターしていなくても、文献の証しによれば、ベルナールもノルベルトも力強い説教の言葉によって、人びととつながりをもった。《事実》を正式には何と訳すのか、聖霊降臨祭の奇蹟を拠り所とした伝記作家の聖人伝的潤色のトポスは何か、未解決のままにせざるをえない。ボーデン湖畔で、上部・中部イタリアで、ベルナールは群衆の心を揺さぶるのに成功した。《不思議なことにゲルマンの民衆も彼の言葉に耳を傾け感動した。彼らは異国人で、ベルナールの言葉はわからなかったけれども、彼らにわかる翻訳からよりもっと多くの心の糧を、彼の説教から汲みとった。その翻訳とは説教後もっと達者な通訳が行なったものだったが。人びとがわが胸を叩いて涙を流したのは、言葉自体よりもさらに彼の言葉の内なる力を理解したことを、まぎれもなく証明する》。それと似たことはノルベルトが北フランスで行なった説教についても伝えられている。

トリーア大司教がランスの司教区にぺんぺん草を生やしてやると嚇している間に、ノルベルトは《各地の城、村、町を経巡り教えを説き、争っている者をなだめ、昔からの根深い敵意と反目を平和に転じた。彼は誰にも何かを要求しなかった。人から何かもらうと、それを貧者や癩者に分け与えた》。よそ者、哀れな巡礼として、教会内や野外で説教した。だから彼について、ある時は冬が去るとまた新たな旅に出たとか、また、ある時キリスト降誕祭に三〇人ほどの新入りの修練士とともにプレモントレへ向かった、とはっきり記されている。飲食、衣服と宿については、遍歴の説教師たちはつつましいなどという生やさしいものではなかった。初期のシトー会士やプレモントレ会士も彼らと同じであった。ノルベルトは日に一度しか食わず、せいぜい日曜日に二度食事をとった。それも生の、調理しない食品だった。プレモントレの修道院ではみな羊歯《しだ》の臥に寝た。野心はない代わりに限りない神への信頼感に恵まれて、ノルベルトとその同志は神の恩寵により《地上の巡礼とよそ者には》、生きるに必要なものはすべて与えられると、確信していた。

《こうして彼と愛に対する世の讃美は次第に生まれていった。彼と仲間はどこへ行っても村やちっぽけな場所に近づけば、羊飼いは羊の群れを放り出し、先立って急いで走り、人びとに彼の到着を告げた》。この件りはニュースや噂の伝わり方をかい間見せてくれる。それはたとえば、イタリアにおけるベルナールの奇蹟と関連して、たいてい普遍的に確認される。《ミラノの事件は周囲に語られた。神の僕のニュースはイタリア全土へと伝わり、どこでも口も八丁手も八丁の偉大な予言者が生まれたと評判になった》。そのようなニュースを誰が伝えたかには一言も触れていない。たぶんイタリアでも巡礼、商人――それに羊飼いだったろう。羊飼いはイエスの誕生後ベトレヘムで優遇されたにもかかわらず、中世でも《名誉なき職業》に数えられていた。ことによるとそれは、最後に彼らに向かって教えを説いた人びとの知らせをさらに伝えたのは、軽蔑された者のいささかの感謝の表われだったかも知れない。羊飼いは使者に適していた。彼らは逞しく、辛抱強く、食料、衣服、宿に関しても欲がなかった。地理をよく心得ていた。毎年家畜を遠路平野から山脈へ、時には山越えまでして駆り立てるさすらいの羊飼いは――南仏ではピレネー山脈越えしてカタロニアへ行ったように――道も小径も知っており、数か国語に通じていたろうし、きっと途中の人とは知り合いだったろう。

《さて民衆は群がって師(ノルベルト)のもとに殺到しミサのさい、人がしなければならぬ贖罪と、主の名を呼び掛ける者には誰も約束される永遠の至福に対する希望についての、勧告の言葉を聞いた。それからみな師が居ることに喜びを感じ、師を自宅に泊めることを許された者はわが身を幸運と思った。師の新しい生き方は世人を驚かせた》。後に黒死病の時代、真剣な人を求めようとする努力は繰り返され、シュトラスブルクでは鞭打苦行者を自宅に泊めようと押し寄せたものだ。

クレルヴォーのベルナールは説教師として、おそらくノルベルトよりさらに大きな成功を収めた。その話を聞こうと、遠近からこぞって殺到した。その一世紀後フランシスコ会とドミニコ会の人びとも、説教で大衆を動員した。ベルナールは確かに修道士たちに対してはまたベネディクトの会則に従って生きるよう呼びかけたが、しかしながら彼自身は重要な掟を守らなかった。定住義務にもかかわらず、ほとんど休むことなくヨーロッパ中を旅した。聖ノルベルト伝同様、彼の伝記も若干聖人伝的に美化されているかも知れない。彼らが、また多くの同時代人が語られた言葉によって他人に影響を及ぼす能力は、他の文献中にも証明される。だからサン・ティエリーのギヨームがベルナール伝第一の巻で描いたような次の光景は、ときおりあったかも知れぬ。《彼が公私にわたって説教している間、早くも母親は息子たちを隠し、妻は連れ合いを遠ざけ、友はその友を傍へ押しやった。そのわけはいかなる愛の絆も聴く者をとどめられぬほどの力を、聖霊がベルナールの声に与えたからであった》。この発言は、ベルナールがクレルヴォーの修道院長として数多くの分院を創設したが、つまり、そのつど少なくとも一二人の一団を派遣したことから、十分信ずるに足りる。

この方はどんな人なのか。ベルナールは虚弱な体質しかもち合わせなかった。にもかかわらず《抵抗力においてはオークの木のごとき強い性質の者をも凌駕した》ことが証明される。過激な禁欲——飢渇、寒気、裸体、不寝のおつとめに耐える——のため彼は鍛えられたが、健康を損なった。彼は生涯胃腸が弱かった。ベルナールと初期のクレルヴォーの仲間は食事を《しばしばブナの葉から作った。彼らのパンは予言者と同じく大麦、きび、スペルト小麦でできていた。ある時客の一修道士が出されたそのパンをお相伴にあずかり密かに清らな涙を流した。それは〈クレルヴォーの人びとはこんなパンを食って生きている、この人びとは〉》ということを奇蹟として万人に示そうとしたのである。この種の記事を見れば、彼らはもしやごく僅かな旅の荷物で間に合わせたのではないかとも読める。ベルナールは当代のヨーロッパでもっとも影響力の大きい人物の一人であった。かくのごとき人がお粗末なパンで満足し、葡萄酒を断った時、飢えに苦しむ下層階級の者とも街道にたむろしたり、旅に出ても——司教や王と違い

——宮廷や居城で身分にふさわしい接待をあてにできない何百万もの人びととも違いはなくなってしまったのである。

伝記は宿について露骨なことも書いているが、それは主人公の美化にも役立つので割愛するわけにはいかない。むしろそれらはいささか社会的現実を反映したものであろう。ベルナールはまだ修道士になるべきか思案していたころ、《ある女性を見て》誘惑と戦っていたが、寝ている間に裸の少女が彼のベッドの中に入ってきた。今日のホテルで期待するような一人部屋とか、男女別に分かれた寝室はめったになかった。未婚の若者がどうしても異性と別のベッドに寝なければならぬこともなかった。裸で寝るのは、既に述べたように一般の慣習であった。一部屋にベッドが幾つかあり、目隠しにカーテンの一枚もあれば御の字だった。——話は続く。《ベルナールは少女に気づくと落ちついて黙ったまま、ベッドで自分の寝ていた場所を彼女に譲り、寝返りを打って眠り続けた》。彼は《触れられてもくすぐられても》泰然とし、微動だにせず眠ったままであった。ついに少女は驚きのあまり彼から離れ逃げ出してしまった。

別の場面を見れば、ベルナールの時代、修道生活を志した若者の否《ノー》が必ずしも尊敬されなかったことがわかる。ベルナールが二、三の仲間とさる貴婦人のもとに客となった折り、婦人は眉目秀麗な若者の姿を一目見て激しい欲望に捕われてしまった。客の中で一番名誉ある方だからということで、離れた部屋にベルナールの寝台をしつらえさせた。夜分彼女は起き上り、《恥かしげもなく》彼のもとを訪れた。ベルナールは彼女に気づくや、《途方にくれ、大声で〈追い剝ぎだ！　追い剝ぎだ！〉と叫び声をあげた。この声に女は逃げ、家中の者が起き上った。明かりをつけ、追い剝ぎを探した——しかし見つからなかった。皆また寝につき家中しんとなって、もとのように暗くなった。誰も彼も休んだが、運の悪い妻だけは休まなかった》。しつこい女主人から身を守るため、ベルナールはもう二回〈追い剝ぎだ！〉と叫ぶ機会があった——そのたびに大騒ぎとなり探したが無駄だった。それでやっと《恐れか、それとも絶望のためか》婦人は断念する。翌日仲間がベルナールを責めて、なぜ昨夜追い剝ぎに押し入られたのか知りたがった。ベルナールは説明した。《本当に、そこに追い剝ぎがいたのだ。私がもっているこの世で一番高貴なもの、貞潔という無比の宝をば、当家の女主人が奪おうと狙ったのだ》。

アベラールがヨーロッパ中で仲介者として評価されて諸方から求められ、皇帝や教皇と文をやりとりし、十字軍の説教をした時代、聖・俗の諸侯を大勢連れてよく旅に出た。一一四六年そのドイツ旅行のさい、八人から一〇人のお供の中心人物——中には彼の秘書、司教、大学教授、修道院長二名、修道士がいたが——の周りに、数百人、時には数千人もの人が群がった。いつもアベラールのお供を勤める者たちは毎日心覚えをつけ、旅が一区切りつくごとに比較し、編集し、ただちに一定の受取人たちのもとに送った。《ほとんど近代的なニュースのように速やかに公にされ》、即刻幾重にも複写されたこれらの記録の中で、しばしば《奇蹟》が話題になっている。一連の奇蹟はベルナールやノルベルトのような人物にその資格があることを証明するとともに、群衆をいやが上にも恍惚とさせるのである。

目撃者は《コンスタン地方ティエンゲンのあたりで、ベルナールの手で次のような奇蹟がたった一日で行なわれたことを》証言している。《すなわち、按手による盲人の治癒一一件、障害者の治癒一〇件、麻痺者と足なえの治癒一八件》。ここで奇蹟の可能性、ないし不可能性について立ち入る場合ではない。いかにも〈奇蹟〉と見えるような自然治癒が、同時代多くの巡礼地から伝えられている。奇蹟譚によれば証人は往々にして実に正確な観察をしているので、医学史家が彼らの言葉を自然科学では稀ではないとして、納得ゆく説明をすることもできよう。その上近代医学は突然のショック体験の功罪も、たとえば痙攣をとめられることを知っている。大勢の病人は遠近の治療師、産婆、まじない師、その能力ゆえに全ヨーロッパで高く買われたサレルノ医大出の医者に相談しても駄目だった。ケルン出身の片目を盲いた一婦人について、彼女は《すでに莫大な金を医者どもに払ったが効果がなかった》と記されている。匙を投げられた病人にはたった一つしか希望がないことは間々ある。巡礼地でか、はたまたキリストが治癒力に一役かったため治す能力のある人によってか、いずれにしても神が奇蹟を起こすことである。

ベルナールの奇蹟譚のような報告は、少なくとも一つの点で信頼にたる一級の文献である。それらは自分自身と周囲にとって厄介者となり、今日なら――少なくとも中央ヨーロッパでは――健常者の目に曝さぬよう広範囲にわたり都市から追放される、苦労と重荷を背負った人びと、病人と不幸な人びとについて述べているからである。盲人、耳の聞こえない人、聾唖者、麻痺者、不具者と先天性の身障者、痛風や水腫症、てんかん、パーキンソン氏病にかかった人びと、また悪魔にとりつかれたり、不妊や妄想に悩む人びとは、神の僕に救済と助けと治癒を期待した。ケルンで一人の狂人ががんじがらめに縛られてベルナールのもとに連れて来られた。近代的にいえば、ベルナールに助けを求めた人びとはたいてい精神組織の障害を患っており、稀に熱病や伝染病者が話題となる。癩者は一件もなく、これに反し悪魔つきは繰り返し話題になっている。不幸な人びとは足を引きずり引きずり、やっとのことでベルナールのもとにたどり着き、彼に見てもらい触って治してもらおうと、猛烈な勢いで群衆をかきわけて進む。金持ち階級の病人や、同情してくれる人がいる病人は担架とか車で、ベルナールの訪問先まで運んでもらう。彼の旅程は――王や司教と同じく――しばしばかなり前から決まり、ベルナールがまず呼びかけたい相手、今日流にいえば下層・中流階級にも知らされる。《フランクフルト周辺全域で病める者はすべて彼のもとに連れて来られた。その人混みはいとももの凄く、王コンラート三世も殺到する群衆をもはやさばき切れず、自分の外套を投げ捨て、聖者をおのれの腕にかかえ上げて教会堂から連れ去った》。

その旅程を知れば、まあいってみれば、ベルナールがフランクフルトからシュパイアーへ行くことがわかれば、どこで神の僕を待ち受けるのが一番いいか、楽に計算を立てられる。そしてベルナールと従者たちが通るであろう街道へ足を引きずって行く。だから麻痺した若者もベルナールの通る国道へになわれて行く。彼は治ると、ベルナールが故郷へ帰れと命じるまで一行の後について行く。時には盲いを治してもらった二人の姉妹のために、お供の数が増えることもある。乞食たちは特にそこなら見落としようのない、師のよく通る場所に〈歩哨に立った〉。たとえば、いつも教会の出口で門付けする麻痺した一女性と、道路で物乞いする同病の一老人をベルナールは治した。癩者は社会から排除されたが、社会に閉じこめられた者もいた。市外で、しかし人通りの多い十字路や別れ道に彼らのために小屋を建ててやったが、それは年とともに頑丈な家屋に改造され――とりわけ良き人の家と名づけられ、今日なお街路の名によってそれに思いをいたすことができる。旅人はわが身の健康の恵みを想い起こし、よりによってなぜ自分が不治の病にとりつかれたか理由もわからぬ人びとに、せめて幾ばくかの喜捨をするのだった。

ベルナールは群衆を動かした。彼は〈大衆の中に漬かる〉のを好んだ。彼とほかの人びとがすんでの所で押しつぶされるほど人が殺到することも珍しくなく、ある時、彼の従者たちがベルナールを手早く小舟に引っ張りこみ、モーゼル河に漕ぎ出して九死に一生をえたこともあった。彼に治してもらいたいと思っている一人の盲人が、ベルナールのもとに連れて行ってくれるよう岸辺から大声で嘆願した。漁師の通りすぎる櫓の音を耳にして盲人は《その船に乗せてもらうため、まとった外套の締金をはずし、その外套を漁師にさし出した》。彼がベルナールに追いつくや、盲人は《揺るがぬ信仰を嘉《よみ》せられ》、ベルナールの手によって、目に光をえた。彼はびっくりして、《丘も、人間も、樹も、何もかも》見えると叫んだのであった。

このような雑踏を見れば、ベルナールが再三お忍びで旅したいと思った心情も理解できる。彼の仲間は出迎えの者に、師も一緒だといったり、師について語ることを禁じられた。旅人はどなたでと聞かれたら修道士の一行ですと答えるか、一行中の別人の名をあげるよう命じられていた。《どなた様で、どちらからお越しで、いずれへ》という問いは、出会いではいつも決まり文句だった。

《クレルヴォーの修道院長はいたく尊敬され、崇拝された。みな平和をもたらす人として彼を称讃した。……彼が街道に姿をあらわすと、高貴な君主が見送りし、民衆は彼に呼びかけ、中年の婦人たちが後に従う。誰一人心から喜んで彼のいうことを聞かない者はなかった》。多くの町に入れば、皇帝や教皇が着いた時の祝典よりも、盛大で喜ばしい賑わいとなった。一一三五年ミラノ市民たちは、ベルナールがアペニン山脈を越えてこの地方へ近づいていると聞くや、人びとは町はずれ七マイルまで迎えに出た。《身分の高い者も低い者も、馬に乗る人も歩く人も、子供も乞食もまるで国外へ移住でもするかのように、家や町を後にした》。彼らは幾つものグループをなして《信じられぬほどの崇敬ぶりで》神の僕を迎えた。彼を見た者は幸福だと思い、その話を聞いた者はさらに幸福だと思った。《みな彼の足に接吻した》。これにはベルナールも不快だったが、うっとりとなった群衆に分別ある言葉で自制させたり、禁止令によって追いやることもできなかった。《連中は彼に敬意を表して大地に身を投げ出した。それどころかできれば、彼の衣服から繊維をむしり、下着から切れ端をちぎり取った。それで病人を治そうという魂胆である。彼の手が触れた物は神聖な物と見なされ、そのような物に触れたり、使ったりして、治癒効果を期待したのであった。こうして彼らはベルナールの前になり、後になりして練り歩き、歓声をあげ陽気に喝采した》。町をあげてこの見物の虜になり、公務は中断され、商売は上ったりとなり、争っていたミラノの党派の首領たちは講和の準備をした。

読み書きを習った現代の中央ヨーロッパ人は、昔の世代の人びとがマスターしたさまざまな身振り言語を、ほとんど思い浮かべられない。文盲の人たち、中には往々高い教養人もいたが、その人たちが操った言語である。敬意を表して大地に身を投げるしぐさは、ベネディクトも要求しているごく当り前の挨拶である。それゆえ、後にクレルヴォーの修道士団が近くのラングレーまでベルナールを迎えに出、彼の前に平身低頭したとていぶかしむに足りない。

あからさまな懐疑に蝕まれた教養階級の抽象的な信仰と、反駁の余地のない、見える、触れられる《証し》をえようとする努力とは無関係である。ある時、人びとはパンと水を持参し、《それを祝福してもらい、有益な聖物として家へ持ち帰った》と記されている。後にベルナールの歿後、故人の棺台のあたりで耐えがたい押し合いへし合いが起こった。群衆がいっせいに殺到し、死者の貴重な脚にすがりつき、その手にキスし、万難に効く祝福として保存しようとパンや帯や貨幣やありとあらゆる彼の身の回りの物に触れた》。司教ももう尊敬されなかった、いわんや平修道士はますますもって尊敬されなかった。埋葬の日にはもっとたくさんの群衆がどっと押し寄せ、翌朝早く墓場に到達すべく、近隣の村々に宿った。修道士たちは最悪の事態を恐れ――かくのごとき道路で踏み殺され再三死者が出たのである――そして人の思いもよらぬ早い時刻に故人を埋葬したのであった。

ノルベルトやベルナールのごとき遍歴説教師、アベラールのごとき遍歴哲学者は、個人、グループ（アベラールの周囲に群がる学生たちのような）、ベルナールのごときカリスマに殺到する群衆の、異常に活発な動きを証明するものである。これらの人びとの宿については格別問題にならなかったようだ。ノルベルトとかベルナールのような高貴な人や彼らの大勢の旅の伴侶が飲食、衣類、住まいについてごくつつましやかに要求する時、ほかの人びとも道中がつらいとこぼしたり、前途の飢渇、寒気、害虫のため計画した旅を取り止めようという気にならなかった。これは一面で、もう一面も長い目で見れば少なくとも同様に重要だった。アベラールもベルナールもノルベルトも、人の通わぬ地に居住地を築いたことである。一通の手紙の中でエロイーズはアベラールの――回顧的にいうなら、文明化し、開拓し、コミュニケーションを促進する――活動を評価している。《この荒れ果てた地方には野獣しか棲みつきませんし、盗賊の一味しか忍び込んで参りません。あたり一帯に平和な人の住む隠れ家、農家の屋敷もございません。まさに当地に、野獣の逃げ穴のまっただ中に、盗賊の隠れ家のまっただ中に、いまだかつて神の名を聞くことが許されなかった土地に、まさに当地にあなたは神のために祭壇を築き、聖霊のために神殿を捧げたのでございます》。あまたのプレモントレ会やシトー会修道院創建の事情も同じように述べられている。

五〇〇年も昔起こったことが、換言すればアイルランドの遍歴僧が大陸で努力し、人も通わぬ地方に棲みついた歴史が繰り返された。修道士の共同体が数世紀経つうちに大きな修道院〈都市〉へと成長したことも稀ではないが、その共同体の中核の原点は隠者の僧房だったのだ。なるほどフルダやザンクト・ガレンのような一流の都市は、概してシトー会やプレモントレ会の居住地から生まれたものではない。しかし、見すぼらしいぱっとしない修道院でさえ、中世の旅人には計り知れないほど大きな助けを意味した。ガロンヌ河とマース河の間には往々一日たらずの旅路の間隔で、修道院が並んでいた。オーデル河とヴァイクセル河の間の入植地の乏しい地方では、ここにまだ町がなかった時代、シトー会の修道院が宿と援助を提供した。それによって、シトー修道会が創立した建造物は文字通り西欧にネットワークを張ることに貢献したのであった。

王ハインリヒ七世のローマ行

ルクセンブルク伯ハインリヒは一三〇八年一一月二七日フランクフルトで王に選ばれ、一三〇九年聖三王の記念日にアーヘンで戴冠された。彼はただちにローマ行の準備にかかった。一四、五世紀の少なからぬドイツ王は、北独よりイタリアに長く滞在したものだ。イタリアでの大事な用件は王冠を手にして主権を確立し、やたらと争う各派に対して一種の調停者の役割を果たすことだった。ドイツ最後の支配者カール五世は一五三〇年（ローマでなく）ボローニアで戴冠された。近代においても皇帝権の栄光がどんなに輝かしいものであったかは、ルイ一四世も依然として皇帝冠に執着し、ナポレオンが一八〇四年皇帝に戴冠された事実に照らして明らかである。

ハインリヒ七世のローマ行については詳しい記録が残されている。類まれな記録のおかげで以後多くの文献が完全なものとなった。それはハインリヒ王の弟で、トリーア大司教（一三〇七／八―五四年）、ルクセンブルク選帝侯バルドゥイン（一二八五年生）が一四世紀半ば描いた一連の挿絵であり、一三〇八年から一三一三年までの時期のさる古文書写本集成の冒頭を飾っている。この方は司教選挙、トリーア入城、ハインリヒの国王選挙といった、注文主の生涯の重要な場面を書き留めているのである。総じて、大司教バルドゥインも兄ハインリヒ王のお供で加わった、イタリア行の描写が圧倒的に多い。

計画は念入りに練られた。全権大使は教皇に要求されて、ハインリヒが教皇権を大幅に認める旨の国王の誓いを、教皇クレメンス五世に対してたてた。それで教皇は選挙を有効と認め、ローマのピエトロ教会で戴冠式を行なうことを匂わせた。その日は一三一二年二月二日で一致した。ハインリヒは上部・中部イタリアの諸市に二つの使節団を遣わし、国王にして将来の皇帝にふさわしい歓迎の準備をすること、随員を迎えによこすこと、代表を派遣することを要求した。朕《ちん》は平和をもたらさんとする者ゆえ戦争は中止すべし――イタリア中の諸国家が麻のごとく乱れたご時勢に、それはまことに大胆な企てであった。ともあれイタリア側の使節も王権がイタリア中で認められるようになさいませと王に勧めたし、かのダンテもトゥーリンではじめて見たらしいドイツ王を、感激の言葉をつらねて歓迎した。《サラセン人にも同情を買うイタリアよ、喜べ。そなたはやがて全世界の羨みを一身に集めるだろう。というのは世界の慰めとなるお方、そなたの国の名を上げるお方、崇高なるアウグストゥスとシーザーにも比すべき恵み深きハインリヒ王が、祝典に急ぎ向かわれているのだから》。

政治的・外交的交渉はあらかじめ嚇しをかけたり、勘定高さに訴えたりしてまとまった。軍勢の受入れ、補給、通過のためにイタリア諸市と協定を結ばねばならなかった。とりわけ王が心を砕いたのは、王国内の聖・俗にわたるおえら方の件だった。大司教や司教、それに王国直属の修道院長、辺境伯、プファルツ伯、方伯がローマ行を義務づけられた。トリーア大司教は兄のため《アルプスのかなたを行軍するために金銀で飾りたてた車》を何台か運んでおいた。挿絵の説明では、その車によって彼は《ローマ人の王のために一役かった》のだった。貴金属は王の門出を立派に飾ったことだろう。

ドイツ王のイタリア行のお供をした従者の規模については幾つか見積りがあるが、それには矛盾がある。九八一年といえば数世紀前のことになるが、この年聖・俗の諸侯に発せられた召集令を見れば、従者の構成がはっきりする。この時はどうやら追加召集令だったらしい。というのはここには数多くのおえら方が、とりわけ王国北部の面々が欠けているからである——彼らはすでにイタリアに滞在していたと思われる。《甲冑騎士表》には簡潔にこう書かれている。《シュトラスブルク司教ヘルケンバルトは騎士一〇〇人を送るべし。ムルバハ修道院長は二〇人連れて参るべし。シュパイアー司教バルツォーは二〇人送るべし。ヴォルムス司教イルデバルトは四〇人連れて参るべし。ヴァイセンブルク修道院長は五〇人送るべし。……ヘルツィベルト伯は三〇人連れて参るよう、彼の甥は三〇人連れて参るか、四〇人送るように……》。

いかにも命令調だが、召集令を受けた人びとが残らず無条件で決められた数だけ甲冑騎士を連れ、指定された時点に予定地へ馳せ参じたとは、ゆめゆめ考えてはならない。一一三六年トリーア大司教アルベーロのごときは、騎士一〇〇人引き連れ参るよう命じられたのに、六七騎しか連れて来なかった、と伝えられている。この記録を見ればわかるように、君主やその顧問たちは、一定の人びとが甲冑騎士を供に連れて来ることに関心があった。司教、修道院長と世俗のおえら方はそのつど指名で要求された。王は連中と顔なじみであり、彼ら同士も知己の間柄だった。王国は拡大したけれども、聖・俗のおえら方同士は開廷日、教会会議、戦争従軍によって知己となった。個人的に顔なじみであれば、艱難辛苦の旅で連帯感が生まれ——と同時にしかしながら敵意も強まることになった。

目をひく点がもう一つある。聖・俗のおえら方の間で釣り合いが取れていないことである。召集された計二〇四〇《ママ》の甲冑騎士中、一九名の司教、大司教は一〇七二騎（五二％）、一〇名の修道院長は四三〇騎（二一％）を出すよう命令されたが、世俗のおえら方は五四八騎（二七％）出したにすぎない。以上の数は帝国教会（司教と帝国修道院長）が、王国に対して演じた役割のほどを示している。従者数の平均を見れば、この印象はもっと強まるだろう。司教と大司教は甲冑騎士五六騎、修道院長は四三騎を引き具して馳せ参じたのに、俗人は同じく二七騎だった。

一四世紀初頭にはこの割合は変わったかも知れない。しかし、その後も司教や修道院長らは依然として目ざましい役割を演じていた――ハインリヒ七世の軍勢はイタリア到着時、計二〇〇〇ほどの騎士と見積られているが、荷運び人足やその他大勢を含めれば、六〇〇〇から一万ほどにふくれ上っただろう。

いざ出発の前、危険だらけの旅に赴く者なら誰でも当然する仕事を、ハインリヒもした。留守中の家政をととのえ、マインツ大司教ペーターを摂政に任じた後、もう一度本国を訪れ王子ヨーハンにルクセンブルク諸国を託した。

ベルンが集結地と決まり、ハインリヒは一三一〇年九月二九日そこに到着した。一行は一〇月九日に出発し、ムルテン、ローザンヌ経由でジュネーブに着いた（一〇月一三日）。ベルン＝ジュネーブ間を軍勢は日に二二キロから五八キロ進んだ。この実績は一二、三世紀当時のドイツ王・皇帝軍の行軍速度、《ふつう》二〇―三〇キロ、強行軍で日に四〇―四五キロに相当している。最高実績の六〇―六五キロは、ぶっ続けで二、三日しかもたなかった。アルプス越えには九日を要しているが、一日の行程には六―二三キロとずれがあり、平均して約一六キロというところだった。

ハインリヒはメロヴィング朝やカロリング朝の人びとがしばしば利用した峠を通ることに決めた。そこは一〇七六年から七七年にかけての冬、かのハインリヒ四世も越えた峠だった。縁者の一人がモン・スニをしっかりその支配下に押さえていた。王妃の義弟で、王国に忠実なサヴォイ伯アマデウスを頼ることができたからである。王の軍勢はしばしばローヌ河を下り、それからシャムベリーへ向かうコースを取ったが、当地でハインリヒはアマデウス伯に迎えられた。一行はさらにイゼールやアルクの谷を登って行った。小さな町村では宿をまかないきれないので、軍隊は夜になるとさまざまな場所に散った。何度かの長途の行軍でも登り下りはふつうのことだったろう。

選帝侯バルドゥインが請け負った一連の挿絵にはアルプス越えが二葉描かれ、史料価値が高い。《王モン・スニに登る》、《ハインリヒ王一〇月二三日スーザに向かって下る》、と簡単な説明がついている。王、王妃、それに騎士たちは、運び人足やその他大勢（絵の中では代わりに馬と車が描かれている）より険しいが、間違いなく近道を行こうと決めていた。山の低い所ではまだ僅かながらも植物が生えていたのに、どんどん上に登ると岩が現われ樹木はなくなる。どの絵でも王とお妃は王冠によって見わけがつくが、それは祝祭の時飾りにつけるものだった。王妃は顎の下まで固い窮屈なカラーをつけている。このような旅で衣服を選ぶ決め手となるのはエチケットではなく、実用性だった。ここで王妃がしとやかないわゆる女乗りをしていないのが見て取れる。山脈の狭い小径ではどうしても礼法の問題よりは、王妃の身の絶対安全を要求する方が優先することになる。山の下り道は登りよりもっと難しい。アルプスの南面では傾斜がきつく、おまけに人も馬も疲れ果てていた。馬が下りで後脚の方から滑り落ちかねなかったので、身分地位に関係なく旅人はみな下馬せねばならず、馬勒《ばろく》を取って自分の馬を引いて行った。

ドーラ・リパリア河沿いの標高五〇〇メートルしかない町スーザで六日間休息し、それからトゥーリン、キエリを経てさらにアスティへと向かった。途中多くの市の使節が軍勢に合流し、特権の確認を乞うたが、おそらく金銭の贈与もしたことだろう。にもかかわらず、旅路ではいつも金と戦士がかなり足りないのが目についた。

·Rex ascendit montsenys·

ハインリヒ七世と従者のアルプス越え　王妃も男乗りで馬に乗っている．

上部イタリアにはたぶんまだ王国に好意的な農場やプファルツ領が散在していたのだろう。その上がりは大半売って、売り上げは王に捧げられたようだ。宮廷はプファルツ領がある限りそこに宿り、時には司教の所にも宿ったが、修道院には稀だった。包囲のさいは天幕や小屋で寝たが、野外のことも多かった。都市が到着した一行に対して好意的な時はいつも、軍勢は市外に野営したのに王の宮廷は町中の建物を手に入れた。

王国に忠実な都市の人びとは、その町の鍵と支配権を引き渡すため、市門の前まで軍勢を出迎えた。王と従者はこのような出合いの際、常に威風堂々と馬に跨っていた。絵の中には、いかにも歴然とした市民たちの態度の違いが描かれている。たとえば、アスティやピサのような、はっきり王国に忠誠を示す都市の高官たちは馬で王を迎え、馬上姿のまま鍵を渡している。ジェノバやアレッツォーの市民たちは徒歩で王を迎えたが、後者は旗をもっていた。両軍ともに大損害を蒙った長い包囲戦の末、ブレシア市民は絶対服従の印しをもって近づいてきた。つまり、徒歩で首には縄をかけ王に慈悲を乞うたのである。

一二月はじめ軍勢はアスティを発ち、一二月二三日ミラノに入城した。ハインリヒの仲介により当市内の派閥間の和解が成立し、それはクリスマスの二日目に裏づけられた。二日後ミラノの人びとは王に忠誠を誓ったのである。この光景は絵には描かれてはいないが、後に絵入り写本の中で、ジェノバでの忠誠を誓う一場面が見つかる。王の裁きを描いた数かずの絵のように、王は数段高い王座についている。その左右には聖・俗のおえら方がはべり、彼らの前では——ずっと小さくまるで子供のように描かれているが——市民たちが誓いのために手を上げているのである。

ハインリヒはミラノの聖アンブロジウス修道院で、《鉄の王冠》によってランゴバルド王に戴冠される。一週間後に反乱が起こるが、早いうちに発見したので鎮圧することができた。思い通り支配権を行使するには調停の決意だけでは不充分だと、ハインリヒは体験する。以後絵入りの年代記中には再三にわたり、激戦の場面が主題のように現われる。

さらに行軍を続けるうち、数か月に及ぶ攻囲戦では戦士と時と資金を失い、評判を落とした。その対決の厳しさは《ブレシアの隊長テオーバルトに正義が下る》との説明つきの一枚の絵に描かれている。テオーバルトは傷を負って囚われの身となったが、市に降伏を勧告せず密かに断固抵抗を要求したのだった。反逆の廉で彼は死刑を宣告され、しかも生きながらにして牛皮に縫いぐるみにされ、陣営中引き回しの上絞首刑ということになった。彼はたくさんの人を死なせたので首をはね、その他の悪業のゆえに彼の内臓を焼き、身体は四つ裂きにして、手足は刑車にからみつけ陣営中に見せつけるべし、というのである。絵入り写本では裸の罪人が刑車にくくられた杙《くい》に縛りつけられているのが見える。車の上では炎が燃えている。一刑吏が真赤な灼熱の火ばさみで、まさに犠牲者の鼻をつまんでいる。他の場面ではテオーバルトの斬首、杙に突きさされた彼の頭、いたる所から見える刑車にくくりつけられた腕と脚が描かれている。ブレシア市民はその報復として、敵方の捕虜を一人残らず王の陣営の目の前で吊し首にした。

ブレシアの攻囲戦で国王は弟御ヴァルトラムを失った。一枚の絵を見れば、この方が首に矢の致命傷を受け、その後——ヴェローナで——埋葬されたことがわかる。絵によれば、弩《いしゆみ》は敵味方とも使ったが、きわめて危険な武器だった。歴代教皇はそれを非人間的なものとして追放を命じたが、効果はなかった。弩を使えば遠くからでも狙い違わず命中し、その矢は甲冑をもやすやすと貫いた。ローマの戦いでは他の騎士たち、たとえばリエージュ司教テオーバルトやヴァイセンブルク修道院長サヴォイアンのペーターは剣で打ち殺された。この二人の聖職者の戦死の説明書きのある絵では、トリーア大司教バルドゥインがまさに名門オルジニ家のもの（熊の紋章でそれとわかる）の脳天を割っているところが描かれている。説明書きや絵によれば、帝国の高位聖職者たちも出撃にさいしては、生命を賭けることを義務づけられている。確かに教会は聖職者に対し繰り返し武器をとるな、狩猟をするな、軍務につくなとしているが、この禁令はどのようにも解釈できた。ハインリヒ七世の御代にはもうとっくに、軍務とミサをともに行なう聖職者による騎士修道会が生まれていた。

ブレシアでの絵を見れば、弩以外の危険にも気がつく。市門の上にはいわゆるピッチロ、張り出し窓が見えるが、そこから突撃隊に向かい煮えたぎった瀝青や熱湯の雨を降らせたのである。時には攻囲軍に対し蜂の巣箱を投げることもあった。あらかじめ揺さぶっておいて、いやが上にも昆虫の攻撃欲を高めてあった。蜂は甲冑のどんな隙間からでも這いこんだので、この手の防禦は特に恐れられた。

ハインリヒがベルンを出発したのは一三一〇年一〇月だった。翌年一〇月には、五月以来留めおかれていたブレシアを発ち、さらにクレモナ、ピアツェンツァ、パヴィア（ミラノ市が秘蹟授与停止中だったので、国王も当市で復活祭を祝った）を経て、ジェノバに向かい当地では歓迎された。しかし、ジェノバでは弟に次ぐ第二の苛酷な死に見舞われた。ブレシアで病んだ王妃が一三一一年一二月九日、ジェノバで亡くなった。享年三六歳。行軍の苦労と不自由がこたえたのだった。屍はドイツへ送らず、ジェノバのフランチェスコ派教会、聖フランチェスコ・ディ・カステレットーの内陣大祭壇の傍らに埋葬された。ハインリヒははじめ故人を帰路ドイツへ連れ帰るつもりで、ただ鉛製の質素な棺に入れて葬ったらしい。その後旅を続けるうち王は一芸術家に命じ、王妃のため墓石を作らせた。瀕死のハインリヒが自分の心臓はお妃の石棺の中に埋葬するよう命じた、と後世の口碑は伝えている。

ジェノバからピサへの船旅　バイユーのタピストリーに描かれた船と同じように，冬にもかかわらずハインリヒ七世が海を渡った船は，覆いもなくクリンカー方式で建造されていた（船胴の材木は重ね合わされ，一緒に釘で留められている）.

ローマに通じる峠は敵方に押さえられていたので、ハインリヒは海路をとることに決めた。一三一二年二月一六日彼は三〇隻の船に乗った八〇〇の騎士もろとも、ジェノバからピサへ向け出発した。絵入り写本では船旅の模様を二葉写している。片や王が、片やトリーア大司教がそれぞれ従者を連れているのが見える。ほとんど覆いのない船の艫《とも》にはお粗末な船室があり、このおかげでおえら方は昼は焼けつくような陽ざしを、夜分は寒気をしのぐことができた。舵はまだ艫にはなく、右舷の輪の中にはめこまれていた。双方の船ともそれぞれ帆桁のある一ないし二本のマストをもち、帆は縮帆用の帯で帆桁に固定されている。

時は二月、いまや地中海は厳しい様相を呈している。その八年後の二月、ペトラルカはマルセーユの沖で水難に合い、あやうく生命拾いしている。五〇〇年前カール大帝がエルサレムの使節を、春がきてから帰国させたのもまことに当をえていた。ハインリヒと従者たちは激しい春嵐に合っている。船旅の初日、二月一六日に軍勢はレッコに達し(二〇キロ)、一七日はキアヴァリに(二〇キロ)、一八日はゼストリ(八キロ)、翌一九日は同地で休み、二〇日はピニョーネに(二七キロ)、二一日にはヴェネーレ港(一七キロ)に達している。ここで一行は三月五日昼まで休息し、五、六の両日でピサ港《ポルト》まで(五五キロ)こなし、ついにピサに到着する。当地で王と従者たちは盛大に迎えられ、四月二三日まで滞在している。だから最後の丁場だけは船旅の方が、ふつうに陸路を行くより速かったことになる。

ピサからローマへ陸路をたどり、ローマ入城を果たすと、皇帝党は五月七日日曜日に王を盛大に迎える準備をする。貴族も民衆も、枢機卿も他の聖職者も王に随行してラテラノ教会へ。ここでハインリヒが祈っているところが描かれている。前任の皇帝同様彼も訪問と戴冠を記念して、奉納物を捧げたことだろう。祭壇に捧げられ、しばしばここで保管された奉納物のために、寄進者の名は末長く残る。それはあたかも祭壇の板に彼の名を刻みつけたり、記帳されるのと異ならない。いわゆる過去帳に記された名前は一人一人、ミサの間生者、死者を問わず記念して、神の好意がえられるよう推薦される。——貴重な奉納物は外敵ばかりでなく財政基盤の弱い諸教皇の貪欲をも刺激した。

ジェノバとは打って変わり、敵対する派閥の調停は成功せず、それどころか大損害を招く重大な戦いになってしまった。ピエトロ教会は征服できなかったので、ラテラノ教会で戴冠式を行なうことに決まった。中世の《正式な》戴冠式には、それにふさわしい候補者、正式な場所、本物の帝冠、帝冠を授ける有資格者と、それにふさわしい日(大祭日ではないにしても、少なくとも日曜日)が必要だった。ハインリヒは一三〇九年一月六日アーヘンで、また一三一一年一月六日ミラノで、二度主の御公現の祝日に国王に戴冠されている。その日は教会の最高の祝日の一つである。これも教会最高の祝日の一つ、聖ペテロと聖パウロ祭の当日、ハインリヒは皇帝に戴冠される。もちろん教皇でなく三人の枢機卿によってであり、歴代皇帝のように聖ピエトロ教会でなくラテラノ教会でだった。六月二九日市長官、ラテラノのプファルツ伯、市参事会、市裁判官たちが王を待ちうけた。彼らの前でハインリヒは、市と彼らの権利を守ることを誓った。市長官と二人の侍従を先頭にして、王と従者たちはラテラノに向かったのであった。民衆の間に貨幣がばらまかれた。

聖ヨハネ正面入口で聖職者が、厳かにラテラノ教会に入る王を迎えた。三人の枢機卿が荘重なミサを執り行なった後、王は教皇クレメンスに要求された様式にのっとり誓いをたてた。王が聖職についた印しとして、三人の枢機卿がハインリヒの胸に十字のついたストラをまきつけ、二つのとんがりのある白の司教冠《ミトラ》をその頭にのせた。それからオスティア司教が王の右腕と肩の間に聖油を注ぎ、彼に剣を帯びさせた。王は三度剣を振り、教会に保護と力を与える印しとして、剣と黄金の楯を祭壇に置いた。しかる後ニコラウス枢機卿が帝冠を彼にかぶせ、錫杖と黄金の宝珠を手渡した。以後絵入り写本に描かれたハインリヒは、わずかにあぶみに記された帝冠で皇帝とわかるにすぎない。

戴冠を記念してラテラノ教会から聖サビーナ教会に馬で向かう新皇帝に対し、旧来の慣例通りローマのユダヤ人長老たちが出迎え、彼らの特権の確認と、とりわけ彼らの権利、モーゼの掟に従って暮らせるよう許可を求めた。皇帝はきらびやかな衣をまとった二人の男が轡を取った馬上に、威風堂々と跨っていた。左手には錫杖をもち、右手でユダヤ人長老に巻物の書状を渡した。

引き続き皇帝は聖サビーナ教会において戴冠の宴を祝う。絵入り写本には饗宴の数かずの場面が描かれている。会食に当たって招く方も招かれる方も連帯感を意識していた。もっとも記録は差のついた席順に気を配ってはいたが。皇帝戴冠式に続く宴で、ハインリヒは中央に描かれる。皇帝は一つの卓につき、その左右の一段と低いテーブルには枢機卿たちが座を占めている。皇帝と向かい合わせに座っているのが、大司教バルドゥインとプファルツ伯ルードルフである。用意のととのった召使いどもが、同じく用意のととのった大膳頭の命に従い、料理を食卓に並べている。卓上にはナイフと切ったパンが置かれているが、ナイフは唯一の食器で、フォークはまだ普及していなかった。

一三一二年八月二〇日軍勢はローマから北へ向かって出発する。激戦の末幾つもの城や都市を落とした。しかしながらフィレンツェの攻囲は六週間後、すなわち一三一二年一〇月末成果を収めることなく中断せざるをえなかった。年の瀬と翌一三年の前半、皇帝は何とかして中部イタリアの支配権を確立しようと専念する。一行はシエナを経てローマの方《かた》南へ、皇帝権に反抗するナポリめざして進軍する。シエナからブオンコンヴェント（フィレンツェ＝ローマ間のほぼ中央に位する）に向かう途中皇帝は発病するが、おそらくマラリアだったろう。絵入り写本によれば、すでに早い時期から遠征軍で《腐った空気》がもとで死ぬ者が少なくなかった。ハインリヒはマケレートの温泉で病いを癒そうと、かの地へ連れて行かせた。いっこうに良くならないので彼は軍勢のもとに戻ろうと決意する。ブオンコンヴェントで病状は悪化するが、まだ聖体拝領することはできた。皇帝が歿したのは一三一三年八月二四日のことだった。

皇帝の死は――まだ勝利を確信していた――部下にとってはまったく寝耳に水で、いまや彼らは指導者を失って四散した。ハインリヒが携えた記録類が帝国へ戻らなかったことは、いかにもその間の事情を語っている。それらの記録はイタリアに残り、今日ピサ国立文書館にある。

ハインリヒの弟は歿後ブレシアから遠からぬヴェローナに埋葬され、お妃は歿した地ジェノバに埋葬された。かつて皇帝オットー二世はローマのピエトロ大聖堂に最後の安らぎの地を見出し、亡き皇帝オットー三世の屍はイタリアからアーヘンへ送られた。ハインリヒ七世にあっては別の方法を取ることに決まった。というのも八月の炎暑のこととて屍は腐りが速かったので、肉は焼かれ、そして——後世見ることができたのだが——黒焦げの骨が移送された。絵入り写本によると、葬列のありようが明らかになる。頭に球のついた兜をいただいた完全武装の騎士一〇騎が、担架に乗せられた棺をになった。一三一三年九月二日の日曜日、ピサの大聖堂で故人のため告別式が行なわれた。同日この地でハインリヒは葬られた。

皇帝ハインリヒ七世とお妃は、イタリアで歿し、かの地で埋葬されたドイツ人最初の支配者である。当初からハインリヒに支援を惜しまなかったピサ市は、皇帝のために美術史的にも重要な墓標を建立させた。

サンチアゴ巡礼案内書

西欧キリスト教の三大巡礼地のうちエルサレムは、一二九一年の十字軍国家の終焉以来長いこと詣でるのが難しくなった。それだけにローマとサンチアゴ・デ・コンポステラへの巡礼がますます人気が高まり、ことにローマでは一三〇〇年以来《聖年》が布告された。このような《大旅行》と並んで、アーヘン、カンタベリー、デューレン、アインジーデルン、ケルン、パドヴァ、ロカマドゥール、サン・ミッシェル、タン、トリーア、ヴィルスナックなどへの全国的・地方的巡礼も数多く行なわれた。

《聖ヤコブのもとへ巡礼する信者には旅立ちの前にこの記録を読み聞かせ、計画を立てさせねばならない。途中どれほどの出費を覚悟しなければならぬか、教えてやるべきである》。一一四〇、五〇年ごろできた巡礼案内書にはこう書かれている。それは聖地への巡礼案内書の長い伝統を受け継いでいる。現在伝えられている最古の記録は四世紀に遡る（三三三年ごろボルドーの巡礼、四〇〇年ごろの修道女エテリア）。ベデカー案内書の先駆ともいうべきサンチアゴ巡礼案内書を見れば、早くも一二世紀半ばにははるかスペインの北西部への巡礼詣でが高い人気を呼んでいたことがわかる。それは衝動的な巡礼行、団体の巡礼行のほか、着々と準備をととのえた個人の巡礼詣でもあったことを、同書は証明している。

さらにまたそれは巡礼詣でが――中世初期のローマ詣で、エルサレム詣での大勢の巡礼たちのように――もはや目的地で死ぬために計画されたのではなく、達者で無事帰郷しようとしたことを証拠だてている。

巡礼者はサンチアゴ案内書の中から有益な情報を少なからず見つけられたであろう。上文の〈見つけられたであろう〉という文法上のいわゆる非現実話法を使ったのは正しい。なぜならわれわれは巡礼たちがこの手の本を旅嚢の中に忍ばせたことを、出発点としてはならないからである。それどころか、ここに記された多くのことは口から口へと拡まり、こうして巡礼たちの旅立ちの準備に役立った、と仮定してよい。

(今日流にいえば、タイプ用紙五〇枚ほどの分量の)本書には、巡礼者の関心が映し出されている。著者は道路、河川、橋梁、宿泊施設、食べ物と飲み物、途中表敬すべき聖者、最後にコンポステラと同地のヤコブ教会について意見を述べている。この報告の中には聖者伝や、今日なお団体旅行のガイドさんが利用するお堅くない逸話が織り込まれている。著者はたとえば巡礼者たちの習慣をカール大帝に由来するとしている。彼らはキサ峠の高所で膝を折り、西の方ヤコブの墓に向かい、祈りながら巡礼杖を大地につき立てる。ここで《その数およそ一〇〇〇人》は見られる。カール大帝はスペイン進軍に当たってこの模範を示した由である。よそでは大地につき立てた長槍から青々とした葉が出はじめたと伝えられている。遍歴のモチーフとしての緑の葉を茂らす杖は多くの聖者伝や、ローマから帰郷するタンホイザー伝説にも出てくる。

⚜巡礼詣での費用

予告とは違い、巡礼案内書の中で費用のことはほとんど話題になっていない。そこで手引きとして、一四世紀初頭リューベック市で遺言によって定められた、つまり代理人によって行なわれる巡礼詣でに遺贈された金額をあげておこう。サンチアゴ詣でに一〇マルクないし四〇マルクが予定されていた。一〇マルクで貧しい（！）巡礼を二人（！）サンチアゴ詣でにやろうというのである。この金額をはっきりさせるため、一二二〇年当時の物価を若干あげることにする（九〇年後だから物価はそれより高くなっていたろう。リューベック貨一マルクは一六シリングに換算された）。馬一頭が四と四分の三マルク、牡牛一頭が二マルク半、牝牛が一三シリング、豚一頭が五シリング、羊一頭が四シリングだった。だから牡牛二頭ないし羊二〇頭分の対価が、貧しい代理人一人分五マルクする、リューベックからサンチアゴまでの巡礼詣でに使われたわけである。

⚜敬虔な巡礼？

フランスを通ってサンチアゴに向かう四つの巡礼路を、著者はそれぞれ詳しく叙している。それはローマ下流の巡礼地サン・ジル、連山の中央にあるル・ピュイ、ブルゴーニュのヴェズレー、そしてロワール河畔のトゥールから発する四つの道である。これらのルートはピレネー山脈の彼方プエンテ・ラ・レイナで合流し、サンチアゴに向かう一本の巡礼路となる。この道を中世では何百万人もの巡礼が往来したものだ。一時期年間二〇万から五〇万人と見積られている。それは教養階級と非教養階級（この記

巡礼者聖ゼーバルドゥス　板絵断片，ニュルンベルク，1487年．特徴ある帽子は日ざしや雨から守ってくれる．巡礼は帽子に一目ではっきりわかる印しをつけることができ，それによって自分が巡礼であると証明し，特別の保護を受けられる．

録を読み聞かせてやるべしとされた人びとである）、富者と貧者、老若男女（女性は全巡礼者の四分の一から三分の一の見当）、独り旅と団体の巡礼（金持ちは専属の医者と助祭をお供に連れた）、達者な者と、とりわけ当時の権威ある医者に見放された病人たちであった。それに特別な恩寵を願ったり、誓約を果たそうとした（たとえば絶望的な状況でのご加護のお礼詣り）人びとであり、恩赦にあずかった罪人、いかさま師、道楽者……であった。

巡礼は絶対に敬虔でなければならぬ、というものでもなかった。この巡礼案内書が書かれた当時でも、クリューニー派の修道院長ペトルス・ヴェネラビリスは巡礼の旅の宗教的価値に疑いを抱いている。師は軽率、移り気、好奇心、うぬぼれ、物質的利益の期待を戒めているのである。人びとは意識的に自分に義務を課すことによって、多くの誘惑を抑えようとした。巡礼詣での宗教上のご利益は、巡礼が途中断食し、肉欲を断ち、一つの村に一泊しかせず、髪や指の爪はのび放題にし、温い風呂に入らず、柔らかな寝台で眠らぬかどうかで決まった。ことに最後の要求のおかげで、巡礼は異性の誘惑に楽に抵抗することができた。

⚜道、橋、そして宿

巡礼案内書で描かれた四つの街道は、こまかい道路網の中で主軸となっている。人里離れた巡礼地を訪れ、初夏と晩夏の旅にいちばん良い時期、往来のはげしい街道筋の満員の宿を避けようと思う者は、小道を通った。例の案内書でふれたり、後世の研究が実証した宿泊施設や橋は、すでに一二世紀に巡礼の往来がはげしかったことを示している。ピレネー山脈中の聖クリスチーナの宿泊施設は――エルサレムや、ローマ詣での道中にある大サン・ベルナール峠のそれと同じように――《難を避けることのできる所に建てられた。それは神の家であり、敬虔な巡礼が一息つける神聖な場所だった。ここで困窮者は休息と保護を、病人は慰めを、死者は永遠の至福を、生ける者は援助を見出した。それゆえ、このような神聖なる場所を建てた人が天国を手にすることは疑いもない》。

ピレネー山脈の彼方の道で、重要な一丁場をプエンテ・ラ・レイナと称するのは偶然ではない。一一世紀はじめナヴァラ国王サンチョス三世のお妃の音頭取りで、巡礼の助けになるよう建てられた《女王の橋》は、ピレネー山脈を越える三本の道をたばねて、サンチアゴに向かう巡礼路を一本化しているからである。著者は名をあげた街道や橋の建設者たちのために短いながら特に一章を捧げ、次のような祝福の祈りで結んでいる。《この人びとと援助を惜しまなかったすべての人びとの魂が、永遠の平和のうちに憩わんことを》。

巡礼案内書は一日行程についてもそれぞれ詳しく叙している。しかしながら、その行程を一日でたどるのは不可能なこともしばしばあった。著者が途中日記のつけ方が不規則だったか、道の長さや難儀をわざと過小評価したのだろう。いずれにしてもピレネー山脈中キサ峠とサンチアゴの間に(直線距離にして六〇〇キロ)一三区間あるとの記事は、二日の行程でパムプローナからブルゴスまで(直線距離にして一七〇キロ)行けるという主張同様現実味がない。それが巡礼に旅を実際より楽に思わせてやろうとする著者の意図とすれば、おそらく危険についても詳しく述べなかったろう。この章は一二世紀にとどまらぬ現実の旅に独特の光を当てている。

⚜危険の警告

著者は自然の災難と人災を巡礼に警告している。スペインでは旅人と馬はさまざまな河（なかんずくナヴァラ国の多くの河が目立つ）の飲み水や、肉と魚による死と破滅に脅かされている。三日は覚悟しなければならぬフランス南西部ランドの旅は不愉快である。《その日々はそなたを疲労困憊《ひろうこんぱい》させる。というのも、それは僅かな村しかない神に見放された平地で、現世の財は一掃されたかのごとく、パンも葡萄酒も肉も魚もなく、流れる水も泉もない。あり余るのは砂のみである》。それでも当地で豊かな蜂蜜、さまざまな黍《きび》、ぶうぶう鳴く動物は見つかる。《万一夏にこのランド地方をたまたま通るならば、巨大な蠅に襲われぬよう用心して顔を守るがよい。当国ではスズメバチとかアブと称するものが、群れをなして横行している》。歩く時注意しないと、いたる所吹き寄せるこまかな砂中に膝はたちまち没してしまう。

《私は奴らを地獄送りにしてやりたいと心の底から願う！》。この呪いはピレネー山麓の渡し守に向けられている。それ自体は小さな二つの河を、巡礼は他人の助けを借りなければ渡ることができない。この渡し守はあらゆる人に金を要求し、馬を渡すにはなんと貨幣四枚もしぼり取る。そのくせ樹の幹から作った舟はまったく小さく、馬を渡すには全然適していない。《そなたがこの小舟に乗る時はご用心、たちまち水中に落とされますぞ》。転覆の危険のために巡礼はごく少数の人びととしか乗り込まぬことで、馬はできるだけ手綱をにぎり河中を泳がせるにしくはない。《渡し守は渡し賃を受け取ってからしばしば舟が転覆するほど大勢の巡礼客を詰め込み、河中で溺死させる。するとろくでなしの渡し守どもはただちに鬨《とき》の声をあげ、溺死者の持ち物を剝ぐ》。例の巡礼案内書は公認の渡し賃をあげている。金持ちに限り、人間二人につき貨幣小一枚、馬一頭につき貨幣大一枚、貧乏人は払う必要がない。それに渡し守は馬と人間がたっぷり乗れるほど大きな舟を動かすために傭われているのである、としている。

《私は奴らを地獄送りにしてやりたいと心の底から願う！》第二の呪いは《たちの悪い追い剝ぎ》に向けられている。というのは、渡し守の危険が去るやいなや、《森だらけの不毛な》バスク地方で新たな災難が巡礼を待ち受けているのである。《巡礼はこの国の住民を見るや恐ろしさに血も凍った》。それは蛮語を話し、風采あがらぬ人びとだった。まずはいわゆる関守り。連中は二本ないし三本の槍で武装し巡礼のところにやって来て、威丈高に法外な関税を要求する。《旅人が要求された金を拒もうと、考えようものなら、彼らは棍棒で撲りかかり、税を奪い取る。罵倒しながら犠牲者の素肌まで徹底的に調べるのである》。巡礼案内書の著者は巡礼に教えている。道路税は原則的に巡礼から取り立ててはならず、やむをえない時に商人から取り立てるのは許されている。《関守り》はせいぜい貨幣四―六枚の税を要求してよい時に、その倍も要求するのだ！　著者は筆でこの悪を撲滅しようとしている。直接・間接の罪人、関守り、アラゴン王と他の黒幕、道路と水路を支配し、不法に高い渡し賃の取り立てを許しているすべての人びとを厳罰に処すよう求めているのである。《それに不法行為の共犯者、司祭も非難されていい。彼らは罪人たちに罪の赦しを与え、教会に歓迎し、ともに聖なる犠牲を祝い、そして聖体拝領を授けているからである》。直接・間接の罪人一人残らず、聖職者も俗人も破門に処すべし。この破門宣告は管轄の司教区と、巡礼がみなそれを聞けるようサンチアゴへ知らせるべきである。《罪人たちは長期にわたる公開贖罪の後また正気に立ち戻るまで破門のままとし――税の取り立てに当たっては程をわきまえさせるべきである》。

⚜偏　見

著者は貧しい贖罪者としてサンチアゴ詣でしたのではなく、道中食卓の喜びも描写し、時には現代の《ミシュラン》のグルメ案内を想起させる。金持ちしか口にできぬ美味な葡萄酒、肉、白パンが再三再四話題となっている。著者がその国の食べ物と人の特色を述べた例として、カスティリア地方について書いた件りを引用してみよう。この国は金、銀、貴重な布、なみはずれた駿馬に富み、《肥沃でおびただしいパン、葡萄酒、肉、魚、牛乳、蜂蜜を産するが、材木だけはない。ただし、当地の人間について一言述べれば、彼らは邪悪で悪徳にみちている》。

住民をひっくるめてけなしたのは一例にとどまらない。著者には他国の人間の彼らなりの生き方を認める気はなく、自分の故郷で当り前とされていることに反するものは排撃する。ある地方とその住民だけはすっかり気に入っているので、この一節は著者の故郷を描いたのだと想像される。《トゥールから出発して、まずこの上なく心地よく幸せな地ポアトーを通過する。当地の人は頑健で、戦士にふさわしい姿をしている。戦いでは弓矢と長槍を実に巧みにあしらい、果敢なる振舞い。彼らの走りぶりはみごとで、優雅な衣をまとう。輝くばかりの顔と巧みな弁説はひときわ衆にぬきんでる。彼らより気持よく客あしらいの良い人を見つけるのは困難だろう》。著者が南下すればするほど、住民に対する言葉は批判的になる。ポアトーの人以外に彼の目にかなうのは、結局使徒ヤコブの《同国人》で、ガリシア人《びと》は《われらフランス人と》きわめて似ている。

著者ははじめ沿道の住民の言葉を嘲っていたが、次第に彼らの生き方に腹を立てるようになる。サント地方の人の言葉は《野暮》に思われ、ボルドー（当地の葡萄酒と魚は口に合う）人の言葉はそれよりずっと粗暴である。次はガスコーニュの国。彼らはなるほど戦い慣れして客あしらいもいいし、うまいパン、極上の赤葡萄酒と身体にいい飲み水もある。しかし《彼らは饒舌で、嘲笑癖がいちじるしい。彼らは酔狂、暴食、放埒の徒である。豪勢な食事とは裏腹に、着るものはみすぼらしい。宝と貯えを強奪されたかのごとく、襤褸《ぼろ》に身を包んでいる。……暖炉の周りに座し、食卓もなしに食う。飲み物の器として一つの盃をみな共同で使う。彼らの豪勢な飲み物、食べ物、みすぼらしい衣服も、その実に恥ずべき寝方に比べたら物の数ではない。腐った藁の上に毛布を二、三枚のべ、そこに召使いもあるじやお内儀《かみ》さんとざこ寝するのである》。

さらに南下すればナヴァラの国。著者の民俗学的関心はここではもっと明らかになる。彼はガスコーニュの国と同じく、食卓や就寝の習慣を観察するだけでなく、彼の基準とは違うナヴァラ人の恥の観念に目を見張って不愉快な思いをする。他国の住民が他人の面前でも平気で裸になって愛撫し、入浴し、身体を洗う（たとえば近代の日本のごとく）のを、旅人たちは繰り返しいぶかしんだり、立腹したりした。著者は自分の観察と風聞をないまぜにする。《ナヴァラの男も女も交わろうとする時、いたる所で秘処を互いに見せ合う。その上恥ずべきことに獣姦すら行なう。人の話ではラバや牝馬の尻に革帯をとりつけるナヴァラ人もおり、それは自分以外に誰も当の獣と通じられぬようにする由である。彼らの倒錯した放埒ぶりには女も獣も危険である》。著者はまた自分の接待主についての極悪の中傷を広めるのにやぶさかではない。彼はみずからの体験を引き合いに出す。《われわれが彼らに水について話しかけたら、連中は嘘をつき、この水は何の危険もなく飲めると答えた。そこで馬に水を飲ませたところ、馬はたちまちにして斃死してしまった。するとかの男ども間髪を入れず馬の皮を剝いだ》。塩を含んだ水を飲めば人と馬は間違いなく死に至る、よって近づくべからずと、著者はあらかじめ《塩の河》について語っていた。万一ピレネー山中に塩分を含んだ河があったら、〔そこでの経験に照らして〕巡礼や馬がここで死ぬほど飲むようなことはなかっただろう。

以下みすぼらしい衣服（なかでも足の甲をむき出しにする一種のサンダル）と食事の仕方についての否定的な言葉が続く。《大家族が一人残らず共同で食べる。ということは、下僕もあるじも、女中もお内儀さんも、主菜とつけ合わせがごちゃまぜになった同じ深皿の中に手を延ばすのである。食事には匙を使わず、両の手を使う。みなが飲むのはたった一つの盃。そなたが連中の食い方を見たら、犬や豚の食うさまを耳にする思いがするだろう》。ナヴァラ語を聞いて著者は《犬の吠え声》を思い出す。

引き続き著者は巡礼たちがその援助を頼りにしている人びとの悪徳の目録を網羅している。キリスト教化される以前《不敬の輩《やから》ナヴァラ人とバスク人はサンチアゴ詣での巡礼から略奪しただけでなく、まるでロバの背に跨るかのように、彼らに馬乗りとなり、こうして敬虔な人びとに酷い死に方をさせるのを常とした》。今でも相変わらず《変わった国民で、習慣も人柄も他国の人びとと異なり、不機嫌な面構えで、すっかり堕落している。万事さかしまで、悪党らしく誠意なく、放埒な酔漢、いかなる暴行も手なれた野蛮な田舎者、嘘つきの非道者、陰気な瀆神者、不吉な喧嘩好き、善と名のつくものにはすべてからっきしだが、悪と不義なら何でもござれの国民》。著者はその悪意のゆえにナヴァラ人を、古代では諺にうたわれたゴート人や当代のサラセン人と同列に置いている。《彼らはわれらフランス人とは万事無縁である。ナヴァラ人やバスク人はできれば一文のためにもフランス人を殺す》と彼は言葉を継いでいる。

ナヴァラ人は有能な戦士で、教会にはたっぷり供物を捧げる、とおそらく他人の手によって書かれた補遺を読んでも、ひどい印象は和らぐことはない。彼らは略奪に出かけた時ワシミミズクのように鳴いたり、狼のように吠えて互いに連絡を取り合った――という結びの言葉には、不快と不安の響きがこめられている。それはおそらく著者が巡礼者としてはるかな森を余儀なく抜けた際、どんな耳なれぬ物音にも死の影に脅かされた時に経験したものだったろう。フランス語の〈sauvage〉（残忍なの意）の語源が〈silvaticus〉（森人のようなの意）に遡るのは偶然ではない。

⚜聖者崇拝

巡礼もかなり長びけば、できるだけ多くの恩寵、免罪、善行を《携える》のが普通である。何とか都合がつけば、ローマ詣での巡礼もケルン市で聖三王、タンで聖テオーバルト、アインジーデルンで聖母にも敬意を表する。著者もこの習慣に焦点を当てている。《途中訪れるべき聖遺物と、聖エウトロピウスの殉教について》なる第八章は、巡礼案内書のほぼ三分の一を占めている。著者はここで聖書外典、聖人伝、歴史物語を拠り所として、エウトロピウスを描写するさいそれらを幅広く利用している。殉教者や証誠者の物語の中で、教会史の多くの箇所を巡礼になじみやすいものにしている。今日では散逸してしまったエギディウスの聖遺物匣について、この章で詳しく書かれたところを見れば、彼の美術史家としての注意深い観察眼を感じる。かくのごとき作品が人間にいかなる影響を与えたか、何が強調されているか、何を解釈すべきかは、この件りを見ればわかる。同じことは第九章のヤコブ教会の叙述についても当てはまる。

もちろん程をわきまえてのことだが、著者が他の聖者崇拝を促進しても、聖ヤコブの体面をいささかも傷つけないことを彼は心得ている。格別有力と見なされる特定の聖人の遺物を、うちだけが所有していると主張する教会は多い。巡礼案内書はこの独占権を認めるが、ただちに同じ聖人の遺物を所有していると信じる他の教会や団体をからかい、その嘘を責めようとする。著者はたとえばハンガリー人に、シャマリール修道院の僧たちに、クータンスのノルマン人たちに、そのことで赤面し、うろたえ、沈黙を守るよう要求する――聖エギディウスがローヌ河畔のサン・ジル以外の地で眠ることはまったくありえないのだから。……彼は間接的だが当時広くはやった聖遺物泥棒についても述べているが、そのさい〈泥棒〉なる語は誤った観念を呼び起こす。ある聖人が現在の憩いの場でそれにふさわしい崇拝を受けていないと思う人がいたら、聖遺物全部ないし一部を、しばしば夜や霧にまぎれて持ち去ろうとする誘惑は大きくなる。聖者は移動されたくなかったら、それを阻止することができるであろう。《多くの人》の証言によれば、聖エギディウス、マルチン、レーオンハルトならびにヤコブの遺骸を《その墓所から持ち去ることは》、いまだかつて誰もできなかった、と。

聖遺物の真なることを確信すれば、経済面も含めて広範囲に影響が及ぶ。マリア・マグダレーナの聖遺物の真正性に対する疑いがますます強まるにつれ、一三世紀のヴェズレー巡礼熱は目に見えて後退し、現地で大損害を蒙ったのは食べ物商売だけではなかった。このような疑いについては案内書の中ではまだ何も感じられない。著者は《当時まで》マリア・マグダレーナがこの地に憩い、神が《この聖女のために》奇蹟と善行を行なったと保証している。

他の聖人は投獄された旅人の間で特別な崇拝をうけていた。聖レーオンハルトに捧げられた教会（リモージュの東方にある）は、珍しい見物だったに違いない。《まるで船のマストに吊るされたように、梁《はり》に吊るされたたくさんの残忍な鉄を、人は呆然自失の体で眺めたことだろう。そこには鉄の手枷《かせ》、足枷、鉄の首枷、鎖、足枷のついたさらし台に鉄挺《かなてこ》等々がぶら下がっているのだが》、聖レーオンハルトが影響力絶大な代願によって幾千の囚われ人をそれらの刑具から解放したわけであった。同聖人は繰り返し《目に見える人間の姿で海の彼方の獄屋でがんじがらめにされた人びとのもとにも》現われたことは、《神のみ力により》聖レーオンハルトによって救われた人びとが証言している。この陳述の裏に隠された真実の核心は、特定の兄弟団のメンバーは奴隷となった者の身代金を払って救い出すためには、進んで不自由な世界にもおもむいたことである。奴隷の身だった人びとにとっては、それは聖レーオンハルトがまるで人間の姿をとったように見えたことだろう。聖レーオンハルト教会の鎖のように、他の巡礼教会にも顎や脚や船を形どった銀製、臘製、木製の絵馬の捧げ物が掛けられているが、それは歯痛や脚のけがを治し、水難を救助してもらった感謝の印しである。

さまざまな文献から集めた、イエスの弟子と称する聖エウトロピウスの物語を読めば、例の案内書の著者は十字軍時代の人だとわかる。ユダヤ人に対するきわめてひどい不法行為も、ためらうことなく彼の物語の中に記録している。エウトロピウスはみずからも聖霊降臨祭の奇蹟にあずかったエルサレムの地から帰還する。《彼はキリストへの愛の熱意に燃え、この国のユダヤ人を剣で大量に虐殺した。それはつまり、エルサレムで主に死刑の判決を下したユダヤ人のためにである》。

聖エギディウス、サトゥルニウス、フィデス（聖フォア）、マリア・マグダレーナ、レーオンハルト、フロント、トゥールのマルチン、ポアチエのヒラリウス、洗者ヨハネ、エウトロピウス、ローラン（カール大帝の側近であるが、ここでは殉教者としてあげられている）、道路を建設したドミニコ会士等々が正当に評価されているこの章は、またしても強烈な正当信仰を強調した祈りで結ばれている。奇蹟を起こすのは神で、聖人たちは神の玉座にとりなすことによって人間を助けることができる。《今まであげた聖者たち、他のすべての聖者たちが、彼らの功績と祈りにより、父と聖霊とともに生き、しろしめす神、主イエス・キリストにかけて、われらを救い給わんことを。永遠なる神よ、アーメン》。

⚜目的地にて

巡礼はあと幾日かの旅程で待望の目的地に近づけば、カンタブリア山脈の西のふもと、早くもガリシアの国はトリアカステラの地に到達する。ここから彼は石灰石を一かけらもってカスタニョーラへ赴く。かの地には炉があって、ヤコブ教会に必要な石灰を焼いて作っている。だから巡礼は教会の建設に直接貢献するわけである。

巡礼は聖地の目の前の河で、〈ラヴァメントゥーラ〉(逐語的には、「陰部を洗え」の意)と呼ばれる木を使って、潔めの沐浴をする。これについて例の巡礼案内書は次のように注釈を加えている。《フランスからサンチアゴ詣でする巡礼の群れはここで使徒への愛のために、陰部だけでなく身体中の汚れを洗い落とす――その間に運悪く衣類を盗まれることも稀ではない!》。

この河の近くに《歓喜岳》があるが、ここからはじめてヤコブ教会を望むことができるのである。この山に一番乗りしたものが、彼の巡礼団の《王》と見なされる。王を意味する《ケーニヒ》《ルロワ》《キング》等々多くの姓は、サンチアゴ、ローマ、エルサレムのみならずノルマンディーのモン・サン・ミッシェルや各地のはずれで、《歓喜岳》に一番乗りした巡礼に遡るのかも知れない。

著者は案内書の第九章をサンチアゴの町と聖ヤコブ教会に、第一〇章を供物に捧げている。彼は市門と、大勢の巡礼が訪れる市内の聖人に奉献されたペテロ、ミカエル、マルチン、聖三位一体の諸教会についてざっと述べている(ここで死んだ巡礼たちは聖三位一体教会の裏手に埋葬された)。四角形で、石を投げれば届くほどの幅のアーケードに囲まれ、舗装された、と強調する広場を著者は詳しく取り上げている。この広場はことのほか美しい泉に飾られているが、それをこまごまと描写しているのである。当広場で巡礼たちは金を両替えし、宿のあるじのもとに立ち寄って革袋入りの葡萄酒、靴、靴ひも、袋、帯、薬草、香辛料などを買い求めるが、ことに《小さな貝殻はサンチアゴ詣での印しとなるものである》。エルサレム巡礼の棕梠の枝と違って、サンチアゴ巡礼の貝殻はしばしば大切に保存される。帰路彼らはそれを印しのように《帽子につけた》。ヨーロッパ各地でこの貝殻は見つかった。巡礼は死に臨んでこの貝殻を自分の墓の中にいっしょに埋めてもらった。艱難辛苦の旅をしてその墓を訪れたのだから、使徒ヤコブが自分を無事永遠の故郷に導いてくれるだろう、と固く信じたのである。

規模、外観、塔、祭壇など教会は詳しく紹介されている。正面入口、壁面、窓などの装飾は一種の《絵入り聖書》と考えられた。特に救済史の重要な場面は説教の言葉だけでなく、絵によっても明らかにされ記憶にとどめられてしかるべきだった。巡礼案内書を見れば、しばしば描かれた場面の解釈すら中世盛期になっても評価されたことがわかる。たとえば南正面はこういう具合である。《それからベトレヘムの聖母子、童と聖母マリアを訪れるため三王が来る。彼らは捧げ物を三つさし出す。三王の頭上の星。最後に一天使がヘロデのもとに戻らぬよう警告する》。著者は教化の目的でイエスに対する誘惑の場面の横に描かれた一夫人を取り上げている。《彼女は自分の夫に切り落とされた情人の首を両手にかかえている。今や夫は彼女に対し日に二度その悪臭放つ頭蓋に接吻するよう強いる。この姦通女は何と強烈に、また何と見事に正当な扱いを受けていることか。このことを皆さんにお知らせしよう》。

教会の中で使徒ヤコブの墓と、彼に捧げられた祭壇が特に人目をひくのは当然である。著者はみずから祭壇を測り、ヤコブ祭壇の飾りに一役買うよう読者に勧めている。《祭壇布は測って縦横それぞれ九指尺と二一指尺なければならぬ》。個人的に巡礼の長旅ができなかったり、その気がない者も、かくのごとき捧げ物を送ることによって強力な使徒の好意をえる機会はあった。さらにまたその祭壇布によって贈り主自身の名が祭壇で記憶にとどめられるのだ。忘却という死後の運命が和らげられることもあって、ありありと人が思い浮かべるこの方法がとられた。だからミサ典文の中で名前の出た生存者、故人のことを思い出し、だから巡礼は臘燭を寄進し、だから治った人は義足や——レーオンハルト教会同様——鎖を教会の中に吊るしたのだ、ご加護を受けたこと、救われた人の感謝の念の目に見える印しとして、またいつまでも残る過去の巡礼者の思い出として。

祭壇の天蓋や、祭壇の前にある常明灯についてはこと細かに述べている。教会の《品格》、当教会の司教座聖堂参事会員、枢機卿が強調される。サンチアゴ詣では一時ローマ詣でとせり合ったが、枢機卿団の発展と、今日まで続く聖年の呼びかけによってそれはなくなった。

著者がこのみごとな作品を創り上げた石工にも思いをはせたのは、決して当り前のことではない。一二世紀の人びとがこの建築物から受けた全体的印象は、並々ならぬ関心をもつに値するのだ。教会の内部は今日なおどっと訪れる人に同じような印象を与える。《みごとな物が当地で作品化された。教会は大きく、広く、明るい。均斉がとれ、縦、横、高さが互いに調和している。この建物はえもいわれぬ美しい作品である。上階は王城を思い起こさせる。誰かが悲しい気分で二階席に上ったとしたら、——階上の身廊の間を歩いているうちに——たぐいなく美しい神の家を見て悲しみは失せ、喜ばしい気持ちになることだろう》。

奇蹟をまとめて数え上げることによって著者は使徒に敬意を表し、ヤコブの墓所詣での巡礼の宣伝をする。《病人はここで健康になり、盲人は目の光が贈られ、唖の人の舌はゆるみ、耳の聞こえない人はまた聞こえるようになり、足なえは楽にまた歩けるようになり、とり憑かれた人は悪霊から解放される。一番重要なのは信者の願いが聞き届けられ、彼らの誓願が天に受け入れられ、罪のいましめが解かれ、天国が門を叩く人びとのために開かれ、悲しめる人に慰めが与えられることである。四方八方から外国人が大きな群れをなして当地に集まり、捧げ物をして神を讃えようとする》。

宿泊施設で援助を求める貧者たちが聖ヤコブ祭壇に捧げられたあらゆる供物の十分の一を要求してよいと、著者は力説している。万一当教会の高位聖職者がこれらの供物を私物化するとしたら、その罪は《神と彼の間で》永遠に消えないだろう。《つまり、聖ヤコブ祭壇に到着した晩、貧しい巡礼は一人残らず充分な賄いと宿を要求してよい――神と聖ヤコブに寄せる愛がそうさせるのである。この客あしらいの良いもてなしの名残りは、われわれの時代にまで残っている。サンチアゴまで歩いて来た巡礼は教会のすぐ横のノーベル旅館で賄いを要求するのだ！――巡礼案内書にはさらにこう書かれている。病者にはかの地で死ぬまで、ないし完全に健康をとり戻すまで《心をこめて》看病してやらねばならない。

最後の章は《サンチアゴ巡礼のもてなし方》と表題がついている。ここでふれている懲罰、もしくは復讐の奇蹟の具体的な例は、恐ろしさのあまりそういうことをしないようにと考えられたものである。それによれば、援助と宿を拒んだ者のパンが石と化し、屋根が崩れ落ち、一〇〇〇軒ほどの集落が猛火の餌食となった。これに引きかえ貧富を問わずサンチアゴ往復の巡礼者を畏敬の念からやさしくもてなし、真心こめて宿を貸した者は、聖ヤコブのみならずキリスト自身を泊めたことになる。著者はこの信念をもって広く流布した確かな噂を取り上げる。巡礼案内書が著わされたころ、一一四九年さる騎士が幻を見た。トゥーンダルは楽園で国王が、おそらく皇帝ハインリヒ四世が戴冠されるのを見る。皇帝は生前助けてやった貧者や巡礼たちに取り囲まれ、その彼らは今やとりなしによって皇帝に奉仕しているのである。

巡礼案内書の著者は繰り返し自分の見解や偏見を前面に押し出している。彼が本書を巡礼のための祈願でなく、《本書をものした者に栄光あれ、読む者にも》と、自分と読者の称讃でしめくくっているのもそのためである。

十字軍

中世のラテン語文献は、巡礼でも、武装した巡礼でも、十字軍でも、〈iter〉や〈peregrinatio〉（道、旅もしくは巡礼行）という言葉で表わした（〈Kreuzzug〉なる語がドイツ語に入ったのは一八世紀以後のことである）。一一八九年赤髯王フリードリヒ皇帝が第三次十字軍出発にさいし、《普通の》巡礼者のように杖と旅嚢をもったのも、その線に沿っている。しかしながら十字軍は巡礼行とはかなり異なっている。異教徒に対する戦いと巡礼行の軍事化、永遠の報いの約束の結びつきを教会がはっきり承認し促進した事実と、この運動のヨーロッパでの反響は、一一世紀末以来歴史に新しい要素をもたらした。

第一次から第七次ないし第八次までの十字軍の回数は問題がなくはない。というのは聖地とヨーロッパの間には、巡礼や十字軍士の絶えざる出入りがあったからである。もう一つ条件が加わる。十字軍とは聖地での戦いだけでなく、スペインやドイツですらまだ（もしくは寝返った）異教徒だったスラブ人に対する戦いも含むからである。数多くの十字軍のために、長い平和の時代があったことを忘れてはならない。ともあれ聖地では一一九二年から一二九一年までのうち八〇年は平和だった。その反面十字軍により、一〇九五年のクレルモンの教会会議から一二九一年のアッコン征服までの期間に、一〇〇万とはいわぬまでも数十万の人びとが移動したのである。他のなみはずれた事件同様、十字軍のためおびただしい報告が生まれたが、われわれはそれを本来の軍事的意味での《旅》についてだけでなく、それ以外の旅に関する文献としても利用できる。加えて十字軍はその後もずっと経済、交通、文化と文学に影響を及ぼし続け、他の文化圏や宗教圏の人びとに対しヨーロッパ人のいやな面を見せつけた。それはユダヤ人、イスラム人、ギリシア人たちの共通の記憶に刻みつけられることとなった。

⚜武装した巡礼行か?

ラムペルトは一〇五八年と一〇五九年、全部ひっくるめても僅かなものだが、彼個人についての二つの覚え書を書いている。九月一六日彼は司祭に叙任された。《それから直ちに私はエルサレムへ巡礼の旅路についた。神に対する熱意に燃え、だが願わくば無思慮な行動でないことを》。翌年も同じように言葉少なに書いている。《私はエルサレムへの巡礼を終え、一〇月一七日修道院へ戻った》。このヘアスフェルトの僧がなぜ出発を春まで待てなかったのか、旅は陸路か海路か、定かではない。彼はこの出来事について二度と触れていないので、旅――とまれ修道院からエルサレムまで直線距離にして三〇〇〇キロあった――の困難はおそらく当り前で、予想の範囲内だったのだろう。とはいえ数年後マインツ大司教ジークフリート、バムベルク司教グンター、レーゲンスブルク司教オットー、ウトレヒト司教ヴィルヘルムその他大勢の人が計画したエルサレム巡礼行について彼が詳しく述べたことは、自分の体験と関連があったろう。一行は全部で約七〇〇〇人の巡礼がいたといわれる。巡礼たちはエルサレムまでもう数日の所へやって来た一〇六五年の聖金曜日、アラビア人に襲われた。《アラビア人どもは身なりの立派な人びと到着の報に、大軍で略奪しようと武装して四方八方から殺到した》。

この脅威に巡礼たちはどう反応したろうか。ラムペルトはそれについてこう書いている。《大半のキリスト教徒は、巡礼に出る時神に捧げた生命を現世の武器で守り、力ずくで抵抗するというのは、自分の信仰にそぐわないと見た》。それゆえ、多くの者はすぐさま身を横たえ略奪されるがままになった。他の人びとは手当りしだい石で攻撃者に抵抗したり、逃げたりした。本隊は崩れかかった外壁に囲まれた庭へと退却したが、中央に抵抗に適した大きな家があった。その上階をマインツとバムベルクの司教や聖職者が占め、俗人たちは敵の攻撃を防ぎ、朽ちた外壁を守ろうとした。一度出撃して敵の手から楯や剣すら奪い取り、それで武装して反撃に転じるのに成功した。それからというものアラビア人たちは組織的な包囲にとりかかった。

復活祭の日曜日、飢えと疲労困憊のため守備側の抵抗力はひどくくじけ、ついに一人の司祭が譲歩するよう促すに至った。《彼らが希望と力を神よりはむしろ武器につなぎ、神との合意のもとに苦境に陥ったのに、おのれの力で防ごうとするのは正しい業ではない》。その上兵糧攻めで飢えて戦うこともできない、だから降伏すべきである。敵がまずわれわれの宝物を奪ったら、われわれを自由に、悩ますことなく無傷で旅を続けさせてくれよう。この提案は受け入れられ、通辞を介して敵方へ伝えられた。

そこで敵の頭分どもが上階に登って来た。バムベルク司教が代弁者として、最後の一文まですべてわれらの物を奪っても構わぬが、その後旅立たせてくれるよう頼んだ。アラビア人の首領はまずキリスト教徒の全財産を奪い、《しかる後お前らの肉を食い、血をすすってやる》と宣言する。血なまぐさい言葉を吐くのは、おそらくかくのごとき談判での儀式になっていたのだろう。ともかく司教たちや年代記作家は彼の言葉をそう取った。というのは流れが変わったのはこの威圧のせいでなく、ジェスチュアのせいだった。例のアラビア人の首領はターバンの長い布で輪をつくり、それをバムベルク司教の首に巻きつけようとした。ラムペルトは書いている。《気高い名誉の人、非の打ち所のない威厳ある人、バムベルク司教はしかしこの侮辱に耐えられず、こぶしで敵の顔をひどく撲りつけたので、相手はまったく呆然として一撃で地に倒されてしまった。そして司祭は大声で叫んだ、異端の徒、偶像に仕えるお前が不遜にも不浄の手をキリストの司祭に対して上げた冒瀆に対し、まず罰を受けねばならぬ、と》。アラビア人の頭分たちは後手に縛り上げられ、《あらかたの者の皮膚は破れ、指の爪から血が流れ出た》。俗人たちは神に助けを求め、また武器を取って外壁の位置についた。首領たちを殺されたと思ったアラビア人どもはキリスト教徒めがけて殺到した。絶好の時に彼らはいい考えが浮かんだ。アラビア人の頭分たちに即刻死刑を執行すると嚇し、無理やり一時休戦にもちこんだのである。最初の襲撃で逃げたキリスト教徒が正規軍に通報して救いを求めたので、今や軍隊が駆けつけ、縛り上げた囚われ人を長いこと探し求めていた不倶戴天の敵として捕えたのはまことに幸運なことであった。それによって包囲されたキリスト教徒側の状況はさらに好転した。彼らは援軍に多少金をやり、軽装備の一部隊にエルサレムまで護衛してもらった。ラムペルトによれば、それから先の旅は——帰途も——摩擦なく行なわれた。

ラムペルトは構成もうまいし、山場へもって行く筆の術も心得ていた。彼の報告中の要素は少なからず中世叙事詩に見られるので、必ずしも真実に忠実でないかも知れぬ。その上彼は巡礼一行が数か月後無事帰郷してから事件を聞いたのであり——そして思慮深い人でさえ、うまく切り抜けた危険を脚色する傾向があるものなのである。それにもかかわらず、報告は貴重な歴史文献であり、異教徒の攻撃に対するさまざまな行動パターンを映している。

ラムペルトは、エルサレムでどうやら復活祭を祝おうとしたらしい巡礼団を《思慮が足りない》と非

巡礼たちの聖地に向けての出立　14世紀フランスの細密画．人夫が荷物をガレー船に運び込んでいる．旗には高貴な巡礼の紋章がついている．携行できる荷物の量はきっちり決められていた．13世紀中葉以来，特に馬匹の運搬に適した船が知られていた．航海中は水面以下になる――門から馬は船腹に導かれる．

難している。彼らは異国の事情に適応できなかったか、する気がなかった。富を見せびらかす者は襲撃を挑発する。貴重品を携えたとしても――旅人は道すがら食料、衣類、宿と引き換えに売れる品をもたねばならない――できるだけ上手にカムフラージュするのである。だからラムペルトは自分のエルサレムへの旅ではそれを守ったことだろう。地中海圏では広域にわたり《現金をもたず》旅でき、途中銀行や修道会、慈善院でしかるべき証書を、所定の地で通用する現金と交換できたのは十字軍運動の成果だが、それは一一世紀後半にはまだ期待できなかった。

ラムペルトはグンター司教の振舞いの中に、家族ないし教会によって伝達された二つの価値観の葛藤をさらけ出している。巡礼は左頬を打たれたら右頬をさし出すよう要求したキリストの墓へ旅に出た。巡礼はまた次のことも家族から心に刻みこまれていた。つまり、司教たちは当時いと高き貴族の生まれであり、剣による死は名誉であり、縄による死に目はきわめて侮辱的と見なされた。グンター司教は名誉を損なうようなジェスチュアに、言葉でなく力で答えた。彼は攻撃者の顔を打ったことを、貴族の階級的品格をあげず、いと高き権威を引き合いに出すことによって正当化した。キリストの司祭に対して《異端の徒、偶像に仕える者》は、不遜にも不浄の手をふり上げてはならないのである！

そのような論拠を出す人は、《危険を愛する者はその中で生命を落とすであろう》とのパウロの言葉を聞き入れない。多くの危険と結びついたエルサレム巡礼を断念するなんて彼には思いもよらない――とまれ、すでに聖ヒエロニムスは地上のどこからも神に呼びかけられると強調している。バムベルク司教と志を同じうする人は、救世主の聖墓詣でや他の聖地詣でをまごうかたなき正義と見なしている。この企てを途中で邪魔立てしようとする者は不正なのである。

おえら方は武装した大勢の従者をも伴って再三聖地へ赴いた。それに対し地方の権力者は一般に巡礼団の指令官が彼らの部下をうまく扱い、追い剝ぎを威嚇する以外力を行使しない限り、何一つ異論を唱える必要はなかった。メッカ巡礼者たちも同じように振舞った。

ラムペルトは二つの態度を対置する時、この問題を原則的なものと見る。一つは神を信じ辛抱強くいかなる不当行為にも耐えることを勧め、もう一つは自分を不当と見なす攻撃に対しては防禦することを許す。それぞれとはかかわりなく、エルサレム巡礼行と《正しい戦争》の正当化は、西暦四世紀に遡る。

⚜聖地への出発

ラムペルトが述べた巡礼とアラビア人の衝突から一世代後、一〇九五年一一月クレルモンの教会会議は教皇ウルバン二世の司会のもと、とりわけフランス宗教界など教会内の諸問題と取り組んでいた。この問題が世界史的事件へと発展しようとは思いもよらなかった。一一月二七日教皇は戸外で大勢の聴衆を前に演説したが、この中で一〇七一年パレスチナ攻略を果たしたトルコ人が、東方のキリスト教徒を圧迫しているとうんぬんされている件について、熱烈に語った。彼はキリストのみ名により富者と貧者に、ことに騎士団に対し、東方キリスト教徒の同胞を助けるよう懇願調で呼びかけた。武装の巡礼行に参加する者には特権が与えられ、霊の報いが約束された。

この呼びかけは異常な成功を収めたに違いない。大衆は《神がそれを求めている》と叫んだ由。集まった者は十字を背に縫いつけるため、布をずたずたに引き裂いた。

今日ではもはや想像できない魔力をもってしたように、エルサレムの名は数世紀にわたり、貴族と農民、富者と貧者、俗人と聖職者、司教と修道士とあらゆる人を動かし、それは本来の十字軍時代をはるかに越えるまで続いた。コロンブスは第一次アメリカ航海中、一四九二年のクリスマスに、本計画でえた利益はすべて《聖地エルサレムの征服のために》使われんことをと、スペインの両陛下の前で正式に表明したことを思い出している。

一〇九五年十字軍士のほとんどはおそらく、自分でも動機についてはっきりわかってはおるまい。大方の者にとって、十字軍参加を決心した裏には幾つかの動機があったことだろうが、宗教的熱狂が重要な役割を演じたことは間違いない。《彼らはキリスト教信仰を再生し、昔の光輝を取り戻す気になった》とある所で書かれている。農民たちにとって苛酷な日常生活から逃れる機会は大歓迎だったろうし、貴族の次男坊、三男坊はいわば兄の後見下の窮屈な暮らしから正々堂々逃れられるのは幸福なことだったろう。ある者は冒険、略奪品、移住地への期待に誘われたかも知れない。後に聖地に住みつくようになった者の中には、帰りの路銀がなく居残るようにとの申し出を喜んで受けいれた者が少なくなかった。運動を《理性的な》軌道に乗せようとの試みはことごとく失敗に終った。聖職者は教団の賛成がなくとも、若い夫は妻の同意なくとも十字を取った。貧者、病人、老人と子供は家に留まるべきだった——にもかかわらず一二一二年には一風変わった子供十字軍もあった。

（一〇〇〇年ごろ）ハンガリーのキリスト教化以来、陸路も自由になった。エルサレム巡礼たちはドナウ河を下り、今日の国でいえばハンガリー、ユーゴスラビア、ブルガリア、トルコを通り、さらにシリア、パレスチナへと旅した。また海路を選ぶこともでき、マルセーユ、ジェノバ、ピサかヴェネチアから直接パレスチナに向かった。後代にはブルージュからさえ船に乗り込むことができた。最後に陸の旅と海の旅を併用することもできた。ブリンディズィまで陸路を行き、そこから船でギリシアか、それとも海路パレスチナへ向かったのである。

一〇九五年十字軍運動に加わったおえら方の中には、早くから聖地に向かった者も少なくなかったろう。彼らは遠くてつらい旅路のことを知っていた。だからあらかじめ前遣隊を派遣し、宿と食料、渡し船と船を手配させ、途中の権力者からはそのつど領内通過の許可をえるよう命じた。ことに第一次十字軍の時、貧者と貧困化した貴族の大集団はそうはゆかなかった。彼らはみずから陥った冒険の幻想を抱いて出発したが、目的地へ着いたのはごくわずかにすぎなかった。ここでは二つのグループを話題にするが、二世紀にわたる文献の記事をつづめたものである。次節では十字軍の暗黒面が増してくる。ほとんどの十字軍士がかなり絶望的な旅の辛酸を味わったので、さまざまな不幸や苦しみを詳しく語ることにする。数少ない金持階級は海を渡るにも楽な船室を平気で借りることができたし、一口の水、パン一かけらにも目玉の飛び出るような値段を払うことができた。彼らは身代金を払って捕虜の身から釈放されることもできた。その代わり十字軍士の大群衆は飢渇で死なないまでもひもじい思いをし、のどの渇きに悩まねばならなかった。彼らは捕虜になれば奴隷となるか、——もう働けないとなれば——首をはねられたのだ。

⚜旅路の十字軍士たち

自分自身の巡礼行についてのラムペルトの報告に明らかなように、中欧からエルサレムまで平和な巡礼行で一年は見積らねばならなかった。十字軍士たちが敵方の都市を包囲し攻略しなければならぬ時、もっと多くの時間を覚悟せざるをえなかった。

肉体と健康の危険にそなえ、出発前に遺言状を作り、必要な金をととのえた。以前のひどい体験を基に、第三次十字軍（一一八七―九二年）の参加者たちは二年分の金を取り揃えるよう義務づけられた。所有地を全部売り払うことによって、自分は最終的に故郷を捨てるのだと、態度を示す者も少なくなかった。万一夜逃げ同然に行くなら、その人は異国で新しい生活を築くことになろう。他の人びとは自分の不動産を、たとえば土地に血眼になっていたシトー会に担保にさし入れたが、この修道会は貴族の困窮状況につけ入り所有地の整理統合をしたことも一再ならずあった。第一次十字軍が始まった時のように――おびただしい土地や装身具が突然売りに出され、値段が下ったため多くの十字軍士は予定以上の借金をせざるをえなかった。

このような体験によって、もてる者、とりわけユダヤ人に対する敵意が生まれた。それどころか自国内のいわゆる神の敵と戦うことができるのに、なぜ数千マイル旅してイスラム教徒と戦うのか、と自問する者もいた。ユダヤ人に対して恐ろしい組織的凶行を働き、それによって長旅の資金を調達する十字軍士も多かった。ユダヤ教信者はしぼり取られた上、遠国の同信者に紹介状で、それから先の旅路につく十字軍士を援助させるよう強いられた。これで自由の身となれると信じたり、王の保護を頼った人が考え違いだったことは、マインツのユダヤ人教区の例を見れば明らかである。当教区は一〇九六年、司教、その重臣たち、市民に銀貨四〇〇マルクを手渡し、またライニンゲン伯《悪漢のエミヒョウ》には七ポンドの金《きん》に、《当教区進軍のさいにはユダヤ教徒一同伯に敬意を表する》旨の書状を添えて手渡した、と年代記作家サロモ・バル・シメオンは報告している。エミヒョウとその一団は町に入るや、《十字架にかけられたお方の血に復讐するよう！》呼びかけた。ユダヤ人たちは抵抗したが、彼らに保護を約束した者は一人残らず――司教とその部下を筆頭に――逃げたり手をこまねいて傍観したので、ついに断念せざるをえなかった。ユダヤ人の女性は男たちが次から次へエミヒョウの部下の剣によって倒れてゆくさまを見て、《覚悟を決め、むごたらしくも息子や娘たちを殺した上自刃した。多くの夫は勇を鼓して妻と子と召使いを、優しい弱々しい母はいとし子を殺した。男も女もみないっせいに立ち上り次々に殺し合った》。それから《割礼を施されぬ者どもは》死者の衣服をはぎ取り、窓から外へ投げ捨てた。怪我人が水を一口くれと乞えば、洗礼してもらいたいのかと尋ねる有様であった。怪我人たちは身振りでしか拒否できなかった。《かの者どもはその上なおユダヤ人に新たな打撃を加え、またしても彼らを殺しにかかった》。

一〇九六年春、規律も金もない集団が幾つかハンガリーに着いたが、年代記作家ノジャンのギベールによれば、当地で彼らはこの上なく凶悪な不法行為に及んだ。ハンガリー人は《キリスト教徒として信仰の友に対し好意的に、売れる物は何でも提供すると申し出たのに、連中は熱狂を抑えることができず、ハンガリー人の客あしらいや好意はもう考えずに、何のいわれもなく彼らに戦争をしかけた。その際ハンガリー人は凶悪集団が自分たちのためにならぬことをあえてし、自分たちに反抗するなんてまったく思いもよらなかった》。十字軍士の罪の目録は人殺し、少女強姦、人妻凌辱、放火、宿のあるじ虐待、略奪と――《そしてみな考えられぬ厚顔無恥ぶりで威張りちらし、彼らはトルコ人のもとでも同じような狼藉を働くだろう》。暫く後この集団の中でかろうじて生き永らえた者もいた。ある者は戦死し、他の者は逃走中溺死し、僅かな生き残りは恥かしげに故郷に戻るか、みすぼらしいなりで何とかコンスタンチノープルへたどり着いた。

他の集団は小アジアに迫るのに成功した。彼らは戦争なれした騎士の到着を待たず、トルコ人を挑発したので、トルコ人に水の補給を断たれてしまった。《味方はひどい渇えに悩まされたあげく、馬やロバの血管を開き、その血をすった。他の者は軍服の肩帯や布切れを汚水だめに投げこみ、それをしぼって水分を口の中へ流し込んだ。仲間の手に小便をし、それを飲む者も二、三いたし、他の者は湿った土地を掘り返して横たわり、土くれを自分の胸の上に積み上げた。燃えるような渇きはそれほどひどかった》。十字軍士は再三再四、たとえば一〇九九年の六月、七月、三五度から四〇度が当り前の時期に、エルサレムを攻囲した時、のどの渇きと戦わねばならなかった。敵方は十字軍士の到着寸前に泉や井戸を土で埋め、天水溜めの水を流し出し、後にはそのほかの貯え水も計画的に動物の死骸で汚染した。攻囲軍は牛や水牛の皮を縫い合わせ、その中へ人畜用の水をつめ遠路運んだ。十字軍士たちは目玉の飛び出るほど高い僅かばかりの汚水の件で争った。

飢えはのどの渇き以上に士気をそいだ。十字軍士たちはこれもなかんずく攻囲の際いやというほど味わった。パン、肉、葡萄酒の値段は天井知らずにはね上り、多くの騎士は乗用動物、装備、ささやかな装身具を二束三文で売らざるをえなかった。金、銀、高価な布地はあり余るほどあった、とも書かれている。彼らはイチジクや葡萄、アザミの葉、馬、ラクダ、牛、水牛の干からびた皮を煮、未熟なイチジクの実を焼いて食べた。まだ馬を持っている者はその血でできるだけ長く生きのびようとした。《神の慈悲を願いつつ彼らは、まだ馬を殺そうとはしなかった》。多くの馬は荒野の地いたる所を行軍中死んだので、騎士はしばしば歩かねばならなかった。その後牡牛が戦争馬として、その上山羊や去勢羊や犬が荷を運ぶのに役立った。

他の者たちは小アジアの道なき山脈地帯で難渋した。開拓者を前もって派遣する暇も金もめったになかった。一年代記作家の報告によれば、大公ゴットフリートはある時、たくさんの《巡礼》が通れるように小径を片づけ拡張させるべく、斧と剣で武装した三〇〇〇の者を先鋒として派遣した。《彼らは巨大な山の峠の間に道を開き、巡礼たちの道標として役に立つようにと、行進の途上鉄や木の十字架をつくり、それを台の上に立てた。こうしてわれわれはニケアまで到達した》。このような援助は例外だったろう。

多くの十字軍士は山中の行軍の際、人とかつ自然と戦うことを余儀なくされた。繰り返し敵に追われ、必要な安全策をとることができなかった。《山は大きく割れ、岩の塊りに覆われていた。われわれは険しい斜面を登らざるをえなかった。頂きは天と接しているように見え、谷底の急流は地獄に近いように思われた。この間に大勢の人の流れがせき止められ、人は他人を押しやった。……荷馬が裂けた岩から転がり落ちたが、転落の際ぶつかった者を一人残らずいやおうなしに道連れにした。たえず剝がれる岩塊のためひどいことになった。良い道を探そうと四方八方に散らばった味方の者は同じように、自分が転落するか、はたまた他人の巻きぞえを食うか恐れねばならなかった》。

別の時、十字軍士たちは雨と寒さに悩まされた。天幕がなかったので、多くの騎士が風邪の犠牲者となって倒れた。聖王ルイの軍隊は一三世紀半ば恐ろしい苦しみに襲われた。脚の肉は干からび、皮膚は古長靴のような黒や土色の斑点ができ、歯肉は腫れ、ほとんど誰も病気を克服できなかった。《鼻血が出れば、それはじきに死ぬ前兆だった》。

狂信的な集団がマインツや各地でユダヤ人に与えた運命は、十字軍時代多くのエルサレム巡礼の身の上にも起こった。彼らはイスラムの捕虜になると、《棄教か斬首か》の二者択一を迫られた。生きることを決めた人は無理やり奴隷仕事に連れ去られた。数百人の人はしばしば死の方を選んだ。

十字軍士はふつうの旅人よりずっと旅先で死に襲われる覚悟をしなければならなかったので、出立に当たり、特別な危険に合わぬうち懺悔した。一二四八年聖王ルイのお供で十字軍に参加したジョアンビルのように――どの騎士もいつも彼のそばに居て、罪の告白を受ける用意のある宮廷付司祭の役を、勤められるとは限らなかった。ジョアンビルは一二五〇年一同僚の告解を受ける機会があった。今日でもなお緊急情況のさいに、いわゆる平信徒告解はカトリック教会に承認されている。それゆえ、キプロスの騎兵隊長はジョアンビルの傍らにひざまずき、彼に罪を告白した。《そして私は彼にいった。〈神が私に与え給いし全能の力により、そなたの罪を赦します〉。私は立ち上った時、彼の言葉を何一つ覚えていなかった》。

敵の捕虜となる恐れがある時、おのれの手で、ないし親しい者の手により死を選ぶ決心をした巡礼は一人ならずいた――マインツのユダヤ人がそうしたように、またフランスの王妃が決心したように、一二五〇年王が囚われの身となった時、身重の王妃は包囲されたダミエタを防禦するよう手はずをととのえた。ジョアンビルの報告によれば、王妃は一八歳の騎士を除き、部下をみな部屋から退がるよう命じた。この者はことのほか信頼厚く、王妃の寝台のまえに自分用臥所を作ってもらったほどだった。王妃がひざまずき厚意を求めれば、騎士は誓いを立てた上それを約束した。すると彼女はいった。《わらわはそなたが約束した誠にかけ、サラセン人が町に侵入したら囚われの身とならぬうち、わらわの首をはねて欲しいのです》。《ご安心下さいませ。きっとそう致します。私めもわれらが捕虜となる前に、あなた様を殺そうと考えておりました》との騎士の返答を、ジョアンビルはもっともだと見ている。

⚜目的地にて

一〇九六年に出発した十字軍士たちは、驚くべき辛酸をなめ大損害を払い、三年後エルサレム近郊に到着した。そもそも大軍がここまで来れたのは、十字軍士側よりはるかに大きな意見の食い違いがイスラム側にあったからであり、また十字軍士が再三にわたり勇気、勇敢さ、独創力、技術によって驚倒させたのが原因であった。その後も一船団分の船を解体してラクダの背に積み、地中海から死海まで運んだような、実用的な考えを彼らは立証してみせた。

一〇九九年六月七日、軍隊がある山からはじめて聖なる町を見た時、歓呼の声があがった。以来その山は歓喜岳と呼ばれている。苦労して攻囲した後、悔悛の償いの場面が、人殺しのオルギアが、それから溢れんばかりの感謝の祈りが数時間おきに相次いで展開された。十字軍士たちはエルサレムのイスラム教徒とユダヤ人に対し、西欧のキリスト教徒の騎士、巡礼者の能力を見せつけてやった。木曜日、攻囲軍は神のためエルサレム壘壁の周りで勝利祈願の行列をした後、祈りを捧げ、喜捨をし、断食をした。一〇九九年七月一五日金曜日、町は落ちた。防禦軍が城壁から逃げるや、《味方はその後を追い、彼らを次々に殺しつつソロモンの神殿まで追いつめればそこは血の海となり、味方は踝《くるぶし》まで血につかりながら歩いた》。十字軍士は市内へ殺到し、金、銀、馬、ラバを奪ってわが物とした。彼らは富にあふれた家から軒並み略奪した。《それから味方は救世主の墓に敬意を表するため、喜びにむせび泣きつつ無事そこに

巡礼の宿場を示した鳥瞰図で聖地を見る　《歴史の書》（リューベック，1474年）から．中央は強国な城壁に守られたエルサレム．町の外には十字架でゴルゴタの丘とわかる．

向かい、救世主の前で感謝の意を表した》。あくる日人殺しが新たに繰り返され、《味方》は神殿の屋根に登り、《サラセン人とあれば男も女も攻撃し、剣を抜いて彼らの首をはねた。神殿の高みから下へ落ちる者も若干いた》。

たいていの十字軍士はイスラエル攻略をもって誓約を果たしたと見、できるだけ早く故郷へ戻ろうとした。だから聖地では西欧のキリスト教支配の続いたほぼ二〇〇年間人材不足に悩み、繰り返し新たな十字軍を募集した。第四次十字軍は予定とは異なりエジプトやエルサレムに向かわず、ヴェネチアの陰謀によりビザンチンへと《誘導》されてしまった。大方のヨーロッパ人にとってビザンチンは、キリスト教界最大、かつもっとも富める町として知られていた。初期の十字軍ではビザンチンの権力者と少なからずトラブルが起こったが、それは往々十字軍士のせいだった。彼らは妬みの目でこの町のまさにお伽噺のごと

聖地からの十字軍士の帰還　十字軍士の顔にも故郷で待っている者の顔にも苦しみと耐乏生活がうかがわれる．この堅牢な船の舳先と艫には砦があり，これらは攻撃や防禦のさい胸壁として役立つ．

き豊かな財宝を見たのだ。原則的に異教徒に向けられた十字軍が、キリスト教都市の征服に変わったのではないかとの疑いは、やがて晴れた。一〇五四年の破門以来ビザンチンの人びとは離教者となり、ローマとの絶縁を通告した。

エルサレムと同じく、ビザンチンも驚くほど速く落ちる。なるほど十字軍士は当地ではエルサレムほど大勢の人間を殺しはしなかったが、――犠牲者は約二〇〇〇と見積られる――しかし、強奪、盗み、押し込みに関しては、一二〇四年の十字軍士は一〇九九年のそれと異ならず、それゆえにまた当時十字軍士がふりまいた恐怖がいわれのないことではなかったとわかる。教会や墓が冒瀆され、聖遺物匣は打ち壊され、素晴しい芸術品は破壊され、装飾品は奪われ、絹織物が盗まれた……略奪品は大部分ヴェネチアへ運ばれた。四頭立二輪馬車《カドリガ》は今日まで聖マルコ大聖堂の正面を飾っている。大聖堂の装飾品はかなりこのたびの略奪行に由来するものである（その多くは一九世紀初頭ナポレオンの指示に従って鋳つぶされた。残ったものは相変わらず印象深い）。ヨーロッパの他のコレクションでもビザンチン芸術の陳列品は、かなりがその時の卑劣な襲撃によるものである。

盗賊どもが驚くべきほど素朴な良心をもっていたことは、（エルザスのコルマール近郊）ペリのシトー会士グンターが書いた、同院院長マルタンについての報告を見れば明らかになる。ほかの者がみな私腹を肥やしているのに、手ぶらで終ってはならじとマルタンも、《彼の聖なる手を獲物に延ばそうと》決心した。しかしながらこの手で世俗の略奪物に触れるのはまずいと思ったので、聖者の聖遺物をしかるべくかき集めにかかった。彼はそれが当地にたくさんあると知っていた》。マルタンは個人的な略奪は死刑になり、聖遺物の強奪は破門の恐れがあることも知っていたのだろう。《その場の聖なる雰囲気からのどから手のでるほど欲しい物がありそうな》別棟を探して、見つけた。彼は尊敬すべき一司祭に向かい《心おだやかに、だが恐ろしい声で》どなりつけた。《さあ、狡猾な老いぼれめ、お前の保管する一番重要な聖遺物を見せろ。さもないと、ただちに死刑になると覚悟せよ！》。このギリシア人がマルタンより教養があるのは、ロマンスの通用語をあやつれることからわかった。彼がいとも貴重な聖遺物がつまった長持をあけるや、修道院長は《急いでがつがつと》両の手をその中につっ込んだ。《彼は修道服の膨らみの中に聖なる獲物をつめこんだ、彼と助祭は》イエスの血痕、真の十字架の木、聖ヨハネの身体の一部、使徒ヤコブの腕一本……。ヨーロッパの諸教会にある畏敬の念を起こさせる聖遺物の宝も、一二〇四年征服したビザンチンから略奪したものがかなりある。

十字軍士たちは、数世紀のち発見と征服を可能にしたような特性をもち、必要にせまられその才を発揮したので、聖地の征服と暫しの間守備固めができたのである。これらの特性は十字軍運動の高さと奥深さを生み出しただけでなく、そもそもヨーロッパ史をも生み出したのである。それは献身と寡欲、知識欲と適応力、手仕事と技術的な能力ならびに即席の才能、熱中力と熱狂性、実行力と良心の呵責のなさ、優越感と劣等コンプレックス、敬虔と富への欲望である。

⚜結　果

ヨーロッパにとって十字軍の結果はここでは素描しかできない。十字軍士たちははじめ対等の敵を相手にしていることを痛感した。キリスト教徒とイスラム教徒はたがいに勇気と勇敢さを認め合っていたのである。

数十年後には新しい種族が聖地に成長した。《西欧人であるわれわれは東洋人となったのである》と、第一次十字軍時代のもっとも重要な年代記作家の一人、シャルトルのフュルシェは宣言している。聖地は――結婚の絆によるのも含め――さまざまな言語、いや、さまざまな宗教の人間の融け合ったるつぼだとわかった、と彼はいっている。《ひどく違った方言でさえ今やどこかの国と共通になり、信頼により一番離れた人種すら近づきにする》。この熱狂的な描写はもちろん、当地でキリスト教とイスラムが共存したことを意味するものではない。最初の成功に酔った後のある種の幻滅も一役買い、イスラムのため聖地をほとんど取り返したサラディンの姿が、確かに《高貴なる異教徒》の比喩として虚構され、またそのような者として既に同時代の文学中に現われることもあった。しかしながらイスラム文化はむしろシチリアを経て、ことにスペイン経由でヨーロッパに伝達された。にもかかわらず十字軍運動は総じてヨーロッパに重要な刺激を与え、地理的な視野は急に拡がった。ヴェネチア、ピサ、ジェノバ、マルセーユ、バルセロナの商人たちはシリアの港町に治外法権的な拠点を設け、都市の中にしばしば独自の教会、独自の商品倉庫、浴場、パン焼き場、水車、屠殺場を備えた特権都市をつくった。ヨーロッパの商人たちはペルシア、メソポタミアやインドに通じる通商路の終点として、アッコンやテュルスに居を構えた。今や商品とともに、フィルターを通さない知識が遠い国々をへて、キリスト教徒の商人のもとに届いた。通商と交通は栄え、多くの十字軍士と巡礼のおかげで船主も定期的な収入をえることができた。本来巡礼を保護するため設立された騎士修道会もはやり、ローマのキリスト教会に広まった。西欧・東洋間のかすがいとしての騎士修道会は、ほかの団体とは比べものにならぬほど、各国に広がった網の目のおかげで国際的な銀行制度を築くのに適していた。原則的に全西欧のキリスト教会に呼びかけた大規模な十字軍の企てによって、西欧諸国の人びとは知り合いとなり――そして憎しみ合った。キリスト教国と都市国家は互いに意志を疎通するよりも、むしろ往々にしてイスラムの権力者と結託したが、両者は競い合わなかったら――一時的にまたローマ帝国のような統一が成ったことだろう。

やがてイスラムには軍事的手段だけでは立ち向かえないことを見抜き、精神的なものの摂取につとめたが、伝道の復活もその一つだった。一一四三年クリューニーの修道院長ペトルス・ヴェネラビリスはコーランをラテン語に翻訳するよう勧めたし、二世紀後のヴィエンヌ公会議（一三一一年）はギリシア語、アラビア語、ヘブライ語、シリア語の講座を設置するよう提唱した。十字軍説教師たちはコーランと対決した由だし、一二五〇年聖王ルイはアラビア語を話せるドミニコ会の僧に供をさせた。アッシジのフランチェスコはエジプトのイスラム教徒の間で伝道しようと努力したが無益だった。彼の息子たち、つまりフランシスコ会士ははるかアジアにまで及んだ伝道によって一時的に成功を収め、またギヨーム・

ド・リュブリキについては後で述べるだろうが、彼もかの地でキリスト教の伝道の機会を探るべく大汗の宮廷に赴いた。

キリスト教のビザンチン征服によって、世界史的に重要な結果がもたらされた。東の帝国が弱体化した結果、もはや以前のようにイスラム人に対する堡塁としての機能を果たせなくなった。一四五三年ビザンチンの町はトルコ人によって攻略され、それから八〇年もたたぬ一五二九年オスマントルコ軍がウィーンのはずれまでやって来た。

十字軍士たちはその便利さにかけては、故郷の住まいとは太刀討ちできない世界にやって来た。彼らはさとうきびを、人工の灌漑を、風車を、そしてアラビア医学の成果を知った。これと関連してエルサレム詣での巡礼にとっては、ヨーロッパの旅人よりずっと重要な慈善施設をあげておこう。エルサレムの救貧院である。一〇七〇年ごろ、従ってまだ第一次十字軍以前、アマルフィ出身の商人たちが古い施設にならい、キリスト教の救貧院を設立し、自由意志による同志がそれを管理した。この救貧院から生まれたのが聖ヨハネ騎士団であり、時がたつにつれ国境守備の任務も引き受け、このため他の修道会と同じようになった。一一八七年から同会の規則が生まれ、それを見ればエルサレムで数十年来行なわれてきた内容が明らかになる。要するに病人、貧者、産婦、乳児、棄て児の保護である。エルサレムの家は当初から腕のいい医者を雇うことを予定していたという点で、西欧の救貧院よりずっと進んでいた。この点についてはおそらく医者も援助を必要とする人びとに奉仕した、アラビアの救貧院の前例が影響を及ぼしたものだろう。これと比較できるヨーロッパの施設では、当時はまだ医者なしで間に合わせねばならなかった。上述の規則で他の要求も一見に価する。つまり、病床はできるだけ快適に作るべし、病床には掛け布団と、ふさわしいシーツを備うべし。ことによるとここでは、一四世紀半ばインドでバットゥータの目を惹いたような、取りはずしのきくシーツがあったと考えられるかも知れない。さらに退院時どの病人にも毛皮、靴、羊毛の帽子を贈らねばならなかった。女巡礼の子供のために揺り籠を用意すべし。院内で生まれた乳児が、母親のかかっているかも知れぬ病気に感染しないよう配慮すべし。病人には消化のよい食物を与えるべし。新鮮な肉と新鮮な果実、野菜が明文化されている。《靴屋の同志》は三人の助手の応援をえて、古靴を修繕することを求められ、それを《ただで》困った人に贈ろうというものであった。靴屋はどこの巡礼地でも暮らしが立った。エルサレムの聖ヨハネ騎士団のように、《ただで》困った人に靴を贈ろうとする者は、大きな救貧院の後ろ楯があったに違いない。

エルサレムの聖ヨハネ騎士団の救貧院では、医者が客たちの肉体的健康を、聖職者が魂の健康の面倒を見、院全体としては幅広い階層の社会福祉の面倒を見た。救貧院はことに下層階級の世話をした。困った人びとに食わせて服をやり、釈放された囚人には金を、貧者には食料、衣服と靴を与え、結婚したいが貧しい人に最低の持参金をもたせてやった。

聖ヨハネ騎士団ではエルサレムの救貧院に関して、一一七〇年当院に病人二〇〇〇名の世話をし、同数の貧者に贈り物をするという規準を定めたが、西欧の救貧院組織はそれを指針とすることができた——もっとも宿泊能力と設備の点で、エルサレムのと太刀討ちできるようなものは長い間一つとしてなかったが。

その事例は中世の経済、社会にとってかなり重要だった。中世盛期ヨーロッパで創設された救貧院の多くは既存の規則を手本とし、それを地域の状況に合わせた。たとえば、ドイツ騎士団はたくさんの救貧院を維持したが、規則は聖ヨハネ騎士団のそれを指針とした。

エルサレムの救貧院の日常生活は、その規則が命じるよりしばしば無味乾燥に見えるのは確かである。

しかしながら飢渇と山賊、海賊から逃れたほとんどの旅人たちは、――氏素姓に関係なく――聖地で宿と食料を見つけたら、幸福だったろう。そして、一一八七年聖ヨハネ騎士団がかかげた目標をすべて、われわれはこの間に実現したと主張できるだろうか。今日旅路で病んだ病人は自明のことのように、身分財産にかかわらず熱心に愛をこめて奉仕してもらえるだろうか。

アジアの旅

一三世紀半ばヨーロッパは類を見ない脅威にさらされた。タタール人とも呼ばれた——モンゴル人が同世紀初頭以来チンギス・カーンの指揮のもと、東アジアでシナからロシア、ペルシアにまでまたがる一大帝国を建設したのである。一二四一年彼らはリーグニッツ近郊でドイツ＝ポーランド連合軍を全滅させたが、この勝利の余勢をかってヨーロッパ征服はならなかった。なぜならこの年大汗オゴタイが歿し、後継者をめぐる戦争が勃発したからである。一二五一年チンギス・カーンの孫マングー・カーンが勝利を収め、大汗となった。

ドイツ＝ポーランド連合軍全滅後数年しかたたぬ一二四五年にははや、教皇イノセント四世は三度使節団——とりわけカルピーニの一行——を、モンゴル人支配者のもとに派遣した。フランシスコ会士、ドミニコ会士らはこの恐ろしい無気味な国民について正確な情報を収集し、モンゴル人をキリスト教化し、かつ彼らの勢力拡大欲をイスラムにふり向ける機会を模索するよう命じられた。そうすれば、ヨーロッパは一二四一年のような脅威にさらされずにすむし、たび重なる聖地への新たな十字軍も不要になろうというものである。しかし、期待された同盟は成立せず、モンゴル人のキリスト教化もならなかった。——にもかかわらず中央・東アジアの国と民に関する正確な情報を、はじめてヨーロッパにもたらした使節団は貴重だった。

アレクサンダーの遠征以来、一種童話風な空想によって思い描いてきた巨大なアジア圏に対する好奇心が、一三世紀半ばからかき立てられた。目ざめた関心、人間の異物、よそ者に対する感受性の例として、われわれに旅行記を残している三人の旅人をここで紹介することにする。フランシスコ会士ギヨーム・ド・リュブリキ（一二二五／二〇—七〇年ごろ）は一二五三年から五五年にかけて、カラコルムの大汗の宮廷に赴いた。この人の旅はわずか二年余りだったのに、マルコ・ポーロ（一二五四—一三二四年）とイブン・バットゥータ（一三〇四—七七／七八年）は数十年異国に滞在した。マルコ・ポーロは一二七一年から一二九五年にかけ、シナや広域にわたる東南アジア、南アジアを含め、モンゴル帝国を旅した。バットゥータはもっと長く——一三二五年から一三五四年まで——アジア、ヨーロッパ、アフリカを旅した。彼らの旅の出来事を具体的に紹介する前に、その共通性と差異を素描するとしよう。

バットゥータは軽い気持でスタートを切った。旅の最初の数年間はもっぱらアラビア＝イスラム圏を移動した。ポーロは運良く一七歳の時、以前長いことモンゴル人のもとで生活体験のある父や伯父によって異国と外国語へ導かれた。リュブリキはきわめて大きな困難と戦わざるをえなかった。彼は旅の間ずっと、現地の新たな環境にまったく慣れなかったからである。

異国でのずっと長い滞在期間と、良い情報提供者に恵まれたおかげで、マルコ・ポーロはリュブリキより詳しく、かつ多方面にわたり報告することができた。三人の旅人は幅広い関心をもっていたが、その中心は異なっていたのを見てとることができる。リュブリキは布教し、説教しようとした。だから、どんな宗教的なイメージを引き合いに出したらよいかを知りたがった。なるほどポーロも宗教や礼拝についてさまざまな情報をもたらしたが、何はさておき彼は産業、通商、交通を注意深く観察した商人だったろう。最後にバットゥータにあっては、歴史的な関心が目をひく。近代の旅行案内書のように彼は、——はっきりイスラム時代に重点をおき——諸都市の歴史、その町の実力者、建造物、骨董を報告する。リュブリキと違い、ポーロとバットゥータは貞潔と清貧の誓願に縛られないので、現世の快楽に目を向ける。二人とも訪れた国々の性生活、結婚生活を、平気で報告している。彼らの叙述によれば——各地での自由な性生活への共感を隠そうとはしない。バットゥータは西欧人にはなじまぬほどあけすけに、自分自身の妻や妾との体験を述べている。

これらの記録の裏にはさまざまな委託者や関係者の顔がちらちら覗いている。リュブリキの場合はフランス王ルイ九世と修道会の上層部、マルコ・ポーロは興味深い読者層、バットゥータの場合ファースの地のサルタンである。リュブリキはみずから旅行記を著わしている。マルコ・ポーロの物語はジェノバで捕われた時の同囚者ルスティチェロによって、バットゥータのはサルタンの秘書イブン・ユーザイによって記録された。この改訂者たちは形式を、時には内容も書き変えている（たとえばマルコ・ポーロにあって戦いの描写）。ポーロは次のような前書きによって幅広い読者に呼びかけている。《皇帝よ、王よ、諸侯よ、騎士よ、市民よ——この世のさまざまな人種とさまざまな国を知りたいと思う知識欲に燃えた人びとよ、汝は一人残らず本書を手に取り、朗読させよ》。読者への直接の呼びかけは緊張をほぐす文体手段以上の効果がある。というのもマルコ・ポーロは自分の本を、たとえば故郷の商人にとっての旅行案内書と解していた。スマトラについてはこのように書かれていた。《心に留めておくこと、当地にも北極星は現われない》。それと対応して、いつから北極星がまた見えるか記録されている。

三人の著者は記事は自分の目で見たか、信頼できる証人の伝聞だ、と繰り返し断言している。近代の旅行記と比較すれば、彼らの記録には（犬の頭をもつ人間のごとき）童話的要素はごくわずかだがある。――ということは後代の研究が真実に忠実だと証明した事柄を、同時代人たちも信じたということではない。リュブリキもポーロもバットゥータも中世では概して期待できないような知識欲に燃えていた。ポーロは知識欲と誇り、自意識も兼ね備えていた。《人祖アダムの創造以来、マルコ・ポーロ氏ほど物知りで、探求心旺盛、珍らしい事をたくさん知った者は、キリスト教徒、異教徒……いかなる生まれの者にも一人もいない》。バットゥータも回顧してそれに劣らず断言調だが、もっと控え目に書いている。《私は実際に――神に称讃あれ――世界中を旅したいという現世の欲望を達した》。この点私の知るところ前人未踏の事業を達成した》。彼らの貪欲なまでの好奇心に関していえば、三人の著者は近代人の部類に入る。一方彼らがむろん時代の子だったことは、キリスト教徒やイスラム教徒の崇拝する聖人や聖地を訪れ、旅行記中それ相応に尊重している事実に照して明らかである。

三人の著者たちは適応能力があり身体頑健であることを実証する以外に、生きのびる術はなかった。リュブリキが馬乳を飲んで催した吐気、ポーロが椰子酒をたしなんで格闘しなければならなかった下痢などは、まだわりと他愛ないものだった。旅人たちが生きて故郷に帰る機会がどんなに少なかったかは、詳しく述べられた危険だけでなく、ある使節団六〇〇人中一八人しか生き残れなかったとのポーロのさりげない記録からもわかる。それほど高くないにしても、後のマゼランの第一次帆船世界一周の時も、似たような人命の犠牲を払ったことを世人は歎かざるをえなかった。

リュブリキもマルコ・ポーロもバットゥータも共通して《他人》に対して熱い関心をもち、それをまた同時代人たち以上に見せつけた。マルコ・ポーロも他人に対する関心を意識していた。私はあっという間にタタール人の風習、言語、文字になじんだと、彼は顧みて書いている。大汗は彼の異物に対するこだわりのない心を知り、その能力を高く買った。大汗はまだ年端もゆかぬマルコ・ポーロに遠い属州への重要な任務を託した時、言語、文化、宗教の境界を越えて注目すべき公平さを示した。《慎重に、かつそつなくこの若者は任務を果たした。つまり、遠国から帰還した使者が自分の任務だけ報告し、民や国について報告しないと、大汗がその使者を愚かで視野が狭いと見たことを、ポーロは見逃さなかったのである。支配者にとって任務も確かに大事だが、旅した地域の状態、事件、生活習慣はもっと大事だったと、ポーロは見抜いていた》。ポーロは大汗の知識欲を心得ていたので、ただちに正確な報告ができるよう、旅先のあらゆるニュースや変わったことをしっかりと心に刻みつけた。

三人の著者がいかに多くの対象を論じ、最近になってしばしば歴史学が《発見》するに至った領域を論じたか驚くべきほどである。異郷との出会いによって明らかに旅人は目を研ぎ澄まされるが、それはおのれの文化圏を脱け出たことのない著者には与えられないものなのである。ここでリュブリキ、マルコ・ポーロとバットゥータがかなり詳しく述べたテーマを若干まとめておこう。自然界の実情。気候、山脈、山、河（長さと幅）、海、植物誌（とりわけ栽培植物、有用植物、種蒔きと収穫の時期、高級木材）と動物誌（なかでも家畜）。田舎と都市の住まい。商業（市場、港、商品、商人）、産業（絹、金属加工、食料生産、塩の入手）、鉱山（宝石、燃料としての石油や石炭）、諸民族と言語と文字、宗教と祭儀（なかんずく魔術、悪魔信仰）、風俗と生活様式（食料、衣服、装飾品、モード、住居、家屋、結婚前、中、後の婦人の地位、死者崇拝、寡婦の焚刑）、法（刑法を含む）、憲法、管理、支配権とその行使。貨幣制度と財政制度（ここではとりわけシナの紙幣）、軍事制度（武器、騎士、戦い）、通行（船舶、橋梁、道路）、造形美術、身体衛生と医術（風呂、薬、媚薬）等々。著者たちはしばしば限界にぶつかる。新しいもの、不慣れなものが多すぎ、こんがらかっているので適切に表現できないのである。リュブリキはある時フランス王に向かい、自分が言語というメディアしか持ち合わせぬことを残念がっている。《婦人たちは実にきれいな車を作りましたが、私は比喩的にしか描写できそうもありません。それができたら、あなた様のために洩れなく模写したでありましょうに》。

リュブリキは空間的・時間的に限られた任務を果たした後、また修道会の勤務に復したのに、マルコ・ポーロとバットゥータは異界の魅力にとりつかれ、いつも新たな旅へと駆り立てられた。時々さるギリシアの歴史家のことが思い出される。アリアノスはアレクサンダー大王の事業欲を目のあたりにして、人びとの茫然としたさまを述べようとした。《そして、……しようという欲望が彼の心をとらえた》。ある時バットゥータは書いている、《私は話に聞くモルジブの地へ旅しようと決心した》。

三人によって書かれた本は歴史家のみならず、彼らが旅した国々の地誌、人類学、比較文化史、宗教史にとっても、汲めどもつきぬ資料である。ここでは彼らの幅広い関心の例を、二、三だけあげるとしよう。まずリュブリキ。大汗の宮廷へ向かう往路、クリミア半島で《ドイツ語を話す》ゴート人が彼の目についた。一〇〇〇年前このあたりを往来した民族の遺物である。帰路、冬の雪にはばまれ、小アジアでユウフラテス河の源へ寄り道できなかった。マルコ・ポーロはパミール山脈の高冷地の空気中では、食物を料理してもうまく煮えないことを観察している。バットゥータは（古代の著作家にならったのか？）他の河が干上るひどい猛暑の時期にも、ナイル河にきわめて豊かな水が流れているのを、注目に値するといっている。

リュブリキとバットゥータの報告は、自発的であれ、不本意であれ、彼らの同時代人の移動の証しとなる。リュブリキはタタール人の国でエルサレム出身の隠者やマングー・カーンのもとに赴く他の教皇使節だけでなく、モンゴル人によってアジアの内陸部へ流された数多くのロシア人、アルメニア人、グルジア人にも出会った。一二四三年ハンガリーから連れ去られた大勢の人びとは、暫く前からようやくかの地で暮らし始めたり、旅行中モンゴル人に捕われたりしたのである。ドイツ人炭坑夫と刀鍛冶たち、メッツ出身の一婦人、パリの金細工師ギヨーム、フランス語とクマーン語を上手に話す一婦人、英国人の息子……。万一重病が治ったら感謝のしるしにローマの教皇のもとへ旅するという、大汗宮廷のネストリウス派の一キリスト教徒の誓願も、長途の旅の準備をするのに一役買っている。これから先タタール人の軛《くびき》に耐えるより、むしろ流浪した方がましだとする一アルメニア人に、リュブリキは帰路出会っている。バットゥータの報告はイスラム圏内での非常に大きな移動についての証しとなっている。つまり、南ロシアで彼はアンダルシア出の一ユダヤ人からアラビア語で話しかけられる。インドのマンガロールでは長いことメッカやメジナで暮らし、インドとシナを旅した東アフリカの、モガジシオ出の一法律教師と出会う。シナでは北アフリカ、セウタ出の男と会ったが、後にナイジェリアでその男の兄と出会うことになるといった具合である。

以上の報告は著者が再三――意識的だろうとなかろうと――また故国と比較しているので貴重である。リュブリキの記録によれば、フォークは一三世紀半ばヨーロッパではまだ当り前の食器でなかった。主人は客に《ナイフの先か、いつもワインで煮た洋梨とか果実を食べるわれわれのと似た（と清貧の一フランシスコ会士がいっている！）、わざわざそれ用に作られたフォークで》羊肉を出した。彼は、モンゴル人の間では婦人は男とまったく同じような乗り方で馬に乗る事実を注目すべきことと見ている。――ヨーロッパでは明らかに女乗りがたいそう好まれた。食器、手、髪の洗い方についてはこう記している。《彼らはまた鉢を洗ったことがなく、肉を煮る時にそれを盛る深皿を、釜の中から取り出した肉汁でゆすぎ、しかる後その汁は釜の中へ流し戻す。……手や頭を洗おうとする時は、口にいっぱい水を含み、それをゆっくり手の平にたらし、それで髪をぬらし頭を洗うのである》。モルジブでは金のかかる牢獄なしですますことができる、とバットゥータは同じようなさり気なさでいっている。人は罪人を——商品用の——木造家屋に閉じこめる。《モロッコでキリスト教徒の囚人にそうするように、罪人には枷《かせ》をかけておくのである》。

しかしながら、異国人に対する開けっぴろげの態度とともに、性急な判断や偏見も少なからず見られる。マルコ・ポーロはおそらく自分の目で見たのでなく、伝聞で知ったにすぎないシナのさる県の首都《福州》の住民について書いている。《この人びとは異教的で、まったくたちが悪い。盗みや悪は罪にならず、彼らは現世でいちばんの悪漢と盗賊である》。根本的な限界がバットゥータの描写の中で明らかになる。信仰仲間のいない所で彼は決定的な生活手段がないことを嘆いているのである。《素晴しい物もたくさんあるが、シナの国を私は気に入らなかった。それどころかそこには不信仰がはびこっているので、とても悲しかった。一歩家を出れば、いやな事ばかり目についた。それで興奮し、家に閉じこもり、やむをえぬ時しか外出しなかった。シナでイスラム教徒に会うたびに、まるで家族や親類に会ったような気持だった》。

旅人は新しい物に接して自分自身の文化の長所、短所を意識する。リュブリキがキリスト教の優越性を確信したように、バットゥータもイスラムのそれを確信した。モンゴル人がシナの町を征服したのは只ただ《ヴェネチア人》の能力のおかげだと、マルコ・ポーロは折りにふれて主張している(シナ側の文献はこれについて黙している)。異国人に独自の正当性、それどころか独自の偉大性すら認め、それによって慣れた立場を相対化する発言こそ、うぬぼれた優越性の表明以上に重要なものであろう。マルコ・ポーロは南西インドのケーロンでこう書いている。《万事われわれの所とは異なり、より美しく、しかもより良い》。リュブリキは大汗の宮廷で諸宗教の信者の抗争にまきこまれる。キリスト教徒、イスラム教徒、そして仏教徒の間の宗論に関して、彼は汗《カーン》の言葉を伝えている。それはキリスト教の絶対性の要求を相対化し、啓蒙時代のヨーロッパの旅行記と似た懐疑をはぐくむに適した言葉である。《しかし神は手にさまざまな指を与えたように、人びとにもさまざまな道を与えられた。神はそなたらに聖書を与えたが、そなたらキリスト教徒はそれに従わなかった。……されどわれらに神は預言者を与えられた。われらは預言者の言葉通り行ない、平和に暮らしている》。

⚜ギヨーム・ド・リュブリキ

しかし、使節は《優れた通訳をひとり、いやむしろ数人連れ、それに路銀もたっぷりもたねばならぬ》。リュブリキはこの言葉でフランス国王宛ての報告をしめくくっている。彼は念入りに大汗の宮廷への旅の準備をした。旅先の国々について古代の《権威者》の発言になじみ、最近この地方を旅した人びとの話に耳を傾けた。地方の権力者や布教先への贈り物も取り揃えた（後で明らかになったところでは不充分だった）。最後にフランス国王から紹介状をもらい、それをトルコ語やアラビア語に訳させた。にもかかわらず上記の結びの言葉は、旅の間の不愉快さを述べている。

リュブリキは一二五三年五月七日コンスタンチノープルを発った。同行者は他に修道士一人、通訳一人、馬丁二人、荷物持ち一人、それに若い奴隷一人。同月二一日陸路クリミア半島に着くが、リュブリキ来るの噂は本人より先に広まっていたことを知った。六月はじめ陸の旅が始まり、七月二〇日ごろ彼はドン河を渡り、同月末にはサルタクの幕屋にやって来た。この人はキリスト教徒だとヨーロッパでは噂されていたので、フランス国王の親書はこの人宛てになっていた。が、サルタクは求められていた伝道許可を独断で与えようとせず、もう一段上の管轄のバトゥのもとへリュブリキをやった。この人のもとに着いても事情は同じで、さらに大汗のもとへたらいまわしされた。こうしてリュブリキはモンゴル帝国の広大な諸地方を知り、ついに大汗とも個人的に知己をえた。この宮廷で、外交的な伝道とスパイの任務の境界線もモンゴル人の間では微妙だと体験した。リュブリキは一使節として旅先の国々で《道路、地域、都市、要塞、人間と武器を》慎重に探るよう委託される証人となった。

サルタクのもとに到着して以来、リュブリキはモンゴルの権力者の委託を受けて旅をした。だから貴重な援助はただで彼の手に入った。モンゴルの使節専用道路も駅逓馬も利用でき、道に明るい案内人と食料も用立ててもらった。八月五日にヴォルガ河を、九月二八日にはウラル河を渡った。その間彼は八月第二週から九月一六日までバトゥの幕屋に滞在している。一二月二七日彼はマングー・カーンの幕屋に到着するが、カーンは一二五四年一月四日リュブリキにはじめて謁見を許す。四月彼は宮廷とともにさらにカラコルム（今日のモンゴルの首都、ウランバートルから西へ約三五〇キロ）に向かう。ここではカーンの宮殿だけがリュブリキの印象に残ったにすぎない。モンゴルの本来の《首都》は、パリ近郊サン・ドニ！のような名声をえていた。七月九日リュブリキはカラコルムからまず西の方に向かい帰途につく。九月一六日から一〇月一六日までバトゥの幕屋に滞在している。彼はフランス国王と聖地で会見したいと望んだので、南、南西に向かいどんどん旅を続け、カスピ海の西岸に沿い、コーカサスと小アジアを通って進んだ。コンスタンチノープル出発後二年して、一二五五年五月五日地中海沿岸クルタに着き、キプロス島へ寄り道した後、アンチオキアとトリポリ経由で、アッコンに向かう。

リュブリキは大汗のところへ広いアジア中を少なくとも一万五〇〇〇キロ以上旅した。夏の炎熱と冬の寒さには、飢えと渇きと疲れと実にひどい辛酸をなめた。精神的な負担はいわずもがなである。不信の念を抱きつつリュブリキ一行はなじみのない世界を、方角を定め進まねばならなかった。彼らはあてにならぬ通訳と、あまり信用できない地元の案内人を頼った。わけても公式の使節が期待できる保護を彼らは受けなかった。往路でリュブリキが憤激してこぼした時、サルタクの周囲にいるネストリウス派の一司祭が西方から来た使節たちに向かい、《耐えがたきを忍び、腰を低く》せねばならぬとほのめかした。この旅の詳細について、次にもっと厳密に点検することとする。

リュブリキとお供の者たちはサルタクへの旅路で、《決して家や天幕では休まず、いつも戸外かわれわれの車の下で寝た》。河越えにはリュブリキのドン河の例で見るように手こずらなかったようだ。モンゴル人は渡し守としてロシア人を東岸に住まわせ、彼らが使者や商人や今またリュブリキ一行も、小舟で対岸へ渡した。《彼らはどの車輪の下にも一艘の小舟を押しやり、それから小舟を全部結びつけ、漕いで向こう岸へ渡したのである》。帰路リュブリキはコーカサスで、《河の上を横に張った大きな鉄製の鎖で組み立てられた》船の橋を知る。——ドン河を渡った後、腹立たしい手違いが起きた。地元の案内人は渡し場の者がリュブリキ使節の一行に、馬を与えるに違いないと思い込み、西海岸まで連れて来た輓曳用動物を帰してしまったのだ。《ところでわれわれがこの人びとに動物を要求した時、渡し守がおれたちは往来の旅人を対岸に渡すだけが役目だと、バトゥからもらった特権を楯にとった。それどころか商人から少なからぬ手数料さえもらっていた》。心ならずも三日間滞在した後ついに彼らは牡牛を、後には馬も用立ててもらう。この間一行は徒歩で行かねばならなかった。

待降節の第二日曜日(一二月一三日)夜遅く、小勢の隊商が峠の《本当に恐ろしい巌の間を通って》やって来る。隊長がリュブリキのもとに手下を遣わし《かの峠でいつも不意に人さらいをする悪霊を払うため》祈ってくれるよう頼み込む。《悪霊がどんな仕業をするかわからなかった。時には馬だけさらい、人間は残しておいた。時には人間の体内から内臓をつかみ取り、残りは馬の背で火培りにした。その他さまざまなことがかの地でしばしば起こった》。リュブリキはこんな話の信頼性に疑いの口をさしはさまなかった。彼は喜んで願いを聞いてやった。《われわれは大声でクレードを唱え、神の恵みによりわれら一同無事にそこを通り抜けた》。別の時にも、たとえば大汗や、イスラム教徒、仏教徒のために祈ったり、山越えのさい荷馬を危険におとし入れる強風、厳寒、大雪除けのため、キリスト教徒の祈りによって救われるよう求めた。

もう一つの願いに見る、諸宗教のいい所を取り込もうとする混合主義の態度はいかにもモンゴル人らしい。保護状にリュブリキの効き目のある祈りを書いてくれ、それを頭上にのせて行くからというのである。《モンゴル人たちが心に刻みつけ、それによって彼らの魂と肉体が永遠に救われるよう》信仰告白と主の祈りを教えようとする。だが、この伝道の第一段階は通訳の妨害にあって坐折した。

引き続き大汗のもとに赴くようモンゴル人に命じられた旅で、いつも食料が与えられるという希望は実現しない。リュブリキは旅の最初の一月目に《非常用携帯食》に手をつけ、――従って欠かせぬ贈物の一部を手放さざるをえなかった。《葡萄酒はすでに底をつき、水は馬にひどくかき乱されたおかげで飲めなくなった。焼き菓子と神のご加護がなかったら、われわれはたぶん死んでいたろう》。ときおり革袋につめた牛乳をもらった。が、使節の一行はモンゴル人の食べ物、飲み物に、ということはとりも直さず馬乳にも慣れねばならなかった。この飲み物についてリュブリキは書いている。《馬乳はこれまで飲んだことがなかったので、私には目新しかった。それをたしなんだ時、吐気のあまり汗をかいた。にもかかわらずそれは美味《うま》そうに見え、事実また美味かった》。後に大汗の宮廷で、暖い食事が調理できるようにと彼と仲間に、釜と三脚を一つずつ貸してくれた。食べ物は少々煮た魚だった。キビは肉汁の中で煮込まれ、時には蜂蜜、キビのビール、バター、酸乳、牛馬の糞の中で焼いたすっぱくないパンが出た。このようなさまざまな食べ物はやがて乏しい食事にとって代わられた。すなわち、灰の中で焼いたパンと、飲み物としては肉入りスープで煮た粥。《なぜなら雪や氷の融けたもの以外に水がなかったからであり、それは実にひどかった》。彼の仲間はつましい食事を前にしてすっかり意気消沈してしまった。

大汗は通辞を介して客たちの不自由きわまりない暮らし振りを耳にし、葡萄酒、小麦粉、油を与えさせた。しかし、それで苦しみが去ったわけでなく、かえって前よりひどくなった。その仔細はリュブリキをあまり快く思わぬネストリウス派の一司祭が、天幕中いたる所で西方の使節団が葡萄酒をもらったぞと語ったからである。すると、モンゴル人やネストリウス派の司祭たちが《恥知らずにも犬のごとくどっとわれらのもとに押し寄せた。……こうして葡萄酒はわれわれに慰めより悲しみをもたらした。われわれは腹を立てずに誰一人撃退できなかったからである》。自分自身が貧しい時他人に喜捨するのは《偉大な殉難》だと、リュブリキは体験する。

彼と供の者どもは帰路、四日ごとに羊肉を受け取ることを保証する証明書をもらう。

《私にはまさに別世界にやって来たように思われた》。この言葉によってリュブリキはタタール人との出会いの印象を述べている。別世界——それは異なった食べ物、衣服だけでなく、彼には見慣れぬ建てたまま車で運ぶ天幕での暮らし振りも意味している。別世界——それはとりわけ人間だった。リュブリキも西欧の故郷で乞食や病人のしつこさについて知ってはいたろう。当地での体験は彼が今までなじんでいたことを上まわっていた。一行は確かに直接盗まれることはごく稀だった。ところがタタール人は《しつこく破廉恥にも見るものを全部せがんだ。われわれが何かやっても何の効き目もなかった。彼らは亡恩の徒なのである。彼らはわれこそ世界の主と思い、自分らに誰も拒んではならぬことを当然と見なした。にもかかわらず拒めば、後で連中の仕事が必要な時それに応じて手抜きをした。通訳も旅先案内人も地方の権力者も――彼らは一人残らず自分のため、リュブリキの委託で依頼先の実力者のため、いつも新たな要求をした。リュブリキ一行の持ち物を見ようと彼らは押しかけ、わざと体当りした。連中の《関心》をひかぬものは何一つなかった。焼き菓子でも葡萄酒でも、ミサの法衣でも貴重な書物でも、典礼の道具でも――なんでも欲しがった。リュブリキは途中大事なものを《贈り物》としてやらざるをえなかった。フランス国王ご下賜の詩篇を手放さねばならぬ時、彼の心は痛んだ。

モンゴル人がリュブリキ一行にいやがらせをしようとしたのか、それとも彼らの恥辱閾《いき》が違っているのかわからないことがときおりある。いずれにしてもリュブリキはむかつく。《彼らは用を足す時、隠元豆を投げる距離より遠くへ去らないのである。われわれのすぐ隣でしゃべりながら用を足すが、ほかにももっとたくさん吐気を催させるようなことをする》。

交代の案内人や通訳が頼れないとなれば、事はさらに重大だった。通訳は大事な用件を適切にモンゴル語に訳せないとわかった。リュブリキが説教しようとすると、通訳は訳すことを拒んだ。リュブリキの命令とまったく違うことを始終いった。《思いつきのままなのである。通訳を介して話すのが危険だと悟った時は、だんまりをきめこんだ方がましだった》。他の旅行者たちは典型的な作り話の通訳談義を報告するか、それともそうとしか知らなかったので、作り話の通訳談義を信じ込んでそのまま述べる。――帰路リュブリキは小アジアで、自分がどんなに案内人の手の中に握られていたかということを認めている。途中案内人は、あまりにたくさんの食料を買い込んだが、リュブリキはあえて抗議を申し立てようとしなかった。《というのも彼は誰にも嘴を入れさせず、私と召使いを売ったり殺したりできたろうから》。

フランス国王のこの前の公式使節団がまだ到着しないうちから、大汗の宮廷では王が捕われの身となった事実を知っており、今や使節たちは請願者のごとく出頭したが、それも失敗の一因であった。《半公式的》な地位にすぎぬにもかかわらず、——リュブリキは伝道しようとするが、王の紹介状を呈示できない——彼は大汗のもとに赴いた外国伝道者たちの地位について貴重な細目を報告しているので、ここでさまざまな待遇についてまとめておこう。

彼は再三自分の身分証明をし、《何処から》と《何処へ》の問いに答えねばならない。モンゴル人の慣習に関して、親しいキリスト教徒たちは彼に《言葉を翻さぬことを》くれぐれも注意するようきつくい い聞かせた。つまり、彼の情報は記録され本人より先に送られるので、次の尋問のさいに情報が違っていたりすると、あらぬ疑いを強めるというのだ。旅の間中リュブリキはモンゴル人の宮廷で広く行なわれている外交儀礼を注意深く観察し、言葉を交すことのできた使節たちにもれなく尋ねている。大汗の宮廷で使節たちが相互に連絡をとることが許されている点を、彼は評価している。モンゴル人は臣従していない諸国からの使節を、遠回りさせて大汗のもとに案内すると彼は聞いた。それは《道路を実際より長く見せ、彼らのモンゴル国が実に広大だと見せる》ためなのである。弓なりに大きく迂回して汗の宮殿に近づくと、下馬する。へり下りの現われとしてリュブリキは履物を脱ぎ、裸足で歩く——これは習慣の違うモンゴル人たちはひどく驚いた。ある時リュブリキはバグダッドのカリフの使者が、二頭のラバの間を輿に乗ったまま宮廷に運ばれるさまを目撃したことがある。リュブリキはカーンに拝謁する前に《小刀をもっていないかと、脚や胸や腕いたる所を調べられる。彼らは通訳にも短剣のついた帯を外し、外の玄関番に預けるよう強いる》。相手の体面を傷つけてやろうとする時、リュブリキはその詳細には触れていないが、《かなり侮辱的な方法で》身体検査が行なわれた。大汗のもとへは——ネストリウス派の一修道僧はつっけんどんにそうするよう注意を促されたのだが——頭のかぶり物を取って伺候するのである。

リュブリキは請願者である。だから呼ばれるまで待たねばならない。《お呼びがかからずに宮廷には行けない》。権力者の命令で、やっと口をきくことが許される、しかも——使節とは違い——ごく手短に。《使節に話す気があれば何でも権力者たちは耳を傾けてくれ、まだいいたいことはないかといつも尋ねてくれる》とリュブリキは彼の報告の最後の件りでフランス国王に教えている。

往路彼はバトゥの前に導かれる。《神よ、われを憐れみ給え〉を祈りおえるまで、われわれは彼の前に立っていた。誰も彼も静まりかえっていた》。その間リュブリキは天幕の内部を観察できる。玉座、男と女たち、設備——入口の横にはいつも馬乳と、ここには大型の金盃、銀盃、宝石で飾った盃の置いてある台があった。《バトゥはじっとわれわれを見つめ、われわれも彼を……ついに彼は私に口をきくことを許した。私は人前でやるよう片膝を折った。すると彼はしつこく両膝を折ることを求めたので、私もそれに従った。こんなことで争いたくなかったのである》。まず祈ってからリュブリキは話をはじめると、皆ひざまずいた。彼はキリスト教の根本義を説明したが、相手は耳なれぬ福音にほとんど聞く耳もたぬ経験をせねばならなかった。《信じない者は劫罰を受けるだろう》との言葉に、バトゥは冷ややかな微笑で応じ、《そして、他のモンゴル人はわれわれを嘲笑するため手を叩き出した。心配しないようにと私の通訳をなだめたら、彼はびっくりした》。

リュブリキは大汗と何度か話し合いをする。その報告によれば、彼は率直な、説得力ある態度でマングー・カーンの尊敬をかちえるのに成功した。ある時彼は説教中、貧者がわずかな物を盗む権利を正当化している。彼はキリスト教の平和の掟と修道院会則の要求する清貧を標榜《ひょうぼう》し、それに従って生きている。彼は貴重な贈り物をしりぞけ、それをすぐまた乞食にやった。そして、大汗の宮廷で争っているキリスト教各宗派の人びとの意志の疎通に努めている。

他の旅人――たとえばバットゥータのように――大汗が自分をどうする積りなのか知らずに数か月過す体験を、リュブリキもする。滞在か出立か、それはただ権力者のはっきりした許可によって決まる。最後の話し合いでリュブリキは新たな旅に同意してくれるよう希望する。長いこと考えてからマングー・カーンは決定を留保したものの、優しい言葉と平和の身振りをもって立ち去ることを許した。《〈そなたは長旅を計画している。元気で故郷に戻れるよう食料は用意されよ〉。彼は飲み物を一口下しおかれた。それから私は大汗のもとを辞し、その後二度と彼の前に現われなかった。私にモーゼのごとく奇蹟を行なう力があったら、おそらく彼は屈服したろうに》。

⚜マルコ・ポーロ

マルコ・ポーロの〈東方見聞録〉――旅行記、実用書、娯楽物の混じり合った近代的な印象を与える本――は、三部に分けられる。すなわち、詳しい序文には父と伯父の大汗の宮廷への旅、大汗のローマ教皇への使節となっての両人の帰国、マルコを伴っての再度のモンゴル旅行と一四年後の帰国が報告されている。本文はモンゴル帝国を西から東へ、県別、都市別、国別に述べ、さらにマルコ・ポーロが帰路の長旅で知った東南アジアとインドについて記している。第三部は補遺としてロシアなどを取り上げている。この報告にはヴェネチア、ジェノバ、フィレンツェのような都市の遠隔貿易商の必要な情報、

マルコ・ポーロのヴェネチア出発.

シナとインドに関する、旅行ルート、貿易地、商品供給に関する、国土と民草に関する消息が織りまぜられている。

かつてリュブリキを手こずらせた身体の難儀と言葉の障害は、ポーロ一家には立ちはだからなかった。一行は大汗の宮廷へ商人として入朝し、歓迎され敬意を表された。大汗は彼らに四〇日にわたり出迎えの使者をさし向けたほどだった。ポーロはたちまちモンゴル語を習い覚え、大汗の信用をえ、その命を受けて長年モンゴル中を旅した。自分自身の貿易活動については話題にしていない。とはいえ、古風な貿易形態について詳細に面白く述べているので、共通点を見出せるかも知れぬ。支配者は商業活動を行なわず、せいぜい贈り物を交換する位である。第一次モンゴル旅行のさい、老ポーロ兄弟は今日の南ロシアの小汗バルカに丁重に迎えられた。《両兄弟は携えて来たあらゆる宝石を彼に献上した。バルカは快くそれを受け取られたが、ことのほか御意に召した。そして両人に倍も価値のある品をお返しに下しおかれた》。

ここでは旅人にとって特に興味深い報告を若干選び出すとしよう。リュブリキ、バットゥータ、マルコ・ポーロの目をひいたのは、モンゴル帝国内で使者の職と情報伝達がなんとも見事に組織化されていることであった。マルコ・ポーロの言葉によれば、主な街道筋では二五から三〇マイルごとに（集落の少ない地帯では三五から四〇マイルごとに）、使者は宿のある宿駅を見つけることができる。一マイルとはここではおそらく約一五〇〇メートルと見積ってよい。《この宿には柔らかな絹の敷布をしいた幅広の立派な寝台があり、高官のためにはあらゆる快適さが提供された》。王でさえこれらの宿でいとも丁重に扱われよう。たっぷり休養を取り、準備万全の馬が、全権を与えられて旅する使者のために用立てられる。マルコ・ポーロはこの制度を広大な帝国にうってつけだと見る。当国の中枢部は一刻も早く情報をえ、素早く決定を伝達しなければならないからである。

モンゴル帝国では使者はさまざまな牌符によって身分を証明する。金牌は特別な命令権と、使者にただでお伴の者と宿の権利を保証する王の保護の証しである。ポーロ一家にもときおりこのような牌符が与えられた。《それには彼らは大汗の国内いたるところ自由に通行でき、彼らと従者のために旅と宿に関しすべてを使わせてやらねばならぬ、と書かれている》。鷹牌は馬による急使の証明として役立つ。彼らは指令を受けたら、《腹にさらしを巻きつけ、頭に鉢巻をし、全速力で出発する。そして最初の宿駅まで二五マイル以上つっ走り、そこで鞍をつけたばかりの二頭の替え馬をもらう》。こうして休むことなく、さらにその日のうちに二五〇マイル以上疾走した。例外的に三〇〇マイルに及ぶこともある。こんな実績が肉体的に可能かどうかは問わぬとしよう。

馬をあてがう主な宿駅間には、三マイルごとに王の飛脚たちが住み、彼らは走るさい鈴を吊るした帯をしめる。《速きこと風のごとく》彼らは三マイルの距離を韋駄天走りする。鈴の音によって遠くから飛脚の来るのが聞こえると、次の集落では新しい飛脚が支度し、通信文を受け取るや、三マイル先の第三の飛脚に出会うまで走る、といった具合である。これらの急使はふつう一〇日を要する行程を、二四時間で進む――同じような実績をバットゥータがインドから報告している、それどころか当地では飛脚の方が馬に乗った使者よりも速いと。それはおそらく飛脚が道もない地域（ジャングル）で馬より上手に切り抜けたり、夜も走るせいだろう。一日の実績を三〇マイル、一マイルを一・五キロと計算すれば、一昼夜の時速はほぼ一二―一三キロとなる。なにしろ今日五〇〇〇メートル競走のスピードは時速二〇キロを越えるのだから、上記の実績は可能の範囲内にはあるだろう。――モンゴルの飛脚たちはふつう通信を伝達するが、時には汗《カーン》のために新鮮な果実を運ぶこともある。飛脚たちは免税である――ライン河畔の多くの隷属民が船旅の仕事を義務づけられているように、彼らの仕事はもっぱら走ることにあるといえよう。

マルコ・ポーロは北ロシアについて補足している。河川や湖沼がたくさんあるので、馬は急使用には問題にならない。《どの宿駅でもロバほどの大きさがあろうかという逞しい動物、犬を優に四〇匹は飼っている》。タタール人は橇を作ったが、それはいつも六頭の犬に引かせ、氷や沼やぬかるみの上を立往生することなく滑るのである。ポーロの故郷では雨降りで道のぬかるむ冬、干し草や藁を運ぶのにその手の橇を利用する、と彼は説明している。《タタール人の橇は熊の毛皮を張ってあり、使者はその上に腰を下ろす》。動物は次の宿駅までの道を心得ているので御す必要はない。その宿駅で新しい橇と休養充分の動物があてがわれると、犬たちはいつも自分の基地の犬舎へ戻るわけである。

ヴェネチアでは住民は当局から疑いの眼で監視されていた。中世末期イタリア各市で、外国人は念入りに登録された。ことによるとこんな対策が発達したのはシナの前例が一役買ったのかも知れない――いつも何人かの男が櫂《かい》を漕ぎ、地中海のガレー船の発達に影響を及ぼしたであろうシナの船の例のように。いずれにしても外国人、地元民を問わず、シナ流の監視方法は《記録にとどめる価値がある》と、マルコ・ポーロが考えたことは人目をひく。市民はすべて自宅の戸の上に家族全員、その家に住む奴隷や同居人の名を書きしるし、はては馬の頭数までそうするのである。死者や赤ん坊の名前は消したり追加される。おかげである都市の人口は楽につかめる。マルコ・ポーロの時代、ヨーロッパの諸都市は、たとえば攻囲されて僅かなたくわえを分配しなければならぬ非常時に、せいぜい居住者数に関心を抱いたにすぎない――シナでは外国人を泊める者は客の名と到着日を文書に書き留める。これによって大汗はこの年誰が領内を旅したか知るという寸法である。《賢明な政治家はかくのごとき報告を利用する術を心得ている》とのマルコ・ポーロの結びの所感は、はや絶対主義の時代に由来するもののようだ。

〈住民登録制度〉、外国人検査、通関手続きといった領域について、バットゥータは補足している。それを読めば、高度に文明化されたイスラム諸国でも、シナの完璧さとは遙かにかけ離れていたことがわかる。バットゥータは当代のシナを、非常に治安のいい国と称讃している。たとえ数か月独り旅しようと、かなりの金額すら心配なく携帯できる、と。シナの宿では厳しい管理に直面して、彼はとまどう。例の商人は金を宿の主人に預けると、主人が金の責任を負い、客の注文によって買物をする。《もしかの商人が妾を欲しいといえば、宿の主人は彼のために奴隷女をうまく手に入れてやり、住まいには旅館内の一室を提供し、二人のために出費する。奴隷女の値は安い》。その気があれば客は結婚もできる。《道楽三昧に金を使うこと——それとはいささか違う。彼にはその可能性がないだろうから》。宿泊客は一人残らず夜二人の役人によって名前を記帳させられると、名簿は封印され宿の戸が閉じられるからだ。夜が明ければ役人たちはまた現われ、全員を点呼し、それを記録する。それから旅人は次の宿駅さして案内される。そこで管理人はみんな無事到着したか確認しなければならない。欠けている者がいれば案内人の責任となる。

罪人は手配書、つまりお触れと人相書で捜索する。人相書に似ていれば、誰でもしょっ引かれる。当局の代表者が射手、奴隷、船乗りの名を記録した後、船はやっと出航を許される。帰港すると、役人が船に乗っている者を前記の名簿と照合する。船長は欠員がたとえば死んだか、逃げたか、何か事件にまきこまれたか証明できなければ留置される。人員検査後、船長は積荷についてこまごまと申し立てなければならない。それからようやく全員上陸となるが、税関吏が記載事項を調べる。万一密輸品でも見つかろうものなら《船は積荷ごと国庫に没収される》。バットゥータは憤慨して、異教徒のもとでもイスラム教徒のもとでも、他のどの国でもこんな不正を体験したことがない、と断言している。この話題で彼が思いついた最悪のケースを、インドから報告している。かの地では以前脱税を一一倍の追徴税で罰していた、と。

マルコ・ポーロとバットゥータはシナの数かずの成果を、模倣に値するものと見たようだ。旅は、長く幅広の石橋や舗装道路のおかげで楽になる。舗装道路の上なら、《乾いた足で、とは汚れることなくの意味だが》騎行したり歩いたりできる。国道は旅人にとって木陰となるよう、丈の高い樹木に縁取られている。その樹木は遠くから見分けがつくので、旅人が道に迷うことはない。ポーロは公衆浴場の施設にも感銘を受けたようだ。《人びとは月に数度は喜んでそこへ行く。というのも実にきれい好きなのである》。船室で例の商人は《くつろいで憩う》ことができる。バットゥータによれば、シナにはそれぞれ専用便所のついた船室さえあるのだ！　インドでは地元の人びとが旅人の助けになるよう乾燥地帯に井戸を掘り、アラビア諸国では慈善院を建ててやったことを、バットゥータは大いに称讃している。バットゥータはアラビア諸国では慈善院、南西インドのマラバールでは州境にある《アジールの門》のような、貧者収容施設の価値も知っていた。

　海賊や時化《しけ》についてはマルコ・ポーロもバットゥータも、自分の体験や目撃者の報告をもとに語ることができる。両者の言によれば、旅人はインド洋で船と積荷に《しか》関心をもたぬ人道的な海賊に悩まされねばならぬ。マルコ・ポーロはインドの西海岸に出没する海賊に対して同情的である。彼らを犯罪者よりはむしろ儲け仕事に一役買った男たちと見ている。海賊たちは家族を船に乗せ、護送船団方式で航行する。つまり、五マイルほどの間隔をとって次々と船は進む。こうして二〇艘の船が一〇〇マイルにも及ぶ一連の鎖となり、これによって大洋もほとんど支配下に置かれる。一人の海賊が獲物を見つけ出すやいなや、のろしで船から船へと知らせ、できる限りの大軍で犠牲者に襲いかかる。《彼らは商人や船乗りには手を出さない。〈さあ、行って、新しい品を調達するがいいぜ。運が良けりゃ、後でおれたちがまた儲けさせてもらうからな〉と海賊たちは叫ぶ》。マルコ・ポーロはたぶん真珠や宝石の商売をしていたのだろうが、商人たちが危険に際してこれらの品や現金を、服の縁の折り返しのような目立たぬ所に隠したり、靴底の間に縫い込むことを知っていた。衣服も奪われることが予想される時は、――バットゥータはある時ズボンを除いて真珠、宝石、衣服、食料といっさい合財失った――装身具の類は身体の穴の中に隠したり、襲撃の寸前に呑み込もうとした。敵もさる者、北西インドのグスラート基地から出没して狼藉を働く海賊は、そのような策略に手立てを講じた。連中をマルコ・ポーロは《いちばん陰険で》《たちが悪い》と呼んだ。ことによると、自分の悲しい体験から出た言葉かも知れない。連中の手に落ちた商人たちは、海水に下剤を混ぜた忌まわしい飲み物をむりやり飲まされる。《彼らはすぐ吐いて、胃の中はすっかり空っぽになる。海賊どもはへどをかき集め、真珠や宝石がないかとくまなく捜す》。——《異教徒の》海賊たちが、ポーロやバットゥータの語るところによれば、犠牲者に対してとった態度とは異なり、ポルトガル人キリスト教徒はインド洋上の貿易、略奪、テロの航海で、もはやそのような人道的振舞いはしなかった。《一五〇二年一〇月一日、われわれは船と乗組員を残らず燃やし灰燼に帰した。……一〇月末われわれはその船を奪って火にかけ、国王の家来を大勢焼き殺した》。一六世紀初頭ポルトガル船に乗って東アフリカ海岸、インド海岸を旅した、無名の男の手記は繰り返し以上のような断言でしめくくられている。

マルコ・ポーロのインドでの海難事故を、世人はほとんど牧歌的な姿で描いた。かなり強い風が吹き出すや、船客は真珠や宝石のような貴重品、さらに衣服と食料を、万一の場合をおもんぱかって持参した革袋の中に詰め込む。その後で革袋を全部結び合わせると一種の筏になるのである。船が沈むと、人びとはその革袋にしっかりすがりつく。《たとえ沖合はるか、二〇〇マイルの所にいようと、遅かれ早かれ、潮の流れしだいで彼らは数日後には陸地に流れ着く。海上で飲み食いしたくなるたびに、革袋から食物と飲物を取り出し、その後で革袋を脹らませておく》。こうして彼らは積荷は失ったにもせよ、わが身は救うのである。この話には幾つかの点で眉唾なところもあろう。インド洋が北海より暖かい点を考慮したとしても、何日も海上を漂流できる体質は多くの難船者たちにはないだろう。革袋も長い間には水を吸収し、浮力が減じる。にもかかわらず、脹らませる革袋の方がおそらくヨーロッパの船よりずっと海難者を生き延びさせるだろう。ヨーロッパ船の救命ボートは航海に適する限り、ごく僅かな乗客しか収容できないのだから。

バットゥータは自分の体験から——おそらく蜃気楼によってひき起こされた——錯覚について述べている。南シナ海で船乗りたちは突然、地理通の意見によれば当地にはない筈の山に脅かされたように見えた。この岩と、人を呑みこむ怪獣について、見込まれたら最後たちまち船も船乗りも破滅させられると、みな信じこんでいた。人びとの反応は、一五〇年後コロンブスが報告することになるキリスト教徒の船乗りとまったく同じだった。《みな恭順の祈りと贖罪に逃げ場を求め、幾度も罪の告白を繰り返すのであった。われわれはへり下って神に祈り、預言者にかけてとりなしを乞うた。商人たちはおびただしい喜捨を約束したので、私はその品々をこの手で台帳に控えておいた。……船乗りたちが涙を流し、互いにこの世の別れの挨拶をかわすのを私は見た》。バットゥータは次の言葉で群集心理に関するエピソードをしめくくっている。《しかし、その後神はわれわれに順風を授け給い、その風のおかげで岩と、人を呑みこむ怪獣の方角からそれることができた。二度と再びそれを見なかったし、その本当の姿に接することもなかった》。

別の時、バットゥータはインド洋で激しい時化《しけ》にあった。彼は道連れの男が頭からすっぽり外套をかぶり、寝たふりをするさまを観察した。危険が去った後で彼はこの巡礼に、どうしてそのようにしたのか尋ねた。《嵐が来た時、私は目をぱっちりあけていました。人間の魂を受け取る天使たちが来たかどうか、見たかったのです。私は天使が見えなかったので申しました。〈神に栄光あれ。私たちの誰かが間違いなく溺れ死なねばならないとしたら、天使たちは魂を受け取りに来たでしょうに〉と》。くだんの巡礼は注意深く見ていたにもかかわらず、天使を見ないうちに《神がわれわれを救い給うた》。また黒海での時化の時、バットゥータと同じ船室の客が甲板から素気ない知らせをもって戻って来た。曰く《私はあなたを神に委ねます》。

⚜イブン・バットゥータ

メッカ巡礼

中世ではバットゥータほど長旅をした者はごく僅かしかいない。彼はタンジール＝ジャバ間、スペイン＝ニジェール間、南ロシア＝ソマリランド間を計画的に旅した。その間繰り返しメッカへ巡礼している。彼は学者として訪れた国々の実力者の好意によって利益をえ、次から次へとサルタン、聖者、学者に紹介された。バットゥータの思い出を記録したイブン・ユーザイは序文の中で、彼についてこういっている。《彼は慎重に地球をとらえ、覚めた目で諸都市を旅した。彼は諸民族の違いを探り、アラブ人と非アラブ人の生き方を調べた》。

一三二五年六月一三日バットゥータはイスラム教徒に定められたメッカ巡礼をするため、タンジールを出発した。二一歳だった。途中彼は隠者や権力者を訪れ、名所見物をし、どんな機会もほとんど見逃さず寄り道した。紅海の旅が戦争のごたごたで駄目になり、再びナイル河を下る羽目になっても彼はさして意に介しなかった。その後彼はカイロから遠回りしてダマスカス経由でメッカへ旅した。ダミエタ、隊商の旅、聖墓教会、メッカ巡礼についての彼の観察をここで紹介するとしよう。

西欧側の文献は往々にしてイスラム支配者の、キリスト教徒の商人や巡礼に対する不信を嘆いている。が、正真正銘のイスラム教徒でさえ厳しい検査を予期しなければならなかった。バットゥータはナイル河支流の東にあるダミエタについて書いている。ここは一二四九年から五〇年にかけて聖王ルイが征服した地で、バットゥータの時代重要な海軍基地となっていた。《この町に入った者は、その後総督の許可なくしては誰一人立ち去れなかった。名声高い人びとは押印された証明書を携帯し、それを門番に見せた。他の人びとは下膊部に判を押してもらい、それを呈示しなければならなかった》。

アジア＝アフリカ間の地峡は数千年来慎重に守られたエジプトへの門となっている。カイロからガザに至る街道には隊商宿が――バットゥータはフンドゥク（ヴェネチアの〈ドイツ商館《フォンダコ》〉の名称はこれに由来している）とかハーンと呼んでいる――次々と建っている。入口がたった一つしかなく、往々塀に囲まれた四角形の中庭の周りに、簡素な建物が集まっている。一階は動物と荷物専用で、階上に旅人が泊った。バットゥータの報告によれば、そのほか井戸と、自分と動物用に必要な物を買える店が一軒あった。その上この隊商宿の一つカトヤーの宿場は通関手続きや人物検査にも役立った。ここでは役人、書記、公証人が商品価値を基に課した喜捨税の取り立てに大わらわで、この税は国家に莫大な収入をもたらした。バットゥータによれば、エジプトからシリアまで、その逆のコースも誰一人として通用手形なしに、この検査地を通過できなかった。この検査によって旅人の財産を守り、敵方のスパイを防ごうとするものである。夜になると、隊商宿のあたり一帯の砂がかきならされる。国境警備隊の指揮官が翌朝砂の中に足跡を見つけでもしたら、彼はアラビア人にこの足跡を残した人物を探すよう命じる。犯人はいやおうなしに召し捕られ、指揮官の《思いのままに》罰せられる。エジプト＝イスラエル国境の安全地帯では今日なお同じように、日に何度か念入りにかきならされる。ベドウィン人たちはこの地帯で足跡をもとにして、不法に越境しようとするいかなる試みも読み取ることができるのである。

パレスチナ国中の旅路で、バットゥータはたとえばヘブロンにあるアブラハムの墓のようなユダヤ教徒、キリスト教徒、イスラム教徒共通の聖地も詣でる。キリスト教徒だけに崇敬されている聖墓教会について、キリスト教徒がイエスの墓をもっているとの彼らのいいぶんは嘘だと、バットゥータはいっている。彼はさらに物わかりよく言葉をついでいる。《聖墓教会に巡礼としてやって来るものは一人残らず、イスラム教徒によって定められた統制と、いやいや耐えている屈辱に服しているのだ》。

ダマスカスでバットゥータはメッカへ行く隊商と道連れになる。彼は一緒に旅した有名人を自慢気に数え上げている。チョーサーの〈カンタベリー物語〉序詞から明らかなように、巡礼行ではあらゆる層の人びとと知合いになることができた。巡礼たちはダマスカス南方約一五キロの地に集まったが、彼らは今から厳しい規律と《巡礼団長》の命令下におかれた。この《アミール・アル・ハイ》の職は実に有力だった。隊商は数年間その団長の名によって呼ばれるわけだが、この団長はメッカ往復の旅路で巡礼たちが襲撃から守られるよう保証せねばならなかった。バットゥータも書いているように、慣れた団長は厳しい軍隊風の規律を重んじ、ベドウィン人に前もって隊商を襲ったり、略奪したりする気を露ほども起こさせないようにした。

ボルサ(ダマスカスの南方ほぼ一一〇キロ)で隊商は四日の休みを取った。巡礼たちに旅の必需品を買い置きさせるためである。ダマスカスでまだ仕事のはかどらなかった者は、後から来ることもあった。コーランはメッカ巡礼者に、道中の商売をはっきりと許している。それから先の旅は大まわりして――まず南方へ次に南東の方へ――水場に従っている。人のよく訪れる二、三の地で、バットゥータはマホメット伝と十字軍時代までの歴史から、幾つかの挿話を語っている。彼は時に諺のような言回しをちりばめる。マーン市南方の砂漠ではたとえば《砂漠に足を踏み入れる者は身の破滅、そこを脱出する者は生まれた人》のごとくである。水の蓄えを干上らせる熱風《サムーン》については、いつかある所で一人残らず、また別の所でほとんど巡礼が悲惨にものどの渇きで死んだ、といっている。

この間隊商は繰り返し何日か休息をとる。革袋にまた水をつめ、ラクダはたらふく水を飲み、次の長丁場で人と動物の渇きに備えた。隊商はたとえば、（テブクとメディナのほぼ中間にある）アル・エラーで四晩滞在した。シリアのキリスト教徒商人たちはここまでは良かったが、これから先の旅は禁じられた。巡礼たちは彼らから食料や他の必需品を手に入れることができた。アル・エラーで衣服を洗い、巡礼行の最後の丁場に不必要な物はすべて当地に残した。《当村の住民は信頼できる》とバットゥータは強調している。同じような《保管場所》について、メッカ＝バグダッド間の中ほどでも触れている。諸文献も報告しているように、キリスト教徒の巡礼路でもそのような援助はしばしば期待できる。

巡礼行の第一の山場であるメディナで四泊後、隊商はさらにメッカに向かって進む。今やバットゥータは着衣を着替えることによって外目にもそれとわかる、文字通りの巡礼を始める。つまり、仕立てた服を脱ぎ、沐浴して、縫い目のない聖衣をまとい、言葉と身振りによって定められた祈りを唱え、大巡礼行の義務を負うこととなる。彼は恍惚として繰り返し《おお、神よ、われ汝に仕えん《ラッバイカ・アラフムマ》》を叫ぶ。さらに数日の難儀な旅の末、隊商はついに目的地に到着する。バットゥータはメッカの歴史的な場所について述べている。モスク、マナーラ高塔、墓場、周りの山々、祭りと祝祭期の経過、住民とその良き特性。彼はマホメットに、他の教敵の伝記中のエピソードに、ある巡礼者の逸話に思いをはせる。とりわけ当地の聖所、特にカーバ神殿の叙述に精を出し、巡礼者の典礼と行動に取り組んでいるが、これ以上立ち入らぬとしよう。

バットゥータはそれから帰国の旅につかず、――そうしたらできるだけ二度と同じ道は旅しないと宣言した彼の主義に反しよう――別の隊商の道連れとなる。この団長は彼にバクダッドまで（直線距離にして約一五〇〇キロ！）駕篭代を払ってくれた。バットゥータの観察によれば、この隊商には金持ちのイスラム教徒が同行し、あらゆる食料と果実、贅沢品をたくさん携えた。その上、炬火がラクダや駕篭の先に立って照らしたので、夜の冷気の中を旅することができた。最後につけ加えるが、わざわざ貧しい巡礼のために、水袋、食料、薬などをラクダに積んでいたが、それはダマスカス＝メッカ間の隊商にはなかったことだ。止まるごとに銅の大鍋で、温い食事が貧しい巡礼のために調理された。途中ベドウィン人たちは巡礼が食べ物をくれるのを首を長くして待っていた。隊商がとうとうユウフラテス河近くまで来ると、人びとが小麦粉、パン、乾燥したナツメヤシの実と果実を持って出迎えた。《そして巡礼たちはたがいに旅の無事を祝したのであった》。

⚜インド

バットゥータのその後のあまたの旅の中から、インドでの滞在を取り上げることにする。バットゥータはサルタン、マホメットの信頼をえ、その人について次のように描写している。《この王は贈り物をするのと――血を流すことが世界中で一番好きな人である。彼の扉のあたりにはいつもたんまり贈り物をもらった乞食か、今殺されたばかりの人がいた》。バットゥータは要領のいい男だとわかる。彼は乞食や放浪者に対するマホメットの援助を模範的と称しながらも、自分がサルタンの宮廷で受ける聖職祿のために高い代償を払うことも心得ている。彼はマホメットが傍若無人に個人やグループ全員を悩ませ、殺させることを知っている。獄中に投ぜられたさる男が病み、もう手立てがない。《ネズミの群れが彼の指と目玉をかじり、そして彼は死んだ》。中傷された者たちは大逆罪の廉で皮剝ぎ刑に処され、つまり、彼らの生体から皮を剝ぎ、それに藁をつめて公衆の面前に吊るすのである。このような忌わしい行状に直面して――寡婦の焚刑の時のように――確かに失神はしなかったものの、顧みて《神よ、彼を憐み給え》とか、《神よ、われらをかくのごとき死に合わせませぬように》と、いかにも彼らしい溜息をもらしたのであった。他の高官のようにバットゥータもサルタンの命令を、後日知らぬ事存ぜぬ事といわぬよう、署名によって確認しなければならなかった。彼はマホメットの不興を買ったのを察知する。彼は新たな旅を続けたいと願うが、しかし、――他の多くの旅人同様――別れを許してもらえぬつらい体験をする。彼の驚いたことには、サルタンはついに彼をシナへの使節団長に命じた。その使節団は確かに破滅するのだが、彼はふたたび自分の意志のまま行動できるようになった。

それから先の旅についてバットゥータの記事の中から、性愛生活に対する彼の態度を取り上げ、それに該当するマルコ・ポーロの言葉を対置したい。二人の著者とその改訂者たちは外国婦人の官能的悦楽をいかにも面白おかしく読ませる才があるが、ポーロの方がバットゥータより洗練されている。みずからの体験については、キリスト教教育を受けたポーロは控え目な態度を取っている。しかし、彼もさまざまな性行動を提供し、少女と人妻の性的開放性を、花嫁の処女性にこだわる国々での少女の検査同様好んで描写している。多くの例をあげる代わりに、――たぶん彼が足を踏み入れなかったと思われる――チベットの少女たちについて書いていることをご覧に入れるとしよう。かの地では旅人に少女たちがまさに押しつけられるといった恰好で、旅人は少女たちと存分に交際できるが、もちろん連れ去ることは禁じられている。旅人たちは数夜を共にして楽しんだ娘たちに記念として、《装身具か、将来嫁入りの時愛の体験の証しとなるような思い出を残して行く。どの少女も何人の男が自分と楽しんだか見せるため、二十以上もそんな記念品を首につける習慣である。もっともたくさん首飾りをつけた女性が最上、かつ一番お呼びの多い女性である。彼女は他の誰よりも恵まれた、とチベット人はいう》。結婚後は当地でも妻は貞節を守り、誰も他人の妻には触れてはならず、姦通は大罪と見なされる。ポーロと改訂者はこのテーマに戻るのが好きだったが――ポーロは要約して読者にこの結婚の慣習を述べる甲斐があった、といっている。《そして一六歳から二〇歳の若者がこの地方を訪れるのはまったく間違いではないだろう》。マルコ・ポーロはこの年齢に大汗の宮廷へ行ったのである。

　バットゥータの方はこれはまたあけすけに自分の愛の生活を披露している。彼が旅先で何人の妻と結婚したかまとめようとしても、それはかなり難しいだろう。まして妾や、途中安く買い、それから先の旅の間に妻子同様見捨てた《可愛らしい奴隷女》に至ってはなおさらである。彼は冷淡にもこの女、あの女がその後どうしたかは知らないと書いている。バットゥータの回想するところによれば、インドのマラヴァ族の女は《実に美しく、マハラータやモルジブの女性とまったく同じように、愛のサービスと人に与える大きな悦楽のゆえに有名である》。バットゥータは繰り返し媚薬について述べている。インドのサルタンのためにある行者が作った丸薬を彼は眉唾物と思った。《お楽しみのため精力を増強しようと》サルタンはそれを飲んだ。鉄のやすり屑もその成分に入っていた。サルタンはその効果が御意に召し、必要以上に服用してそれがもとで死んだ。バットゥータは自然の薬を信じ、その体力増強と《すばらしい》能力増進の性質ゆえに、ココヤシを称讃している。彼はモルジブの住民が主としてココヤシとある種の魚を食って生命をつないでいることを観察した。そのためかの住民たちは《同衾に際して不思議ななみなみならぬ力を保持する。この点島民たちの能力は驚くべきである。この国で私は妾は除き、四人の正妻をもった。毎晩全員と交わった上、順番に女のもとで夜っぴて過した。このようにして私は一年半暮らした》。この発言の真意は、それが《モルジブの樹木》と題する節にあり、そのすぐ後で――彼の性交能力うんぬんはココヤシの余談だったのだ――オレンジ、レモン、モルジブでよく出来るおいしい根菜類について語っていることから明らかである。

リュブリキ、マルコ・ポーロ、バットゥータのおかげで、アジアについての西欧の知識は、きわめて豊かになった。リュブリキは大汗の宮廷への旅を準備するのに、古代の著作家の研究もした。彼は途中──自分の目で確かめ、その国の消息通の同時代人にしつこく尋ねて──セヴィラのイジドールの申し立てを調べている。たくさんある彼の研究成果のうちから、例として三つ選ぶこととする。フランス国王への報告の中で彼は、古代の《ゼーレス》が中世の《カタイ》(シナの意)と同じであり、またカスピ海は内海で、──イジドールや他の人びとがいうのと異なり、──通念によれば居住地全域の周りに波の打ち寄せる大洋の一部ではないと断定している。リュブリキはまたイジドールが書いている怪物に問いを投げかけている。立場上、彼はなお数世紀にわたりヨーロッパの探検旅行(とその挿絵画家たち)に重くのしかかる、伝統の重みについて語る。見たり聞いたりした証人たちの言葉は往々にして《権威者》より重みが少ない。《そんな物は見たことがないといわれた。そしてわれわれはそれが本当かどうか不審に思った》。マルコ・ポーロはアジアに向け出発するまで、学問的教養はわずかしか身につけなかったが、ギリシア・西欧の教養の貴重な要素、つまり、正確な観察の才と、きわめて広義の国と人に対する限りなき関心は旅にもって出た。バットゥータとマルコ・ポーロは──後者は前者よりもっとひんぱんに、詳しく──アジアの富に言及している。マルコ・ポーロの筆にかかると、宝石と真珠、黄金と象牙、高貴な香辛料と高級材もしばしば、《不思議の国》インドではまるでたやすく手に入るかのように思われる。マルコ・ポーロは未知の物に対する明けっぴろげの率直さと、時にアジアの優越性を一括して認める点にかけては人後に落ちない。しかし、がらりと調子が変わることもある。イスラム教徒に拷問された司教についての伝統的な報告に関連して、彼はいっている。《サラセンの犬がキリスト教徒を支配するようになれば、いかなる尊厳をも冒瀆することになろう》。

リュブリキ、マルコ・ポーロ、バットゥータの旅行記では、危険に関する記述がかなり多い。三人とも旅行した国々で病気、水難、海賊、無鉄砲な支配者に脅かされた。にもかかわらず、このような記述は人間の重要な活力を目覚ませるのに役立った。それは自己の支配権を拡大することによって《異教徒》を支配しようとする努力であり、たとえばイスラムの中間商人を香辛料貿易から追い払うことによって、財産をえようとする努力、最後に楽しみを手に入れようとする努力である。マルコ・ポーロとバットゥータが極東の女性の性愛術について語っている報告は、性教育が駆逐されればされるほどますます激しく、キリスト教教育を受けた男の欲望を目覚ませるのに適していた。

コロンブスが西方ルートでインドへ行くことになる旅の準備に、マルコ・ポーロの著作も参考にしたことは、まったく首尾一貫している。マルコ・ポーロの二〇〇年後、バットゥータの一〇〇年後、ヨーロッパから出発し地球の《発見》に着手した男たちは、旅で権力と財産と享楽を手にしようと期待した。

コロンブスの発見の旅

《同年（一四九二年）八月三日、金曜日、日の出の半時間前、さまざまな食料をたっぷり積み込み多数の船員を乗せ、上記の港（パロス）を出帆した。私はかの大洋にある両陛下統治下の、カナリア諸島へ針路をとった。そこから本来の航路をとってインドに達するまで帆走し、かの君主らに両陛下のメッセージを伝え、私に命じられたことを果たす積りである。それゆえ、私は全航海中、読者諸氏が以下にご覧になるように、私の仕事、見聞、それに起きた事件を毎日もれなく、念には念を入れて書き記そうと決心した次第である》。

フェルディナントとイザベラのカトリック両国王に捧げた航海日誌の序文で、クリストファー・コロンブスは第一次アメリカ航海中、彼のたてた活動と調査のプログラムを示している。日中の出来事は夜のうちに記録し、前夜どれほど進んだか毎日記録しようとし、洋上のすべての陸地と正確な位置を書き入れた新しい海図を作ろうともくろんだのである。彼はもう一冊の本には略図により、緯度経度を記して万事忠実に描く積りだ、とつけ加えている。《初志を貫くには眠りを忘れ、絶えず航海に専念することが重要だが、それには大変な苦労を要しよう》。

コロンブスの航海日誌は歴史上もっとも成功をおさめた発見の旅の一つを扱っているが、ラス・カサスによる改訂版でしか伝えられていない。早くから公然と《インド》におけるスペイン人の振舞いをとことん批判していた、このドミニコ僧はコロンブスと個人的な知り合いだった。おそらくコロンブスが旅の直後編集したと思われる——日記の大半をラス・カサスが一字一句書き写したもので、のっけに引用した序文もその中に収められている。残りの部分は書き改めたり、文章を練り上げている。その際ラス・カサスはコロンブスのことを三人称（《提督》とか《彼》）で述べている。

本航海日誌の大いなる魅力はすぐ後で書かれた点にある。コロンブスは往々出来事から数時間しかたぬうちに書き、（リュブリキのように）旅が終ってからとか、（マルコ・ポーロやバットゥータのように）旅体験の数十年後に書いたのではない。

コロンブスはこの計画の準備には念を入れ、外洋航海に定評ある船に乗って旅した。（乗員四〇名約一〇〇トンの）ナオ船〈サンタ・マリア号〉が旗艦となった。伴走する二隻の（乗員二四ないし二六名各六〇トンの）カラベラ船〈ニーニャ号〉と〈ピンタ号〉は、やや重い〈サンタ・マリア号〉より速いだけでなく、中央アメリカの島々を航海するのにも適していた。彼はヴァスコ・ダ・ガマと違い船員として、航海用に恩赦になった罪人を募ることはせず、志願者を募ったのだった。彼は葡萄酒、ビスケット、水をたっぷり積み込み、物々交換用の品物も買い込み、《先住民》への贈り物にしようとガラス玉、小さな鈴、布地やがらくたも買い込んであった。発見した国々の住民に見せるべく高価な香辛料の見本をたずさえ、さらにヨーロッパへの帰航に当り進んで新世界に留まる、何人かの乗員のために残す種子も持参した。最後に彼は長年にわたり、たとえばプリニウスやマルコ・ポーロら古代と現代の大家を研究し、ヨーロッパやアフリカの遥か西にある島々を記入した最新の地球儀や地図を参考にし、新旧の地球球体説を習得し、体験者の話を聞き、科学者らと手紙のやり取りをしていた。そのあげく西航路経由でインドにたどり着ける、との結論に達したのであった。この航路なら、カナリア諸島で彼を待ち伏せし、帰航に際しててこずらせることになる、ポルトガル人の手に落ちないだろう。《私は二三年間さして途切れることもなく航海を続け、東方も西方もすべて見た》と、（一四九二年一二月二一日付の）日誌でも回顧しているように、コロンブスはついに実際的な知識と体験を身につけたのであった。彼はキオスとイングランドとギニアの名をあげている。

次に旅の経過と成果を述べるとしよう。

⚜旅の経過

この日誌は一四九二年八月三日（スペイン南西部のパロス港出帆）から、一四九三年三月一五日（同港へ帰港）まで続いている。アメリカ《発見》はこの期間中である。一四九二年一〇月一二日コロンブス一行はバハマ諸島（フロリダ州マイアミの南東約六〇〇キロ）のグアナハニ島に上陸する。第三次アメリカ航海のさい、一四九八年になってようやくコロンブスは、オリノコ河の河口からアメリカ大陸に足を踏み入れた。

八月半ば船団はカナリア諸島に到着し、ここで新鮮な飲み水、肉、薪を積み込む。〈ピンタ号〉の舵も修理しなければならなかった。船主の一人がわざと舵をこわしたのだと、邪推する人もいた。九月六日三隻の帆船は（カナリア諸島の南西）ゴメラ島を後にして航海を続けた。以後旅人たちは幾週間も海と空と、時に一羽の鳥しか見られなかった。

九月九日コロンブスは一種の《二重帳簿》を採用すると表明している。《この日一九マイル航行したが、実際進んだ距離より短く数えようと彼は決心した。旅が長びいて、部下が愕然《がくぜん》としたり意気阻喪しないようにである》。コロンブスの理論的な検討には弱点があった。西はポルトガルから東は《インド》までの陸地の広がりを、古代の地理学者プトレマイオスに従い二三〇度と見積り、《インド》とヨーロッパ間の大洋の緯度は一三〇度としか見積らなかった。この比率はまったく逆である（リスボン＝北京間はほとんど一三〇度）ことを、われわれは知っている。たてた最良の仮定より航海が長びく可能性を考慮するのは必要で、賢明な策だった。

海中に漂う草の束、ザリガニ、鳥といった陸地に接近したことを暗示するような物は何でも、乗員たちは注意深く観察した。ザリガニを見れば、陸地から一定の距離しか離れていないと思ったし、鳥は大方の説によれば海上で眠れないからだった。乗員の不安が九月二二日の記事に映し出されている。コロンブスはまた向かい風が吹いたことを喜んでいる。《部下たちは実にうきうきとした。というのは彼らは今まで、このあたりの海では一行をスペインへ送り帰す逆風が吹かない、と思い込んでいたからである》。九月二五日彼らは陸が見えたと思った。コロンブスはひざまずいて神に感謝し、みなして〈いと高き栄光神にあれ〉を唱えた。しかし翌日それは思い違いだったと判明する。まる一四日後の一〇月一〇日、コロンブスははじめて乗員が長旅の不満を述べたことを記している。反乱の件は帰国の旅でようやく日記にぶちまけている。コロンブスは酸いも甘いも嚙み分けた人で、責任感の強い探検隊長としての腕を発揮している。彼は部下に励ましの言葉をかけ、物質的利益をちらちらさせながらも決然たる態度を見せている。文句をいっても無駄だ。《なぜなら彼はいったんインドへの道をとったからには、われらの主のご加護をえてその国を見つけるまで旅を続けねばならぬ》。翌日漂流物によって陸地に近いことがわかったので、みな今か今かと固唾をのんだ。それは《見たところ鉄細工をあしらった》棒、野いばらの実のついた枝である。《これらの徴《しるし》を見て、一同ほっとし喜色満面の体《てい》だった。最初に陸地を発見した者には、両国王が約束した年金のほか、コロンブスは絹の胴着を懸賞として出した。夜の二時陸が見えた。

コロンブスは他の二隻の船長を伴い、武器を積んだボートに乗って上陸する。海岸には《すっ裸の人びと》がいたけれども、この地の所有者がいないと認めた時、船乗りたちはまさに空前絶後の発見者としてふるまったのである。彼らは命名し、旗をかかげ、公証人による書類を作成して、この地を正式にわが物とした。住民たちがグアナハニと呼んだ島を、彼らはサン・サルヴァドルと命名した。《提督は王旗を広げ、二人の船長は緑十字旗を広げた。提督はF（フェルディナント）とY（イザベラ）の文字のついたこの旗を、標識として全船にかかげた。二つの文字はそれぞれ王冠を頂き、片や十字架の水平な横帯の左に、片や右についていた》。コロンブスは両船長、船隊書記、その他上陸した人びとを呼び寄せ、以下の事柄を誠実に証明するよう要求した。《つまり、自分が衆人環視のもとわれらが君主、国王と王妃のため本島を領土としたことを。そして事実彼はそのようにし、必要な宣言をした》。この経過は書類に書き留められ、両王と神のため領土とした永遠の証しとして、十字架が繰り返し立てられる。

⚜インディオとの接触

コロンブスは最初の土地領有後ただちに住民と出会ったので、この人びとについて基本的な意見を述べることができた。ラス・カサスはその件りを航海日誌から逐一引用しているが、コロンブスはこれをその日のうちに書いたのではなく、後から手を入れたのであろう。この記録にはかなり長い先住民との交流体験が入っているものと思われる。《彼らはわれわれに大いなる親愛の情を示し、彼らこそ力よりむしろ愛をもってすれば、聖なる信仰へと解放され改宗する人だと見て取ったので、何人かの人にカラフルな帽子とガラス玉とがらくたを与えた。連中はガラス玉を首の周りにさげた。この品々に彼らは大変喜び、奇蹟的ともいえるほどひどくわれわれになついた》。人びとはオウム、木綿の糸玉、投げ槍その他多数持参で、小船まで泳いでやって来て、ガラス玉や小さな鈴と交換するのだった。コロンブスの筆は続く。《しかし見た所、この人びとはどの点から見てもごく貧しいようだ。みな母の胎内から生まれ落ちた時同様、裸で歩きまわっているが、女性もそうだった》。さらに彼はこの人びとを《実に体格がよく、姿形がとても美しく、顔立ちも非常に好感がもてる》と描写している。豊かな髪の毛の色合い、身体の彩色、鉄砲や鉄製武器を所持しないこと、彫り傷についても述べている。《彼らを楽にキリスト教に改宗できると私は思う、どの宗派にも属していないようだから。主のみ心にかなうなら当地から出港のさい、スペイン語を習得させるべく六人の者を陛下のもとに連れて行こう。この島ではオウム以外いかなる種類の動物も、ただの一匹も見なかった》。《インディオ》——何しろ一行はインドに着いたと信じ込んでいた。《インディアン》なる名称は今日に至るまでこの誤りを想起させる——に関する史上初の発言は基本的な性格をおびているゆえ、もっと厳密に考察するとしよう。

コロンブスはわが身を、いかにして、かつどこで人びとを真のキリスト教信仰に導くことができるかを探る、伝道の草分けとも見ていた。インディオがどの宗派にも属していないようだ、と彼は満足げに確認している。この点でもマルコ・ポーロの影響を受けたのであろう。大汗の宮廷でネストリウス派のキリスト教徒が——リュブリキ同様——マルコ・ポーロの目にもとまった。伝道師は異教徒に福音を説

コロンブスの新世界到着　発見者たちはさし当り海辺の小さな土地三つをわが物としたにすぎないが，この絵で彼らとどっしりした船が脚光を浴びている．前景で立派な衣裳を着けいかにも所有者然と立つのがコロンブス．その後ろの二人の兵隊はマスケット銃をかつぎ，短剣に手をやっている．コロンブスは誇らしげに，すっ裸で武器をもたぬインディオを呼び寄せる．連中の手の中にはのどから手が出るほど欲しい装身具．中景では十字架が立てられている．コロンブスはカトリック両王と教会の名において《インド》を領土としたのである．背景はインディオたちが小艇から下りたスペイン人から逃げ出しているところ．ヨーロッパ人と《先住民》の最初の接触を決定づけたのは好意的態度と不信感だった．

く方が、キリスト教諸派の信者に彼らの至福に通じる道は偽りであり、伝道師の教える道が唯一の正しい道だと説得するより、ずっと簡単だった。

日誌の冒頭に書かれた伝道の件に、やがて別の動機が加わる。カトリック両国王の名において国土と国民に支配権を打ち立てることと、黄金の問題である。一〇月一三日以降黄金についての質問と探索が、赤い糸のように一貫して航海日誌を流れるようになる。《nucay》(金塊の意)は彼がインディオ語で記した言葉の一つである。隣の島やさほど離れていない所で黄金がまさに山のごとく見つかる、と彼は再三聞かされる。後にはインディオに代わり黄金を所有すべきだという、ひどい結論をほのめかしている。《連中は黄金やほかの金目のものは何ももっておらず、そんな連中はそっとしておけばよい、と彼は見た》。富の探索については住民に関する最初の記事の中で間接的ながら出会う。グアナハニの人びとが《貧しい》と確認してがっかりしているのである。船に黄金を満載してスペインに帰国するのは絶望的であり、探検の費用も償却できないだろうと意識すればするほど、ますます彼は肥沃な土地、船の建造に適した木材など、黄金に代わる富を島々で見つけ出す気になった。

インディオの操縦法は楽だとの印象は、二、三か月たつうちに強まってゆく。インディオはいとも無邪気で、善良で、平和を愛するので意のままにしやすい、とコロンブスは倦むことなく強調する。彼らは武器をもたず、その使い方をいささかも知らない――大きな誘惑を彼は無意識に一〇月一四日の項に書きつけている。《五〇人の部下で彼らを一人残らず支配下に置き、したい放題のことをやらせることができる》。次の数週間どんなに彼がそのような考えにとりつかれたか、一二月一六日の記事を読めばわかる。ここで彼はあからさまに、まるで予定通りのように意見を述べているが、それは後の征服者の態度を思わせる（以後の旅ではコロンブスの態度そのものも同様なのだが、それについては本書ではもう述べない)。《そうだ、それどころか彼らはかなり臆病である。一〇〇〇人寄ってもわれらの三人の部下に太刀討ちできないだろう。だから彼らは命令を与え、働かせ、畑を耕させ、その他必要なことは何でもやらせるのにうってつけの人間なのだ。集落を作らせ、衣服を着て歩くことを覚え、われわれの習慣を受け継げばいいのだ》。

彼ははじめから支配権の行使と確立(他国の植民者に対して!)を考えていた。インディオが人なつこく、平和的だった事実を知るのは、日誌の読み手にとって重要である。折りにふれインディオの態度とスペイン人の態度を比べているが、後者は程を知らぬ欲張りで、前者は気前がよいとしている。彼ははじめから長い目で見た政策をとっており、力ずくでインディオから物を奪ったり、度のすぎた厚顔ぶりで彼らから甘い汁を吸ったりしないよう、部下に命じた。彼がもっともだと思う場合には先住民を尊重したし、自分たちの良い評判を立てるよう捕えたインディオを釈放してもやる。いずれカトリックの両国王陛下が派遣される伝道師や植民者らに、面倒がふりかからないようにするためである。しかし第一次アメリカ航海でコロンブスはすでに公然と、インディオは残留組のスペイン人を友人と見なすべし、と同時に彼らを畏怖すべし、との二股かけた政策を表明している。守るは攻めるなりとばかり、先住民を脅かすため鉄砲の実演をして見せたりした。

インディオたちは最初の出会いからコロンブスを文字通り歓迎した。後にはヨーロッパ人が近づくと、インディオらは逃げ出すという目にもよく合った。いろいろな点から見て、インディオはスペイン人が天から下ったと思い込んでいるふしがある。最初のひどい驚きが治まると、先住民たちはそれをはっきり知りたがる。《相手も自分ら同様肉と血でできているか見ようとして》彼らはやって来て、スペイン人の手足にキスし、なでまわすのである。

ヨーロッパ人の目には、温暖地帯では住民は老若男女を問わず裸で歩くことが、注目すべきことと映る。ときおりコロンブスは《確かに婦人連は木綿の切れはしを身につけてはいるが、その大きさはせいぜい恥部を隠すにすぎない》とささやかな条件をつけてはいるが。

早くも最初の出会いからコロンブスはインディオを二、三人捕え、彼らにはスペイン語を、スペイン人には土地の言葉を習わせようとした。この犠牲者たちに誘拐と《語学プログラム》を承知するか、と尋ねようとはしなかった。果たせるかな、新米の通訳はチャンスがあればすぐ逃げてしまう、と彼は幾度も嘆かざるをえない。誘拐された人びとが気軽に自分らの土地や同胞から別れられるようにと、男と女を雇い入れるよう命じたが、この政策は明らかに効を奏した。彼が旅した圏内ではインディオらが共通の方言でしゃべっているという印象を受ける（その点ギニアとは異なっている。ギニアでは方言がたくさんあるため互いに意志の疎通をはかることができなかった）。ヨーロッパ人も現地の語学校に通ったことは、一一月二七日の記事に出てくる。以後スペイン人はおどおどしている先住民に現地の言葉で、恐れることはないと断言することができた。

⚜調　査

《私はできるだけ多くのものを見、発見したい……そこで彼は海岸に沿って航行し、そこにある一切のものを発見しようと、針路をまた南東にとった》。一四九二年一〇月一九日と一一月二七日の記事にはコロンブスの自然科学的・民族学的関心が結晶して、プログラムとなっている。もろもろの自然現象を厳密に観察し、記述する作業も、きっと数週間に及ぶ船旅の単調さを和らげるものとなったろう。そしてコロンブスは海上で、鍛えられた判断力の持ち主にとどまらず、いやそれどころか科学的素養をつんだ眼力の持ち主であることを実証した。

カナリア諸島を出帆して一週間後、磁石の狂いが彼の注意をひいた。彼以前の船乗りたちもとうに気づいていたであろうが、コロンブスはその現象には一言あって然るべきと思い、西欧文献史上初の記録をしるした。広大な大西洋を航海しながら彼は星空、さらに潮流と風の方角、強さ、期間を観察し、鳥類や魚類、海中の塩分に注意をはらい、雲や気温、降雨や視界にも心を配った（彼の観察によれば、視界は日の出と日の入りの時が一番適していた）。彼は船団の位置と速度を規則的に定めたが、船が揺れるので天体観測器《アストロラーブ》と四分儀の測定がとても難しい、と時々こぼしている。彼は自分の測定結果を航海士のそれと比べている。それから航海中の味気ない観察を記録しなければならぬ時、コロンブスは詩情あふれる言葉さえ使っていることが、ラス・カサスの改訂版でも明らかである。故国に向けて出港してから四日目、一四九三年一月二〇日にはこう書かれている。《昨夜風は弱まったが、時々突風が起こった。彼は北東の方へ計二〇海里ほど進んだ。日が昇ってから南東の方へほぼ一一海里、その後北北東へ三六海里進んだが、それは九マイルに相当する。彼はマグロの小さいのをたくさん見た。風は（彼の言葉だが）四月か五月のセビリアのように柔らかで穏やかだ。海は（これも彼の言葉だが）相変わらず実に滑らかだ、有難いことだ。グンカンドリ、ヒメウミツバメその他たくさんの鳥が船をかすめて飛んでいった》。

中央アメリカの島々に足を踏み入れるにつれ、調査領域は広くなる。コロンブスは注意深く質問し、測定し、探り出し、調査し――そしてその結果を正確に書き留める。潮の干満と月の位置ないし島の位置の関係。昼と夜の長さ、海岸線、浅瀬、礁、砂洲。海底（岩だらけの海底では碇がなくなりやすかった）。港の入口や河口の水深……。ある海岸では大きな船も接岸できるか、ある湾では港と町の建設に適しているか、ある河では船がジグザグに帆走したり方向転換できるか、またある丘は砦の建設に向いているかと思いを回らせた。岸辺の草が水際まで密に茂っている場所では時化《しけ》を覚悟せねばならぬとか、何気ない現象から一般的な結論を導き出しもする。あちこちで硬材やら岩石やらを見れば、製材所や石切場（教会建設用の）を建てることを夢見る。コロンブスは植物について述べ、インディオの有用植物の味見をする。両国王陛下のご高覧に供するため未知の動物を捕え、剥製にしたり塩漬けにさせたりしている。果実、草、樹脂、珍しい石も持ち帰るよう命令を下す。こうして珍品の収集は増す一方で、ことによると博物館の基礎を築くこともできたろう。コロンブスの知識には限界があり、苦い体験もする。スペインでは多くの植物から染料や効能ある香料がとれるので、植物が高く評価されるのは疑いもない。《ところが、私はそのような植物を知らないのがまことに残念だ》。中でもアロエと乳香は彼も知っていた（二つとも薬になり、乳香からはさらにラッカー、粉末香、一種のチューインガムが作られた）。この二つに目をつけた事実から、コロンブスは初期の航海から注意深く市場を観察していたことがわかる。乳香はほかではキオス島でしか産しないのだが、《ここでは》五万ドゥカーテンに上る乳香の収穫が見込めよう。

　この地の魅力と富は、コロンブスの筆をもってしても描ききれない。彼は再三最高級の言回しを使う――にもかかわらずほんの二、三日もすれば、次なる島は前にさんざん褒めちぎった島よりさらに美しく、印象深い、他の人びとも同意見だ、と認めずにはいられないのである。《両国王陛下はこの土地が現世で最良のものであり、最も実り豊かで、最も温暖かつ平坦、そして最も美しいという私の言葉をお信じになれましょう》。アフリカのギニアと違い、空気は健康に適し、自分の部下で病気にかかった者は一人もいない、と。比べると、スペインさえ分が悪くなる。西インド諸島の風景はカスティリア地方一番の風景より素晴しく、晩秋の今でもなおカスティリア地方の四月か五月のように、植物、樹木、草の緑が島々に輝いている、といっている。航海中たえず黄金や香料やその他の富を探し求めたコロンブスは、たいてい冷静に理性的に振舞ったが、一度ならず我を忘れて感嘆の叫び声をあげ、仕事を止めじっと味わいつくそうとしたことも時にはあった。《彼の目にしたものはことごとく実に美しかったので、彼はこの素晴しい光景に見とれ、大小の鳥の歌声に耳を傾けて飽きなかった》。

　このエデンの園の住人と、彼らのお人好しの性質についてはすでに述べた。彼らの容姿もスペイン人にひけを取らない。この点コロンブスは偵察隊員の判断を引き合いに出して、男も女も《たぐいなく美しく》、二人の若い女などは明るい肌の色をしているので、スペイン女と見まがうほどであった。

　コロンブスはインディオの物質文化にも目を向けている。彼らは飾りのある家具つきの手入れの行き届いた小屋に住んでいる。彼らは〈hamacas《ハンモック》〉で眠るが、この《木綿の網》状のベッドは持参したがらくたと交換され、やがてヨーロッパ人の船の上だけでなく広く好まれるようになる。〈hamaca〉なる言葉は回り回って、《Hängematte《ハンモック》》としてドイツ語に入ってきた。第一次アメリカ航海でコロンブスはさらに〈canoa《カヌー》〉つまり一人乗りから一五〇人乗りまでの丸木船を知る。コロンブスはカヌーのみごとな木彫り細工を見て喜び、インディオの器用なボートさばきを褒めている。《彼らはパン屋のスコップのような物で漕ぐが、うまくいくものだ。一艘の小舟が転覆しようものなら、みなで泳ぎ出しその小舟をまた立て直し、持参のくり抜き南瓜で水をかき出すのである》。コロンブスはボート小屋の《みごとな大工仕事》に驚嘆している。浜辺の先住民たちがのろしで連絡を取り合っていることを確認し、それを高く評価している。

　ヨーロッパ人たちは違った形の煙出し器に心を打たれたようだ。男も女も村の中を歩くのに、手には

《燃える薪と葉っぱをもち、彼らは自分でいつもそれをいぶらせていた》。ラス・カサスはその著作《印度一般史》の中で、インディオが〈tabacos〉と呼んで手にもっていた《火つけ棒》について、後で補足している。《一定の同じく乾いた葉に詰めこまれた乾いた葉っぱ。片方に火をつけた後、息を吸い込みながら反対側からその煙を吸ったり、すすったり、吐き出したりするのである。彼らはこうして手足をしびれさせ、ほとんど陶酔境に入るのである》。ラス・カサスはスペイン人の《喫煙者》と知り合った。この悪徳を非難すると、彼らは《止めようと思っても駄目なんだ》と答えたものだ。《乾いた葉っぱなんかどんなご利益があるのか、どんな味がするのか》見当もつかない、とあきらめ顔でラス・カサスは断言している。

⚜寓話

コロンブスはまた古代、中世の著作家の本を読んで、《インド》旅行の準備をした。リュブリキと同じように、彼は特定の現象については土地の住民に尋ねている。多くのインディオが質問に対し、相手の期待する《イエス》と答えたことは、きっと第一次アメリカ航海中の意志の疎通の難しさと関係がある。部分的にはヘロドトスに遡るものの、マルコ・ポーロが流した血なまぐさい物語を、提督もまた述べている。《遠方の地に一つ目小僧や犬の鼻面をした人間がおり、彼らは食人種で、捕えた者は誰でも首をはね、血をすすり、性器を切り取るのである》。《額の真中の一つ目小僧》《カニバ》族——これからドイツ語の〈Kannibale〉《食人種》が生まれた——の男どもは、繰り返し話題に上ってくる。インディオたちが彫りの深いあばたを、《人食い人種》に少し肉を切り取られて喰われてしまったのだ（このモチーフは後にヴォル

想像上の生物　古代（ヘロドトス）以来想像上の生物に関する物語がヨーロッパ文学史をさまよっている．たとえば犬の頭をした人間（クリストフォルスもこれに入れてよい）とか頭なし人間である．

テールによって〈カンディード〉の中に取り上げられている）、と説明する時、コロンブスは批判する気にさえならなかった。《しかしながら提督はそれを信じなかった》とラス・カサスは要約している。

　コロンブスはやがて《Cathay》つまりマルコ・ポーロのいう北シナに達し、とりわけ《Cipango》つまりマルコ・ポーロが金《きん》と真珠が《うなるほど豊富だ》と描写した国に着くと予想した。キューバをこのシパング（マルコ・ポーロの言う《Cipango》はあるいは日本をさすのかも知れないが、それはキューバの東方一四〇度にあるのだ！）とする確信を、彼は繰り返し述べるが、その確信は次第に希望に変わった。

　第一次アメリカ航海でコロンブスは、男しか同行させなかった。彼も部下も婦人の美しさに目を向けたことはうなずける。ある時コロンブスは三匹の《海の怪物《サイレン》》が《はるかかなたで》水面からぽっかり顔を出したように思われたが、がっかりしてこう書いている。《しかし彼女らは世に伝えられるほど美しくはなかった。どちらかといえば男みたいな顔立ちをしていたから》（もしかするとそれは海牛かも知れない）。地図の製作者たちは近代に至るまでずっと作品を、ことに余白を、確かな情報もないのに《海の怪物《サイレン》》やその他お伽噺の人物で飾り立ててきた。アマゾンや女護ヶ島の話は、古代以来ヨーロッパ文学を流れるモチーフの一つである。コロンブスは帰路この〈女護ヶ島〉に針路を向け、その住人を五、六人連れ帰り、カトリックの両国王陛下のご高覧に供しようとした。

⚜帰国の航海

　破損した舵の件で疑いをかけたサボタージュや、大事に至らぬうちに鎮圧した反乱を除けば、往路の航海はまず順調に過ぎた。後には〈ピンタ号〉が六週間提督の命令に服さないという事件が起きたが、それは同船の指揮官が抜けがけで富を手にしようという野望を抱いたからだった。それから〈サンタ・マリア号〉が暗礁に乗り上げた。が、この船は喫水が深いので西インド諸島圏の調査航海にはあまり向いていないから、この損失はまあ諦めることができた。使える物は他の両船に積み込んだり、アメリカ居残りの希望者に役立つよう陸に運んだ。

　一四九三年一月一六日コロンブスは帰国の途についた。東から北東へ針路をとっている時は無事だった。ことによると彼はイングランド航海の体験から、一月の大西洋では西風があてにできると心得ていたのかも知れない。四週間というものはほとんど休みなく追風を受けて帆走した。それから心配事が起こりはじめた。両船の浸水がひどくなり、食料も心細くなってきたのである。もうパンと葡萄酒とサツマイモ（これは《インド》で積んだ、一月二五日の記事）しかなくなった。ちょうどいい時水夫たちがサメとマグロを一匹ずつ仕留めた。

二月一二日両船は荒波と暴風に襲われる。《彼の言によれば、カラベル船の調子が悪く、うまく修理していなかったら、沈没の心配をしなければならぬところだったろう》。

翌日荒波と暴風は強まり、《海はものすごくなった》。コロンブスは帆なしで進んだ。木曜日にかけての夜半、《恐ろしい》大波が甲板を水びたしにする。コロンブスは方向なんかお構いなしに、風を避けて航行する。最後まで信号灯で連絡を取り合っていたのに、僚船〈ピンタ号〉との接触もとだえる。《夜が明けると風は一段と強まり、海はますます荒れ狂った》。

船上では誰も奇蹟に頼るしか手はないと悟る。《彼はグアダルーペの聖母マリア教会へ詣で、五ポンドの重い蠟燭を捧げる巡礼を一人、くじ引きで決めるよう命じた。そしてくじに当った者は巡礼詣でに出立するよう、一同誓えというのである》。船上の人と同数のエンドウ豆が数えられ、よくかき混ぜられた。一つの実に印しをつけた。《まず提督が帽子の中に手をさし入れ、十字の印しのついたエンドウ豆をとり出した。こうしてくじは提督に当ったのだ。その時から彼は巡礼となって誓いを守る義務を負った者と自任した》。（中部イタリアの）ロレトの聖母マリアへ詣でる巡礼がもう一人、くじで決まった。《聖母が大いなる奇蹟をあまた行なわれ、今なお行ないつつ》ある教会へである。そのくじはさる水夫に当ったが、提督は彼に旅費は出してやると約束した。コロンブスの意向で、《モーゲルのサンタ・クララ修道院で一晩眠らずの祈りを捧げ、ミサをあげてもらう》巡礼がさらに一人送られることになった。くじはまたもや提督に当たった。その後コロンブスと部下は一人残らず、どこでも陸地に着き次第、《シャツだけの姿で、どこか聖母に捧げられた教会へ行進し、そこで祈る》ことを誓った。

全員を拘束する誓約のほか、めいめい個人的に誓いを立てた。《なぜなら誰も命が助かるとは期待できなかったからである。みな恐ろしい嵐を目のあたりにして、身の破滅だと思った》。

船に積んだ底荷が少なすぎたために、危機は一段とつのった。というのは食料や、水、葡萄酒を使い果たすにつれ、積荷は一段と軽くなったのである。コロンブスはかの《女護ヶ島》で足りない底荷を積み込む積りだった。今はできるだけ手早く空の樽に、海水を詰めるのみである。

期待と絶望の間を揺れ動きつつ、神はコロンブスを救われるのか破滅させるのか、いずれにせよその拠りどころとなる原因を、彼はあれこれ考える。《この偉大なる情報を両国王陛下にもたらしたい、彼のいったこと、発見せずばやまずといった出来事に正しく出会ったことを証明したいとの熱い願いのゆえに、それが叶わぬのではないかという限りない不安を、彼は抱いたようだった》。

神の摂理に対する信頼が薄らいだとして彼はわが身を責めるが、その後で期待していいのだと思うようになる。神はこれまで彼の願いをすべて聞き届けられ、準備に際してのごたごたを克服したり、反乱があったにもかかわらず往路の航海を無事まっとうするよう計らわれ、発見という類なき勝利を彼に授け給うたからだ、と。それからまた彼の二人の息子がコルドバという《異国》！　に残って、孤児となっているに違いないと考えたり、この航海で彼がどんなご奉公をしたか、両陛下のご聴聞に達しないのではないかと思うと、胸が痛むのだった。彼は万一海の藻屑と消えた場合に備え、後世にメッセージを残そうと決心する。これまでの記録を簡潔な報告体に書いた羊皮紙を蠟引き布にくるみ、入念に紐をかけてから、どなたでもこれを見つけた方は《両国王陛下にお届け下さるよう、切に》願うのである。彼は例の包みを大きな木樽に詰めて海中に投じさせたが、《その件については誰にもいわなかったので、みな何かおまじないか誓願かと思い込んだ》。翌金曜日嵐はやや鎮まり、陸地が見えてくる。土曜日にかけての夜半、二月一六日コロンブスは少々休息をとる。水曜日来彼は一睡もしていなかった。《彼はずっと寒気と水にさらされた上、ろくに食べていなかったのですっかり麻痺してしまっていた》。

一行はポルトガル領アゾレス諸島に上陸したことが明らかになる。嵐にもかかわらずうまく針路を取ったものだ、とコロンブスは思う。ただし、幾分かもっと東寄りにいると考えていたのだが。今は何はさておき誓いを果たそうとする。火曜日、半数の乗組員がシャツ一枚の恰好で礼拝堂で祈っている時、男たちは島の大守に捕われてしまう。数日間にわたる交渉と嚇しの末、金曜日に彼らはやっと釈放される。二月二四日、日曜日、コロンブスはスペインに向かい帆走することができた。彼の船はもう一度恐ろしい嵐に会い、《彼の身は大いなる危険にさらされたが、神が彼らを救い給うた》(三月三日)。またしてもコロンブスはシャツ一枚でフエルハにあるサンタ・マリア・デ・ラ・シンタ教会へ詣でる巡礼を一人くじで決めさせるが、またまた自分がくじに当たってしまった。それから乗組員全員が到着後最初の土曜日には水とパンだけで過ごし、他の食物は一切口にしないとの誓いを立てた。三月四日ついにリスボン近くの地を認める。その後疑いをかけられたり、すったもんだのあげく、旅に関してポルトガル国王より長時間の謁見を許された。その際王は《彼をずっと席に着かせ、あらゆる栄誉を示された》。三月一三日コロンブスはセビリアに向け出帆することができた。三月一五日金曜日、前年の八月三日彼が出帆した同じ港に帰港する、《彼の言葉によれば、それゆえ、これにてこの記録は終わる》。

ラス・カサスによれば、コロンブスは次のような言葉で彼の記録を結んでいる。《この度の出来事がいまだかつて与えられたことのないいと高き名誉を、キリスト教会にもたらしますよう、われらが主であり、救い主であるお方を頼りとする次第である》。

学習意欲と探究心、大胆さと正しい理論的考察に対する信頼、伝道熱と富への志向、それぞれを両立させたのがコロンブスである。彼は当代の技術的・経済的・社会的・政治的可能性を利用した。彼が新世界を発見した一四九二年を、中世が終わり近代の幕明けの年と見るのは正しい。五〇〇年前アメリカ入植を志したスカンジナヴィア人とは違い、コロンブスの発見——とそれ以後のヨーロッパ人によるアメリカの征服と開拓——は、《先住民》に対して重大な結果を招き、人口、経済、言語、文化に対して広範囲にわたる結果をもたらし、ヨーロッパ諸国に対してさまざまな反応をひき起こした。南北両アメリカにヨーロッパ人でなく、シナ人や日本人が移住したとしたらどんな歴史が展開したか、と思いをめぐらすのは無駄というものである。

教養の旅

⚜シャルトルへの《図書館の旅》

《旅立ちに当たってわが修道院長は荷馬一頭しか私にくれなかった。金もなく着替えもなく他の必需品もなく、私はオルベへ向かった》。ベネディクト派修道士ランスのリシェーはその西フランク史の中で、九九一年三月ランスからシャルトルまでの自分の旅行記を織り込んでいるが、その旅については既に《楽になった通行》の章で述べた。リシェーはある日《たまたま》ランスの町にいた時、シャルトルから馬でやって来た男に出会った。当代の年代記作家としてニュースに関心のあったリシェーはさっそく男に、あなたは誰で、何の仕事に従事しているのか、どんな用で、どこから当地へやって来たのかと尋ねた。よそ者はいやな顔一つせず素姓をあかし、自分はシャルトルの聖職者エリブラントの使者で、リシェーと会いたいのだと告げた。彼は自分こそその当人だと名乗りをあげ、使者を傍らに連れていった。彼が文通仲間の手紙を読めば、当地の大聖堂図書館で貴兄はお望みの書を読むことができる、貴兄をシャルトルへご招待するとの趣きであった。

ベネディクト会士としてリシェーは一所定住の掟を守らねばならなかったろう。彼はまた学者として、医学の大きな権威の一つであるコス島のヒッポクラテスの書を研究したいと願う。その《誓い》には今日なお医師たちが恩恵を蒙っていると自覚している。古代のテキストはたいてい慎重に保存された一巻の書中にしかなかったことがしばしばある。それらを見たい者は長旅をしなければならなかった。古代の著作の愛好家たちは、自分が時に聖人崇拝者と似た状況にあると知った。写本にせよ聖遺物にせよ、所有者の注意がおろそかだと思えば、その貴重なる品を《わが物としたい》誘惑に駆られたからである。

旅の許可はたやすくもらえたようにリシェーには思われる。準備する物とて多くはなかった。わずかな旅嚢の面倒を見るべき若者が一人、ただちに見つかった。いずれにしてもこの距離を一週間とはいわぬまでも、せめて四日は見積らねばならなかった。今日ではさえぎる物のない高速自動車道なら、二時間足らずでたどる距離（直線距離二二〇キロ）を。

初日の夕方リシェーとお供たちは、ざっと五〇キロの騎行後、オルベで親しいベネディクト派修道院のもてなしを受けた。そこはまさに荒野における平和の孤島であった。商売としての客あしらいが少なければ少ないほど、心から出た接待がいよいよ重要になることは、リシェーのお供の者たちがやがて知ったように、ベネディクト派の修道士間だけのことではなかった。翌朝一行はモーをさして出発する。そこにはマルヌ河にかかる橋があるそうだ。《しかしながら私と二人の者が森の迷路に入ってしまった時、いやなことがどっと押し寄せてきた》。十字路で一行は道を誤り、遠回りをしてしまう。ほとんど道なき森に道標を立て、維持しようと考える人はいない。荷馬の速足はしだいににぶり、突然斃死してしまう。おそらく二日でほぼ一〇〇キロの行程はあまりにもきつすぎたのであろう。旅嚢を運ぶ動物はもういなくなった。これほど長く困難な旅の経験のない若者は、馬が死んでからぼうっとして横たわってしまった。おまけに篠つく大雨が降り出し、夜の帳《とばり》も下りてくるとは、ついていないことおびただしい。リシェーは若者に通行人から問われたならかくかくしかじかと答えろ、疲れても眠り込んではならぬと厳しく叩き込んだ上、彼を旅嚢のもとに残す。泥棒や追い剝ぎのことを充分考慮しなければならなかった。シャルトルから来た例の使者が、武装して旅をしたのも偶然ではない。

リシェーは使者とともにさらにモーをさして向かった。かの地のマルヌ橋を無謀にも横断した件については既に触れた。真暗闇の中を彼は尋ね尋ねたあげく、やっと同胞のもとにたどりつく。親しく迎え入れられても彼は例の若者のことを忘れない。リシェーはまたも評判に違わぬ男とわかった使者を、馬もろとも送り返す。男は二度目も橋の横断に成功し、あちらこちら迷いしきりに大声で呼ばわったあげく若者を見つけるが、それは真夜中をずっとすぎていた。使者と若者の二人は、橋上で三度目の冒険に挑まぬ方をとった。《彼らはまる一日後、さる人の山小屋で泊めてもらったが、夜の食事もなく寝るためで食べるためではなかった》。

リシェーは供の者たちのことが心配でまんじりともせずその夜をすごしたが、朝になって二人が修道院に姿を現わした時はほっとした。二人は無事だったが、飢えきっていた。彼らと馬に食料が与えられた。リシェーは馬のない若者を修道院に残し、使者とともにさらにシャルトルに向かい駒を進める。かの地に無事到着するや馬を送り返し、若者をモーから呼び寄せる。その到着を待って、彼は落ち着いてヒッポクラテスの箴言を学ぶことができる。《しかしそこには医学上の診断しかなく、私の知識欲にとって簡単な病気の知識だけではもの足りなかったので》、彼は学のある親愛なる友エリブラントに、自分と一緒にもっと程度の高い書物を読んでくれるように頼んだ。というのもエリブラントは《薬学、植物学、化学の方法》をマスターしていたからである。

数世紀の間リシェーのように、知識欲に燃え教養に渇えた人びとが旅をした。彼らは写本を見、教師の話を聞き、忠告を求め、異国と異郷、はるかなる記念碑と芸術作品にまみえたいと思ったのである。折りにふれそのような旅について言及されているが、その一端からもそれがごくありふれた事柄と見なされていたことがわかる。ベーダの教会史をひもとけば、ある者は《学問のために》ローマに赴き、またある者は学問と祈りのためにイタリアとガリア中を旅したこと、また別の者は司教座が敵に破壊されたため教会音楽を教えに各地に招かれたことなど、繰り返し話題になっている。ベーダは男性の教養の旅に相当する例もあげている。彼の時代イギリスの上流家庭の令嬢は教育を受けるため、ガリアへ遣られたのである。遠く近くの人びとはいわば神託を聞くように、再三女性のもとを訪れた。ベーダは尼僧院長ヒルダについて、その賢明の評判が実に高かったので、諸侯国王すら彼女の忠告を求めた、と記している。学問的好奇心を満たしたり、人生問題の解答をえようとする場合、人は長旅の不自由だの危険だのを甘受する覚悟ができるものである。

⚜遍歴学生

中世初期の精神生活を規定したのは修道院付属学校であった。九、一〇世紀には司教区学校が西欧における指導的な精神的勢力をますます惹きつけた。一一世紀になると、《遍歴の学生たち》が一定の学問の中心地、たとえばシャルトルやランスの大聖堂の影に隠れた《大学》を、特に好む例が増えてくる。オスナブリュックのベンノーのような人について、こう伝えられている。彼は一〇四〇年ごろ《学生の習いに従い》暫く遍歴の旅に赴き、よその町々を訪れる。そこで彼は地位の高い貴族の知己をえようと努力もした。こんな計算はしばしば思惑通り運び、ベンノーは出世してオスナブリュックの司教座についた。一四、五、六世紀パッサウ司教中八名、マイセン司教中四名、ドルパトでは三名が、ボローニア大学卒業生だった。

大学とは教師の参加、不参加はさておき、学ぶ者の自主的な連合から成立したものだが、新たに創立されたか、既存の学校から生まれた。〈大学〉の名称は教養とは無関係だった。それは関心を同じくする人間の共同体を意味する。〈学生の連合〉のほかに、〈都市市民の連合〉、さらに商人の連合もあった。巡礼の連合と違って、市民や学生のそれは永続するよう作られた。大学は制度化されると、階級で輪切りされた階層的な上位と下位の上に築かれた世界では異質なものとなった。大学は平等と自治によってヨーロッパ史に重要な新しい要素を導入した。財産や階級とは無関係に――学生たちは平等なる者として連合し、学長を選び、さらに往々にして聖・俗の当局から承認された特権を享受した。この特権は団体としての大学に役立っただけでなく、個々の学生たちにも魅力的な法律的ステイタスを与えた。彼らは教会の聖職禄の受益者として七年間まで、勤務地に居住する義務を免れていた。また一四世紀にフランソワ・ヴィヨンが体験した《即決裁判》がよく行なわれた世界で、独自の裁判特権は実に貴重だった。幾度か死刑の判決を受けながらヴィヨンは、大学の構成員には普通の人より判決と刑の執行の間にかなり長い期間があったというだけの理由で、再三恩赦に浴すことができた。大学では聖職者と俗人の対立はなくなり、精神的に自由な雰囲気の中で、大胆な新しい思想をあくまでも貫くことができた。一五一七年のルターのテーゼの掲示という論争への招待が、中世と近世の一つの境界となったのが特徴的である。

学生にとっての旅は少なくとも、大多数の人びと同様危険だった。彼らの旅の情況、特別な危険に対する事前の措置に関する情報は、ほとんど伝えられていない。名門出の人間、教会の聖職禄を受ける者として、学生はしぼり取れる者と見られた。彼らはよくまだ少年時代から大学へ行ったので、たやすく世間知らずの犠牲となった。そのような次第で学生もまたたいがい二人か一〇人の小グループで旅をした。余裕のある者は大学所在地まで、息子に召使いや家庭教師をつけてやった。学生たちの火急の催促状は（今もそうだが）しばしば誇張されていた。彼らは自分の状況をいかにも悲劇的に描くことによって、故郷の愛しい人びとを涙させ、もっと送金する気にさせる術を心得ていた。諺的な言回し、伝説、公文書を見れば、遍歴学生の状況が明らかになる。

乞食をしながら大学へ向かう道すがら、学生は人がもう少しお布施をはずんでくれそうな印象を受けた時の答えが、《これに加え、さらに主の祝福がありますように》である。聖ニコラウス伝の一場面は、神の僕ニコラウスが宿の亭主に殺され塩漬けにされた学生を、蘇生させたと伝えている。一一五八年赤髯王《バルバロッサ》フリードリヒ皇帝が西欧大学史にとって重要な記録の中で、一種の感動をもって学生たちについて語っている。《学問愛から故郷を棄て、金持ちから無一物の貧者となり、あらゆる危険にわが身をさらし、自分には過ちがなくとも、きわめて卑しい人から――それは耐えがたいことだが――肉体的危害を受けてもよく耐えた》。それゆえ、赤髯王は《学問のために異郷を遍歴するすべての学生に》貴重な特権を認めた。《……彼らの学問により世界は照らされ、部下の生活は知的に洗練される》と。学生自身とその召使いが学問する場所への途上《何の煩いもなく旅し、かの地に住んでよろしい》。《余の耳にしたところに依れば、誤った慣習法からときおり行なわれるようだが》、同国人の借金のために学生たちに損害を与えることまかりならぬ。学生とのもめ事は一般の裁判所でなく、マギスターないし都市司教に申し立てるべし。

大学の自治に官憲が介入すべきであると考えた時、たちまち《一斉退学》が起こる。学生と教師は――

往々にしてやっと手に入れた――自由を放棄するよりましだと移動する。このような《一斉退学》が、たとえばオクスフォードからケンブリッジへ、パリからアンジェへ、ボローニアからパドゥバやアレッツォーへというように、まさにきわめて古い大学から伝えられているのは偶然ではない。《一斉退学》は戦争、疫病、狂乱物価、大学構成員間の緊張によって少なからず惹き起こされた。教師と学生の一斉退学と引越しは、ただでさえ大規模な人びとの移動、知識に渇えた人びとの無欲、そして大学の営みが非常につつましやかな経済基盤でやりくりされていたという事情によって促進された。一二世紀はじめ、アベラールは教師たちと不和になり、周囲の学生を集めて荒野の修道院で講義する。特別な空間は必要なかった。パリでも石橋上の家の中でも講義した。その反面、新設大学や成長して大学となり後に特権を与えられた所では、遠国から教師を招き寄せるため、高給の教師の椅子を用意した。カール四世は一三四八年みずから創設した大学の学生たちのために、追放されたり打ち殺されたユダヤ人の家屋を用立てた。プラハからライプチヒへのような教師と学生の脱出は、大学がかなり名声と経済力の上昇をもたらすので、どの町でも一般に喜んで大学を受け入れたことによってでも促進された。

新設の《波》が一三、四、五世紀のヨーロッパを大学網で覆ってしまった。ちょうど新しい教会を建てる棟梁が修業期間中イル・ド・フランスで学んだ《ゴチック》様式を故郷へ伝えたように、大学の創設者たちも意識的に自分が旅の途上や遊学で親しんだ《古い》大学の見本にならった。カール四世は《プラハ大学がどの点でも、王が青年時代にみずから学んだパリ大学の習慣に従い、整えられ導かれんことを欲した》。

大学がたくさん新設されるにつれ（たとえば一四世紀後半神聖ローマ帝国内でウィーン、ハイデルベルク、ケルン）、ますます学生たちは長途の旅行をせずにすむようになった。大学の創設はこれからの国土改造の対策としてだけではなく、旅行欲（並びに金銭の流出！）をせき止め、学問内容と教師の招聘に影響を及ぼすことによって芳しくない自由の刺激を押える試みとも取れる。

にもかかわらず中世末には、数千の学生たちが旅に出た。《学籍登録者》の数は一四〇〇年から一五〇〇年までに六倍になった（約四八〇〇人から二万七〇〇〇人に）、と見積られる。このうち五人に一人ないし四人に一人の学生が、在学期間中一度しか勉学地を変えなかったとしても、西欧の統一化に学生たちも貢献したことになる。たとえばローマ法のような新しい理念を、彼らは書物によって全ヨーロッパに広めた。

知識欲と、古代の著作家たちを知りたいとの努力で目立ったのは、一〇世紀のリシェーだけではない。人文主義者たちは中世末期、浩瀚な文献研究に従事し、広範囲にわたる《国際的な》文通をし、知識の拡大と完全化めざして長旅をしたのである。

⚜ペトラルカ、草枕の生涯

一四世紀半ば、もっとも重要な人文主義者の一人ペトラルカは回顧して、自分は《これまでの全生涯をいつも旅の空で過した》と断言している。

彼は赤児の時から旅の危険には慣れっこになっていた。父親が流された地アレッツォーで彼は生まれたのだが、そこから生後七か月の乳呑子ペトラルカは一人の屈強な若者の手により、トスカナを経てピサまで運ばれた。《かの若者は布にくるまれた赤児を右手の節だらけの杖にぶらさげ、こすれて柔らかな身体を傷めないようにした》。若者がアルノー河を馬で渡った時、《つまずいた馬に投げ出され——託された荷を救おうとした間に、すんでのところで自分が急流に呑まれそうになった》。すでに触れたが——七歳の時ペトラルカはピサからマルセーユへの旅で、時化のためあわや命を落とすところだった。

ケルンのペトラルカ

一三三三年八月、枢機卿ジョヴァンニ・コロンナ宛ての書簡で、ペトラルカは独・仏の旅の印象をまとめている。この手紙を読めば、異邦人や異郷との出合いによって、サンチアゴ巡礼案内書が述べているような偏見を強めたり、敵意を呼び起こさずにすんだことが明らかになる。アーヘンでペトラルカは、約二〇〇年後のデューラーのように、温泉を訪れる。それから《その位置と河によって名高い、また住民によっても名高い》ケルンへ向かって旅をした。彼は《蛮国の》礼儀作法、町の美しさ、男性の品位、女性の優美さに驚きを禁じえない。

ペトラルカは聖ヨハネ祭の折り、《素晴しい見物を》し、うっとりとしてそのさまを親しい枢機卿に伝えている。彼は河岸で婦人の大群を見た。《私ははっとして足を止めた。……ああ、何たる姿、何たる顔か、何たるしぐさか。自由な心さえもち合わせたら、愛の想いに燃え上ったことだろう》。彼は《整然と信じられぬほどの婦人たちがやって来る》のを高みから見物する。大勢の婦人は香りの高い薬草を身にまきつけ、袖を肘の上までたくし上げていた。《こうして彼女らは陽気に入り乱れ、急流の中で白い手と腕を洗いながら、異国のささやくような声で互いに何かしら魅力的な言葉を交し合った》。彼は《誰も外国語を聞けば、いわば耳も口も利かなくなる》というキケロの体験を繰り返す。しかし彼には親切な通訳がおり、この見物の意味を説明してくれる。大昔からのこの地方の風習によって、この一年間《起こるかも知れぬどんな不幸も、聖ヨハネの日河の中での禊《みそぎ》によりきれいさっぱり洗い流しているうち、喜ばしいことだけが起こるだろう》と婦人たちが確信している、と。興奮から醒めこの素朴さにいささか嫉みを感じながら、ペトラルカは物思いに耽る。《ラインの住人たちよ、この河がおんみらの悲惨を洗い流す時、おお、おんみらいとも幸いなるかな。ポー河もティベール河もわれらが悲惨を洗い落とすこと能わず。おんみらはラインなる渡し守によりて苦しみをブリタニア人《びと》に送り、われらとて苦しみをばアフリア人、イリュリア人に送りたし。されど知られるごとく、われらもてるは怠惰なる河なりき》。

彼が見聞した一部始終をもれなく《私がいつもしゃべる時とまったく同じように文書で》知らせてくれ、との友人の願いをペトラルカは思い出す。手紙が短かかろうと、文飾など構わず、ただ筆まめに書いてくれというのである。手紙というものは書き手の人格を高めるものでなく、読み手に知らせればいいのだと、ペトラルカも友に同意する。にもかかわらず彼はそれから先の旅について、僅かしかかい間見せてくれない。六月二九日ケルンを発ち、八月九日リヨンで手紙の筆を絶っている。ライン地方で油照りの日ざしと埃りにすっかりやられて、はやアルプスの涼しさに憧れている。戦争中だったが、《暗い恐ろしいアルデンヌの森》を旅し、彼は幸せだった。《呑気者には神の助けあり》と、ペトラルカは民衆の知恵を引用している。

ヴァントゥー山登山

三年後ペトラルカは別の友人、アウグスチノ会修道士にしてパリのソルボンヌ大学神学教授フランチェスコ・ディオニーギに、プロヴァンス地方のヴァントゥー山登山について報告している。これはやむをえぬ理由もないのに登山した、中世では初期の記録の一つになろう。ペトラルカがその手紙の冒頭にあげた根拠は、彼と同時代人の——アウグスチノ会修道士もそれに関心を抱いていたことを、ともかく彼は想定している――好奇心から発していた。彼は久しい以前から《このあたりのなみはずれた高所をおのれの目で見たい》との欲求をもっていた。定まった事柄をおのれの目で確認しようという努力にかけては、当代の発見の旅に出かけた人びとと自然科学者は抜群だった。

ペトラルカの手紙には引用や連想、古代の登山家の思い出やその他の人びとの体験もいっぱいある。登山の記述には人生の旅についての瞑想もかなり多い。

ペトラルカは誰をこの困難な旅の道連れとすべきか、長い間思案した。《ある人はやることがのろすぎたり、また他の人は勤勉すぎたり、ゆっくりすぎたり性急すぎたり、鈍重すぎたり陽気すぎたり、気が利かなすぎたり私より賢すぎ、誰も帯に短くたすきに長すぎた》。寡黙とはしゃぎ屋、肥大漢とひ弱、冷たい無関心と熱い同情に彼はためらった。《それが重大だとしても、家では何でも耐えられる。……しかし山道では万事そうはゆかぬだろう》。ついに彼はたった一人の弟に白羽の矢を立てれば、弟は大喜びで同意する。

山脈の北側の切り立った山腹から今日では頂上に通じる道があるが、ここマロセーヌで兄弟は休みを一日はさむ。四月二六日彼らはそれぞれ召使いを供につれ、《さしたる困難もなく》一九一二メートルの頂上に登る。《頂きはつまりほとんど登れぬ急傾斜の岩塊である。この間に詩人はいみじくも、大胆な努力はすべてを征す、といった》。兄弟は途中で高齢の羊飼いに出合うが、彼は口を酸っぱくして計画を中止するよう説得する。自分も五〇年前《同じように血気盛りの若さに駆られ、一番高い頂上に》登った。持ち帰ったのは後悔と、疲れと、岩角やとがった茨の茂みで引き裂かれた服だけだ。以来誰もこんな真似をしでかしたと聞いたためしがない、といった。《かの羊飼いがわれわれにそう叫んだので、この禁令のためわれわれの欲求はますますつのった》。不要な荷物は残らず例の羊飼いのもとに残しておいた。羊飼いは警告を無視されたと見るや、指で四人に険しい小径を指さしながら、《いろいろ注意を促し、われわれが立ち去った後からしきりに溜息をつくのだった》。

はじめは闇雲に、その後はゆっくりと一行四人は山に登った。やがて三二歳のペトラルカは疲労と戦わねばならなかった。彼は弟のとった頂上に直接通じる険しい道より、もっと楽で穏やかな道を探そうとする。その後も再三再四回り道をしようと誘惑に駆られるが、むなしかった。《他の人びとは高い所にいるのに、私は谷間をさまよった。一方どこにも楽な登り道は開かれておらず、むしろ道は真っすぐに延びており、同時に徒労はひどくなった》。ペトラルカは全力をふりしぼって弟に追いつく。彼は顧みて《事物の本性は人間の精神によっては変えられず、物体が下ることによって頂上に到達する》ことは起こりえないと、この経験を一般化している。弟に笑われながら、とある谷に腰を下ろし、生命は狭い小径を通ってしか到達できない高い頂きの上にあると、自分の行為の象徴的な意味を思案する。《頂きには万物の終末と道の目標があり、われわれの巡礼の旅はそこに向かっているのである》。たとえば植物や動物、鉱石や眺望について詳しく知らせるよう手紙の読み手が要求したのに、――そうせず彼は説教調を続ける。《現世のいとも卑しい欲望の間に通じる道は、一瞥してそれとわかるように、非常に平らで快適である》。

一行はついに頂上に到達する。ことによると、ペトラルカが途中で出合ったのは年老いた羊飼いだけでなかったかも知れない。《森の男たち》は頂上を《息子》と呼んでいる、と書いているからである。頂上の平らな所で登山の一行は休息する。一瞬ペトラルカはこの光景に感激した。《常ならぬ息吹きと自由に周りを見渡されることに心動かされ、茫然自失の体《てい》で》そこに立ちつくした。眼下の雲を見て、彼はアトスとオリュンポスの山の登山報告を思い出す。指呼の間にあるアルプス山脈から《ローマ人の不倶戴天の敵》ハンニバルの伝説的なアルプス越えを連想する。彼はまだおのれの《女々しい軟弱さ》を責めぬうち、突如郷愁にとらわれた。《私は告白するが、眼前よりもなお精神の中に蘇ったイタリアの空気に憧れて溜息をつき、友にも祖国にも再会したいという息もつけぬほど熱い衝動にとらわれた》。視線は空間から時間へと移る。ちょうど一〇年前彼はボローニアで学業を終えた。現在の居場所も忘れ、この一〇年間について物思いに沈んだ。

最後に彼は四方を見渡し、やっと現実に《見るためにここにやって来た風景を》見る。すでに日は傾き、山の影がますます長くなってきたので、お供の者らは出発するよう迫る。大急ぎでペトラルカは怠けた遅れを取り戻そうとする。足下にローヌ河（たっぷり五〇キロ）を見、遠方に海（一〇〇キロ）を見た。ピレネー山脈（三〇〇キロ以上）も視界に入るかと期待したが駄目だった。彼は驚嘆し堪能した後、魂もより高きものへ向けようとした。手紙の受取人が彼に贈ってくれた《掌中に入る極小の判型》のアウグスチヌスの告白録に手を伸ばした。彼が同書の第一〇巻を開いたのは《たまたま》であると、神を証人として引き合いに出す。好奇心と旅を激しく告発する箇所を、弟に読んで聞かせる。《人びとは外に出かけ、山の頂き、海の巨大な浪、滔々たる河の流れ、大洋の彼方、星辰の軌道に驚嘆するが、おのれ自身は顧みない》。

相変わらずこの世のものを讃美する自分自身に腹を立て、彼は茫然と本を閉じる。そうしようと思えば、この《異端の徒》からとうの昔に、魂のほかに素晴しいものは何一つなく、魂の偉大さと肩を並べるほど偉大なものは何一つないことを学べたろう。ペトラルカはたっぷり山を見たと宣言し、内なる眼をおのれ自身へと向け、言葉なく山を下った。彼の読んだ本の内容はまさに彼のために書かれたのだと確信した。彼はアウグスチヌスや使徒パウロの言葉を噛みしめながら、死すべき現世の人びとの認識不足に思いをいたした。《その結果、彼らはいとも高貴なる部分を無視してさまざまなものに夢中となり、空しい芝居に力を浪費し、本来内面において見つけるべきものを外側で求めるのである》。

このようなことを考えながら、石ころの道なぞいささかも気づかず、夜遅くマロセーヌの百姓家に着き、一行は夜の明けぬうちそこから出発した。何といっても月夜は疲れた徒歩旅行者には、この上ない援軍だと彼は知っていた。召使いたちが食事の用意をしている間、彼はその家の奥まった所で友人宛てに《大急ぎで、かつ即興で》手紙を書いた。アウグスチヌスの手本に習い、彼も告白する気になった。慈父の如き友の眼の前で何も隠すまいと思う。自分の落ち着かぬ考えがいつか《唯一の善きものへ、真なるものへ、確実なるものへ、永遠に続くものに向けられるよう》友に取りなしの祈りを乞うたのであった。

ボッカチオにおける商人の旅

短篇小説を一〇〇集めた〈デカメロン〉は一三五〇年ごろの作で、ボッカチオはこの中で同時代人の恋愛生活、結婚生活を覗かせているが、商人たちの危険にみちた生活にもさまざまな角度から光を当てている。手ひどくだまされる者、難船する者、海賊のため奴隷に売られる者、全財産をなくして海賊に転向し、一財産《稼いで》からまたまっとうな市民生活を送ろうとする者という具合である。しかしながら、短篇小説は歴史家にとって信用できる文献となるのか。同書の各節は虚構をよりどころにしているのだろうか。古代から詩人たちは短篇小説、喜劇、長篇小説の中で、下層、中流の人びと、日常生活をも勝手に描写する自由が与えられている。他の文学上のジャンルをあげれば、悲劇の作者連はずっとジャンルの掟に束縛されていた。シラーが〈たくみと恋〉で《市民の悲劇》を書いた一九世紀はじめまで——悲劇というものは上流階級の人びとのためのものだった。

ボッカチオは第二日第二話で、ひどい目に合いそうになった一商人の冒険譚を写実的に描いている。この短篇中に旅の日常に対する考察も散見されるが、それにはまたどこで、どんな夜を迎えるだろうかという、希望に満ちた問い、不安な問いもつきものである。作者ボッカチオは主人公を、神の力と聖人の親切心を信じる健全な男と設定している。商人の敬虔な心と客あしらいの形式がいかにもありありと描かれているが、その例はほかにもあちこちの文献から集めることができよう。だから本短篇小説の注釈はむしろ少なくして内容を詳しく紹介し、その後で若妻に対する一商人の忠告を短篇と対比することをお許しいただけるだろう。

商人リナールドはトゥーリンから東約五〇キロ、上部イタリアの町アスティに住む。彼は（アスティから二五〇キロほど離れた）ボローニア市で商売を終え、回り道をしてどうやら故郷に戻るところらしい。たった一人召使いをお供に連れ、フェララからヴェローナ方面へ馬にゆられている。途中商人風の三人の男と出合うが、彼は進んで連中と道連れになる。

それは《軽率》だとのボッカチオの批判は、ある点で的を射ている。道中人を信用しすぎて見ず知らずの男とは道連れにならないものである。もし道連れになってしまったら、少なくともぺらぺらおしゃべりをしない。保護と気晴らしのために——独り旅の者が道連れを求めるなら、反面賢明さが要求されるのは当然のことである。巡礼、商人、遍歴学生たちはこういう態度をとってきた。

新たに道連れとなった男共は、会話からリナールドが商人だと知る。なら金をもっているだろうと想像し、適当なチャンスがあれば奴の身ぐるみ剝いでやろうと、連中は心に決めた。彼らは疑いを起こさせぬよう、親切に控え目に振る舞った。道中もリナールド相手にいかにも行儀のいい良家の者らしい口の利き方をした。とりとめのない話をしているうちに、〈祈り〉が話題となった。いつもどのように祈っているのかと問われて、リナールドは《その方はあっさりしたもので、経験不足ですよ》とざっくばらんに認める。いつも朝宿を発つ時、聖ジュリアンの両親のために主の祈りとアヴェマリアの祈りを捧げるのです、と答えたのである。《それから毎晩いい宿にありつけるよう、神さまと先ほどの聖人に祈るのです。ところで私はこれまでしばしば道中大きな危険に合いましたが、いつも運良く逃がれ、夕方しかるべき人びとのもとでうまい具合に泊めてもらいました。だから先ほどお祈りした聖ジュリアン様が、私のためにこの恩寵を神さまから授かったのだとも、堅く信じております。毎朝一度そのお祈りをしなかったら、一日中ひどい道中をし、夕べにはいい宿にありつけなかったと思いますよ》。彼は問われて今朝もお祈りをした、とはっきりいった。一人の道連れは、奴さん今晩はひどい宿にありつくことだろうよと確信する。彼は図々しくも、私はずいぶん旅をしたが祈ったことはない、でもいつもいい宿が見つかった、と断言する。《今晩あなたはきっとわかりますよ。どちらがいい宿にありつくか、お祈りしたあなたの方か、それともしなかった私の方か》。

旅の一行がよもやま話をしながらある河を渡った時、三人の一味は人里離れた場所だし、日も暮れた、今こそ絶好の機会だと見た。そしてリナールドに襲いかかり、シャツだけ残して身ぐるみ剝いでしまい、馬も奪った上、嘲って彼に大声で叫びかけた。《とっとと行って、お前の聖ジュリアンが今夜いい宿をくれるかどうか見るがいいぜ》。

リナールドは茫然となる。逃げ出して近くの町でのんびり休み、主人を助けようともせぬ召使いの裏切りの件はさておき、彼の偉大なる守護聖人に対する信頼は揺らいだ。歯をがちがち鳴らし、震えながら今夜の宿はないかと見まわしたが無駄だった。つい先だっての戦争で何もかも荒されていた。素足で雪の中を城壁に囲まれた近くの町へ、彼は走っていった。着いた時、はや市門は閉ざされ、跳ね橋は上っていた。

一軒の家の幾らか城壁の外へ出た張り出し屋根の下で、雪除けしようと思う。彼は腐った藁を拾い集め、――閉ざされた門にもたれ――その上にうずくまった。信頼を裏切った聖ジュリアンに、彼はしきりに愚痴をこぼした。

ボッカチオはこれから物語をがらりと変えて驚かせる。短篇小説の第二部で《聖ジュリアンはしかしながら彼のことを忘れ給わず、ただちに良い宿を用意された》の文をまくらとしたのは、決して尋常のことではない。リナールドが屋根の下で雪宿りをしていた当の家には、若くてきれいな後家さんが住んでいた。前日愛人の辺境伯から彼女のもとに夜訪れるとの予告があり、夕方風呂とご馳走を用意するよう注文されていた。突然愛人は予定の訪問を取り消さざるをえなくなり、どうか伯をお待ちなさらぬようにと従者が伝えた。女性はご機嫌ななめで辺境伯のために用意した風呂に自分が入り、その後で夕食のご馳走を食べて寝ようと決心した。この後家さんの名は伏せているが、楽しい客あしらいの権化のように思われる。

たまたま風呂はリナールドのもたれていた扉のすぐそばにあった。泣き声が耳に入り人の身震いに気がついたので、後家さんはついに女中を調べにやった。がたがた震え歯をがちがち鳴らしながらで、ろくな言葉とならない。彼は女中に夜中に自分を凍死させぬようにと懇願する。おかみと女中は同情し、後家さんは彼を家に入れてやるよう女中に命じる。《どうせ二人じゃ平らげられないほどのお夕食があるし、その方をお泊めできる場所もたっぷりあるんですもの》。

よそ者を泊めるべしのキリスト教的色彩の強い掟を、思い出させるまでもない。保護と助けを求める人を見れば、自然に同情心をそそられる。幸福な状態にあれば、余ったものはおすそ分けできる。後家さんはリナールドを見て、この凍死者も同然の男に《だってまだ暖いんですもの》と、風呂に入るよう勧める。客に手洗いの水をさし出し、たぶん――ベネディクトが命じたように――客の足を洗ってやったり、風呂を用意するのも客あしらいのうちである。一四世紀半ばには、風呂に入るたびに新しい水を期待するのは、それほど不遜ではなかった。よく二人の人が——異性同士や夫婦でない者も含め——浴漕につかり、食べ物飲み物をサービスさせ、たらふくご馳走を食べた後、愛の悦楽を味わったものだ。風呂に入って元気になったリナールドは、死から蘇った思いだった。おかみが最近死んだばかりの夫の衣類を整えさせれば、これがまた男にぴったり合った。リナールドは神と聖ジュリアンに感謝してしかるべきだった。

この間おかみの後家さんは、食卓につく前にリナールドをもっと暖めてやろうと、女中に命じ広間の大きな暖炉の火を点させた。彼はすぐに救いの神が身分高い女性と察し、うやうやしく挨拶してから示された善行に対して礼をいった。おかみは男を優しく迎えて招き入れ、自分の隣の火のそばに座らせ、災難について尋ねるのであった。彼女は客より世間に明るかった。すでにリナールドの召使いが当市に到着した噂を耳にしていたので、彼の報告を信じることができた。小さな町ではよそ者来るの評判は、口づてでたちまち広まるものである。

おかみと客が手を洗ってから、リナールドは示された席につく。食事中おかみは男のみごとな姿形、美貌、特に礼儀作法のため、男盛りのリナールドにますます好意を感じるようになる。それからご両人がじか火の傍に腰を下ろした時、彼女はどれほどリナールドを抱きしめてキスしたいか、思いのたけをつつまず告白した——それは客が決してノーと答えぬ要求だった。《彼女がおそらく千遍も彼を抱きしめキスし、同じ位彼もキスを返してから、ご両人は立ち上がり、寝室に入った。ここでただちに二人は横になり、夜が明けるまで幾度も欲望を満足させた》。この後家さんは客あしらいを臥所まで及ぼした時、古い伝統の中に生きたことになる。

世間の噂にならぬよう、おかみは翌朝リナールドに着古しを二、三枚やり、財布に金を入れてやり、召使いのいる場所への道を教えてやった上、この件については内緒にするよう頼んだ。そして、夜彼を迎え入れた同じ扉から立ち去らせた。市門が開くや、リナールドはいかにも遠方から来た体で、当市に入った。召使いを見つけて、そっちの馬の旅嚢にあった衣類を着たのであった。ちょうど彼が出立しようとした折り、別の悪事の廉で捕まった例の三人組が、引かれて通り過ぎた。馬と衣類と金は即刻リナールドに返された。ただ膝バンドが一組足らなかった。これについては犯人たちもどこにあるのかわからなかった。

ボッカチオは以下のように結んでいる。《神と聖ジュリアンにたっぷり礼を述べて、リナールドは馬上の人となり、無事家に帰り着いた。だが、三人の追い剝ぎどもははや翌日絞首台に吊られ、風でゆらゆら揺れていた》。

確かに盗賊の手に落ちた商人は誰でも、こんな〈ハピー・エンド〉を迎えたわけではなかった。追い剝ぎどもはリナールドをお手柔らかに扱ってくれたのだ。その気になれば、後で面倒な証人となる男をその場で打ち殺すことだってできたろう。反面、上の話は当局が正義——ことにあらゆる秩序がめちゃめちゃになった戦後の——を守るのに関心があったことを証明している。ある犯罪の現行犯で逮捕された者は——追い剝ぎはスピード裁判で片をつける騒乱罪を意味したから——即日、ないしこの話のように翌日、絞首台やそこいらの樹《バウム》に吊るされた。それゆえ、《ぶらぶら揺れる《バウメルン》》という言葉の語源は樹に由来するのかも知れない。

ボッカチオから約半世紀後、フランスのある金持ちの市民がずっと年の離れた若妻のために、家訓を書いている。彼は妻が自分より長生きすることを想定し、彼女と未来の夫の生活が楽になるよう、助けてやろうとの趣旨である。家の外の仕事を心配するのは男の任務だから、夫は《雨でも風でも雪でもあられでも、あちこち旅しなければならない。びしょ濡れになる時があると思えば、からからに乾くこともある。ある時は汗だくになり、それからまた凍える。宿も悪けりゃ食事も悪い。暖房も悪いし、寝台も悪い》。

この裕福な市民の考えによれば、夫が旅の道中なくて一番困ったものを家で見つけるよう、妻は注意すべきである。彼の数え上げた項目はボッカチオの短篇小説に呼応したもののように読み取れる。ボッカチオとこのパリの市民は明らかに道中同じような体験をし、同じように不愉快なことを嘆いた。あらまほしと思ったのはきれいな敷布、真白なナイトキャップ、掛け布団用のれっきとした毛皮である《喜びと愉しみ、なれなれしい振舞い、愛の奉仕と秘事《ひめごと》、これらについては語らない。翌朝の新しいシャツと衣服。このように奉仕すれば、きっと夫の愛は目ざめ、妻の顔見たさに、またいそいそ帰郷し、よその女には目もくれないだろう》。

ボッカチオの短篇では、リナールドが妻帯者だと暗示するものはなに一つない。従って、姦通は話題になりえない。長旅ではよその女のもとで安らぎを求める誘惑の大きいことは、例のパリの市民も知っている。が、彼がいつもその誘惑に抗ったかどうかわからない。少なくとも彼は道中こまかく観察している。いたんだ屋根、もうもうと煙る暖炉と、がみがみ女房こそ亭主を家から追いやる三悪とは、古くから伝わる百姓家の金言だが、それを妻の肝に銘じさせようとしたものだろう。妻にとって愛と、一番身近な夫とうまくやることが大事なら、夫にはいつも優しく、可愛い、従順な態度をとり、お愛想をふりまき、夫の寝床、食べ物飲み物、靴下とシャツを気にかけろ、というのである。さもないと、夫が他の女にたぶらかされたと驚き、まったくなくもがなの嘆きを見ることになる。愛、気くばり、優しい振舞い、あらゆる喜びと愉しみ——これ以外の魅力はないのだ。

パリの市民は特に冬について警告している。戸外では夏より気晴らしが少ないので人は家にこもりがちとなるが、それはもちろん火を頼りにするのである。短く寒い日々、人工の光は値段が高い上に、もうもうと煙を発し臭いも悪い。だから一日中ほとんど寝床の中で過すことになる。このお人好しの夫の最後の願いには、おそらく道中での腹立たしい体験が反映されているのだろう。《冬には夫が煙らぬ火で身体を暖め、たっぷり毛布をかけ、あなたの胸の中で安らかに休めるよう、心しなさい。そうすれば夫を惹きつけられるだろう。そして、あなたの部屋と寝床にノミがいないように注意しなさい》。

鞭打苦行者の行進

一四世紀半ば、ヨーロッパは類ない大惨事に襲われる。東方からもち込まれたペストのため数百万人もの犠牲者が出たのである。黒死病から免れた町や地方も少なくなかったが（それとも文献が語らないのかも知れぬ）、それ以外の所では半分ないし大半の住民を失った。場所によっては住民がこの病気で全滅した由――死体洗浄人を除いて。

この病気に対して医者連中は匙を投げ、人びとは免疫がなかった。ほとんどが発病から死に至るまで時間の問題だった。無数の人間が集団異常心理に駆られ、ユダヤ人暴行と鞭打苦行運動に走った。ここではとことん現世の悦楽に耽り、かしこでは深く罪を悔い痛悔の祈りを捧げる。多くの人は逃れようとする――が、それは災いをいっそう撒き散らすことにしかならぬ。ボッカチオは〈デカメロン〉の前書きでペストと、人びとのさまざまな反応を写実的に描いている。フィレンツェでは業病に直面して社会的なつながりはすべて次々に崩壊したので、一群の若い男女が田舎の別荘へ難を避けることになる。平和な世界で彼らはしばしば下品な話を語り合って、時を過ごしたのである。後になってペストが勃発すると、人びとは久しい以前から計画していた旅に出ようと心を動かされる。こうして心に誓った巡礼の旅に出かけた人びとがいた。ことによるとデューラーは一五〇五年ニュルンベルクで燃え上がったこの病気のため、彼の（第二次）ヴェネチア旅行へと赴く気になったのかも知れない。

一四世紀半ばペストの猛威を逃れるには、たった一つの可能性しかないと多くの人は見た。祈り、ミサ、行進と贖罪の業で天の慈悲を乞おうとしたのである。数世紀来イエスに倣い、みずからに鞭打ち、あるいは他人に鞭打たせる人もいるにはいた。しかし、後世の鞭打苦行運動はこれとは違う。この贖罪運動はもう個人でなく集団でやるもので、しかも隠れてやるのでなく人前で、町から町へと行進するのである。

一三四八年秋、鞭打苦行者の行進はオーストリアかハンガリーから出発し、一三四九年にはボヘミア、ザクセン、フランケンに達した。それは町から町へと及び、ついにはラインラントにもやって来た。この運動はネーデルラントでよそよりも長く、一三五〇年はじめまでもちこたえた。鞭打苦行者は兄弟団として組織され、聖職者はそのメンバーになれたが、《団長》にはなれなかった。兄弟は誰も向こう三三日半の間、運動に従事する義務を負った。そのため行進が田舎村を通る時は長続きするよう取り計らわれた。二、三のメンバーは次第に脱落し、他の人が加わったりした。この運動は全体で三三年半の間続くよう計画されたわけだが、その数はイエスが生きたとされる年に対応していた。鞭打苦行者は訪問先の住民に泊めてくれと頼むのは禁じられていたが、宿泊の招きは受けてもよかった。運動を経済的に自立させるため、どの《兄弟》も一日当たり四ペニヒ持参することが定められていた。彼らはこの兄弟団の一員である間、婦人と口をきくことは厳重に禁じられた。

シュトラスブルクの年代記作家クローゼナーは、一三四九年七月八日当市に到着した二〇〇人ほどの鞭打苦行者について、詳しく報告している。この場合の数字は信頼が置けるだろう。彼はこの出来事の後で書いているので、冒頭は批判調が読み取れる。しかしまた、このきわめて多くの人びとが当初この運動の厳格な真剣さに感動し、鞭打苦行者たちに物心両面の援助を惜しまなかったことも明らかになる。鞭打苦行者の行列が近づくと、村や町では鐘を鳴らして挨拶する。苦行者たちは蠟燭と貴重な旗をかざし、二列になって進む。外套にくるまれ、赤い十字の印しのついた帽子をかぶっている。彼らは（ドイツ語の）歌を唄ってキリストに助けを求める。

いとも神のみ心にかなうよう、

われら贖罪を受けけん。

教会に入るや全員両手をのばし、十字の形になって、――例の年代記作家が皮肉って言うには《ばしゃと音がするほどに》――ひざまずく。暫しそこで平伏した後、《神が重大な死の病を取り除かれるよう》、音頭取りがみなに、両手を上げるよう三度勧める。

さて、彼らが――《鞭打ちと称する》とクローゼナーが素気なく書いている――贖罪をしようとする時、少なくとも日に二度、朝と夕べ、鐘の鳴る中歌を唄いながら、二列になって町はずれの《鞭打ち場》へ向かう。腰から脚までのびた白布しか身にまとわず、罪を告白するため大きな輪になって、地に身を横たえる。《偽りの誓いをたてた悪者》がいれば、その者は横向きになって寝、三本の指を頭上に伸ばす。姦通者はうつぶせに寝る、等々。《その寝方によって、各自の犯した罪がよくわかった》。――この公開告白のため多くの人は熱狂が覚めた後、重大な結果を招くことになった。自責の念にかられた人びとを裁きが追及したからである。――この後《団長》がメンバーを一人残らずまたぎ、鞭で彼らに触れながらこういうのである。

起きよ、清らな責め苦のために、

二度と罪を犯すことなかれ。

男は立ち上り、団長に従ってまだ寝ている者をまたぎ、鞭で彼らに触れ団長の言葉を繰り返す。全員赦免を言い渡されると、立ち上って輪となる。音頭取りが歌を唄い出せば、みなで唱和する。この間二人ずつ兄弟が輪のまわりを歩きながら、帯で互いに鞭打ち合う。《帯の先には針のささったボタンがついており、互いの背を打ち合えば、激しく血が流れた》。長い歌の中で、非難と恩寵の望みがこもごも現われる。キリストは罪人に、わが受難のため救われたことに、どのように報いる積りかと問いかける。歌は〈スターバト・マーテル〉から取った所もあったが――聖母マリアは子に罪深き人びとを憐れむよう乞う。その歌は金曜日に断食、日曜日には休息の掟を破った者を苛酷に責め立てる。さらに嘘つきと偽誓者、高利貸、情無用の人殺しと追い剝ぎが責め立てられる。その者は一人残らず地獄に堕ちる、と。各節の間、鞭打苦行者たちはひざまずき、《十字の形になって》大地に平身低頭し、また立ち上る。それから音頭取りが唄い続け、神が重大な死の病いを取り除かれるよう、天に向かって両手をさしのべよと皆に勧める。

さて、汝ら腕を上げよ、

されば神われらを憐れまれん。

この贖罪が終ると、彼らはまた一人残らず服を身につける。それからエルサレムの一祭壇に書き記されているといわれるキリストの長い知らせを読み上げる――弾劾状も。福音の知らせの中では人が日曜日を聖なる日とせず、金曜日に断食もせぬとの非難が、ライトモチーフのように一貫して流れている。彼らの悪意と高慢のゆえに、無数の過ちのゆえに考えうるありとあらゆる不幸が、つまり、地震が、カブトムシ、イナゴ、青虫、ネズミ、霜、寒気、旱魃、洪水による種子の害が、さらに稲妻が、戦争が、異教徒の襲撃が人間に降りかかる。災厄の果て人びとは飢えのため、ひからびた材木や樅の球果を食うことを余儀なくされるのだ、と。

その合間に《天上の知らせ》は《悪魔のごとき》ユダヤ人を激しく非難する。彼らが救済の知らせを受け入れなかったためにである。クローゼナーは鞭打苦行者の行進に関する報告の前書きとして、一三四九年シュトラスブルクで、井戸や他の河に毒を入れた廉でユダヤ人が一人残らず焚刑に処されたと、短かなコメントをつけている。

《知らせ》を民衆に対して読み上げぬ司祭と、それを信じようとしない者は誰でも、天上から追放されると脅かされる。これに反して、信ずる者の《家には私の祝福が》訪れる。祝福は進んで教会に詣で喜捨をする人、特に《神の知らせ》を書き写し町から町へ、村から村へ、家から家へ宣べ伝える人なら誰にでも約束される。

《天上の知らせ》の朗読後、贖罪者たちはまたしても鞭を打ち合う。最後に彼らは二列になり——蠟燭と旗を先頭に——歌を唄いながら町に戻り、鐘の鳴る中大聖堂に入る。彼らは《十字の形になって》大地にひれ伏し、なおも祈りと贖罪をした末、その時々の宿に寄る。

例の年代記作家のこの運動に対する態度は、賛否こもごもである。町の人はすべて鞭打行為に感動し、当局は公金から補助金を苦行者たちに与え、——大体真実と見なされた——《知らせ》の朗読後同情の叫びが起こったと、彼は率直に断言している。聖職者がその真正性を問おうものなら、《いったい誰が福音の証しをたてたのか》と、信仰の土台を揺るがすような反問が返ってきた。民衆は時として《司祭》以上に鞭打苦行者の言葉を信じた。中には《正直》者もいたが多くの平信徒と、おびただしい《司祭》が鞭打苦行者に加わった。司祭たちの中に《学者》がいなかったことは確かである。ところがクローゼナーは《悪漢》も苦行者の仲間入りし、その進路を定めたとも書いている。何度か三日半の旅に参加した者は少なくなかったが、それは敬虔の念から発したのでなく、怠け者だったからである。彼らはどこへ行っても、いつも招待され、下へも置かぬ饗応《もてなし》を受けた。奇蹟を起こすとの期待にも、眉に唾つけるよう警告している。苦行者たちは溺死した子を蘇生させようとして、鞭打贖罪中ずっと彼らの輪の周りを抱いてまわった。《ところが何も起こらなかった》とクローゼナーは楽しげに断言している。成熟した社会秩序の亀裂を、彼は心ならずも観察する。シュトラスブルクでは女性も、それどころか子供たちもこの運動に感染し、田舎へ行って鞭打ちごっこをしたのである。

やがてこの運動にも疲れが見えてくる。点鐘や、蠟燭と旗を買うための当局からの補助金が中止され、鞭打苦行者に宿を貸そうとする者は一人もいなくなる。あげくの果て禁止令が出る。鞭打苦行者たちがシュトラスブルクに立ち入ること、一般的にグループで鞭打運動することが禁じられたのである。《おのれを鞭打たんとする者は、自宅で密かに行なうべし》。

攻撃の矢面に立たされた教会当局も、いまや禁止令に踏み出した。教会がこの運動に対して不信感を抱く理由が幾つかあった。その見解によれば、罪の赦免に関して《団長》が全能の権をほしいままにしているが、それは本来聖職者に任せてしかるべきであった。教会の学説からすれば、啓示は孤立したものであった。幻影とか天啓は個々の信者には通用したかも知れぬが、教会全体にとって拘束力をもつものではありえなかった。これに対し、《天上の知らせ》を民衆に読み上げぬ聖職者を、鞭打苦行者たちは《神の敵》と見なした。

鞭打運動も全体として見れば、中世後期における人間の激しい移動にとっての一つの情況証拠となる。神の怒りを人間からそらそうとする努力は、教会制度への批判や、社会批判の調子と結びついていた。

中世後期の聖地巡礼の旅

一四八三年から八四年にかけ、マインツ聖堂参事会員ベルンハルト・フォン・ブライデンバハは、パレスチナとエジプト巡礼の旅を企て周到な準備をする。彼は通訳やネーデルラントの画家とともに、若き伯ヨーハン・フォン・ゾルムス・リッヒの供に加わるが、伯は後アレクサンドリアで赤痢がもとで亡くなる。手元にある絵入りの旅行書は――この手の物としては最初の物だが――はじめから出版を考えていたことは明らかである。絵は他の本から取ったのではなく、上述の画家が道中描いたスケッチを基にした木版画だった。

四月二五日――ヴェネチアで旅がまず一段落ついた所で一行が敬意を表することになる福音書家マルコの祭日だった――ライン河畔オッペンハイムを発った。シュパイアー、ブルフザール、エスリンゲン、ウルム、ケンプテン、インスブルック、シュテルツィング、ブルネック、コルチナ、コネリアーノ、トレヴィンを経て、ヴェネチアまで一五日かかっている。直線距離にして約五七〇キロ、七五〇キロと見積られる旅路を、一日の平均行程五五キロとは立派なものである。

ヴェネチアで巡礼一行は、フランクフルト生まれの男の宿で馬を下りる。このペーター・ウーゲルハイマーはまめまめしく客たちに尽くし、市内の聖なる場所やその他名所旧蹟を見物させてやる。聖地パレスチナに向かうガレー船の〈船主〉との契約交渉に当たって、彼の助けはもっと貴重だった。この契約には（今日の賃貸契約のような）雛型があったようだ。ひどい目に合ったかつての巡礼たちを参考にして、旅人たちは道中や聖地でいっぱい食わされないよう気をつけた。契約には〈不可抗力条項〉さえ含まれていた。ブライデンバハは船主の義務を数え上げている。船主は一行六人のため品物を置いていない席を八つ用立てること、自炊するさい鶏篭、貯水桶、薪、塩など必要品の置場を《いかなる異議も申し立てず》割り当てること、巡礼たちが水、食料、さし迫って必要な物を買いに上陸したい時は小舟を使ってよいことなど。こうして旅人たちは危険をなるたけ少なくし、新鮮な肉――それゆえ鶏――と水もみずから手配しようとした。というのは契約にはそれでも、巡礼たちは《生まれ、地位とも名誉ある人びとにふさわしく》、日に二度飲み食いできると明記されていたからである。

第四次十字軍の参加者たちは破廉恥な巻き上げに合った。ヴェネチア人は何だかんだといって、いつも船出を延ばす。十字軍士たちがついに無一文になると、彼らはヴェネチア人の命令に服さざるをえず、一二〇四年ビザンチンを攻略した。このような体験のために、ガレー船は定められた時期に出帆し、途中通常の場所に寄港しなければならぬ、との条項が加えられたと思われる。船は寄港地で、――たとえば、逆風などやむをえない事情がない限り――最高三日滞在してよい。キプロス島で旅の一行はニコシアまで足を伸ばしてもらう。船主は巡礼たちが誰からも侮辱を受けぬよう配慮し、聖地では期限の順守に注意せねばならず、ためにみずからヨルダンまで同行することになる。ブライデンバハは費用についてはいっていないが、このような条項に関しては触れていよう。それによれば、途中関税、護衛金、ロバ代、《いかなる名目であれ》すべての賦課は、船主が支払うべきこととしている。旅の費用は（一四世紀にはヴェネチア＝聖地＝ヴェネチア間、八ないし一二週間、諸経費込みで二五グルデンから四〇グルデンを見込んだ）往路の出発前と帰路の出発前、ヴェネチアかヤッファでそれぞれ半金が支払われる。万一巡礼団の誰かが聖地到着前に亡くなった場合、費用は掛りに応じ返済されねばならぬ。それが空約束にならぬよう、信頼できる証人に保証させることとしている。

巡礼たちは六月一日ヴェネチアを発った。同地で三週間見物してまわることができたが、懐ろの方も大分淋しくなった。パレンツォ、コルフ、（ペロポネソス半島の西南端）モードン、クレータ島を経てキプロス島に来たが、さらに三日旅して一行は七月七日ヤッファに到着する。このようにわりと安全な季節でも、老練の船乗り連中は沿岸から遠く離れなかった。天候の突然の急変とか万一の海賊に対する予防措置が、ここで問題となったかどうかは定かでない。多くの寄港地も――クレータ全島も――当時ヴェネチアの手の中にあった。旅人たちは聖地が見えると、これまでの旅の無事を感謝して〈テ・デウム〉を歌い出した。

ヤッファに到着するや船主は自由通行権をえるべく、召使いをラマとエルサレムに遣わした。さらに六日巡礼たちは船上で知らせを待たねばならなかったが、それはこの時期ことのほか不愉快だった。炎天下ほとんど風もなく、船底から吐き気を催す悪臭が上ってくる。ここでは書かれていないが――ガレー船の奴隷が用を足す時すら鎖から解き放たれない場合、その臭気は耐えられなくなる。船の《漕ぎ人足たち》はおそらく自由人であったろうが、この間を利用して海で魚取りをしていたところ、《異教徒》に捕えられ、打たれて傷を負った。その後、二、三の巡礼は葡萄酒、パン、果実を買いに上陸することを許された。

ついに巡礼全員に上陸許可が出るが、まず洞窟に閉じこめられる――ブライデンバハ一行は手まわしのいい船主のため一晩だけですんだ。それでもなお外界との接触は絶たれない。ラマやエルサレムのキリスト教徒たちが彼らに、葡萄酒、パン、鶏、卵や果実を買わないかと勧めるのである。巡礼たちは念入りに名前を登録されて通行許可証をもらってから、エルサレムに向かい出発する。彼らはトルコの精鋭軍に守られ、聖なる町から迎えに来たフランシスコ会士に伴われて行く。ラマの町のすぐ前の原っぱでロバを降り、それから先荷物は自分でかついで歩いて行かねばならない。炎暑と埃でこの道のりはつらい――昔の巡礼たちは途中女子供に投石され何人か死んだとか、旅人同士でいやな話題を語り合う時は余計つらい。一昼夜歩き、ついに七月一一日真夜中一行はエルサレムに到着する。巡礼たちは何はさておき贖罪を受けようと、聖なる墓に向かって急ぐ。その後でようやく巡礼宿を探す。

ブライデンバハは聖地の数多くの歴史的場所を描くのに、多くの頁を捧げている。中には神学的・歴史的に論じている部分もあるので、旅行記はパレスチナ・ハンドブックの観を呈している。同書が版を重ね、多くの外国語に――中にはラテン語も――翻訳された事情もうなずける。ブライデンバハは国土と民衆を、慣習と人間観を一瞥していたので、同書は楽に拡まった。その補遺を見ても、異物に対する解放的性格がわかる。彼はヘブライ語、アラビア語、ギリシア語、カルデア語のアルファベット一覧表と、事項別に分類した詳細なアラビア語＝ドイツ語語彙集をつけているのである。肉体（頭から足の指まで）、社会的秩序（神、国王、農民、夫、妻）、天候、食物、地誌、動物、財政制度、産業と職業、一日の時間区分、船旅、親等、衣服、最後に例の重箱の隅をつつくようなやり方で数字がのっている。

すでに一五世紀末の外国交通は、案内と入国金によって計画的に統制されていた。巡礼たちはベトレヘムの生誕教会とかエルサレム門外のゴルゴタの丘のごとき、救済史にとってごく重要な場所だけでなく、むしろ伝統によって聖化され想像力をかき立てる瞑想的な場所、シオン山でいうなら、たとえば聖

Hye volgen nach ettlich gemeyn wört von sarracenischer sprach yn teutsche zungen verwandelt:

Sarratzenisch					
Ras	haubt	harck	glantz	hamar	esel
Sahaka	styrn	Rad	düner	baccara	kuw
Schar	har	barath	hagel	hekel	kalb
Ayn	aug	delß	schne	anse	geyß
Eden	or	Sijlith	yß	ganeme	schaff
Onff	naß	chobiß	brodt	wohke	ganß
Fom	mundt	corban	brodt	Ocke	ganser
Soffe	lefftzen	lahem	fleisch	Dic	han
Lesan	zung	yiobn	kese	tefese	henn
zcenn	zan	someck	vische	hemame	tub
Angk	halß	thayr	vogel	kepb	hundt
Mabka	kel	hellie	erweyß	kolpb	hundt
Sadar	brust	ful	bonn	est	lewe
Kalb	hertz	addes	lynsen	sebey	lewe
Kodet	leber	sayr	gerst	dubbe	ber
Rebd	lung	chamehe	getreyd	arnepb	haß
Bathan	magen	doffaha	apffel	dijb	wolff
Kreß	buch	engassa	pirn	katt	katz
zende	arm	thyne	fygen	fara	muß
yd	handt	batbich		maut	tod
zabeth	fynger	tabich	müß	meyet	todt
Daher	ruck	beyde	ey	nefftz	seel
Jomb	syte	enep	trub	gehennem	kranck
Salck	beyn	nebyd	wyn	meyba	kirchoff
Rocube	kny	vgwee	vas	caper	grab
Kabbeel	waden	ayn	brun	cas	kelch
Rekke	fuß	moy	wasser	keteb	büch
Behym	zehe	byr	cistern	bukel	altar
Tatrekke	solen	nabar	fluß	ducat	ducat
Alla	gott	hall	essig	denar	pfennig
Melack	engel	medine	statt	medin	madyn
Caddis	heylig	dayan	dorff	trirem	schyff
Sagithan	tuffel	carije	schloß	fluß	gelt
Meleck	konig	camisse	kyrch	syd	güt
Arab	herr	haykel	tempel	sarr	böß
Rabbe	frauw	bayt	huß	hellu	suß
Methesim	edell	huß	closter	morr	bitter
Vellah	buwer	barbo	turn	cayeß	schon
Villah	ackerman	tacka	fenster	abyas	wyß

ブライデンバハの旅行記の付録についているアラビア語＝ドイツ語語彙集.

母が日々祈りを捧げた所やイエスが弟子に説教するため座った石も見物している。

ブライデンバハはエルサレムの〈諸民族〉、諸宗派、諸宗教の入り混った状態を詳しく取り上げている。確かにユダヤ人、ギリシア人、エチオピア人、シリア人、トルコ人は批判的に述べられている。彼らは誤っている（救済者を知らなかったがゆえに、ことにユダヤ人）、彼らは高慢で《われらローマ派キリスト教徒を他の諸民族よりずっと》憎悪している（ギリシア人、この見方は一〇五四年の教会大分裂以来、そして一二〇四年のビザンチン攻略以後ますますもって不適切であろう）、彼らは奥さんを《わざと》閉じこめている（シリア人キリスト教徒）、と。このような見方は、初期キリスト教界の豊かな遺産を荒廃させた頑固な異端者どもが、東洋中を棲み家としていると嘆いている件りで、クライマックスに達する。

大半の巡礼は——例によって——一〇日後ヤッファで待機していたガレー船に乗り、帰国の旅につく。ブライデンバハと若き伯はもっと長く聖地にとどまるが、当地で二人はエルサレム在住のフランシスコ会士の世話になった。彼らは親切だったが、そろばん高い態度もほの見えた。折りにふれ、ブライデンバハは西欧のおえら方の名を挙げ、彼らが年々エルサレムのフランシスコ会士宛て振り込む金額をあげている。

帰路ブライデンバハと若き伯は遠回りして、シナイのカタリーナ教会と、カイロやアレクサンドリアを訪れようとする。一五人連れの団体に加わり——ほとんど騎士だったが、《数か国語を解する》二人のフランシスコ会士もいた——八月二四日夏のかんかん照りの真只中、二五頭のラクダを連れ出発する。そのほか九頭のラクダは地元案内人や荷物用に使われたのだろう。五日後ガザで宿が見つからず、旅人たちは《汚い中庭》に放置され、数昼夜野宿したが《憤懣やるかたなく、病気も幾つか発生した》。異教徒どもはいろいろな手でわれわれを騙したが、ついにわれわれの護衛者まで召使いやラクダを傭う件で彼らと結託した。砂漠を往く道中をブライデンバハは《この上なく悪い》と叙しているが、こまごまとした点はほとんど書いていない。一行は夜テントで寝た。病人の巡礼の身を考えねばならないのでのろのろ歩きしかできなかった。薪が見つからないので病人に暖かな食事を作ろうにも困難だった。《地に生える緑のものは何一つ見当らず、われわれはかさかさの草を根っこごと引き抜いた》。

カイロでは以下のような風景がブライデンバハの印象に残った。いかにもやすやすと《多くの人が頭上に台所道具をのせバランスをとりながら町の中を進むのを、われわれはこの目で見、実に驚いた。それは燃える火であり、たぎった鍋であり、肉の焼串だった》。住宅難のため、ヴェネチアの人口以上の人びとが路上で野宿を強いられている。一行も奴隷市場の横を通り過ぎた時、商人に目を付けられたことを、ブライデンバハは複雑な気持で回想している。この巡礼衆は売り物にならないとマムルーク王家の護衛隊員がいったら、そのうちお近づきになろうやと、例の奴隷商人たちが応じたのである。旅の一行は東洋風の蒸気浴とその贅をこらした大理石の内装に感銘をうけた様子だった。ブライデンバハは動物誌にも目を向け、ナイルのワニのことを書き、砂漠で見た未知の動物について尋ねている。案内人は彼の職業を知り、その聞きたがっている事柄がわかると、それは一角獣だと説明してやった。それは後で絵の中にも出てくる。ブライデンバハの旅行記は覚めた批判精神を示しており、そこには近代の旅行記に出てくるお伽噺はずっと少ない。

この旅行記にはなるほど偏見も少なくないが、しかし異物に対する開放性にもっと重点が置かれてしかるべきだろう。ブライデンバハはカイロからアレクサンドリアに至るナイル下りの途中見た諸都市、村々、地方の美しさを称讃している。陸から人や動物が船を曳っぱる光景を見て、マインツ司教座参事会員はラインの故郷を思い出す。カイロを叙述するに当たり彼は、私見によればこの世にカイロ以上の大都会はない、と無条件で最高級を使っている。彼はアラビア建築にも正当な評価を与えようとする。カイロのサルタン宮殿は、ドイツのウルムの町（ブライデンバハはヴェネチアへの旅の途上当市を通過している）がすっぽり収まり、同じくニュルンベルクの町が半分収まるほど壮大である。ここには高くそびえる塔を備えた豪華なモスクがたくさんある。ローマとの比較は行なわれない。ブライデンバハの考えでは、ローマにはカイロのモスクほどたくさんの教会がないからである。アレクサンドリアには立派な市の城壁があるが、荒れた町や朽ち果てた多くの建物との矛盾をブライデンバハは説明できない。

ナイル下りの旅で一行は恐喝や嫌がらせに合い、進んで持ち物を少し手放す気がなければ、全部失うことになるぞとほのめかされた。ある日のこと船は座礁し、まったく動かなくなる。彼らは料理した食物をもち合わせず、固いパンとナイルの濁り水しかない。ゾルムス伯が病気になり、暫く後でアレクサンドリアのミハエル教会に埋葬されねばならなかった事実は、この状況下では驚くに当たらない。驚くべきはむしろ、道中たった一人しか死ななかった方である。アレクサンドリアの門前にたどり着くと、そこは閉まっている。つらい思いで町を歩きまわり、別の門で通してくれるよう頼む。まんじりともせず不安な一夜を過した末、高い手数料を払ってやっと町中へ通してもらう。アレクサンドリアには多くの支配者や都市が自分の館をもっている。たとえばヴェネチアは二つ、ジェノバは一つある、と注意深くブライデンバハは断言している。

一行は一一月一五日アレクサンドリアを発つ。帰路はいろいろな点でついていなかった。季節は地中海の船旅にとってきわめて悪かった。八週間ほどかかってやっとヴェネチアに着く。ブライデンバハの乗った船はともかく、少なくとも敵方に悩まされないだけでも幸運だった。ヴェネチアとナポリ王の戦いのため、ヴェネチアの商船さえ拿捕されるほどだったからである。船には病気が発生したが、ブライデンバハはアレクサンドリアの悪天候のせいと説明している。荒海と逆風にもかかわらず、モードンを経由する。そこではドイツ人は同国人の館で大変な喜びようで歓迎されたからである。さまざまな難儀を蒙った末、コルフ、ダルマチアを経てヴェネチアに到着する。一四八四年一月八日当地でガレー船は、市民らが鐘を鳴らし喜びを表明するさなか、たくさんの三本マストの帆船に出迎えられた。ブライデンバハは無事帰国させてくれた神をたたえ感謝する。

ブライデンバハの旅行記は中世から近世にかけてのものである。苦労話が描かれているにもかかわらず、聖地への旅はこの間にどれほど型にはまった行動と化したか明らかになる。典型的な中世の巡礼の旅は気づかぬうちに、いかにも近世らしい教養の旅や騎士の旅へと移っている。ブライデンバハはパレスチナでは敬虔な心で聖なる場所を訪れたが、アレクサンドリアではそれと同じような注意深さで、アレクサンダーやポンペイウスを想起させる歴史的な証しにのめり込んでいる。彼は先入感に捕われることなく東洋の町の日常のこまごましたことを述べ、イスラム世界の偉大な業績をたたえている。異物に対するこのような開放的態度には、キリスト教教養人の進取の気性が読み取れる。彼は同胞に対し自分のよく知った対象に関する情報を与えようとするだけでなく——救い主が生まれ、十字架にかけられて死に、蘇ったことは、どのミサでも信条とともに繰り返される——、読者の好奇心を目ざめさせ、読者が異界に精通するような援助をも惜しまないのである。ともあれ、著作に添えられたアルファベットや語彙集はそのように理解される。他の文明や祭式を貶しめる言葉もなくはない。イスラム教徒は原則的に《異教徒》と表わされ、ユダヤ人やカトリック以外のキリスト教徒は目が眩んでいる、誤っていると思い込んで非難されている。ここには西欧の優越感が顔を覗かせている。旅人一行がヤッファに、後でアレクサンドリアに到着した時の経験、嫌がらせ、屈辱に合えば、あらゆる種類の信仰を異にする者に対する無意識の敵意や復讐心をかき立てられた。それなのに少なくともそのような仕打ちをする前にきっと、聖なる地とはいわぬまでものどから手の出るほど欲しい東洋産香辛料に手を伸ばす気になった。

職人と芸術家

職人と芸術家は——美術史家はしばしば両者を勝手に区別したが——自分の旅について詳細な手記はめったに残さなかった。中世には職人の遍歴記や確かな筋の記録はない。しかし仕事の分析や文献中に時たま現われる言葉をもとに、たとえば《大聖堂の普及》のために地図を描いたことはある。アミアン＝ブルジュ間、ル・マン＝ランス間の地域から、矢印が大胆な弧を描いて河川、山脈、海を越えてヨルク、トレド、ニコシア、プラハ、マクデブルク、ロスキルデ、ウプサラへと通じているのである。発展というものは確かにそれほど直線的にゆかないものだが、その手の地図から建築家、石工、ガラス絵描き、注文主、出資者のような——旅人が、ヨーロッパにおける典型的な大聖堂の急速な普及に一役買ったことがうかがえる。彼らの仕事は西欧世界を、ビザンチンやイスラムの印象を与える文化圏とは一味違うものにしよう、という点で共通している。

芸術家と職人がたいていの人びとより（もっと）活発に動きまわることは昔から目立っていた。自発的であれ、強制的であれ、歴史の流れの中で彼らは繰り返し異国でその業をいとなんだ。紀元前八世紀ユダヤの歌手や歌姫のような《スペシャリスト》は、エルサレムからアッシュールへ追放された。移動について《自発的》と《強制的》の境はしばしば流動的である。建築主の金がなくなれば、職人ははるか遠くの現場へ働き口を探しに行かねばならない。遠方の王侯の宮廷にお輿入れした姫君にお供したのは、聖職者や騎士だけでなく、職人や建築家もいた。かなりの長旅に腕のいい職人をお供に加えたのは、ヒルデスハイムのベルンワルトだといわれる。裕福な旅人は写本、美術品、着想を、旅や巡礼行や十字軍からもたらし、その土地の芸術家を刺激した。それと関連して、ヨーロッパにはエルサレムの聖墓教会を摸した教会がたくさんあることを言っておく。

大聖堂教会や修道院教会を建立しようと考えた人は、それにふさわしい専門の職人がやって来るか期待して見張ったものだ。その地の働き手があまりにも因襲にとらわれて新しいものに心を閉し、注文主の大胆な発想を計画し、実現に移すことができなかったことはよくあった。それゆえ、七世紀にアングロサクソンの王さまが石造建築の心得のある左官と建築家を、ガリアからイングランドへ招いた。一一世紀にパーデルボルンではギリシアの職人が働いていたし、プレモントレの最初の修道院ではドイツ人とフランス人の左官が、シュパイアーの大聖堂ではロンバルディア人の石工が、またウプサラの大聖堂ではフランス人の石工が作業に従事したのである。クサンテンでは一時職人はドゥエ、ウトレヒト、アントワープ、ブリュッセル、ミュンスター、ケルン、マインツ、トリーア、ニュルンベルクから斡旋された。教会建築の職人組合がそっくり移動したために、ラオンとシャルトルの大聖堂、アミアンとランスの大聖堂、シャルトルとシュトラスブルクの大聖堂の特徴が共通していることが見てとれる。ラオンの塔はバムベルクやナウムブルクの大聖堂建築のさいの模範として役立った。

旅の途中目につく変わったことを記録した芸術家は稀だった。幾つか残っている見本の一つはピカルディーの棟梁ヴィラール・ド・オンヌクールのものである。彼は一二三〇年ごろ当時の有名な大聖堂を研究し、自分の属する教会建築組合の所定の帳簿に重要なディテールを記録した。後世二、三の職人たちが語った言葉は——遍歴の最たる理由は好奇心とはるかなる土地への憧れである——おそらくヴィラールにも当てはまろう。彼がハンガリーまで足をのばしたことは証明されるが、さらに研鑽を積もうとみずから旅に出た。職人が少なくとも一年の遍歴時代を義務づけられたのは、近代になってから以降のことである。その遍歴時代は体験を積んだり交換したり、技術や決議（たとえば他の職人たちに不実な親方に気をつけるよう警告するため）を、効果的に、かつ広範囲に伝えるのに役立った。

西暦一〇〇〇年ごろから人間の移動を促進した情況は、職人や芸術家にも幸いした。富裕化が進むにつれ、美術品を注文し手に入れることのできるのは教会だけでなくなった。貿易や見本市による品物の交換、学生が公認の大学に殺到したための着想、書物、写本の交換、異文化に対する聖・俗の君主の開放性、修道会の《国際人》、政治的紛糾、軍事行動、そして王家の結びつき。以上のことを例をあげて具体的に説明しよう。シャルトルの大聖堂学校は発展して《国際的な》学者共和国となった。マクデブルク、トレド、ロスキルデのゴチック様式大聖堂がほぼ同時に建立されたのは、これらの地の大司教がパリでの勉学中、新しいゴチック美術を知ったことから説明がつく。十字軍遠征で西欧人は突如ビザンチンやイスラム芸術と邂逅した。聖王ルイは建築家を伴って聖地に赴いた。尖頭アーチ、十字格縁、束ね柱はゴチックの建築術に取り入れられるずっと以前から、アルメニアのキリスト教建築やイスラムの構造物に存在していた。フリードリヒ二世はキリスト教、ユダヤ教、イスラム教の文化圏から芸術家や学者を宮廷に集めた。南イタリアとシチリア島がシュタウフェン朝の神聖ローマ帝国に併合されたのと、ビザンチンが征服された（一二〇四年）おかげで、ビザンチンの建築術や芸術が中欧、北欧の芸術家に対し、これまで以上に強力な影響を及ぼすことができた。シトー会総会では建築術や造型美術の諸問題も討議され、修道会のためになるよう決定された。シトー会に属する職人たちは聖と俗の君主に非常に高く買われたので、皇帝や修道院長らは特別な課題には繰り返し専門家をわずらわせたものである。貸金業者や商人に伴われて、芸術家たちはイングランドからケルンへ、フィレンツェからブルージュにやって来た。

⚜遍歴の職人

中世も末になると、時には自分の生活を述べる職人や芸術家も出てくる。ここにはもと仕立屋だった男の《回想録》と、学のある金細工師にして画家の旅行記を紹介することにしよう。ネーデルラント各地でデューラーが受けた下へもおかぬ饗応を見れば、職人は旅の途中さも快適な生活を送ったかのような印象を与えかねないので、まずブツバハの徒弟時代と、修道院付き仕立屋として活躍した時代の苦い回顧を先に述べることとする。

一四七八年ミルテンベルクで生まれたヨハネス・ブツバハはさる《腕っこきの親方》に預けられた。二年間の徒弟時代のために彼の父親は、金貨六グルデンと布二〇エレを親方に前払いしている。多くの職人が親方の意地悪や侮辱を受けるよりはむしろ街道の危険にさらされた方がましだと思うのは、彼の回想録を読めば納得がゆく。ブツバハは《若者が肉体的にすっかり参ってしまう非人間的な夜なべ仕事》を回顧している。朝は三、四時から夜は九時一〇時まで、時には一一時一二時まで重労働しなければならない。彼は水運び、家の掃除、火搔き、用事で町の内外への使い走り、物日には借金の取り立てに悩まされた。親方やおかみさん、先輩の《口汚い言葉や、時にはもっとひどいげんこつ》も耐え忍ばねばならないし、おまけに寒さと炎暑、《絶望的な飢え》とのどの渇きにとことん耐えねばならない。彼がことにいやがったのは《商売用に使うため教会の灯明の臘をかき集めること、ありていにいえば盗むことであり》、彼がいつも無理やりやらされていたお客さんへの詐欺である。つまり、仕立台には《目》と称する一つの穴と、その下に大きな篭があった。この目の中へ端ぎれも、たっぷり余った残り地もぶち込まれた。客が文句をいおうものなら、《片目をいっぱいにするか、かぶせる程の布しか残りませんや》と冷たい答えが返ってくるのだった。それは《目》の下の篭の意で、仕立屋の目ではなかった。

こんな生活が職人の旅心をそそるのはうなずける。ブッバハはマインツに赴き、当地で修道院つき仕立屋を約束する口にありついた。ここでも単なる院内仕立業よりもっと沢山の仕事があった。朝は五時に香部屋に水運びをし、しばしばミサの侍者役を勤めねばならなかった。俗世の客を修道院でもてなす時、ブッバハは食卓で給仕せねばならぬ有様。毎週水曜日には家政をとりしきる執事とビンゲンへ行ったが、この地でいつも卵を二グルデン分買い、ほかの必要な買い物を片づけるためだった。修道院長が諸方の修道院を視察したり、ほかの修道士たちがフランクフルト、マインツ、クロイツナハ等々に旅立つ時も、しばしば同行した。《仕事を片づけるため、時には一人で旅に出たこともある。また修道士たちと葡萄つみや干草刈りをしたり、彼らが外へ説教しに行く時はお伴もしなくてはならなかった》。仕事日には朝四時、五時課のミサが始まるまでに教会に行っていなければならなかった。もし誰かがこれをさぼったり、告解に行かなかったりしたら、その人は《昼と夜合わせても二杯分にしかならぬ》葡萄酒の割り当てすら奪われてしまうのである。その上俗人たちはたいてい《修道士の飲み残し》と称する特別の樽から最後にしぼり粕の上に注がれた僅かばかりの葡萄酒をもらうのである。ただし祭日には彼らも食事と飲み物を修道士なみにあてがわれた。

あまり平穏無事とはいえぬこんな生き方をしたにもかかわらず、ブッバハはベネディクト会に入り、ネーデルラントで勉学の後ひとかどの人文主義者となったのである。

⚜アルブレヒト・デューラーの旅日記

デューラー家の旅好きは当り前のことだった。アルブレヒトの祖先はかつてハンガリーへ転居し、彼の父はそこからニュルンベルクに移り住んだ。アルブレヒトは一四九〇年から九四年にかけての遍歴時代バーゼル、コルマール、シュトラスブルクに足をとめた。九四、九五年と一五〇五年から七年まで二度ヴェネチアに旅をした。当地からデューラーはボローニアやフェララの町を知った。一五一八年にはアウクスブルクに向かい、一五一九年にはスイスに赴いている。その間彼はマクシミリアン皇帝をはじめとしてヤーコプ・フッガーや、チューリヒでは後の宗教改革家ツヴィングリらヨーロッパの名士の知己をえていた。皇帝のためには一五一二年から一五年まで制作したし、フッガーの肖像画を描き、アントワープ到着早々フッガー家の支配人に食事に招待される仲だった。デューラーは旅の途上数か国語をものにした。彼の日記によれば、ネーデルラントで、イタリア人、フランス人、ポルトガル人、ネーデルラント人と意志を疎通させるのになんの不便も感じなかった。

聖キリアン祭の後の木曜日に《私ことアルブレヒト・デューラーは費用は自前で、愚妻を伴いネーデルラントに向かいニュルンベルクを発った》。デューラーはとうの昔から国際的な評価をえていた芸術家の誇りを、紋切り型のへり下りの言葉のかげにまったく隠そうとしなかった。彼の自意識は《私ことアルブレヒト・デューラー》に始まる冒頭の部分、《費用は自前で》と強調した点に、そしてそもそも旅日記をたずさえ、その記録を人目に触れてしかるべきと考えていた事実に映し出されている。

しかし、いったいこの旅の目的は何だったのか。デューラーはマクシミリアン皇帝が生涯彼に贈ると約束し、そのつど故郷のニュルンベルク市から支払われるはずの年金を、新皇帝カール五世に確認してもらおうとしたのである。ほぼ五〇代になった彼がヨーロッパで享受していた名声を存分に味わうことも、彼にとって少なくとも同じように重要であったろう。

近代の刊本ならぎっちり印刷されて四〇頁はたっぷりあろうかという――彼の日記の中でデューラーは旅の経過、支出と収入、途上の注目すべき出来事をはっきりと記している。

旅の経過

一五二〇年の夏の盛り、七月一二日デューラーはニュルンベルクを出発している。まずバムベルクを経てフランクフルトまで旅し（七月二〇日）、さらにケルンまで舟行し（七月二五日）、そこから陸路アントワープに向かった(八月二日着)。当市を基地にして彼はネーデルラント中を旅した。当時のネーデルラントとは今日のベルギー、オランダ、フランス北部を含む国である。一五二一年七月三日アントワープから帰路についている。日記は七月一五日ケルン到着をもって終わっている。

デューラーは妻アグネス、女中ズーザンナとともに旅している。彼は自分の作品をたくさん持って行ったが、その売り上げで途中の糊口の資を賄い、パトロンや招待主に贈ろうとしたのである。贈呈した絵や版画の価値を、そのつど彼の日記中にグルデン貨で記録している。途中立ち寄ろうと思う友人知己には、ニュルンベルクからあらかじめ手紙を出しておいたらしい。おそらくアントワープ市のヨープスト・プランクフェルト方の宿もぬかりなく予約していたことだろう。

二日目デューラーはフォルヒハイムで通行税として二二ペニヒ支払わねばならない。ひょっとするとこの出銭のために、ますますおえら方から免税証や紹介状をもらう気になったのかも知れない。ともあれ彼はバムベルク司教を訪ね、作品を数点贈呈している。このような《贈呈》はお返しを期待しないものではなかった。《この方は私を客として招待され、免税証一通と紹介状三通を下さり、宿代を払っていただいたが、その宿で私は一グルデンほど使った》。後にアントワープでもおえら方の好意をえようとしていると、デューラーは率直に認めている。ある時彼はこう記している。《私はイングランド王のもとに住む天文学者ニコラウス氏の肖像画を描いた。この方はいろいろの点で私にとって実に役に立った》。

発行手数料として一グルデンかかった司教の証書が、バムベルク司教区をはるか越えた彼方まできわめて貴重なものであることが明らかになった。《私の免税状を見ると、税を取らずに通してくれた》と、繰り返しデューラーは記している――バムベルク＝フランクフルト間で二六度、フランクフルト＝ケルン間で一〇度。それゆえ、マイン河の通行税を勝手に徴収することはまかりならぬとの皇帝フリードリヒ・バルバロッサの判決は、発せられたにせよ長い間にわたって効果はなかった。

ラインの流域ではデューラーがバムベルクの証書を使っても、もはや以前のように事は順調に運ばなかった。エーレンフェルスで彼は支払わねばならなかった。二か月以内にそれに対する認可状を提示できるなら、《税関吏は金貨二グルデンを私に返してくれるという》。デューラーは二か月以上ずっと旅の空にあった。もしかすると彼は（ともかく金五グラム以上の）額の返還請求を、他人に頼んだのかも知れない。聖ゴアールの税関吏はこれまで本《免税証》でどんな扱いをうけたのかと尋ねたものだ。デューラーはこのあいまいさを利用し自分のためになるよう計った。《そこで私は税関吏に金は支払わない旨返答した》。ボッパルトのトリーア領の税関でも税を払わず通してくれた。《しかし、私は公の商品は携帯していない由の書きつけに、印章を押して提示しなければならなかったが、彼は快く通してくれた》。ラーンシュタインでは難なく通れただけでなく、なんと葡萄酒一缶を贈られた。この税関吏はデューラーと知己になれたことを喜び、マインツの大司教であり、選帝侯である方に推薦してくれるよう頼んだ。デューラー夫人はおそらく夫の作品を売りさばきに行った見本市の旅で、この男と知り合いだったのだろう。

一六世紀はじめマイン河下流に正式な定期航路があったことは明らかである。なぜならフランクフルトからマインツまで、デューラーはある日曜日《早発ちの船に》乗って行ったから。デューラーのこのルート地図を見れば、船旅は概して陸路の旅より速く、おそらくまた快適なことがまたもやわかる。ただし嵐の時は慎重にならなければならなかった。一五二〇年一一月アントワープからの旅の途上デューラーは、ケルンからライン河を下っていた。エメリヒで彼は《激しい暴風のため》やむをえず《足止めを食ってしまった》。デューラーはこの時間を《ご馳走を食べる》ことと、二枚の肖像画を描くことにあてた。この旅ではさらにまた、今度はマース河でそのような暴風に出合ったので、《われわれは百姓の馬を傭い、鞍もなしで》ヘルツォーゲンブッシュまで行かねばならなかった。

ゼーラントへの小旅行でデューラーは海の怖さを知る。アルネミューデンで下船しようとした折り、突然綱がちぎれ一陣の突風によって、船は沖合はるか流されてしまった。船に残されたのは老女二人、小僧を連れた《船頭》、そしてデューラーと彼のお伴のみ。《そこでわれわれは大声で助けを求めたが、誰も一か八かやってみようとする者はいなかった》。船頭は絶望のあまり髪をかきむしるだけだった。日記によれば、上陸した者たちはもう船を見捨ててしまったものの、〈陸者《おかもの》〉のデューラーは不安と災難のさなかにも冷静さを失わなかった。《そこで私は船頭に向かい、勇気をふるい起こして神に希望をつなぎ、今どうすべきかをよく考えろといった》。彼の力を借りて張った小さな帆と、陸から加勢のおかげで、危険は克服された。

陸路の旅は船旅よりゆっくりで金もかかり、腹立たしいことも多かった。バムベルク＝フランクフルト間（一部は水路もとったであろうが）を、御者は金貨六グルデンの運賃を取った。おまけに旅人の一行は食事と宿の費用がかかった。一日行程にしてはわりと近い所にある宿場に面した宿はかなり儲かった。後の帰路のこと、デューラーは御者とその小僧に、アントワープ＝ケルン間の路銀（《悪貨》一三グルデン、少なくとも金貨六グルデン）と食事代を借金したことが話題になっている。ブリュッセルでは御者が見つからなくて二日も無駄にした。《予約しておいた御者は私を運んでくれなかった、路銀の件で話が合わなかったからである》。旅日記の最後のところで、御者が《道に迷ったために》かなりの時間を空費したことを、デューラーは嘆いている。

これと比べれば、デューラーは長途の船旅を安く、また明らかにいらいらもなくすましている。フランクフルト＝マインツ間と、マインツ＝ケルン間に彼はそれぞれ一グルデン二ペニヒ、三グルデン払っている。そのほか荷物の積み下ろしに、（おそらく船頭の）《小僧》と、船の召使いにチップがかかった。

エメリヒで心ならずも滞在した折り、デューラーはざっとであるが食事の時間と内容のことをよく書いている。旅の途中やアントワープでは、朝や夕もいつもまるで正餐のようだった。あちこちの記述からデューラーは——現代の考えからすれば——パン、鳥、卵に、よく果物を食べ、ごく健康な食事をしたことがわかる。船では自炊の機会があったものか、マインツでも肉、卵、洋梨を船上で食べている。飲み物は記事の中では概して葡萄酒のようで、時にビールだった。世界的商業都市アントワープ滞在中デューラーはグルメの珍品——棒砂糖、まぶした砂糖、マルチパン——とフランス産、ポルトガル産の葡萄酒に魅せられた様子だった。たいていは幾ら金がかかったか、誰に招待されたかという報告で、一括して《ご馳走》が話題になることがしばしばあった。日記によれば、デューラーはうまい物を食べているのに、妻はよく《宿で》食べた。彼は宿の主人のもとで（飲み物は別勘定で、食事に二シュテューバー。妻と女中は《二階で自炊して食べた》らしい）、あるいはアントワープで他の人びとと会食した食事の回数を、あっけらかんとした率直さで正の字で記している。《私はしばしば（ジェノバの裕福な絹織物商）トマジン氏と食事すること正正丅度……このたびひとりで食事すること正正下度》。デューラーはたまに宿の主人に勘定を清算したが、あるじは客の作品を宿代代わりに受け取ったこともある。

宿について語るのはまれで、しかも大ざっぱである。なるほどときおり《感じのいい宿》と書かれているが、具体的にどんな快適さを褒めているのかわからずじまいである。食事の内容か、寝心地か、部屋の設備か、夜具の清潔か、はたまた（あるとして）衛生設備か。一度だけデューラーは宿での怒りを記録している。ある周遊旅行のさい彼は夜の安息をいささか奪われた。《一行は宿のあるじと交渉したがらちが明かなかった》、そこで夜中にまた旅立ち、翌朝途中で飲み食いして元気が出た。

出　費

飲食費、宿泊費、交通費がデューラーの旅行予算の最大の《ウエイト》をしめていた。が、それだけではすまないことは、デューラーがカール五世の戴冠式のためアーヘンへ旅立った時、一五二〇年一〇月の記録によって明らかだろう。《私はルターの小冊子を白貨五ペニヒで買った。また敬虔な人物ルターの有罪宣告を一ペニヒで。またロザリオを一ペニヒで。また帯一本二ペニヒで。また蠟燭一ポンドを一ペニヒで買った。私は食事代のため一グルデンを両替した。レーオンハルト・グローラント氏に大きな牛の角を贈らねばならなかった。ハンス・エープナー氏にヒマラヤ杉でできた大きなロザリオを贈らねばならなかった。靴一足に白貨六ペニヒ、髑髏《どくろ》に二ペニヒ、ビール代とパン代に一ペニヒ払った》。

注釈を若干。ラインの白貨一ペニヒは一五二〇年銀約〇・五グラムを含有していた。当時ケルンの大工の親方の名目賃銀は日に白貨五ペニヒで、それはもっとも重要なパン用穀物であるライ麦ほぼ二〇キロ分に当たる――一五二〇年ルターは彼の基本方針を展開した三冊の大著〈ドイツ国民のキリスト教貴族に寄す〉〈教会のバビロン幽囚について〉〈キリスト者の自由について〉を公けにしている。デューラーは日記中でこのルターに対して熱い共感を寄せているが、一五二〇年のはじめにすでに宗教改革者の説を奉ずることを表明している。彼の無味乾燥な記事は時としてルターとキリスト教徒の統一に対する情熱的な祈りとなっている。ヴィッテンベルクの修道士ルターの運命に関心をもつと同時に、ロザリオを買ったことに、《新》と《旧》の時代が共存しているのがわかる。帯は後に贈り物として使われた。牛の角と《ヒマラヤ杉でできた》ロザリオは彼が以前買っておいたものである。だから《支出》の項目でふれたのもうなずける。デューラーが牛の角とヒマラヤ杉のロザリオを《贈らねばならなかった》相手のエープナー氏とグローラント氏とはニュルンベルクの市参事会員で、カール五世の戴冠式のため帝国権標をニュルンベルクからアーヘンへ運んだ使節団の団員であった。彼のはっきりした記録によれば、デューラーは幾度も彼らから客として招かれ、《私はブリュッセルで故郷の町ニュルンベルクの方々と宿や飲食を共にしたが、彼らは一文も代を取ろうとしなかった。同じようにアーヘンでも二週間彼らと食事を共にした。彼らは私をケルンまで連れて行ってくれたが、私から一文も代を取ろうとしなかった》。戴冠式の時アーヘンではきっといつもより高値を覚悟しなければならなかったろう。――読書や仕事で蠟燭を必要とする者は自前でそれを手配せざるをえなかった。蜜蠟は安くなかったが、燃えるのにほとんど無臭性だったので蠟燭用に好んで使われた。日記によれば、デューラーは旅の途上めったに服を買わなかった。手袋については一度ふれているが、それは寒さしのぎというより戴冠式のステイタスシンボルだったろう。靴は新しいのを幾度も買わねばならなかった。長靴一足一グルデンしたが、四足の靴とほぼ同じ値段だった。高価な生地は買うか、もらうかしたが、わけても彼は外套を二着と立派な上着を作ってもらった。上着は仕立屋と毛皮屋がラクダの毛織物に高価な毛皮のふち飾りをあしらったものである。髑髏は象牙細工だったろう。デューラーは今日なら骨董品の部類に入るもの、また折にふれ人に贈ろうと思った（ないし贈らねばならなかった）もの、家への〈お土産〉にしようと考えたものを、あれこれ旅の途中で買いこんだ。磁石と象牙の櫛。ともかく《カルカッタの象牙製の塩入れ》二個には一グルデンずつ張りこんだ。ここで彼はつけ足しのようにインド産の品物にふれている（アメリカ産の品物については別の箇所で）。彼のネーデルラント旅行は、かのコロンブスやヴァスコ・ダ・ガマの航海からまだ三〇年と経っていなかった。

必需品の画材（絵筆、絵具、デッサン用木炭、板）の出費はデューラーにとって取るに足らぬものではなかった。彼は出会った多くの人の《肖像画を描いた》が、それは彼らに感謝の意を表したり、借金を棒引きにしてもらうためであった。たとえば、しばしば食事を共にしたポルトガルの王立商館のアントワープ支社長《の肖像画を木炭で描いた》と記している。ほかに――アントワープで港風景や頭像の――スケッチもしたが、それは手持ちの《スケッチブック》に収めた。手広い文通のために紙や羊皮紙やインクを買ったり、文使いに駄賃をやらねばならなかった。

《サービス》の項目では何はさておき交通費と山ほどある荷物の運搬をあげるべきである。アントワープでデューラーは慢性マラリアにかかった。一五二一年初夏彼は自分の病気回復と、妻の魂の救済のための出費を同時に書き留めている。《また私は医者に六シュテューバー払った。また浣腸代として女薬剤師に一〇シュテューバーのほか、薬局に四シュテューバー。妻の告解を聴いた修道士に八シュテューバー払った。アラス織そっくり一枚に八グルデン払った。また上等のアラス織一四エレ分に八グルデン支払った》。この項についても簡単な注釈をつけるとしよう。デューラーの時代、多くの医者はすぐれた見立てはしたが、適切な治療の手段をもたなかった。人はしばしば浣腸や瀉血（これは近代の知識に従っても昔から推測していたより健康に役立った）で満足せざるをえなかった。《妻の告解》とはおそらく二〇世紀になってもそのためになお文書による証明書が交付され、デューラー自身も一〇シュテューバーの払いと記している規定の復活祭の告解ではなかろう。《アラス織》とは中世後期ヨーロッパの織物生産の中心地の一つ、今日の北フランス、アラスで産した生地をさしている。二四シュテューバーはライン貨一グルデンに当たる。

デューラーはおえら方の使者に僅かなチップをやって、平気な顔で追い帰すことはできなかった。旅慣れた男デューラーは下の者がおえら方の気分やご機嫌、決定を左右しかねないことを心得ていた。彼が美術品や歴史的な都市を見物したり、町の景色を楽しもうと塔に登ろうとする時、チップが必要だった。デューラーにアーヘン市庁舎の戴冠の間や、ケルンで画家シュテファン・ロッホナーの祭壇を見せるたびに、市の衛丁は白貨二ペニヒをもらったのである。

《洗濯》についてはたったの一度だけ出費が記録されている。下着や寝具は女中のズーザンナか宿の者が洗ったらしい。風呂屋（ひげそりや、たぶん瀉血のためにも）や入浴、ことに昔からカール大帝が高く評価した温泉を訪れたと思われるアーヘンでの、入湯の出費が再三再四出てくる。最後にデューラーが賭けで負けたり（いつも三、四シュテューバー）、《賭けで勝った》（二グルデンが一度）金額と場所も、律気に記録されている。

旅の印象

ブリュッセルでデューラーはメキシコ産の黄金や白銀の装身具、武器、衣装などを見物し、感嘆おくあたわずといった体《てい》であった。《私は生涯この品々ほど心から嬉しいと思うものは何一つ見たことがなかった。これらの中に素晴しい芸術品を見、異国人の精緻な才に驚嘆したからである。当地で私が見た品々についてどういったらよいのかわからない》。彼がヨーロッパ外の芸術家の作品を称える感情の高ぶりは尋常ではない。《精緻な才》、つまり異国の人びとのきわめて繊細な精神を率直に評価するのはいかにもデューラーらしい。

当地でデューラーは筆舌に尽くしがたいという言回しを使っただけではなく、自分の印象をぴったり言葉でいい表わせないと認めざるをえない。彼は建築家の作品、(ブルージュ、ガン、メッヘルン、ブリュッセルの)都市建造物の調和、祝祭(アントワープの行進、カール五世の戴冠式)を礼讃する。彼が一瞥したのはベギン会士(《みずからの手で糊口を養い、特別な規則を守る未亡人たち》)、ミデルブルク修道院の内部(《えもいわれぬ素晴しい座席》)、また村の街道(エクローという《大きな村は舗装されていた》)、五〇人も中で寝ることができようかというブリュッセルの特大の寝台である。彼の筆から幾度も最高級が流れ出てくる。アントワープの市長邸のような家を《ドイツ全国で見たことがない》と、彼はあけっぴろげに認めざるをえない。ネーデルラントで観察した裕福さと華やかな文化を、説明するのに彼はこと欠かない。彼がアントワープを見て冷静に断言した言葉は、商人、芸術家や政治家との会話中で、とりわけフランドル、ブラバント、ヘネガウ及びアルトア地方を旅行しておのが目での当りにして知った全地域に当てはまる。つまり、《ここには金がうなるほどある》ということである。デューラーが二つの時代の境界に立つ人であることは、繰り返し明らかになる。その旅は――実行力、途中での観察、自己中心の詳細な記述から見れば――一六世紀から一八世紀にかけてはやった教養の旅や騎士の旅にふさわしい。しかし、たとえば魂の救済を気づかう点、まだ中世世界に住む人でもある。彼は（たぶん）ロザリオの祈りを捧げ、告解に行き、途中巡礼地を訪れている。数百年前の巡礼者のように、彼も聖遺物を見せてもらう。アーヘンで《私は皇帝ハインリヒの腕と、聖母の肌着、帯、その他の聖遺物を見た》。デューレンでは《聖女アンナのみ頭のある教会へ行った》。ケルンでは《聖女ウルスラの教会に行き、その墓に詣でた。そして聖処女ウルスラとその他の処女たちの偉大な聖遺物を見た》のである。

表敬

デューラーは旅発った時から歓迎を受けている。皆きそって彼と知己になり、もてなそうとする。マインツのさる友人は彼を料理屋に招いたが、そこのあるじは他人に勘定を払わせようとせず、《みずから私におごりたがった》。《彼らは私に大いなる敬意を表してくれた》との一つの主題が、日記中ライトモチーフのように流れている。《彼ら》とはバムベルク司教であり、ケルンのフランシスコ会士であり、芸術家であり、君主であった。学のある金細工師がしばしば同業者に招かれたからといって驚くに当たらない。アントワープ到着後数日してデューラー夫妻（と女中まで！）も、画家の組合から大市場にあるギルドハウスに招待されている。デューラーはこの晩彼に示された敬意にいたく感激した。王侯に対するがごとき敬意をもって彼は食卓に導かれる。《そこで人びとはさながら王侯を導く時のように両側に立ち並んだ。中には著名な上流人士もいたが、彼らはみな私に対していとも恭々しく深々とお辞儀をした》。食卓では《何もかも銀食器や他の高価な飾りとともに供され、ご馳走が》彼の目を奪った。夜もふけるとデューラーは《カンテラの光に照らされて》厳かに宿まで送られた。別れ際に接待者側は彼に好意も約し、《あなたのなさりたい事は》何をしても結構です、《われわれはみな喜んで手をお貸しします》といった。

デューラーを祝福するのに、世の大物にふさわしいもてなしをすべく世人は贈り物に力を入れた。アントワープ市参事会や大勢のおえら方も個人で彼に葡萄酒、遠国の装身具(珊瑚)、砂糖菓子、書籍、象牙のパイプ、オウムを贈った。彼の妻には高価な生地(ブラバントのビロード、極上の黒繻子)、金貨、薔薇香水、緑色の小さなオウムが贈られた。インドのカルカッタ産の布やモロッコ産のオウム――こうした贈り物を見れば今や人の旅心はヨーロッパ圏以外の地域へもかき立てられたことがわかる。

旅行中デューラーは最高の社交界に顔を出している。デンマーク王クリスチアン二世はデューラーに《木炭で肖像画を描いてもらい》、彼と会食することを重視した。クリスチアン二世が皇帝カール五世のために催した祝宴に、帰国途上のデューラーも客となっている。この宴席にはネーデルラントの摂政妃殿下やアラゴン王の未亡人も招かれていた。

そのような招待はデューラーがヨーロッパで受けていた評判を反映したものだった。彼は数十年かけ艱難辛苦して手に入れた名声を存分に味わいつくした。この旅の主な目標ではないにせよ、目標の一つは達成した。カール五世は彼にマクシミリアン皇帝から遺贈された終身年金を確認してくれたのである。計り知れぬ敬意や称讃と対照をなすのは、彼が旅を終えるに当たって日記に書きつけた全体的な評価である。《私はネーデルラントにおけるすべての行為、旅中の食事、商売その他のことで損をした。身分の高い人からも低い人からも、万事につけ損を蒙った》。デューラーが彼の日記に書きつけたことをひっくるめて判断すれば、この全体的評価は当をえていない。ことによるとそれは突然のマラリア罹患か、ささいな不運のせいかも知れない。しかし、妻が泥棒に財布を盗まれ、デューラー自身も途中で一グルデン紛失するような事件は、ニュルンベルクにいてもまったく同じように両人の身に起こるかも知れなかったのである。

デューラーのネーデルラント旅行は、近代の幕明けにヨーロッパの人びとの動きが非常に活発であったことを証明している。それは芸術家や精神界の大物の国際性も反映したものでもある。ライン下りの旅や巡礼となった時、彼は数世紀昔の伝統に従っていた。オウム、珊瑚、インドの布のような贈り物は貴重な珍品と見なされた。しかし、デューラーが日記に記録した書きぶりには、当然の敬意を表されてびっくり仰天したことではなく、満足を覚えていることが映し出されている。デューラーの日記を見れば、世に認められた有名な芸術家に対する、王侯、商人、人文主義者、芸術家による敬意の表し方、デューラーの対人関係とそれをどのようにつなぎとめたか、自分のうけた印象を文章化しようとした方法が明らかになる。以後の数世紀に考察されるべき事柄を少なからず——世界はさまざまに多様化しているが単一の文明に一本化したこと——デューラーはすでにネーデルラント日記中で、凹面鏡のように先取りしたことになる。

展　望

このようなテーマではおなじみの《成果》から共通点を求めることは難しい。叙述はどれも個別化を余儀なくされ、《かくかくしかじかだった》という記事にはどれも、限定の《しかし》がつく。

中世の旅――それは特定の階層の特権ではなかった。貧富、男女、老若を問わず、聖職者も俗人も街道に群がった。なるほどリシェーはランスからシャルトルへの旅行記で、彼の召使いは以前こんな長旅をしたことはないと書いているが、しかし多くの人びとは――ことに紀元一〇〇〇年ごろから――前よりひんぱんに旅に出たようだ。それどころか年に数回、たとえば遠近の巡礼地へ旅したらしい。

とりわけ婦人を脅かす危険については、はっきり承知の上で人は旅した。ことによれば、この点でもわれわれが考えるほど現代と大した違いはないのかも知れない。近代の集団観光客のおかげで追い剝ぎや海賊の悪事は蘇り、新たな生命をえたのだから。

たとえば橋の建設、救貧院の設備といった旅を促進するさまざまな施設ができると同時に、中世では遠隔地への巡礼、異国での勉学のような旅を禁じた。中世初期ボニファティウスは婦人連の遠方巡礼を禁止する策に賛成したし、中世の盛期にはペトルス・ヴェネラビリスは聖地旅行の意味に疑いをさしはさんだし、近代への過渡期になってもゼバスチアン・ブラントは全国を探ろうとする人びとを《阿呆》に数え入れている。ヨーロッパの多くの支配者や権力者は相反する規定が併存することを大目に見た。このような状況では――シナのような中央集権国家と異なり――結局世間に認められる定まった解釈はなく、かなり個人の勝手次第ということになった。

遍歴の修道士、王さまだろうと、商人だろうと学生だろうと――骨の折れる旅では健康、財産、生命を危険にさらすことに慣れっこになっていた。旅がごく当たり前のことになったので、人はどんな手段でも利用した。アイルランドの修道士たちは覆いもない小舟に乗ってアイスランドへ旅したし、スカンジナヴィア人はノルウェーからアメリカへ渡った。それを見れば、決定的なものは手段でなく、動機であったことがわかる。外洋航海に耐える船や艫《とも》の舵や羅針儀を使ったのは、ヨーロッパよりシナの方がずっと早かったが、この国の人は遠国を発見しようとする意志も好奇心も劣っていた。そのため新世界を発見したのは、文化的・技術的に勝れ、優越感にあぐらをかいていたシナではなく、発展途上のヨーロッパだった。

旅に出れば社会的な身分の違いはなくなった。誰もが炎暑や害虫、埃や病気に悩まねばならなかった。とはいうものの、裕福な者の方が栄養がいいために、いろいろな伝染病に抵抗力があったろう。身分の違いにもかかわらず――信仰や聖地巡礼も格差をなくす働きをしたが、それはたぶんキリスト教よりイスラム教の方が著しかった。メッカ巡礼者は――皮膚の色が白かろうと黒かろうと黄色だろうと、アフリカ出身だろうとアジア出身だろうと、王さまであれ乞食であれ、母国語がバーバリ語だろうとマレー語だろうと、まったくお構いなしに――すべてを包みこむ連帯体験と、神の好意を求める点で、意見を同じくすると感じていた。メッカ巡礼は長きにわたり中世、近代、そして現代を結びつける一要素となった。緊張や分裂にもかかわらず、イスラムの一体感はメッカ巡礼のため諸国間で、また《不信心者》に対して毎年新たに強固になる。

汝はなぜ旅をするのか、汝はなぜこんな艱難辛苦をしょいこむのか。多くの旅人はこんな問いに対し納得ゆく返答をするのは困難に違いない。たいていの人は人生を嘆きの谷と感じ、生の只中にあっても死に包まれていると見る。ふだん吹きさらしの小屋に住む者なら、河越えや山越えにびくつかないが、ときおり修道院のお振舞いにあずかるめあてがあればこの上ない誘惑となりうる。伝道師、国王、司教、教皇、戦士、職人、芸術家らは、なぜ自分たちが街道に群がるか心得ていた、ないし心得ていると思った。幾千もの人びとは——近代的な物いいをすれば——環境を変えたい、他の人びとは冒険をし、あわよくば獲物を手に入れたいと切に願っていた。また他の人びとは遠方でよりよい生活条件を探すため、十字軍や《義務的な旅》に参加する機会を利用した。東方移住を志した農民、職人、商人については、本書ではほとんど話題にならなかった。そのような人が最終的に故郷を捨てる前に、今日でもなお国外移住の希望者がするように、まず下見の旅をしたことだろう。ドイツ出身のロンドン市参事会員アーナルド・フィッツヘドマールの家族だけでなく、カンタベリー巡礼後この国に居残りを決心したのは、きっとほかにもいたと思われる。キリスト教徒とイスラム教徒の戦いで人口の減った北スペインにも、サンチアゴ巡礼者たちが新たに移住した。各大学の学籍簿や諸市の市民戸籍簿には、はじめ勉学や商売のためにやって来たのに、いつの間にか愛着を感じて新しい故郷に住みついた人びとの名前が、たくさん載っている。といっても、《古い》故郷との結びつきが絶ち切られたわけではない。だから宗教改革の信奉者がジーベンビュルゲン地方で急速に広まったのも、ハンガリー＝ドイツ間で学生や鉱夫、商人や修道士の往来があったればこそである。

旅とは基本的にはのんびりしたものなので、緊張状態をうまくそらすのに役立つ。短期的には女性も年に一度ないし数度の巡礼行で、家屋敷の仕事から解放され人びとの中にまじるだろう。中期的には数年にわたる息子の外国行きによって、それはもちろん帰国するつもりの話でだが、父子間の葛藤を緩和することができた。どん底生活の場合、農家が後とり息子にいい見通しを立てられない場合、意識的にせよ無意識にせよ、人びとは長期的にせっぱつまった状態を逃れた。緊張状態をそらそうと思ったのに、それをさらに引きずっていったに過ぎない人びとも間々いた。職人、鉱夫、商人、そして農民のような——求人需要の多い専門家がよりよい労働条件の要求を貫けなかった時、彼らの中できわめて行動力のある人びとが、合法、非合法を問わずさらに旅を続け、専門知識を広めるのに貢献した。彼らの要求は地元労働者の生活条件とは大きな隔りがあり、彼らを招いた人の期待に反することも稀ではなかった。彼らは新しい（往々古い方も）故郷の人びとより良い労働条件を享受したので、潜在的な葛藤をひき起こした。長い目で見れば、彼らはおしなべて現地の非特権階級の生活条件を改善するのにつくしたのである。

さまざまな言語、文化、宗教の人びとの出会いの成果は計り知れない。旅に出て人間が磨かれ、視野が広まり、先入感を捨て去ることもあろうし、また敵意をつのらせ民族的偏見をかき立てることもあろう。それをもっと良く知らねばならぬはずの人びとの狭量、いや嫌悪感について、文献はしばしば証言している。たとえば、巡礼案内書の著者がナヴァラ人の不自然な性交を非難したような——中傷ははるか古代に遡り、近代にも認められるところである。悪意は教養の問題ではない。それどころかペトラルカがライン地方の人びとを実に好意的に描写し、デューラーがインディオの芸術に最高の称讃を贈ったのは、ことによると例外かも知れない。西欧の偉大な歴史神学者の一人フライジング司教オットーは、一一四七年ハンガリーも知った。ほぼ一〇年後彼は回顧して、その国と住民の違いをでっち上げている。つまり、前者は優美で、富める国であり、神の楽園のように美しい。しかるに後者の風俗言語は野蛮で洗練されていない、《顔は醜く、目はくぼみ、身の丈は低く、風俗言語はどう猛な蛮人である》。この麗しの国が人間の皮を着た化け物——彼らをどうしても人間とは呼べないから——の手中にあるのは、運命を非難し、むしろ神の寛大さに驚嘆せざるをえない、と。

二分法で分類するのはしごく単純で、便利だった。サンチアゴ巡礼案内書では、片や《フランス国のわれわれ》であり、片やナヴァラ人、バスク人、カスティリア人だった。中世から近世にかけての過渡期には、こちらの《われわれ》とはヨーロッパ人、キリスト教徒、西欧人、善人、文明人……であり、あちらの《他人》とは蛮人、悪人……だった。自己の属する大グループの中にも思い上がりによって、いまなお追放され中傷される人びとがいるかも知れない。しかし非ヨーロッパ人との接触によって、ヨーロッパ人は彼らの共通性を知り、インディオ、インド人、シナ人のような非ヨーロッパ人に対する優越感を修正した。われわれは彼らについて多くを知らず、従って正しく評価することはできない。ポルトガルの上層部がインド人をいかように評価したかは、喜望峰を回る旅でヴァスコ・ダ・ガマにもたせた、現地の権力者あての贈り物によってわかる。インドのおえら方も、南アフリカ沿岸の《先住民》と同じような、つまらぬ物で喜ぶと思ったのであった。

しかし、この点でもわれわれは見分けねばならない。この上ない狭量と並んで——他の文化と比較し——見知らぬ物に対する異例の心の広さがヨーロッパ史を一貫して流れている。この率直さは、学習によりできれば教師を凌駕しようと志す生徒の願いともくらべられる。本書では知識欲という動機を強調した。見知らぬ国々を探り、見知らぬ民族と知り合いになりたいとの願望は、さまざまの形で現われた。

ヒルデスハイムのベルンワルトのごとき司教は、道中目新しい物に注意を払わせるべく、腕のいい職人を供に加えた。ヨーロッパの芸術家たちはビザンチンとイスラムの芸術作品を学び、それを東洋の芸術家、建築家と同化させようとした。ブライデンバハがその報告にそえた語彙集やコロンブスの航海日誌を見れば、外国語の習得によって《よそ者の》世界に、彼らの思想、文化に通じる道を手に入れようと願ったことがわかる。しかも、それは搾取とか利益といった関心からだけではなかった。中世後期にアラビアやシナの大学で同じような《西洋学》が行なわれるよりずっと前に、各大学でも後の専門領域《東洋学》の基礎が築かれた。

宗教改革のため、ある点では旅という活動はとだえ、《新しい信仰》のサークルの間では遠方巡礼地への旅は忘れ去られた。しかしすでに宗教改革期以前から、別のタイプの旅が絶え間なく行なわれた。騎士の旅では巡礼たちが訪れたと同じ目的地を訪れることがしばしばあった。今ではもはや免罪や聖人の代願をえようとするのではなく、この聖人たちのため古い世代の人びとが創り出した、造型美術の作品にまみえようと思ったのだ。《旧い信仰》のサークルでは突如として巡礼の旅の重みが増した。仲介者としての聖人の役割と秀れた作品の治癒力に寄せる自分の信仰を、これ見よがしに示したからである。

旅の影響について語る者は、物質的なものを見落としてはなるまい。一世紀続いた係争中、新世界から渡来した栽培植物がキビ粥を駆逐し、ココアとパイナップル、トマトと香辛料のため献立プランは豊かになった。ハンモックのおかげで、海の旅人は揺れる船内でも楽に眠れるようになった。アメリカから煙草も入り、煙草と珈琲がアルコールを（幾分か）駆逐した。近代におけるヨーロッパの大いなる成果は、人間の労働力と創作力が――以前と違い――アルコールによって麻痺されず、珈琲と煙草を愛用することによって刺激されたことからも説明できよう。

中世で何百万もの人が旅したことは共通性を形成するのに役立ち、それは今日に至るまで尾を引いている。《国際人》によって西欧は緊密に結びついた。総体的には貴族、教会の国際人、個別的には修道会の国際人、そして商人、巡礼、ユダヤ人、職人、石工、芸術家、教養人、法学者のそれによって。彼らは人間、書簡、考え、写本、品物を交換し、領国や言語や文化を越えて対話を交すことによって生きた。修道士（たとえば修道会総会で）や商人（たとえば大見本市で）の出会い、学位が西欧キリスト教圏ならどこでも通用する遠い大学への学生の遍歴は、ヨーロッパが単なる地理的概念以上のものになるのに、大いに貢献した。西欧は網の目のように結びつけられ、共通ヨーロッパの〈われわれ〉という感情が生まれた。このことは思い上がりから《よそ者》に対して扉を閉ざす時は否定的な効果を発揮し、上に述べた《国際人》のメンバーに、たとえ住み家は変わっても異国暮らしの印象を与えない時は、肯定的な効果を発揮した。人文主義者は仲間や好きな写本や本と一緒なら、フィレンツェでもパリでもハイデルベルクでもロンドンでも同じように、《家にいる》と感じた。――それでもペトラルカのような人は郷愁を禁じえなかった。

中世で共通性が形成されたのは、数百万の人びとが集中的に旅という活動をしたおかげでもある。その共通性は長い目で見れば、一六、七世紀の信仰告白の境界より強く、一九、二〇世紀の諸国家の境界よりしっかりしており、われわれの時代の《鉄のカーテン》より強固であった。

⚜訳者あとがき

本書は左記の全訳である。

Norbert Ohler : Reisen im Mittelalter（Artemis Verlag，München, 1986）

この本は中世の旅のエンサイクロペディアともいえ、旅を通して見た中世史ともいえよう。この場合中世とは西暦五〇〇年から一五〇〇年ごろと、ほぼ一千年の期間が設定される。具体的にいえば、聖ボニファティウスの伝道の旅から、芸術家アルブレヒト・デューラーがネーデルラントに赴いた旅までのさまざまな旅が述べられる。この間巡礼や聖職者、十字軍士、君主諸侯、商人、使者、遍歴学生、職人、発見の旅の冒険者ら、中世史を彩る主役たちが街道を往来し、山河を越え、道なき道を行き、そして大海を渡って行った。

本書は構成上、第I部と第II部に分かれている。前者は総論で、後者は各論ととることができる。つまり、第I部では旅にかかわる一般論、旅の装備、四季による旅のあり方の違い、旅の供としての動物、さまざまな形の宿、水路か陸路かのコース、異文化と接触した際のコミュニケーション手段などが述べられている。第II部では旅人たちの具体的な旅の諸相が描かれている。聖地サンチアゴ・デ・コンポステラ詣での巡礼者たち、マルコ・ポーロ、イブン・バットゥータ、コロンブス、ペトラルカからの旅である。私は内容から判断し今回はじめて試みたのだが、冒頭から順次訳さず、その時々の気分で興味をひいた章から翻訳を進めていった。変則的かもしれぬ方法だが、結果的に予定より早く本書の翻訳作業を終えることができた。その個人的な体験から、読者諸氏も順序にこだわることなく、目次や索引から関心のある章を選び出し、読まれるのも一法かもしれない。

第I部、第II部とも著者オーラーはいかにも歴史家らしく、少なからず文献に語らせる方法をとっている。内容的に宗教的要素がやや強いように見えるが、それは著者の個人的傾向もあるかもしれないが、それ以上に中世が神に支配された時代であることによると解したい。旅は難儀なものと知りつつ、にもかかわらず旅立たねばならぬ人が、中世には多かった。中世一千年の旅の形態を大きな流れから見れば、初期は宣教や巡礼のキリスト教的動機から発した旅から、新しい物、未知なる物を求めての知的好奇心に惹かれた旅への転換が、本書から読み取れよう。そして時とともに、中世人にとって世界は飛躍的に拡大していった。日本やアメリカも視野に入れれば、当然彼らの世界観も変わらざるをえない。このように著者は旅人の目を通して、ヨーロッパ中世の世界像が確立されていった過程を描こうとしたのである。

私事で恐縮だが、本書の翻訳中ヨーロッパに旅する機会があった。その際本書で述べられた中世の旅人の関心事が、現代の旅行者のそれに通じるものがあることを痛感させられた。確かに航空機という魔物によって旅の形は大きく変わった。直行便なら一日にしてヨーロッパにたどり着けるご時勢となった。しかし、中世人の発した、今夜どこで泊まれるだろうか、どうしたら受け入れてもらえるだろうかの問いは、そのまま私にも当てはまった。私も宿をえるべく、中世人と同じ不安を抱いて、毎日観光案内所を訪れたものである。幸い野宿する羽目にはならなかったが、宿の件は旅人にとって古くて新しい永遠の問題である。

旅人は本書中にも力説されているように、神であると同時に仇敵であるとの、両極の間を揺れ動いた。

旅するよそ者を受け入れる者は、私を受け入れることになる、との新約聖書中のイエスの言葉によって、キリスト教世界では旅人へのいたわりの心が普及している。その反面旅する異邦人は呪いや災厄をもたらす敵として、問答無用で殺されてもよい存在でもあった。このように旅とは基本的に危険に満ちあふれたものであり、誇張でなく死と隣り合わせであった。中世なら森の獣や追い剝ぎ、悪い水や道路、飢餓、病気、極悪の役人や渡し守……。私自身も旅先で多くの慈悲や親切心に触れた反面、すりや強盗に襲われる恐れなきにしもあらずであり、最悪の場合は飛行機が墜落することもあったのである。

ここで著者ノルベルト・オーラー氏について紹介しておきたい。氏は一九三五年に生まれ、一九五五年から六年間フライブルク、フランクフルト、グルノーブルの各大学で、歴史とフランス語を研究してきた。その後助手やギムナジウムの講師をへて、一九六七年以降フライブルク大学の歴史学講師を勤めている。氏の関心の中心はやはり中世史にあり、中世の都市史や経済史、また巡礼制度についての論文を数多く出している。著書には本書のほか、『歴史家のための計量的方法(一九八〇年)』、『チューリンゲンの聖女エリーザベト(一九八四年)』などがある。氏からの連絡によれば、一九八六年に初版の出た『中世の旅』は多くの読者をえたらしく、同八八年に再版が出た由。現在フライブルク近郊ホルベンで研究と著述の生活を送っているとのことである。

なお本書中には旅に関する興味深い図版が多数収められている。年表や索引と合わせ、ご参照いただけたら幸いである。また本書の訳者にはヨーロッパのみならず、非ヨーロッパの中世についての該博な知識が要求されるのに、残念ながらわが知識はあまりにも貧しい。訳語の妥当性も含め、読者諸氏の厳しいご批判、ご叱声をお願いする次第である。

また横浜国立大学名誉教授永野藤夫先生も本書の翻訳を計画され、翻訳権取得の交渉までされた、と後で知人を介して聞いた。その偶然に驚きつつも、それだけ意義のある著作の訳業にたずさわれたことを喜びとしたい。本書が中世史と旅に関心をもつ読者にとっていささかの刺激ともなれば、幸いである。

本書が世に出るに当って、いつものことながら法政大学出版局稲義人氏、秋田公士氏の暖かいご配慮をいただいた。心から感謝を捧げたい。

一九八九年　初春

藤代幸一

索　引

ア 行

カ 行

サ　行

タ　行

ナ　行

ハ　行

マ　行

ヤ 行

ラ 行

ワ　行

参考文献

中世の参考文献はほとんどドイツ語訳があることでもあり，本書の読者がそれを研究するよう刺激を受けたら著者としては嬉しい．また博物館を訪れた折り，旅の現実の姿を描いた造形美術の作品に読者が注意を向けられたり，歴史的な諸都市を見物するさい，中世の旅人の身になっていただけたら，私にとっては喜びこれに過ぎるものはない．

読者諸氏が場所，時代，出典，旅人の社会的地位による分類を希望されたとしても，テーマが10世紀間の実に多岐にわたるものであり，かつ現存する専門文献がたくさんあるので，単純化せざるをえなかった．やろうと思えば，各節とも詳細な準備作業をする価値はあっただろう——かずかずの出典の妥当性や多くの著者の信憑性の度合いを知るためにも．しかし，限られた時間内に作業を終えねばならなかったので，そのような仕事は行なわなかった．私は当初の予定より頻繁に間接的に引用し，翻訳，翻案，さし絵に頼らざるをえなかった．

以下に私が恩恵を受けた参考文献をあげる．この一覧を見ても，私の作業にとって辞典などの参考書類，ハンドブックなどがどんなに貴重だったか漠然としか分からないであろう．たとえば，マルコ・ポーロやデューラーについて個々の叙述を文献によって証明しようとしたら，本書の予定頁の枠をはるかに越えてしまっただろう．

略語説明

AQ：フォン・シュタイン男爵記念版．ドイツ中世史文献選集．ダルムシュタット
ND：リプリント

①Abaelard: Die Leidensgeschichte und der Briefwechsel mit Heloisa. Üb. und hg. von Eberhard Brost. Heidelberg [4]1979

Altdeutsche Gespräche, in: Die althochdeutschen Glossen, gesammelt und bearbeitet von Elias Steinmeyer und Eduard Sievers. Bd. 5, Berlin 1922

The Anglo-Saxon Chronicle. Üb. und hg. von G. N. Garmonsway. London, New York 1975

Atlas der Entdeckungen. Die großen Abenteuer der Forschungsreisen in Wort, Bild und Karte. Text von Gail Roberts. München 1976

Atlas zur Kirchengeschichte. Die christlichen Kirchen in Geschichte und Gegenwart. Bearb. von Jochen Martin. Freiburg, Basel, Wien 1970

Die Reise des Arabers Ibn Batuta durch Indien und China (14. Jahrhundert). (Bibliothek denkwürdiger Reisen 5). Bearb. von Hans von Mžik. Hamburg 1911

②The Travels of Ibn Battuta. A. D. 1325–1354. Translated with revisions and notes from the Arabic text edited by C. Defrémery and B. R. Sanguinetti by H. A. R. Gibb. 1–3. (Works issued by the Hakluyt Society Second Series No. 110, 117, 141). Cambridge 1958, 1962, 1971

Beda der Ehrwürdige: Kirchengeschichte des englischen Volkes (Texte zur Forschung, Bd. 34). Hg. und üb. von Günther Spitzbart. Darmstadt 1982

Die Regel des heiligen Benedictus, üb. von P. Franz Faeßler, in: Die großen Ordensregeln, hg. von Hans Urs von Balthasar, Zürich, Köln ²1961

De Sancto Benedicto, Fundatore pontis Avenionensis, in: Acta Sanctorum, Aprilis II, Rom 1866

Ekhart Berckenhagen: Schiffe, Häfen, Kontinente. Eine Kulturgeschichte der Seefahrt. (Veröffentlichung der Kunstbibliothek Berlin 91) Berlin 1983

Das Leben des heiligen Bernhard von Clairvaux (Vita prima). Hg., eingeleitet und üb. von Paul Sinz. (Heilige der ungeteilten Christenheit) Düsseldorf 1962

③Giovanni Boccaccio: Das Dekameron. Üb. von Karl Witte, durchgesehen von Helmut Bode. Nachwort von Andreas Baur. München ¹⁹1979 (I, 2 Jude Abraham; II, 2 Kaufmann Rinaldo; II, 5 Blauäugiger Freier; IX, 6 Gelegenheitswirt)

Briefe des Bonifatius; Willibalds Leben des Bonifatius nebst einigen zeitgenössischen Dokumenten. Bearb. von Reinhold Rau (AQ IVb). 1968

④ Arno Borst: Lebensformen im Mittelalter. Frankfurt/M., Berlin 1973

Marjorie Nice Boyer: Medieval French Bridges. A History. Cambridge, Mass. 1976

Bernhard von Breydenbach: Die Reise ins heilige Land. Üb. und Nachwort von Elisabeth Geck. Wiesbaden 1977

Bernardo Gomes de Brito: Portugiesische Schiffbrüchigenberichte 1552–1602. Hg. und üb. von Andreas Klotsch. Leipzig, Weimar 1985

Carlrichard Brühl: Fodrum, Gistum, Servitium Regis. Studien zu den wirtschaftlichen Grundlagen des Königtums im Frankenreich und in den fränkischen Nachfolgestaaten Deutschland, Frankreich und Italien vom 6. bis zur Mitte des 14. Jahrhunderts. Köln, Graz 1968

Aus des Johannes Butzbach Wanderbüchlein, in: Quellen zur Geschichte des deutschen Handwerks, hg. von Wolfram Fischer (Quellensammlung zur Kulturgeschichte 13). Göttingen 1957

Johann de Plano Carpini. Geschichte der Mongolen und Reisebericht

1245–1247. Üb. und erläutert von Friedrich Risch (Veröffentlichungen des Forschungsinstituts für vergleichende Religionsgeschichte an der Universität Leipzig. II. Reihe, Heft 11). Leipzig 1930 (mit Beglaubigungsschreiben Papst Innozenz' IV. vom 5. März 1245)
Lionel Casson: Reisen in der Alten Welt. München 1976
Aus dem Geschichtswerk des Laonikos Chalkokondyles, in: Europa im XV. Jahrhundert von Byzantinern gesehen (Byzantinische Geschichtsschreiber II). Graz, Wien, Köln ^{2}1965
⑤Geoffrey Chaucer: Die Canterbury Tales. Üb. und hg. von Martin Lehnert. München 1985
Pierre Chaunu: L'expansion européenne du XIIIe au XVe siècle. Paris 1969
Wolfram Claviez: Seemännisches Wörterbuch. Bielefeld, Berlin 1973
Fritsche (Friedrich) Closeners Chronik. 1362. In: Die Chroniken der oberrheinischen Städte. Straßburg. 1. Bd. (Die Chroniken der deutschen Städte vom 14. bis ins 16. Jh., 8. Bd.). Leipzig 1870, ND Göttingen 1961 (u. a. zu den Geißlern)
⑥Christoph Columbus: Schiffstagebuch. Üb. von Roland Erb. Leipzig 1980
Ernährungslehre und Diätetik. Ein Handbuch in vier Bänden, hg. von Hans-Diedrich Cremer, Ludwig Heilmeyer u. a. Stuttgart, New York 1972–1980
Diercke Weltatlas. Braunschweig ^{181}1974
Dokumente zur Geschichte der europäischen Expansion. Bd. 1: Die mittelalterlichen Ursprünge der europäischen Expansion. Hg. von Charles Verlinden und Eberhard Schmitt. München 1985
Herbert Donner: Pilgerfahrt ins Heilige Land. Die ältesten Berichte christlicher Palästinapilger (4.–7. Jh.). Stuttgart 1979
Winfried Dotzauer: Deutsches Studium in Italien unter besonderer Berücksichtigung der Universität Bologna, in: Geschichtliche Landeskunde Bd. XIV, Wiesbaden 1976
Albrecht Dürer: Schriften und Briefe. Hg. von Ernst Ullmann. Leipzig 1978, Berlin 1984
⑦Eike von Repgow: Der Sachsenspiegel. Hg. von Claudieter Schott. Zürich 1984
⑧Einhard: Leben Karls des Großen. In: AQ V. 1955, ND 1980
Ekkehard IV. St. Galler Klostergeschichten. Üb. von Hans F. Haefele. (AQ X), 1980
Europäische Wirtschaftsgeschichte. Deutsche Ausgabe hg. von Knut Borchardt. Bd. 1: Mittelalter. Stuttgart, New York 1978
F. M. Feldhaus: Die Technik. Ein Lexikon. 1914, ND München 1970
⑨Historia von D. Johann Fausten, dem weitbeschreyten zauberer und Schwarzkünstler. Hg. von Richard Benz. Stuttgart 1964

Adolph Franz: Die kirchlichen Benediktionen im Mittelalter. 2 Bde. 1909, ND Graz 1960
Kaiser Friedrich II. in Briefen und Berichten seiner Zeit. Hg. und üb. von Klaus J. Heinisch. Darmstadt 1968
Frutolfs und Ekkehards Chroniken und die anonyme Kaiserchronik. Üb. von Franz-Josef Schmale und Irene Schmale-Ott (AQ XV). 1972
Vasco da Gama: Die Entdeckung des Seewegs nach Indien. Ein Augenzeugenbericht 1497–1499. Hg. von Gernot Giertz. Stuttgart ²1986
Gastfreundschaft, Taverne und Gasthaus im Mittelalter. Hg. von Hans Conrad Peyer unter Mitarbeit von Elisabeth Müller-Luckner (Schriften des Historischen Kollegs. Kolloquien 3), München, Wien 1983
Pietro Gerbore: Formen und Stile der Diplomatie. Reinbek b. Hamburg 1964
Rudolf (Raoul) Glaber: Les Histoires, in: L'An Mille, üb. und hg. von Edmond Pognon. Paris 1947
James Graham-Campbell: Das Leben der Wikinger. Krieger, Händler und Entdecker. Berlin, Hamburg 1980
Gregor von Tours: Zehn Bücher Geschichten (Fränkische Geschichte). (AQ II/III). 5. bzw. 6. Aufl. 1977 bzw. 1974 (III, 15 Flucht)
⑩ Die Geschichte vom starken Grettir. Eine altisländische Saga. Üb. von Paul Herrmann. Düsseldorf, Köln 1958
Herbert Grundmann: Religiöse Bewegungen im Mittelalter. Darmstadt ³1970
Handbuch der deutschen Wirtschafts- und Sozialgeschichte. Hg. von Hermann Aubin und Wolfgang Zorn. Bd. 1. Stuttgart 1971
Handwörterbuch zur deutschen Rechtsgeschichte. Bd. 1 ff., Berlin 1971 ff.
Henry Hersch Hart: Vasco da Gama und der Seeweg nach Indien. Bremen 1965
⑪ Hartmann von Aue: Der arme Heinrich. Hg. von Friedrich Neumann. Stuttgart 1964
⑫ Ders.: Erec. Mittelhochdeutscher Text und Üb. von Thomas Cramer. Frankfurt/M. 1977
Vera und Hellmut Hell: Die große Wallfahrt des Mittelalters nach Santiago de Compostela. Tübingen 1964
Kaiser Heinrichs Romfahrt. Die Bilderchronik von Kaiser Heinrich VII. und Kurfürst Balduin von Luxemburg 1308–1313. München 1978
Heinrich von Lettland: Livländische Chronik. Üb. von Albert Bauer. (AQ XXXVI). 1975
Helmold von Bosau: Slawenchronik. Üb. von Heinz Stoob. (AQ XIX). ⁴1983
Johannes von Hildesheim: Die Legende von den Heiligen Drei Königen. München 1963

Historischer Atlas der Schweiz, hg. von Hektor Ammann und Karl Schib. Aarau 1951. Karte 17: Die großen Verkehrsstraßen des Mittelalters
Juden im Mittelalter. Eingeleitet und zusammengestellt von Dieter Berg und Horst Steur (Historische Texte, Mittelalter 17). Göttingen 1976
⑬ Homer: Die Odyssee. Üb. von Wolfgang Schadewaldt. Zürich 1966
Der Jakobsweg. Mit einem mittelalterlichen Pilgerführer unterwegs nach Santiago de Compostela. Ausgewählt, eingeleitet, üb. und kommentiert von Klaus Herbers. Tübingen 1986
Joinville: Histoire de Saint Louis, in: Historiens et Chroniqueurs du Moyen Age. Ed. Albert Pauphilet und Edmont Pognon. Paris 1958
Karl der Große. Lebenswerk und Nachleben. Hg. von Wolfgang Braunfels. 5 Bde. Düsseldorf 1965–1968
Othmar Keel u. a.: Orte und Landschaften der Bibel. Ein Handbuch. Bd. 1: Geographische Landeskunde. Einsiedeln, Zürich, Köln, Göttingen 1984
Die Kreuzzüge in Augenzeugenberichten. Hg. und eingeleitet von Régine Pernoud, Deutsch von Hagen Thürnau. München [2]1972
Karl Kroeschell: Deutsche Rechtsgeschichte. Reinbek b. Hamburg 1972/73
Kulturgeographie. Bearb. von Julius Wagner (Harms Erdkunde Bd. IX). München, Frankfurt u. a. [4]1969
Lampert von Hersfeld: Annalen. Üb. von Adolf Schmidt. (AQ XIII) 1973
Wolfgang Lautemann, Bearb.: Mittelalter (Geschichte in Quellen Bd. II). München 1970
Lebensbeschreibungen einiger Bischöfe des 10.–12. Jahrhunderts. Üb. von Hatto Kallfelz. (AQ XXII) 1973. – Enthält: Leben der (Erz)Bischöfe Ulrich von Augsburg, Bruno von Köln, Bernward von Hildesheim, Benno II. von Osnabrück, Norbert von Magdeburg, Albero von Trier
⑭ Die Legenda aurea des Jacobus de Voragine, aus dem Lateinischen üb. von Richard Benz. Köln und Olten 1969
Jacques Le Goff: Kultur des europäischen Mittelalters. München, Zürich 1970
Albert C. Leighton: Transport and Communication in Early Medieval Europe AD 500–1100. Newton Abbot 1972
Lexikon des Mittelalters. Bd. 1 ff. München und Zürich 1977 ff.
Liudprands Werke, in: Quellen zur Geschichte der sächsischen Kaiserzeit. Bearb. von Albert Bauer und Reinhold Rau. (AQ VIII) [2]1977
Friedrich Ludwig: Untersuchungen über die Reise- und Marschgeschwindigkeit im XII. und XIII. Jahrhundert. Berlin 1897
Frédéric Mauro: Die europäische Expansion (Wissenschaftliche Paperbacks 17). Stuttgart 1984
Hans Eberhard Mayer: Geschichte der Kreuzzüge. Stuttgart [5]1980
Hanna Molden: Arlberg. Paß, Hospiz und Bruderschaft. Wien 1986

Der Nibelunge Noth und die Klage. Hg. von Karl Lachmann. 1878, ND Hamburg 1948.

⑮ Das Nibelungenlied. Üb., eingeleitet u. erläutert v. F. Genzmer. Stuttgart 1956

Otto Bischof von Freising: Chronik oder Die Geschichte der zwei Staaten. Üb. von Adolf Schmidt. (AQ XVI) ^{4}1980

Ders. und Rahewin: Die Taten Friedrichs, oder richtiger: Cronica. Üb. von Adolf Schmidt, hg. von Franz-Josef Schmale. (AQ XVII) ^{2}1974

Francesco Petrarca. Dichtungen, Briefe, Schriften. Auswahl und Einleitung von Hanns W. Eppelsheimer. Frankfurt/M. 1956

Petrus Damiani: Sermo de S. Nicolao episcopo et confessore. In: Migne, Patrologia latina, Bd. 144, Paris 1853

Physische Geographie. Bearb. von Julius Wagner (Harms Erdkunde Bd. VIII). München, Frankfurt u. a. ^{6}1971

⑯ Marco Polo: Il Milione. Die Wunder der Welt. Üb. aus altfranzösischen und lateinischen Quellen und Nachwort von Elise Guignard. Zürich 1983

⑰ Plutarch: Römische Heldenleben. Üb. und hg. von Wilhelm Ax. Leipzig 1934

Edgar Prestage: Die portugiesischen Entdecker. Bern, Leipzig, Wien 1936

Prokop: Gotenkriege. Griechisch-deutsch, hg. von Otto Veh. München 1966

Quellen zur Geschichte des deutschen Bauernstandes im Mittelalter. Hg. von Günther Franz. (AQ XXXXI) ^{2}1974

Quellen zur deutschen Verfassungs-, Wirtschafts- und Sozialgeschichte bis 1250. Ausgew. und üb. von Lorenz Weinrich. (AQ XXXII) 1977

Quellen zur Hansegeschichte. Hg. von Rolf Sprandel. (AQ XXXVI) 1982

Reallexikon der Germanischen Altertumskunde. Bd. 1 ff., Berlin, New York ^{2}1973 ff.

Die Reichsannalen, in: Quellen zur karolingischen Reichsgeschichte. Erster Teil. Bearb. von Reinhold Rau. (AQ V) 1955, ND 1980

Yves Renouard: Procédés d'information et grandes découvertes, in: Charles Samaran (ed.): L'Histoire et ses méthodes. Paris 1961

Jean Richard: Les récits de voyages et de pèlerinages (Typologie des sources du moyen âge occidental, 38). Turnhout 1981

⑱ La Chanson de Roland, ed. bilingue par Yves Bonnefoy. Paris 1968

Der Bericht des Franziskaners Wilhelm von Rubruk über seine Reise in das Innere Asiens in den Jahren 1253/1255. Üb. aus dem Lateinischen, hg. und bearb. von Hermann Herbst. Leipzig 1925

Sog. Rufus Chronik. In: Die Chroniken der deutschen Städte 28, Lübeck 3. Leipzig 1902, ND Göttingen 1968

Pierre André Sigal: Les Marcheurs de Dieu. Pèlerinages et pèlerins au Moyen Age. Paris 1974

Otto von Simson: Das Mittelalter, II: Das Hohe Mittelalter. Propyläen Kunstgeschichte Bd. 6. Berlin 1972

Walter Stein: Handels- und Verkehrsgeschichte der deutschen Kaiserzeit. (Abhandlungen zur Verkehrs- und Seegeschichte Bd. 10). 1922, ND Darmstadt 1977
⑲Tacitus: Germania. Üb. und hg. von Josef Lindauer. Reinbek bei Hamburg 1968
Thietmar von Merseburg: Chronik. Üb. von Werner Thrillmich. (AQ IX) [5]1974
Lois Totschnig: Das Hospiz zu St. Christoph. Landeck o. J.
⑳Le Roman de Tristan et Iseut. Renouvelé par Joseph Bédier. Paris 1958
Unterwegssein im Spätmittelalter (mit Beiträgen von František Graus, Jürgen Miethke, Ludwig Schmugge, Knut Schulz), Zeitschrift für historische Forschung, Beiheft 1, 1985
㉑Giorgio Vasari: Lebensläufe der berühmtesten Maler, Bildhauer und Architekten. Üb. aus dem Italienischen von Trude Fein. Zürich 1974
Walther Vogel: Geschichte der deutschen Seeschiffahrt. Bd. 1: Von der Urzeit bis zum Ende des XV. Jahrhunderts. 1915, ND Berlin, New York 1973
Walahfrid Strabo: Leben des hl. Gallus. In: Quellen zur Geschichte der Alamannen III. Heidelberg 1979
Werdendes Abendland an Rhein und Ruhr. Ausstellungskatalog zur Ausstellung in der Villa Hügel. Essen [3]1956
Westermanns Großer Atlas zur Weltgeschichte. Vorzeit, Altertum, Mittelalter, Neuzeit. Bearb. von Hans-Erich Stier u. a., Braunschweig 1969
Widukinds Sachsengeschichte, in: Quellen zur Geschichte der sächsischen Kaiserzeit. (AQ VIII) 1977
Wissenschaftliche Tabellen (Documenta Geigy). Ausgabe 1955. Basel o. J.

翻訳のあるもの

①『アベラールとエロイーズ—愛と修道の手紙』畠中尚志訳（1939，岩波文庫）
②イブン・バットゥータ『三大陸周遊記』前嶋信次訳・世界探検全集 2（1977，河出書房新社）
③ボッカチオ『デカメロン』上・中・下，柏熊達生訳（1987，ちくま文庫）
④アルノ・ボルスト『中世の巷にて』上・下，永野・井本・青木共訳（1986・87，平凡社）
⑤ジェフレイ・チョーサー『カンタベリ物語』上・下，西脇順三郎訳（1987，ちくま文庫）
⑥『コロンブス航海誌』林屋永吉訳（1977，岩波文庫）
⑦アイケ・フォン・レプゴウ『ザクセンシュピーゲル・ラント法』久保・石川・直居共訳・西洋法制史料叢書 4（1977，創文社）
⑧アインハルト『カール大帝伝』国原吉之助訳・世界文学大系66収載（1966，筑摩書房）
⑨『ファウスト博士』松浦純訳・ドイツ民衆本の世界III（1988，国書刊行会）
⑩『グレティルのサガ』松谷健二訳・世界文学大系66収載（1966，筑摩書房）

⑪ハルトマン・フォン・アウエ『あわれなハインリヒ』戸沢明訳・世界名詩集大成１収載（1960，平凡社）
⑫ハルトマン・フォン・アウエ『エーレク』平尾浩三訳・ハルトマン作品集収載（1982，郁文堂）
⑬ホメーロス『オデュッセイアー』上・下，呉茂一訳（1971・72，岩波文庫）
⑭ウォラギネ／リヒアルト・ベンツ編訳『黄金伝説抄』藤代幸一訳（1983，新泉社）
⑮『ニーベルンゲンの歌』前・後，相良守峯訳（1939・42，岩波文庫）
⑯マルコ・ポーロ『東方見聞録』１・２，愛宕松男訳・東洋文庫158・183（1970・71，平凡社）
⑰『プルタルコス英雄伝』上・中・下，村川堅太郎編（1987，ちくま文庫）
⑱『ローランの歌 狐物語』佐藤・山田・新倉共訳（1986，ちくま文庫）
⑲タキトゥス『ゲルマーニア』泉井久之助訳註（1979，岩波文庫）
⑳ベディエ編『トリスタン・イズー物語』佐藤輝夫訳（1985，岩波文庫）
㉑ヴァザーリ『ルネサンス画人伝』平川・小谷・田中共訳（1982，白水社）

さし絵索引

アウグスト大公図書館，ヴォルフェンビュッテル：７頁．コーブレンツ州中央古文書館：33頁．国立図書館，パリ：36，126，383頁．エヒター出版社，ヴュルツブルク：39，134頁．王立図書館，ブリュッセル：46頁．ライン画像文庫，ケルン：52，92，285，289頁．ジロドン写真，パリ：59，256頁．ヘッセン州立および大学図書館，ダルムシュタット：67頁．クリューニー美術館，パリ：87頁．マールブルク図像写真文庫：125，197頁．グラスゴー大学図書館，グラスゴウ：131頁．アルベルティーナ版画館，ウィーン：141頁．ハンス・ヒィッツァー「道」（ミュンヘン，1971）によって：181頁．ベルン市民図書館：193頁．プロイセン図版文庫，ベルリン：195，317，327，328，352，375頁．ライン・ルール地方における生成するヨーロッパ展カタログ，テルス出版社（エッセン，1956）によって：219頁．ゲルマン博物館，ニュルンベルク：297頁．グーテンベルク博物館，マインツ：421頁．

年　表

406年	ヴァンダル族氷結したライン河を渡る．
429年	ヴァンダル族ジブラルタル海峡を横断する．
502年	ロワール島でのフランクとゴートの《頂上会談》．
530年頃	ヌルシアのベネディクトによるモンテ・カッシーノ修道院の創立．
532年頃	アッタルスの逃走．
590年頃	ヴェルダンにおける司教の集会．
628年頃	エドウィン王は井戸にくみ桶を取り付けさせる．
7世紀	司教アイダン町や田舎を徒歩で旅する．
	〈白〉と〈黒〉のエーワルトがフリースランドで伝道する．
716—54年	ボニファティウスの旅．
718年	ボニファティウスのためウィンチェスター司教が紹介状を書く．
718/19年	ボニファティウスの第一次ローマ旅行．
726年	ヴィリバルト冬にチュルスからコンスタンチノープルまで海路旅する．
737/38年	ボニファティウスの第三次ローマ旅行．
742年	ゲルマニア公会議《戦う司祭》の勤務禁止などを定める．
745年頃	シュトゥルミ修道院長フルダ地方の荒野を行く．
753年	教皇ステパノとピピン王クィルズィの御料地で会見．
754年	ボニファティウスのフリースランドへの伝道の旅と死．
755年以降	フランク帝国での3月の出陣に代わる〈5月の出陣〉．
758年以降	ザクセン人による馬の貢物．
768年	ピピン王が聖マルチンと聖ディオニシウスへ旅する．
768—814年	カール大帝の《旅の王国》．
772年	乾季がザクセンのフランク軍を危機に陥れる．
781年	フランク人のスラブ人に対する武器輸出禁止．
784/85年	フランク軍洪水と氾濫に妨害される．
787年	カール大帝第二次ローマ旅行から帰国．
790年	ヴォルムスの王城焼け落ちる．
791年	アヴァール遠征フランク軍，馬病のため失敗．

797—802年	カール大帝からバクダッドのカリフへ使節.
798年	アルフォンス王カール大帝に天幕を送る.
	《エルベ河対岸の北方人》の反乱.
799年	教皇レオ三世パーデルボルンに逃れる.
800年	カール大帝のローマ旅行, 戴冠式.
	エルサレムからカール大帝へ使節.
800年頃	海賊がカロリング帝国の北海沿岸を不安に陥れる.
803年	王の使節団パリとルーアン地方を旅する.
804年以降	フルダ修道院長への動員令.
811年	カール大帝ブローニュの灯台を再建させる.
816年	ベネディクトの会則カロリング帝国内の修道院で拘束力をもつ.
827年以降	アンスカールのスカンジナヴィアへの伝道旅行.
860年	商人たち氷結した海上を馬で行く.
905年頃	ラッフェルシュテッテンの税関判例集.
909年	アウクスブルクのウルリヒの第一次ローマ旅行.
921年	カール三世とハインリヒ一世のライン河上の《頂上会談》.
923—73年	アウクスブルクのウルリヒの巡察の旅.
928/29年	ハインリヒ一世のブレンナボール城への冬の出兵.
943年	クレモナのリウトプラントがパヴィアからヴェネチアまで三日で旅する.
944年	リウトプラント, ビザンチンへ旅する.
962年	ローマにおけるオットー一世の戴冠式.
971または72年	アウクスブルクのウルリヒの第三次ローマ旅行.
981年	聖・俗のおえら方への動員令.
982年	サラセン人クリューニー修道院長マジョリュを《誘拐》.
991年	リシェー, ランスからシャルトルへ旅する.
997—1016年	ヴァイキングのイングランド侵入.
1000年頃	ヴァイキング航海中北アメリカに到達.
	ハンガリーのキリスト教化;聖地への陸路が自由になる.
1000年	ガンデルスハイム修道院献堂式が評判となる.
1000/01年	ヒルデスハイムのベルンワルトがローマへ旅する.
1002年	オットー三世の屍をイタリアからアーヘンに移送.
1011—31年	グレティルの旅.
1012年	巡礼コロマンがスパイの疑いをかけられ処刑さる.
1028年	クヌート王のノルウェーへの海路の遠征.
1033年	西欧における飢饉と人喰い.
1035年	リムブルク修道院規約が使者の勤務も定める.
1040年頃	オスナブリュックのベンノー《学生の習慣により》遍歴の旅に出る.
1054年	ローマ=ビザンチン間の大離教.
1058/59年	ヘアスフェルトのラムペルト, エルサレムへの巡礼行.

1062年	カイザースヴェルト島でのクーデター．
1065年	ドイツ人巡礼団パレスチナでアラビア人に襲わる．
1066年	ノルマンディー公ギヨーム，イングランドを攻略．
1070年頃	アマルフィ出身の商人たちがエルサレムに救貧院を建てる．
1073年	ハインリヒ四世ハルツブルクから逃れる．
1074年	暴徒ら使節団の特別な身分を保証する．
1077年	ハインリヒ四世冬のアルプス越え．カノッサ．
1080年	ジェルス河上に石橋建設．
1080年頃	ヒルザウの会憲．
1083年	ケルン大司教区に神の平和が告知さる．
1095年	クレルモンの教会会議；十字軍運動の始まり．
1096—99年	第一次十字軍．
1096年	マインツにおけるユダヤ人大量虐殺．
1099年	エルサレム攻略．
1100年頃	ラ・カルサーダの一ドミニコ会士，サンチアゴ巡礼路の一部を補強する．
1115—26年	クサンテンのノルベルト遍歴説教師として活動する．
1120/30年	オータンの柱頭；エジプトへの逃避，聖三王．
1125年	クレルヴォーのベルナール，カルトゥジオ大修道院を訪れる．
1126年	クサンテンのノルベルト，マクデブルク入城．
1128年	アベラール落馬して頸椎を折る．
1130年	ロワール河上で石橋の建設．
1135年	クレルヴォーのベルナール，ミラノ入城．
1140年頃	サンチアゴ巡礼案内書．
1143年	修道院長ペトルス・ヴェネラビリス，コーラン翻訳を要求．
1146年	クレルヴォーのベルナール，ドイツを旅する．
1147年	フライジングのオットー第二次十字軍でハンガリーを知る．
	大司教アルベーロ，トリーアに教皇エウゲニウス三世を迎える．
1148年	トリーア大司教アルベーロ駕籠に乗ってランスへ旅する．
1149年	トリーア大司教アルベーロ船路をとってフランクフルトの帝国議会に赴く．
	トゥーンダルが幻を見る．
1152年	王フリードリヒ一世戴冠式のためアーヘンへ旅する．
1153年	クレルヴォーのベルナールの埋葬．
1157年	マイン河の新税に対する苦情．
1158年	イザール河上の橋をオーベルフェーリングからミュンヘンへかけ換え．
	フリードリヒ赤髭王，学生に特権を与える．
1164年	聖三王の聖遺物をケルンへ移送．
1184年	マインツの宮廷祝祭．
1185年	アヴィニョン近郊でローヌ河上の橋完成．

1187年	エルサレムにおける聖ヨハネ救貧院の規則.
1187—92年	第三次十字軍.
1188年	地中海の英，仏十字軍船団.
1189年	皇帝フリードリヒ赤髭王十字軍に出発.
1190年	皇帝フリードリヒ赤髭王の屍セルキアへ移送される. 西欧で初めて羅針儀について述べられる.
1192年	リチャード獅子心王捕えらる.
1200年頃	ゴタール峠開通.
1201年	全権使節団ヴェネチアと交渉.
1204年	第四次十字軍；ビザンチンの征服.
1211/12年	バルティクムにおける冬の出兵.
1212年	子供十字軍.
1216年	バルティクムにおける大量受洗.
1224年	リューベック市おのれの利益のため海岸法を制限させる.
1227年	方伯ルートヴィヒ十字軍へ出発.
1228年	ドミニコ会士馬と車の所有を禁じられる.
1229年	パレスチナのキリスト教徒巡礼者の権利が契約によって定まる.
1220—30年	ザクセン法鑑.
1230年頃	ヴィリアール・ド・オンヌクール当時の大聖堂を研究する.
1235年	皇帝フリードリヒ二世異国風動物に乗ってドイツへ来る.
1236年	皇帝フリードリヒ二世強制的私道通行を調べさせる.
1240年	皇帝フリードリヒ二世シュヴィッツ谷の人びとのために文書を残す.
1241年	モンゴル人リーグニッツ近郊でドイツ＝ポーランド連合軍を全滅させる.
1243年	モンゴル人バルカン地方から人びとを拉致する.
1245年	カルピーニの使節団モンゴル人のもとへ.
1248—54年	聖王ルイの第一次十字軍.
1248年	ジョアンヴィルの出発と乗船.
1253—55年	リュブリキ，モンゴルの大汗宮廷へ旅する.
1269年	ノブゴロド侯ハンザ同盟の商人に特権を与える.
1271—95年	マルコ・ポーロ，モンゴル帝国と東南及び南アジアを回る.
1288年以降	ヴェネチアの使節報告を義務付けられる.
1291年	アッコン征服；十字軍国家の終焉.
1300年以降	《聖年》の呼びかけ.
1310—13年	ハインリヒ七世のイタリア行.
1311年以降	〈ブチントロ〉の賑やかな船出.
1311年	ヴィエンヌ公会議《異国》語の学習を促進.
1314年	アイザック峡谷を通る道の建設.
1323年	結氷したバルト海上をスエーデンまで歩いて行くことができる.
1325—54年	イブン・バットゥータ，アフリカ，アジア，ヨーロッパ各大陸をほと

んど周遊.

1333年	ペトラルカ，ラインの旅について報告する.
1336年	ペトラルカ，ヴァントゥー山に登る.
1347—53年	ペストがヨーロッパに猛威をふるう.
1348年	プラハ大学の創設.
1348—50年	鞭打苦行者の行進.
1349年	シュトラスブルクのユダヤ人焼打ちされる.
1350年頃	ボッカチオ，デカメロンを著わす.
1357年	フィレンツェで使者制度の創設.
1370年	ハンザ同盟デンマークに対し海岸法を制限する.
1370年頃	ヨハネ・フォン・ヒルデスハイム：聖三王の伝説.
1380年頃	1962年に発掘されたハンザ同盟のコッゲ船の建設.
1385年	オーストリアのレオポルト大公アルルベルク峠の宿泊施設の建設を促進する.
1387年	セプティマー峠の車道の建設.
1387年頃	チョーサー，カンタベリー物語の総序.
1388—92年	ハンザ同盟ブルージュ市をボイコット.
1391—98年	リューベック＝エルベ河間のシュテックニッツ運河の建設.
1394年	ハンス・シルトベルガーの冒険.
1396年	デンマーク女王マルガレーテ一世《居酒屋》を建てさせる.
1414年	フス，コンスタンツ公会議へ向かい旅する.
1427年	ポルトガル人アゾレス諸島発見.
1453年	サラセン人巡礼船を略奪.
	ビザンチンの包囲と攻略.
1479年	ゼーバルト・リーターの聖地への旅.
1480年頃	ラオニコス・カルココンデュレス中部ヨーロッパの地勢を称讃する.
1483/84年	ブライデンバハのベルンハルト，パレスチナとエジプトへ旅する.
1490—95年	デューラーの遍歴時代.
1492年	グラナダの攻略.
1492/93年	コロンブス第一次アメリカ航海.
1494—98年	ヨハネス・ブツバハの遍歴時代.
1497/98年	ヴァスコ・ダ・ガマ，アフリカを回ってインドへ旅する.
1498年	コロンブスはじめてアメリカ大陸に足を踏み入れる.
	ハルフのアルノルト，サンチアゴへ巡礼する.
1500年	カブラル南アメリカを発見.
1502年	インド洋におけるポルトガル人の《恐怖の航海》.
1505年	デューラー第二次ヴェネチア旅行に発つ.
1506年	あるヴェネチア人，ポルトガル人のインド旅行について報告する.
1518/19年	ミケランジェロ一道路を建設させる.
1520/21年	アルブレヒト・デューラーのネーデルラント旅行.

《叢書・ウニベルシタス　274》
中世の旅

1989年 8 月15日　初　版第 1 刷発行
2014年11月10日　新装版第 1 刷発行

ノルベルト・オーラー
藤代幸一 訳
発行所　一般財団法人　法政大学出版局
〒102-0071 東京都千代田区富士見2-17-1
電話 03(5214)5540　振替 00160-6-95814
製版，印刷：平 文 社／製本：誠 製 本

Printed in Japan
ISBN978-4-588-09992-2

著　者

ノルベルト・オーラー（Norbert Ohler）

1935年に生まれる．1955年から6年間，フライブルク，フランクフルト，グルノーブルの各大学で歴史とフランス語を研究．助手やギムナジウムの講師を経て，1967年以降，フライブルク大学などの歴史学講師．その後，大学を退きフリー・ジャーナリストとして精力的な活動を展開した．日本語訳に，『巡礼の文化史』（2004年，小局刊），『中世の死』（2005年，小局刊）がある．

訳　者

藤代幸一（ふじしろ　こういち）

1932年に生まれる．東京都立大学大学院修士課程（独文学専攻）修了．現在，同大学名誉教授．著書に『記号を読む旅』，『もうひとつのロマンチック街道』，『アンデルセンの〈詩と真実〉』，『デューラーを読む』，『ビールを〈読む〉』，訳著に『聖ブランダン航海譚』，訳書に，『ティル・オイレンシュピーゲルの愉快ないたずら』，『中世の笑い』，『狐ラインケ』，『司祭アーミス』，デュル『戸外で朝食を』，ザッペリ『教皇をめぐる四人の女』，共訳にオーラー『巡礼の文化史』，A. v. ゲーテ『もう一人のゲーテ』，デュル《文明化の過程の神話》（Ⅰ　裸体とはじらいの文化史，Ⅱ　秘めごとの文化史，Ⅲ　性と暴力の文化史，Ⅳ　挑発する肉体，Ⅴ〈未開〉からの反論），ブレーデカンプ『古代憧憬と機械信仰』，ビショッフ『エディプスの謎・上下』（以上，小局刊行書のみ），他多数．